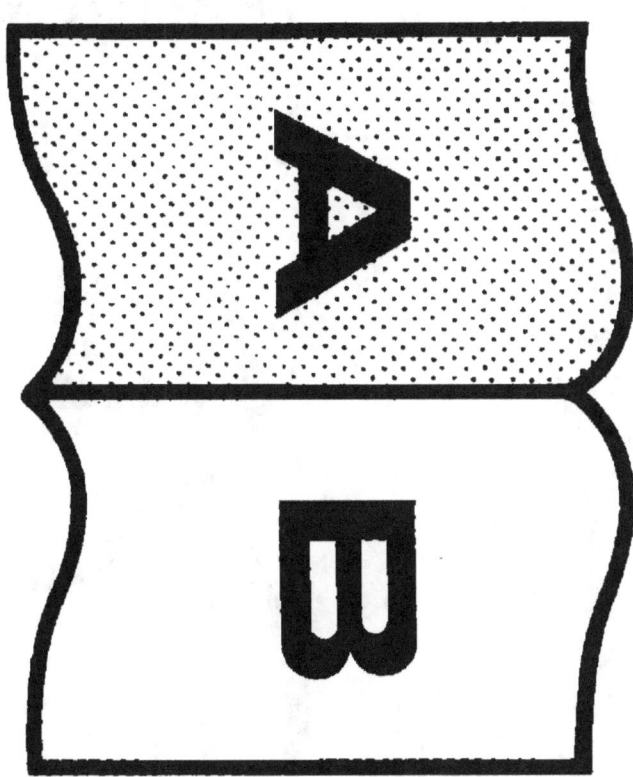

Contraste insuffisant
NF Z 43-120-14

Texte détérioré — reliure défectueuse

NF Z 43-120-11

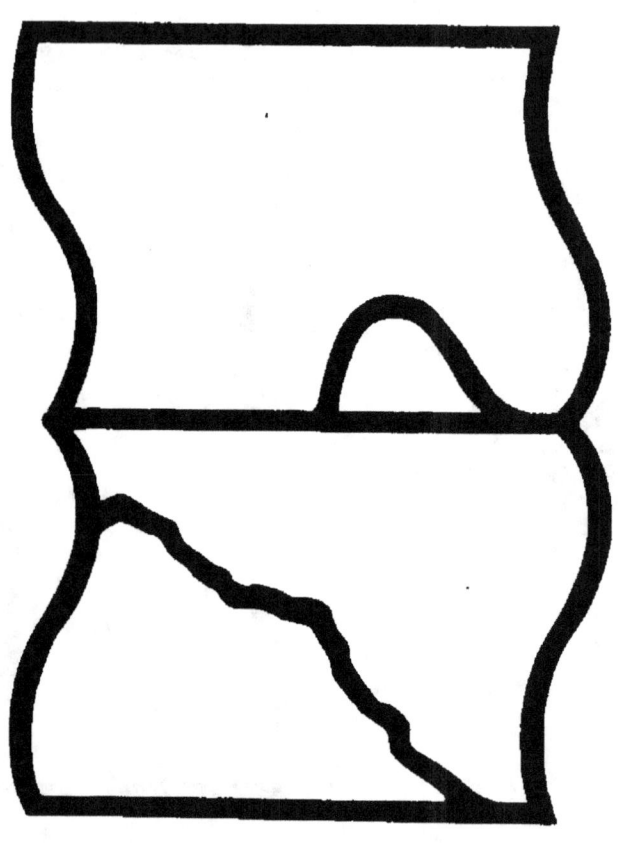

Y. 5496

DICTIONNAIRE
DES
THÉÂTRES
DE PARIS.

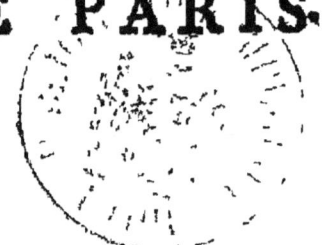

DICTIONNAIRE
DES
THÉÂTRES
DE PARIS,

Contenant toutes les Piéces qui ont été repréfentées jufqu'à préfent fur les différens *Théâtres François*, & fur celui de l'*Académie Royale de Mufique* : les Extraits de celles qui ont été jouées par *les Comédiens Italiens*, depuis leur rétabliffement en 1716, ainfi que des *Opera Comiques*, & principaux Spectacles des Foires *Saint Germain & Saint Laurent*. Des faits Anecdotes fur les Auteurs qui ont travaillé pour ces Théâtres, & fur les principaux Acteurs, Actrices, Danfeurs, Danfeufes, Compofiteurs de Ballets, Deffinateurs, Peintres de ces Spectacles, &c.

TOME TROISIE'ME.

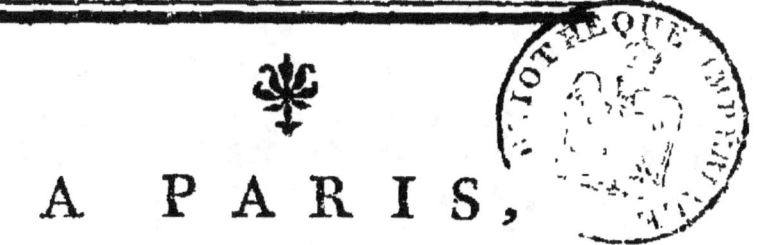

A PARIS,

Chez LAMBERT, Libraire, rue de la Comédie Françoife, au Parnaffe.

M. DCC. LVI.
Avec Approbation, & Privilége du Roy.

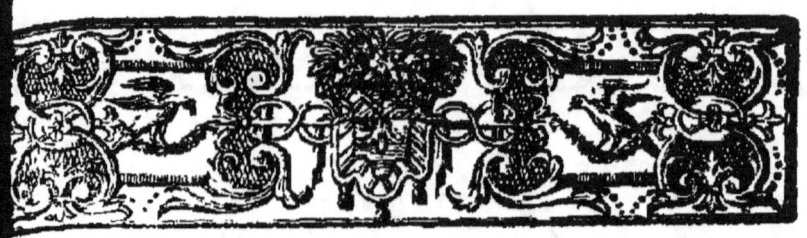

DICTIONNAIRE DES THÉATRES.

G A

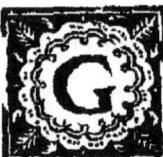ABAONITES, (les) Tragédie. Voyez *Famine.* (la)

GABINIE, Tragédie de M. l'Abbé *Brueys*, représentée le Samedi 14 Mars 1699. imp. la même année, in-12. Paris, Ribou, & dans le Recueil des Œuvres de l'Auteur. *Hist. du Théatre Franç.* année 1699.

GAGE (le) TOUCHÉ, Opéra Comique en un acte, de M. *Panard*, non imp. représenté le Dimanche 18 Mars 1736, précédé de *Pygmalion*, & du *Magasin des Modernes*.

L'Entrepreneur de l'Opéra Comique ouvre la scène, il gronde un Auteur d'avoir passé la nuit à boire avec les Actrices & les Acteurs de sa Troupe, ce qui les dérange entièrement, & les met hors d'état d'exécuter les roles d'une piéce nouvelle qu'ils doivent repréfenter le foir même. L'Auteur répond que la Compagnie s'eft amufée à différens jeux, & entr'autres à celui du Gage touché. Il ajoûte que comme les gages ne font point encore retirés, cela lui a fourni une idée finguliere, qui eft d'obliger chaque Acteur qui voudra retirer le fien, à jouer, felon fon caractere, une fcéne de tête. L'Entrepreneur ne paroît pas fort perfuadé que le Public fe fatisfaffe de cet équivalent, mais par néceffité il fe retire, pour laiffer à l'Auteur la liberté d'exécuter fon bifarre deffein. La Troupe arrive, on tire les gages, les premiers appartiennent aux Sieurs Rebours & Defjardins, qui pour fe conformer à la régle établie par l'Auteur, jouent une fcéne de fumeurs, dont voici un couplet.

    Pour fixer le Mercure,
    Vous qui dans un creufet,
    Mettez à l'aventure
    Votre argent le plus net,
   Qu'avez-vous au bout de l'année ?
Il fume. Put, put, put,
    De la fumée.

Le Sieur Drouillon ne reçoit fon gage, qu'en promettant un Ballet de fa façon. Mlle Lombard & le Sieur Rebours payent le leur par un Vaudeville. On rapporte un couplet chanté par le dernier.

    REBOURS.

    A certaines fillettes,
  Si l'on n'offroit que des fleurettes,
  Gants & rubans pour cadeaux,
    Fagots, fagots.
   Les Belles s'en moqueroient,
  Et dans l'inftant s'écrieroient,
   En voyant ces fanfreluches,
    Y achetez des cruches.

Une petite fille en est quitte pour une fable qu'elle récite. Mlle Grognet & le Sieur Mulman exécutent la Danse des *Amours champêtres*, & le Sieur Drouin chante des couplets galans à la louange du Beau sexe : en voici un échantillon.

Couplet.

Une longue & pénible étude,
Ne peut nous donner l'habitude,
De leur agréable jargon.
Ce sexe en esprit nous surpasse,
Et l'on compte sur le Parnasse,
Neuf Muses contre un Apollon.

La petite Tante retire son gage, en répondant à plusieurs questions que lui fait le Sieur Drouin.

DROUIN.

Quel est le jour où tout le monde devient menteur ?

LA PETITE TANTE.

Le jour de l'An.

DROUIN.

Que cherche un Normand ?

LA PETITE TANTE.

Des dupes.

DROUIN.

Quelle est la première chose qu'un Gascon demande à Paris ?

LA PETITE TANTE.

Crédit.

DROUIN.

Qu'est-ce que les Sçavans y font ?

LA PETITE TANTE.

Diette.

DROUIN.

Où voit-on souvent des visages gais ?

LA PETITE TANTE.

Dans des carrosses drapés, &c.

La piéce finit par un Ballet général que M. Saut-en-l'air fait exécuter par ses Danseurs.

Cette piéce n'eut pas de succès.
Extrait Manuscrit.

GAGEURE, (la) Comédie Françoise en vers & en trois actes, au Théatre Italien, par Messieurs *Procope Coutaux* & *La Grange*, représentée pour la premiére fois le Jeudi 9 Février 1741. Paris, Duchêne.

GAGEURE, (la) Opéra Comique en un acte, avec un Prologue & un divertissement, de M. *Panard*, non imprimé, représenté à la fin du mois de Mars 1740. précédé de l'*Ecole d'Asniere*, & de la *Servante justifiée*.

PROLOGUE.

Le Prologue de cette piéce en pourroit passer pour le premier acte; Mondor & Valere s'entretiennent d'une aimable personne appellée Clélie, prude & médisante à l'excès. C'est la vanité de faire une conquête aussi difficile, qui les engage à continuer auprès de cette Belle, des soins qui jusqu'alors n'ont été payés que d'indifférence. Le Gascon Damis entre, & sçachant le sujet de leur conversation, il les plaisante beaucoup.

DAMIS.

Il y a un mois que jé rens visite à cette Dame sans aucun dessein. Si jé l'avois bien résolu, dans une seule entrevue, je férois un mouton de la tigresse.

VALERE.

Parbleu, donne-nous ce plaisir, je t'en prie.

DAMIS.

Je lé veux bien...... Faisons mieux, il mé vient une idée.

GA

AIR. (*Landerirette.*)

Si vous lé voulez aujourd'hui,
Nous férons tous trois un pari,
Landérirette.

VALERE.
Volontiers.

MONDOR.
J'y confens auſſi
Landeriry.

DAMIS.

Faiſons chacun uné tentative auprès dé Clélie. Aucun homme, juſqu'aujourd'hui, n'a pû lui donner un baiſer. Celui dé nous trois qui ſçaura ſé procurer cette favûr, les deux autres lui donneront chacun cent piſtoles..... Les parties rémiſes tiennent rarément, il faut que celà ſé faſſe après midi. Valere commencera, Mondor enſuite, & moi, jé mé réſerve pour la bonne bouche.

VALERE *à part en ſortant.*

Le procès de Clélie a épuiſé ſon coffre fort, le métal du Pérou me ſervira de Rhétorique.

MONDOR *à part en ſortant.*

Clélie eſt jalouſe de Béliſe : ce ſera-là ma reſſource.

DAMIS *ſeul.*

Je ſçai lé caractere dominant des prudes : jé battrai Clélie de cé côté-là.

LA GAGEURE.

Clélie decouvre ſon caractere dans une premiére ſcéne avec Marton ſa ſuivante. On voit entrer Valere, qui débute d'un air fort empreſſé, & offre généreuſement ſa bourſe à Clélie, pour payer une ſomme qu'elle ne peut trouver à emprunter. La Belle refuſe ſes offres, & ſur la premiére propoſition qu'il fait, elle arrache la bourſe des mains de Marton, la jette au viſage de Valere, & l'oblige à ſe retirer. Béliſe survient, & se vante que Mondor est amoureux d'elle. Clélie n'en veut rien croire, & soûtient au contraire que c'est à elle-même que s'adressent les vœux de ce Cavalier : la dispute s'échauffe: Mondor qu'elles veulent faire expliquer, après quelques façons, déclare qu'il donne la préférence à Clélie. Bélise sort outrée de dépit. Quoique sa Rivale en ressente une joye extrême, elle ne l'avoue à Mondor qu'avec bien de la peine : cet Amant a encore plus de difficulté à obtenir la permission de lui baiser la main, mais lorsqu'il demande celle de l'embrasser, Clélie se fâche, & lui donne une paire de soufflets. Mondor part avec cela, & laisse le champ libre au Gascon. Ce dernier le prend sur un ton tout différent : il feint une extrême indifférence, parle contre les Amans, & gagne par ce discours la confiance de Clélie, qu'il met dans son centre, c'est à-dire, en train de médire de tout le monde. Damis lui récite ensuite une prétendue aventure de Bélise & de Clitandre, & pour lui faire comprendre tout ce qui s'est passé entr'eux, il ajoûte que Clitandre s'est jetté au col de cette belle.

CLÉLIE.

Que fit-il enfin ?

DAMIS *la baisant d'un côté.*

Celà.

CLÉLIE.

Il l'embrassa ?

DAMIS *la baisant de l'autre côté.*

Des deux cotés. Vivat, j'ai gagné.

Valere & Mondor qui ont entendu toute cette conversation, entrent dans le moment, leur surprise égale celle de la Prude,

CLÉLIE. Air. (*Réveillez-vous belle endormie.*)

 Dans ce qui m'arrive, j'admire
 De la malice le pouvoir.
 Le plaisir d'entendre médire,
 M'a fait oublier mon devoir.

Elle s'apperçoit aisément que Damis lui a joué un tour, ce Gascon ne s'en défend pas, & la piéce finit par un divertissement.
Extrait Manuscrit.

GAGEURE (la) DE PIERROT, Opéra Comique en un acte, de M. *Fuselier*, non imp. représenté le Jeudi 3 Février 1718, précédé du *Réveillon des Dieux*, Prologue, & suivi de *Pierrot furieux*, ou *Pierrot Roland*.

  « Une gageure faite à Londres, a donné lieu
» à celle de Pierrot ; voici comment l'Auteur l'a
» mise en œuvre.

  » Un vieux Fermier, pere de Lisette, la veut
» marier à celui de ses Amans qui aura le plus
» d'argent, fondé sur ce principe, que le maria-
» ge est à présent une régle d'arithmétique. Un
» garçon Brasseur, premier postulant, se pré-
» sente à lui, avec une somme de mille livres
» provenant de ses épargnes. Arlequin vient en
» second lieu, avec une succession de pareille
» valeur, ce qui embarrasse fort notre Arith-
» méticien, qui par cette égalité de concurrence
» ne se trouve pas plus en état de se détermi-
» ner. Pierrot, troisiéme aspirant, semble
» d'abord le tirer de cet importun équilibre, en
» lui faisant entendre qu'il a gagné le gros lot.
» Mais ce gros lot prétendu, qui devoit être de
» dix mille livres, se réduit par malheur à cinq
» cens livres, n'étant devenu gros lot dans

„ l'esprit de Pierrot, que par rapport aux moin-
„ dres qu'il a vû dans la liste. Voilà donc le
„ futur beau pere dans un aussi grand embarras
„ qu'auparavant. Pierrot se propose de l'en
„ tirer, & voici comment il s'y prend. Dans
„ deux scénes qu'il a avec ses Rivaux, il affecte
„ avec eux un air de triomphe, leur fait enten-
„ dre qu'il est sûr d'obtenir Lisette, & les en-
„ gage par cet artifice à parier chacun cinq cens
„ livres contre lui qu'il ne l'épousera pas. Ses
„ rivaux donnent l'un & l'autre dans le piége,
„ & c'est ce qui fait le nœud de la piéce. Après
„ quoi Pierrot vient trouver son prétendu beau-
„ pere, & lui dit : Orçà, beau pere, j'ai parié
„ cinq cens livres contre chacun de mes rivaux
„ que j'épouserai Lisette : vous n'avez qu'à me
„ la donner pour terminer vos irrésolutions,
„ car selon vous, le mariage n'est qu'une affaire
„ de calcul, & j'ai pour moi les quatre régles de
„ l'arithmétique. Pierrot faisoit ensuite un cal-
„ cul sophistiqué. Le Fermier se rendoit ensuite
„ à ses raisons, & lui accordoit Lisette ».
*Lettre premiére sur les Foires S. Germain &
S. Laurent 1718. par M. de Charni*, in-12.
Paris, Prault pere.

GAILLAC, (N.) Auteur vivant, a donné au Théatre Italien :

L'AMOUREUX SANS LE SÇAVOIR, 14 Juin 1730.

GALANS (les) RIDICULES, *ou les* AMOURS DE GUILLOT ET DE RAGOTIN, Comédie en un acte & en vers de huit syllabes, par M. *Chevalier*, représentée sur le Théatre du Marais, Paris, Bienfait, 1662.

in 12. *Histoire du Théatre Franç. année* 1662.

GALANT (le) COUREUR. Voyez *Ouvrage (l') d'un moment.*

GALANT (le) DOUBLÉ , Comédie en cinq actes & en vers, de M. *Corneille de Lisle* , représentée en 1660. sur le Théatre de l'Hôtel de Bourgogne, in-12. Paris, De Luynes, 1660. & dans le Recueil des Ouvrages Dramatiques de l'Auteur. *Histoire du Théatre Franç. année* 1660.

GALANT (le) JARDINIER, Comédie en prose & en un acte , avec un divertissement , par M. *Dancourt* , Musique de M. *Gilliers* , représentée le Mercredi 12 Octobre 1704. précédée des *Enfans de Paris* , in-12. Paris, Ribou, 1705. & dans les Œuvres de l'Auteur. *Hist. du Th. Fr. année* 1704.

GALANTES (les) VERTUEUSES, Tragi-Comédie en cinq actes & en vers de M. *Desfontaines* , 1642. Avignon , Piot , 1642. in-12. *Hist. du Th. Fr. année* 1642.

GALERIE (la) DU PALAIS, *ou l'AMIE RIVALE* , Comédie en cinq actes & en vers, de M. *Corneille*, représentée en 1634. in-4°. Paris , Courbé , 1637. & dans les Œuvres de l'Auteur. *Hist du Th. Fr. année* 1634.

GALIMATHIAS , (le) Tragi Comédie en cinq actes & en vers, du Sieur *Roziers-Beaulieu*, 1638. Paris , Quinet , 1639. in-4°. *Hist. du Th. Franç. année* 1638.

GALLET , (N......) Auteur Dramatique aujourd'hui vivant , a composé pour le Théatre de l'Opéra Comique :

LA PRÉCAUTION INUTILE , un acte , 1736.

A v

Le Double tour, *ou le* Prêté rendu, un acte, 1735.

Les Coffres, un acte, 1736.

En société avec Messieurs Piron, Panard & Pontau.

La Ramée et Dondon, Parodie de la Tragédie de *Didon*, un acte, 1734.

Avec Messieurs Panard & Pontau.

Marotte, Parodie en un acte de la Tragédie de *Mérope*, 1743.

GANDINI, (N.) Acteur vivant du Théatre Italien, débuta le Lundi 13 Septembre 1745. pour le personnage de Scaramouche dans un Canevas Italien en trois actes, intitulé: *La Vengeance de Scaramouche*; il continua son début dans d'autres piéces, & fut goûté du public. Reçu dans la Troupe, où il remplit le même role & d'autres avec la satisfaction des Spectateurs.

GANDOLIN, nom adopté par un Comédien François de la Troupe du Marais. *Hist. du Th. Fr. année* 1634.

GARCIE (Dom) DE NAVARRE, *ou le* PRINCE JALOUX, Comédie héroïque en cinq actes & en vers, par M. *Moliere*, représentée sur le Théatre du Palais Royal le 4 Février 1661. imp. dans ses Œuvres. *Histoire du Th. Fr. année* 1661.

GARÇON (le) INSENSIBLE. Voyez *Hippolite* de M. *Gilbert*.

G A

GARÇON (le) SANS CONDUITE. Voyez *Comédien (le) Poëte*.

GARDE, (N..... la) Auteur vivant, a composé pour l'Opéra Comique, en société avec Messieurs *Favart* & *Le Sueur*.

L'ÉCOLE DES AMOURS GRIVOIS, un acte, 1744.

LE BAL DE STRASBOURG, un acte, 1744.

LES FÊTES PUBLIQUES, un acte, 1745.

GARDE, (N...... la) Musicien ordinaire de la Musique du Roi, aujourd'hui vivant, a composé

ÆGLÉ, Ballet héroïque en un acte, paroles de M. *Laujon*, 1751. &c.

GARDIEN (le) DE SOI-MÊME, Comédie en cinq actes & en vers, de M. *Scarron*, représentée en 1655. non imp. dans ses Œuvres. *Hist. du Théatre Franç. année* 1655.

GARNIER, (Robert) né à la Ferté Bernard, ville de la Province du Maine, en 1534. Conseiller au Présidial du Mans, & ensuite Lieutenant Criminel au même Siége, mort au Mans en 1590. âgé de 56 ans, a composé pour la scéne Françoise:

PORCIE, Tragédie, 1568.
HIPPOLYTE, Tragédie, 1573.
CORNÉLIE, Tragédie, 1574.
MARC ANTOINE, Tragédie, 1578.
LA TROADE, Tragédie, 1579.
ANTIGONE, Tragédie, 1580.
BRADAMANTE, Tragédie, 1582.
SÉDÉCIE, ou les JUIVES, Tragédie, 1583.

Les Tragédies de Robert Garnier ont été

imprimées séparément, & ensuite en Recueil dont voici les principales éditions.

Paris, 1582. in-12. Mamert Patisson.
Lyon, 1584. in 12.
Niort, 1589. in 12. Thomas Portau.
Lyon, 1592. in-8°.
Lyon, 1601. in-12. Cloquemin.
Rouen, 1618. in-8°. La Haye.
Hist. du Th. Fr. année 1574.

GARNIER, Acteur Forain qui n'a joué que pendant les deux Foires de l'année 1739. il a rempli d'original le role de *Rabat joye*, dans *Moulinet*, Parodie de Mahomet II. & *Valentin*, dans la piéce des *Noms en blanc*.

GASCONS (les trois) Comédie en un acte & en prose, de Messieurs *Boindin & La Motte*, représentée à la suite de la Tragédie de *Cinna*, le Samedi 4 Juin 1701. in-12. Paris, Ribou, & dans le Recueil des Œuvres de M. Boindin. *Hist. du Th. Fr. année* 1701.

GASPARINI, (N.) de Venise, âgé de 26 ans ou environ, Acteur débutant pour le François au Théatre Italien, représenta le Mardi 24. Mai 1744. le role de l'*Amoureux*, dans le *Jeu de l'Amour & du hazard*, Comédie en prose & en trois actes de M de *Marivaux*, & fut remercié. Actuellement dans une Troupe en Province.

GASTON (Don) DE MONCADE, Tragi-Comédie Italienne tirée de la Piéce Espagnole du même titre, de *Lope de Véga*, représentée pour la première fois le Mercredi 2 Novembre 1718. *San Extrait*.

GAUCHER, Comédien François, mort avant 1673. *Hist. du Th. Fr. année* 1634.

GAUDRIOLE, (la) voyez *Repas (le) allégorique.*

GAUDRON, (N.....) Comédien François, après avoir joué plusieurs années en Province, vint débuter à Paris le Mercredi 4 Novembre 1722. par le role de *Mithridate*, dans la Tragédie de ce nom. Il ne fut pas goûté, & repartit peu de jours après, pour suivre une Troupe de campagne. *Histoire du Théatre François, année 1630.*

GAULOIS, (les) Parodie en vers & en un acte de la Tragédie de *Pharamond*, par M. *Romagnesi*, représentée pour la première fois le Lundi 17 Septembre 1736. Paris, Prault fils. *Extrait, Mercure de France, Décembre 1736. I. volume, pag. 2748-2754.*

GAULTIER, (N....) Auteur Dramatique, aujourd'hui vivant, a composé pour la Scène Francoise:

BASILE ET QUITTERIE, Comédie en trois actes & en vers, suivie d'un divertissement, & précédée d'un Prologue, 1723.

GAULTIER GARGUILLE, (Hugues-Guéru, dit Fléchelle, ou) Comédien François, débuta dans la Troupe du Marais vers l'an 1598. & ensuite passa dans celle de l'Hôtel de Bourgogne, mort âgé de 60 ans:

Gaultier-Garguille est aussi Auteur d'un Recueil de chansons & de quelques Prologues, imp. à Paris, 1631. *Histoire du Théatre François, année 1619.*

GAULTIER, (Madame) femme de l'Acteur dont on vient de parler, & Comédienne de la Troupe de l'Hôtel de Bourgogne, étoit fille de

Tabarin. Après la mort de son mari, elle épousa un Gentilhomme de Normandie, où elle se retira, & y mourut. *Hist. du Th. Fr.* année 1633.

GAUTIER, (Mlle) Comédienne Françoise, débuta le Jeudi 3 Septembre 1716. par le role de *Pauline*, dans la Tragédie de *Polyeucte*, reçue au mois d'Octobre suivant, retirée avant Pâques 1723 avec une pension de 1000 livres qui lui a été accordée au mois de Février 1726. aujourd'hui vivante, Religieuse Carmelite à Lyon. *Hist. du Th. Fr.* année 1730.

GAUTIER, (Mlle) Comédienne Françoise, a débuté le Mercredi 30 Mai 1742. par le role de *Chimene*, dans la Tragédie du *Cid*, reçue le Lundi 11 Juin de la même année, pour les seconds roles Tragiques, & dans le Comique, ceux de Soubrettes, & autres de caractere, qu'elle remplit avec applaudissement. Mlle Gautier est aujourd'hui femme de M. Drouin, Comédien François. *Histoire du Théatre Franç.* année 1742.

GAUSSIN, (Marie-Magdelaine) Comédienne Françoise, a débuté le Samedi 28 Avril 1731. par le role de *Junie* dans *Britannicus*, reçue le Lundi 6 Août suivant, pour les premiers roles tragiques & comiques, dans lesquels elle est universellement applaudie. *Hist. du Th. Fr.* année 1731.

GAZETTE (la) DE HOLLANDE, Comédie en un acte & en prose, de M. *Dancourt*, imp. dans ses Œuvres sous le simple titre de *La Gazette*, représentée le Mercredi 14 Mai 1692. précédée de *Bajazet. Hist. du Th. Franç.* année 1692.

GAZON, (Gourgault dit Du) Comédien François, débuta le Vendredi 11 Décembre 1739. par les roles d'*Hector* dans le *Joueur*, & de *Sganarelle* dans le *Médecin malgré lui*, & n'a point été reçû, aujourd'hui vivant, Comédien de Province. *Hist. du Th. Fr.* année 1739.

GÉANT (le) AUX MARIONNETTES, Voyez *Isle (l') des Fées*.

GELAIS, (Mellin de Saint) fils d'Octavien de Saint Gelais, Evêque d'Angoulême, né au mois d'Avril 1491. Bibliothécaire de la Bibliothéque Royale de Fontainebleau, mort au mois d'Octobre 1559. âgé de 67 ans huit mois: A composé pour la scéne Françoise:

SOPHONISBE, Tragédie, 1559.
Hist. du Th. Fr. année 1558.

GEMI-HILL, Sauteur de la Troupe des Sieur & Dame S. Edme, pendant le courant de la Foire S. Laurent 1712.

GÉNÉREUSE (la) INGRATITUDE, Tragi Comédie Pastorale en cinq actes & en vers de M. *Quinault*, & représentée sur le Théatre de l'Hôtel de Bourgogne en 1654. in-12. Paris, Quinet, 1657. & dans les Œuvres de l'Auteur. *Hist. du Th. Fr.* année 1654.

GENEST, (Charles-Claude) de Paris, Aumônier de S. A. R. Madame la Duchesse d'Orléans, Sécretaire des commandemens de M. le Duc du Maine, Abbé de S. Wilmer, Ordre de S. Augustin, Diocése de Boulogne, reçu à l'Académie Françoise le 7 Septembre 1698. mort à Paris le Dimanche 19 Novembre 1719. âgé de 82 ans, a composé pour le Théatre Franç.

ZÉLONIDE, PRINCESSE DE SPARTE, Tragédie, 1681.

PÉNÉLOPE, Tragédie, 1684.

POLIMNESTE, Tragédie non imp. 1696.

JOSEPH, Tragédie, 1710.

Hist. du Th. Fr. année 1684.

GENEST. (le Martyre de Saint) Voyez *Illustre (l') Comédien*.

GENEST, (le véritable Saint) Tragédie de M. *Rotrou*, représentée en 1646. Paris, Sommaville, 1647. in-4°. *Hist. du Th. Franç. année* 1646.

GENÉVRE, Tragi Comédie en cinq actes & en vers, de M. *Billard de Courgenai*, imp. dans ses Œuvres. *Hist. du Th. Fr. année* 1609.

GÉNICOURT, (le Vicomte de) Comédie. Voyez *Petit-Maître (le) de Campagne*.

GÉNIE (le) DE L'OPERA COMIQUE, Prologue de M. *Favart*, non imp. représenté le Mardi 28 Juin 1735. suivi de la *Précaution inutile*, & du *Droit du Seigneur*, Piéces d'un acte chacune.

L'Opéra Comique qui se voit abandonné de son Génie, lui envoye Olivette en députation. Le Génie la reçoit très-favorablement, & promet d'inspirer l'Auteur qu'on lui amenera. M. Brouillard Poëte se présente, mais il refuse l'inspiration du Génie, persuadé que le sien lui suffit. Le Génie piqué de sa vanité lui envoye la Réflexion, pour l'obliger à travailler ses Ouvrages avec plus de précaution. M. Brouillard reconnoît enfin qu'il n'a point assez de talent pour ce genre d'écrire auquel il renonce. Olivette & lui font ici des réflexions, mêlées de quelques traits critiques sur les piéces nouvelles alors sur les trois Théatres.

M. BROUILLARD.

Air. (*Laissez gronder votre Maman.*)

Qu'on est difficile à Paris,
D'*Epimenide*,
Le sort m'intimide :
Le jeune *Achille* n'a point pris,
Les *Graces* même sont dans le mépris.
Je n'y songe qu'en frémissant,
On siffle sur un ton glapissant,
Toûjours le Parterre est menaçant,
Tel ouvrage,
Bravant l'orage,
Chez l'Italien,
N'eût qu'un jour de soûtien.

OLIVETTE.

A le prendre à la rigueur, rien ne seroit parfait.

Air. (*Quand je tiens de ce jus d'Octobre.*)

Et pour peu qu'un Auteur s'endorme,
Plus d'un critique le confond,
Sabinus pêche dans la forme,
Et le *Préjugé* dans le fond.

M. Brouillard se retire : alors le Génie de l'Opéra Comique n'appercevant aucun Auteur, veut engager Olivette à le devenir, & offre de l'inspirer. Olivette accepte la proposition avec joye, & voit arriver à son secours le Peintre des Mœurs & le Vaudeville envoyés par le Génie, qui définissent ainsi leurs caracteres.

LE PEINTRE DES MŒURS.

Air. (*Comme vla qu'est fait.*)

Je sçais tracer les caracteres,
Avec de naïves couleurs :
Je pénétre tous les mysteres,
Et je suis le Peintre des mœurs, &c.

LE VAUDEVILLE à *Olivette*.
AIR. (*Frere André difoit à Grégoire.*)

Qu'aux paroles le chant réponde,
Caractérife par mes airs,
Diftingue bien les tons divers,
Chacun a le fien dans le monde :
Filles, Femmes, Nobles, Marchands, Villageois ;
Tous ont un différent ton de voix.

Enfuite paroiffent le Couplet fatyrique habillé en femme : le Couplet madrigal en Efpagnol, & le Couplet équivoque vêtu moitié en homme & moitié en femme. Avec un tel renfort, Olivette ne doute nullement du fuccès de l'entreprife : le Génie pour lui en donner le temps, lui préfente les deux piéces fuivantes :

La Précaution ridicule, en un acte.

Le Droit du Seigneur, Parodie d'*Abenfaïd*, en un acte.

Une Troupe de Danfeurs vient par ordre du Génie, infpirer à Olivette le goût des divertiffemens : celui qu'ils exécutent eft coupé par des couplets que voici.

LE COUPLET MADRIGAL.

A voir briller vos yeux d'une fi vive flamme,
On croiroit que l'Amour affujettit votre ame,
Et vous êtes fon vainqueur.
Que mon tourment vous intéreffe,
Dans vos regards, Iris, ayez moins de tendreffe,
Et fouffrez-en dans votre cœur.

LE COUPLET SATYRIQUE.

Pour affurer notre bonheur,
La banqueroute eft fort utile :
Mais je perdrois crédit, honneur,
Difoit un Marchand de la ville,
Sa femme lui répond tout bas,
Peut-on perdre ce qu'on n'a pas ?

LE COUPLET ÉQUIVOQUE

En tenant des propos d'amour,
Iris badinoit l'autre jour,
Avec Damon sur la fougere,
Un serpent caché sous les fleurs,
Sortit & piqua la Bergere,
Pour un plaisir, mille douleurs.

Ce Prologue finit par un Divertissement & un Vaudeville, dont il suffit d'ajoûter un couplet.

Un Seigneur yvre de noblesse,
D'un autre état plaint la bassesse,
Du Financier la roture le blesse,
Il le méprise avec hauteur,
   C'est le ton majeur.
Dans ses besoins il joue un autre role,
Il lui sourit, lui frappe sur l'épaule,
Et d'une voix douce l'enjeole,
   C'est le ton mineur.

Le Génie de l'Opéra Comique a été repris au Théatre le Samedi 22 Juillet 1741. suivi de la *Fausse Ridicule* remise, & de la premiére représentation du *Qu'en dira-t-on*.

GÉNIES, (les) Ballet en quatre actes, avec un Prologue, de M. *Fleury*, Musique de Mlle *Duval*, représenté par l'Académie Royale de Musique, le Jeudi 18 Octobre 1736. in 4°. Ballard, & tome XVI. du Recueil général des Opéra. Extrait, *Mercure de France*, Novembre 1736. p. 2533-2541.

ACTEURS DU PROLOGUE.

Zoroastre.	Le Sieur Chassé.
L'Amour.	Mlle Fel.

BALLET.

Jeux & Plaisirs.	Mlle Le Breton.
	Les Sieurs Dupré & Dumay.

I. Entre'e. *Les Nymphes*, ou *l'Amour indiscret*.

Léandre.	Le Sieur Tribou.
Zerbin.	Le Sieur Cuvillier.
Lucile.	Mlle Duguet.
La principale Nymphe.	Mlle Antier.
Une Nymphe.	Mlle Varquin.

BALLET.

Ondain & Nymphes.
Le Sieur Maltaire 3. & Mlle Mariette,
Mlles Le Breton & Dallemand.

II. Entre'e. *Les Gnomes*, ou *l'Amour ambitieux*.

Zaïde.	Mlle Pélissier.
Zamire.	Mlle Duguet.
Un Gnome sous le nom d'Adolphe.	Le Sieur Dun.
Un Gnome Indien.	Le Sieur Dumast.

BALLET.

Un Oriental.	Le Sieur Dupré.

III. Entrée. *Les Salamandres*, ou *l'Amour violent*.

Numapire, Souverain des Génies du Feu.	Le Sieur Chassé.
Pircaride, Princesse des Génies du Feu.	Mlle Antier.
Ismenide.	Mlle Monville.
Une Afriquaine.	Mlle Fel.

BALLET.

Afriquain & Afriquaine.
Le Sieur Javillier & Mlle Mariette.

IV. Entre'e. *Les Sylphes*, ou *l'Amour vengé*.

Un Sylphe.	Le Sieur Tribou.
Une Sylphide.	Mlle Pélissier.
Florise, déguisée en Cavalier.	Mlle Eremans.
Un Masque du Bal.	Mlle Fel.

BALLET. *Masques.*

Le Sieur D. Dumoulin & Mlle Sallé.

Ce Ballet n'a point reparu au Théatre depuis sa nouveauté.

GÉNIES (les) DU FEU, c'eſt le titre que porte le troiſiéme acte du Ballet héroïque de l'*Empire de l'Amour*, de M. de *Moncrif*, Muſique de M. le Marquis de *Braſſac*, repréſenté en 1733. Voyez *Empire (l') de l'Amour*.

GÉNOIS, Acteur Forain, né en Italie, & peut-être dans l'Etat de Gênes, étoit *Gille* de la Troupe de Nivelon. Il eſt le premier qui ait danſé ſur la corde avec des ſabots, où il faiſoit des grimaces fort plaiſantes. *Mémoires ſur les Spectacles de la Foire, tome I. p. 124.*

Génois rempliſſoit le même emploi de Gille dans la Troupe des Sieur & Dame de Saint Edme, pendant la Foire S. Germain 1712.

GÉNOIS, (le) Comédie en un acte, d'un Auteur *Anonyme*, non imprimée, repréſentée le Lundi 6 Juin 1695. précédée de la Tragédie d'*Iphigénie*. *Hiſt. du Th. Fr. année* 1695.

GENSÉRIC, Tragédie de Madame *Deshoulieres*, repréſentée ſur le Théatre de l'Hôtel de Bourgogne, au mois de Janvier 1680. imp. la même année in-12. Paris, Barbin, & dans les Œuvres de cette Dame. *Hiſt. du Th. Fr. année* 1680.

GENTILHOMME (le) DE BEAUCE, Comédie en vers & en cinq actes, de M. de *Montfleury*, repréſentée ſur le Théatre de l'Hôtel de Bourgogne, au commencement du mois d'Août 1670. imp. la même année, in-12. Paris, Ribou, & dans le Théatre de l'Auteur. *Hiſt. du Th. Fr. année* 1670.

GENTILHOMME (le) GUESPIN, Comédie en un acte & en vers, de M. *De Vizé*, repréſentée ſur le Théatre du Marais en 1670. Paris, Barbin,

1670. in-12. *Hift. du Th. Franç. année* 1670.

GENTILHOMME (le) MEUNIER, Comédie en un acte, par un Auteur *Anonyme*, non imp. repréſentée le Mardi 9 Mai 1679. précédée de *Bérénice. Hiſtoire du Théatre François*, année 1679.

GEOLIER (le) DE SOI-MÊME, Comédie en cinq actes & en vers, de M. *Corneille de Liſle*, imp. dans ſes Œuvres Dramatiques, & repréſentée ſur le Théatre de l'Hôtel de Bourgogne en 1655. *Hift. du Th. Franç. année* 1655.

GEORGE (Saint) DU ROCHER, Comédien François, débuta le Mercredi 31 Octobre 1691. par le role d'*Andronic*, dans la Tragédie de ce nom, & n'a point été reçû. *Hift. du Th. Fr. année* 1691.

GEORGE-DANDIN, *ou le* MARI CONFONDU, Comédie en trois actes & en proſe, de M. *Moliere*, repréſentée avec des intermédes à Verſailles le Lundi 16 Juillet 1668. & ſans intermédes à Paris ſur le Théatre du Palais Royal, le 9 Novembre ſuivant, imp. dans le Théatre de cet Auteur. *Hift. du Th. Fr. année* 1668.

GERMAIN, Danſeur de l'Académie Royale de Muſique, dans les Ballets, a commencé vers l'année 1677. juſques vers la fin de l'année 1717. qu'il a quitté le Théatre, mort depuis pluſieurs années.

GERMAIN, (Saint) Auteur Dramatique François, a compoſé:

LE GRAND TIMOLÉON DE CORINTHE, Tragédie, 1641.

SAINTE CATHERINE, Tragédie, 1644.

Histoire du Théatre François, année 1641.

GERMAN, Danseur & Sauteur dans la Troupe de Restier & de la veuve La Vigne, sous le nom de la Grande Troupe Etrangere, en 1741. & Foires suivantes.

GERMAN, (Mlle Frédérick) première Danseuse de Corde de Londres, a joué dans la même Troupe dont on vient de parler.

GERMANICUS, Tragédie de M. *Boursault*, représentée sur le Théatre du Marais à la fin de Mai 1673. repris sur celui de Guénégaud le Vendredi 13 Octobre de la même année, imp. dans les Œuvres de M. Boursault. *Hist. du Th. Franç.* année 1679.

GERMANICUS, Tragédie de M. *Pradon*, non imp. représentée le Mercredi 22 Décembre 1694. suivi des *Fragmens de Moliere*. *Hist. du Th. Fr.* année 1694.

GERVAIS, (N........) Violon de la Musique de Monsieur frere unique du Roi, Maître de la Musique de feu S. A. R. M. le Duc d'Orléans, & ensuite de celle de la Chapelle du Roi, mort vers.......... a composé la Musique des piéces suivantes,

MÉDUSE, Tragédie, paroles de M. *Boyer*.

HYPERMNESTRE, Tragédie, paroles de M. *La Font*, 1716.

LES AMOURS DE PROTHÉE, Ballet en trois actes avec un Prologue, paroles du même, 1720.

GÉSIPPE, *ou les* DEUX AMIS, Tragi-Comédie d'*Alexandre Hardy*, représentée sur le Théatre de l'Hôtel de Bourgogne en 1622. imp. tome V. des Œuvres de ce Poëte, Rouen,

Du Petitval, 1626. *Hist. du Th. Franç. année* 1622.

GÉSIPPE ET TITE. Voyez *Amis*, (*les deux*) de M. *Chevreau*.

GÉTA, Tragédie de M. *Péchantrés*, représentée le Mercredi 29 Janvier 1687. imp. la même année in 12. Paris, Ribou, & tome V. du Recueil intitulé Théatre François, in-12. Paris, par la Compagnie des Libraires, 1737. *Hist. du Th. Fr. année* 1687.

GHÉRARDI, (Elisabeth Dancret) Chanteuse dans l'ancienne Troupe Italienne, débuta en 1697. à l'Académie Royale de Musique pour des roles de Confidentes, passa ensuite dans les Chœurs, où elle demeura jusqu'en 1702. Elle mourut peu de temps après sa retraite. Elle étoit femme d'Evariste Ghérardi, qui représentoit dans l'ancienne Troupe Italienne le personnage d'Arlequin, dans lequel il avoit succédé au fameux Dominique Biancolelli, mort en 1688.

GHÉRARDI, (N.....) petit-fils d'Évariste Ghérardi, pour le role d'Arlequin, dans l'ancienne Troupe Italienne, & fils de Ghérardi, qui a joué aux Foires de S. Germain & de Saint Laurent, après avoir dansé quelque temps sur le Théatre de l'Académie Royale de Musique, débuta comme Acteur au Théatre Italien, le Vendredi 12 Décembre 1749, dans la piéce d'*Arlequin Hulla*, ensuite il dansa avec Mlle Camille un pas de deux. Remercié après avoir joué & dansé huit ou dix fois ; actuellement en Province.

GIGANTOMACHIE, (la) *ou le* COMBAT DES DIEUX AVEC LES GÉANS, Poëme

Poëme Dramatique de l'invention d'*Alexandre Hardy*, en cinq actes & en vers, représenté sur le Théatre de l'Hôtel de Bourgogne en 1612. & imp. tome IV. Paris, Quesnel, 1625. *Hist. du Th. Fr. année* 1612.

GIGOGNE, (Dame) caractere imaginé par un Acteur de l'Hôtel de Bourgogne, dont on ignore le véritable nom, & qui succéda à celui qui avoit joué le role de *Périne*. *Hist. du Th. Fr. année* 1600.

GILBERT, (Gabriel) Sécretaire de Madame la Duchesse de Rohan, & ensuite de Christine Reine de Suéde, & son Résident en France, mort vers l'année 1675. a composé pour le Théatre François:

MARGUERITE DE FRANCE, Tragédie, 1640.

TÉLÉPHONTE, Tragi-Comédie, 1642.

RODOGUNE, Tragédie, 1644.

HIPPOLYTE, *ou le* GARÇON INSENSIBLE, Tragédie, 1646,

SÉMIRAMIS, Tragédie, 1647.

CHRESPHONTE, *ou le* RETOUR DES HÉRACLIDES DANS LE PÉLOPONNÈSE, Tragédie, 1657.

LES AMOURS DE DIANE ET ENDYMION, Tragédie, 1657.

ARIE ET PÉTUS, *ou les* AMOURS DE NÉRON, Tragédie, 1659.

THÉAGENE, Tragédie non imp. 1661.

LES AMOURS D'OVIDE, Pastorale Héroïque, 1663.

LES AMOURS D'ANGÉLIQUE ET DE MÉDOR, Tragi-Comédie, 1664.

LES INTRIGUES AMOUREUSES, Coméd. 1668.

LÉANDRE ET HÉRO, Tragédie non imprimée, 1667.

LE COURTISAN PARFAIT, Tragi-Comédie, 1667.
Hist. du Th. Fr. année 1640.

M. Gilbert a composé pour le Théatre lyrique :

LES PEINES ET LES PLAISIRS DE L'AMOUR, Pastorale en cinq actes avec un Prologue, mise en Musique par M. *Cambert*, 1672.

GILLES, (N...... l'Enfant de Saint) Lieutenant de Cavalerie, mort au mois de Septembre 1745. âgé de 86 ans, a composé pour le Théatre François:

ARIARATHE, Tragédie, non imp. 1699.
Hist. du Th. Fr. année 1699.

GILLET DE LA TESSONNERIE, Auteur Dramatique, a composé pour la scéne Françoise :

LA QUIXAIRE, Tragi-Comédie, 1639.

POLICRITE, *ou la* MORT DU GRAND PROMÉDON ET L'EXIL DE NÉRÉE, Tragi-Comédie, 1639.

LE TRIOMPHE DES CINQ PASSIONS, Tragi-Comédie, 1642.

FRANCION, Comédie, 1642.

L'ART DE REGNER, *ou le* SAGE GOUVERNEUR, Tragi-Comédie, 1645.

LE GRAND SIGISMOND, PRINCE POLONOIS, *ou* SIGISMOND, DUC DE VARSAU, Tragi-Comédie, 1646.

LE DÉNIAISÉ, Comédie, 1647.

LA MORT DE VALENTINIAN ET D'ISIDORE, Tragédie, 1648.

LE CAMPAGNARD, Comédie, 1657.
Hſt. du Th. Fr. année 1635.

GILLETTE, Comédie facétieuſe en cinq actes & en vers de huit ſyllabes, par Pierre *Troterel*, Sieur *d'Avès*, repréſentée en 1619. ſur le Théatre de l'Hôtel de Bourgogne, Rouen, Du Petitval, 1620. in-12. *Hiſt. du Th. Franç. année* 1619.

GIVRY, (Tonton) Danſeuſe de l'Opéra Comique, débuta en 1725. du temps que le Sieur Honoré étoit Entrepreneur de ce Spectacle. Elle a continué ſous le Sieur Pontau, & enſuite s'eſt engagé dans une Troupe de Province.

GLORIEUX, (le) Comédie en cinq actes & en vers, de M. *Néricault Deſtouches*, imp. dans ſes Œuvres, & repréſentée le Vendredi 18 Janvier 1732. ſuivie de la Comédie des *Plaideurs*. *Hiſtoire du Théatre Franç. année* 1732.

GNOMES, (les) *ou l'*AMOUR AMBITIEUX, c'eſt le titre de la ſeconde Entrée du Ballet des *Génies*, de M. *Fleury*, Muſique de Mlle *Duval*, repréſentée en 1736. Voyez *Génies*. (les)

GODARD, (Jean) Poëte Dramatique, né à Paris le 15 Septembre 1564. mort vers l'année 1624. a compoſé pour la ſcéne Françoiſe:

LA FRANCIADE, Tragédie, 1594.

LES DÉGUISÉS, Comédie en cinq actes & en vers de huit ſyllabes, 1594.
Hiſtoire du Théatre Franç. année 1594.

GODEFROY, (Marie-Anne Durieu, femme de Jean) Maître à danſer, étoit fille de

Michel Durieu, & d'Anne Pitel de Longchamps. Mlle Godefroy débuta au Théatre de la Comédie Françoise, le Lundi 7 Décembre 1693. par le role de la *Fille Capitaine*, dans la piéce de ce nom. Reçue pour les Confidentes tragiques, les Ridicules dans le comique, & les roles de femmes habillées en hommes. Morte le Mardi 5 Mars 1709. entre neuf & dix heures du matin. *Hist. du Th. Fr. année* 1708.

GODONESCHE, Acteur de l'Académie Royale de Musique, pour les roles de Bassetaille, y joüoit en 1675. & pendant quelques années ceux de Confidens; passa ensuite dans la Musique du Roi, emploi dans lequel son fils lui a succédé.

GOMBAUD, (Jean Ogier de) Gentilhomme, né à S. Just de Lussac, près de Brouage en Saintonge, de l'Académie Françoise, mort en 1668. dans un âge très-avancé, a composé pour le Théatre François:

L'Amaranthe, Pastorale en cinq actes & en vers, 1625.

Aconce et Cydippe, Tragi-Comédie, non imprimée.

Les Danaïdes, Tragédie, 1646.
Hist. du Th. Fr. année 1625.

GOMEZ, (Magdeléne Poisson, fille de Paul Poisson, & veuve de Gabriel de) aujourd'hui vivante à S. Germain en Laye, a composé pour le Théatre François:

Habis, Tragédie, 1714.

Sémiramis, Tragédie, 1716.

Cléarque, Tyran d'Héraclée, 1717.
Hist. du Th. Franç. année 1714.

G O

GORGIBUS DANS LE SAC, petite Comédie, non imp. qu'on peut préfumer être de M. *Moliere*, repréfentée fur le Théatre du Palais Royal, le Mardi 17 Avril 1663. *Hift. du Théatre Franç. année 1666.*

GOUGENOT, (N.....) Dijonnois, a compofé pour la fcéne Françoife.

LA FIDELLE TROMPERIE, Tragi-Comédie, 1633.

LA COMÉDIE DES COMÉDIENS, Tragi-Comédie, 1633.
Hift. du Th. Franç. année 1633.

GOUVERNANTE, (la) Comédie Françoife en vers & en trois actes, au Théatre Italien, par M. *Avice*, repréfentée pour la premiére fois le Lundi 25 Novembre 1737. Paris, Prault pere. *Extrait, Mercure de France, Décembre II. vol. p. 2815. & fuivantes.*

GOUVERNANTE, (la) Comédie en cinq actes & en vers, de M. de la *Chauffée*, Paris, Prault fils, & repréfentée le Mercredi 18 Janvier 1747. fuivie des *Trois Freres Rivaux*. *Hift. du Théatre Franç. année 1747.*

GOUVERNANTE, (la) Pantomime repréfentée par la Troupe du Spectacle Pantomime, fur le Théatre de l'Opéra Comique, au mois de Juillet 1648. Foire S. Laurent. *Affiches de Boudet.* Voyez *Servante* (la) *de fa fille*.

GOUVERNEMENT (le) DE SANCHO PANSA, Comédie en cinq actes & en vers, de M. *Guérin de Boufcal*, repréfentée en 1641. Paris, Sommaville, 1642. in-4°. *Hift. du Th. Fr. année 1641.*

GOÛT, (le) M. *Roi* a traité fous ce titre le

B iij

sujet de *Bacchus* & d'*Erigone*, qui forme la quatriéme Entrée de son Ballet des *Sens*, mis en Musique par M. *Mouret*, & représenté en 1732. Voyez *Ballet* (*le*) *des Sens*.

GRACES, (les) Ballet héroïque en trois actes, avec un Prologue, de M. *Roy*, Musique de M. *Mouret*, imp. tome XVI. du Recueil général des Opéra, & représenté le Jeudi 5. Mai 1735.

ACTEURS DU PROLOGUE.

La Prêtresse.	Mlle Eremans.
Deux Egyptiennes.	Mlles Bourbonnois L. & cadette.
L'Amour.	Mlle Fel.

BALLET.

Prêtresses du Temple d'Héléne. Mlle Le Breton. Miles Petit, Rabon, Carville & Du Rocher.

I. ENTRÉE. *L'Ingénue.*

Théophile, Empereur de Byzance.	Le Sieur Chassé.
Théodore.	Mlle Petitpas.
Eudoxe.	Mlle Antier.
Léonce.	Le Sieur Jélyote.

BALLET.

Un Byzantin.	Le Sieur Dupré.

II. ENTRE'E. *La Mélancolique.*

Agariste.	Mlle Eremans.
Smindiride.	Le Sieur Tribou.
Le Grand Prêtre de Bacchus.	Le Sieur Chassé.
Une Sybarite.	Mlle Fel.

BALLET.

Un Sicyonien.	Le Sieur Javillier.
Sybarites.	Le Sieur D. Dumoulin & Mlle Mariette.

III. ENTRE'E. *L'Enjouée.*

Dercilis.	Mlle Pélissier.
Valere.	Le Sieur Chassé.

Misis.	Mlle Petitpas.
Une Tyrinthienne.	Mlle Bourbonnois.

BALLET.

Tyrinthien.	Le Sieur Maltaire 3.
Tyrinthienne.	Mlle Mariette.

IIe REPRISE du Ballet héroïque des *Graces*, avec des changemens, le Mardi 7 Juillet 1744. 2e édition in-4°. Ballard.

ACTEURS DU PROLOGUE, retouché.

La Prêtresse.	Mlle Chevalier.
L'Amour.	Mlle Romainville.

BALLET.

Prêtresses de Vénus.	Mlles Rabon, Carville, Erny & Petit.
Egyptien.	Le Sieur Matignon.
Egyptienne.	Mlle Le Breton.
Les Graces.	Mlles Courcelle, Frémicourt & S. Germain.

I. ENTRÉE. *L'Innocence*, nouvelle Entrée.

Aronce, Roi d'Argos.	Le Sieur Chaffé.
Iphis, Confident d'Aronce.	Le Sieur La Tour.
Cydippe, jeune Argienne.	Mlle Metz.
La Prêtresse de Diane.	Mlle Fel.
Un Argien.	Le Sieur Jélyotte.

BALLET.

Argien.	Le Sieur Dupré.
Argienne.	Mlle Carville.

II. ENTRÉE. *La Délicatesse*, Entrée retouchée.

Smindiride.	Le Sieur Jélyotte.
Agariste.	Mlle Chevalier.

BALLET.

Sybarites.	Le Sieur Ghérardi & Mlle Dallemand.

III. ENTRÉE. *L'Enjouement*.

Dercyllis.	Mlle Fel.
Valere.	Le Sieur Chaffé.
Mysis.	Mlle Bourbonnois.

BALLET.

Une Tyrinthienne.	Mlle Camargo.

B iv

GRACES, (les trois) Comédie en un acte & en prose, avec un Divertissement, par M. de *Sainfoix*, Musique de M. *Grandval*, Paris, Prault fils, & représentée le Jeudi 23 Juillet 1744. précédée de la Tragédie de *Cinna*. *Histoire du Théatre Franc.* année 1744.

GRAFIGNY, (Madame de) Auteur des Lettres Péruviennes, aujourd'hui vivante, a composé pour la scéne Françoise :

CÉNIE, Piéce Dramatique en cinq actes & en prose, 1750.

Hist. du Th. Franç. année 1750.

GRACES, (les) scéne ajoûtée à la reprise des *Adieux de Mars*, le 23 Août 1741. Cette scéne est du Sieur *Romagnesi*; non imprimée.

GRAND, (Marc-Antoine le) Comédien François, débuta le Vendredi 13 Mars 1694. par le role de *Tartuffe*, dans la Comédie de ce nom, sans être reçû.

Débuta pour la seconde fois le Mardi 21 Mars 1702. dans *Andromaque*, & la petite Comédie du *Florentin*, & pour la troisiéme, le Mercredi 27 Juin de la même année, dans *Iphigénie* & *Colin Maillard*, reçu le Mercredi 18 Octobre suivant, pour les roles de Rois, & de Paysans en second, & jusqu'à la mort du Sieur Ponteuil, aux roles duquel il a succédé : mort le Mardi 6 Janvier 1728. âgé d'environ 60 ans.

M. Le Grand joignoit au talent de la déclamation, celui d'Auteur Dramatique : il a composé pour le Théatre François :

LA FEMME FILLE ET VEUVE, Comédie en un acte & en vers, 1707.

L'Amour Diable, Comédie en un acte & en vers, 1708.

La Famille extravagante, Comédie en un acte & en vers, 1709.

La Foire S. Laurent, Comédie en un acte & en vers, 1709.

Les Amans ridicules, Comédie en un acte & en vers, 1711. non imprimée.

La Métamorphose amoureuse, Comédie en un acte & en prose, 1712.

L'Usurier Gentilhomme, Comédie en un acte & en prose, 1713.

L'Aveugle clairvoyant, Comédie en un acte & en vers, 1716.

Le Roi de Cocagne, Comédie en trois actes en vers, avec un Prologue, 1718.

Plutus, Comédie en trois actes & en vers, 1720.

Cartouche, Comédie en trois actes & en prose, 1721.

L'Ouvrage d'un moment, *ou le* Galant Coureur, Comédie en un acte & en prose, 1722.

Le Ballet des vingt-quatre heures, Ambigu comique, en trois actes & en prose, 1722.

Les Paniers, Comédie formant le 2e acte de la piéce précédente, 1723.

L'Ami de tout le monde, *ou le* Philantrope, Comédie en un acte & en prose, 1724.

Le Triomphe du Tems, Divertissement en trois actes en prose, avec un Prologue, 1724.

L'Impromptu de la Folie, Ambigu comique en deux actes en prose, avec un Prologue, 1725.

LA CHASSE DU CERF, Comédie en trois actes, en prose, avec un Prologue, 1726.

LA NOUVEAUTÉ, Comédie en un acte & en prose, 1727.

LES AMAZONES MODERNES, Comédie en trois actes & en prose, 1727.

En société avec le Sieur Alain.

L'ÉPREUVE RÉCIPROQUE, Comédie en un acte & en prose, 1711.

Au Théatre Italien, à lui seul.

BELPHÉGOR, Comédie Françoise en prose & en trois actes & trois divertissemens, 24 Août 1721.

LE FLEUVE D'OUBLI, Comédie Françoise en prose & en un acte, suivie d'un divertissement, 12 Septembre 1721.

LES AMOURS AQUATIQUES, Comédie Françoise en prose & en un acte, suivie d'un divertissement, non imprimée, 23 Septembre 1721.

LE CHEVALIER ERRANT, Parodie en vers & en un acte de la Tragédie d'*Œdipe*, de M. de la Motte, 30 Avril 1726.

Avec le Sieur Dominique.

AGNÈS DE CHAILLOT, Parodie en vers & en un acte de la Tragédie d'*Inès de Castro*, 24 Juillet 1723.

LE DÉPART DES COMÉDIENS ITALIENS, Comédie Françoise en prose & en un acte, 24 Octobre 1723. non imprimée.

LE MAUVAIS MÉNAGE, Parodie en vers &

en un acte de la Tragédie d'*Hérode & Mariamne*, 25 Avril 1725.

Le Cahos, Ambigu comique en quatre petits actes en prose & des divertissemens, précédé d'un Prologue aussi en prose, 23 Juillet 1725. non imprimé.

Avec M. Riccoboni le pere.

Poliphême, Comédie Françoise en cinq actes & en prose, avec cinq intermédes de chants & de danse, 30 Août 1722. non imp.

Et pour celui de l'Opéra Comique, en société avec M. Fuselier.

Les Animaux raisonnables, un acte, 1718.

Les Ouvrages Dramatiques de M. Le Grand, après avoir été imprimés séparément, ont été recueillis en 4 volumes in-12. Paris, Ribou, 1731. derniére édition in-12. 4 volumes, Paris, 1742. par la Compagnie des Libraires.
Histoire du Théatre François, année 1730.

Grand, (Marc-Antoine le) fils du précédent, & Comédien François, débuta le Vendredi 10 Mars 1719. par le role de *Pyrrhus*, dans la Tragédie d'*Andromaque*, reçû le Lundi 15 Février 1720. Aujourd'hui vivant, & doyen de la Troupe des Comédiens François. *Hist. du Th. Franç.* année 1719.

Grand, (Mlle Le) femme du Sieur Le Grand fils, Comédienne Françoise, a débuté le Samedi 23 Septembre 1730. par le role de *Roxane*, dans la Tragédie de *Bajazet*, & n'a point été reçue. Aujourd'hui vivante en Province? *Hist. du Th. Fr. année* 1730.

GRAND, (Mlle Le) fille du Sieur Le Grand *pere*, Comédienne Françoise, a débuté le Dimanche 9 Décembre 1725. par le role de *Lisette*, dans les *Folies amoureuses*, reçue dans la Troupe le Lundi 17 du même mois, retirée le Mercredi 11 Janvier 1730. morte à Amsterdam au mois de Juin 1740. *Hist. du Théatre Franç. année* 1730.

En quittant la scéne Françoise, Mlle Le Grand chercha à se placer au Théatre de l'Opéra Comique, où elle fut reçue avec beaucoup d'applaudissemens. Elle y parut pour la premiére fois le Lundi 12 Février 1731. dans les principaux roles des deux piéces de la *Fausse Ridicule*, & l'*Esclavage de Psyché*. Avant la représentation elle harangua les Spectateurs par un compliment mêlé de prose & de vaudevilles. Comme ce compliment n'a jamais été imprimé, on en joint ici l'Extrait.

MESSIEURS,

« Mon étoile m'a destiné au Théatre ; c'est
» ma vie, c'est mon élément, je ne puis m'en
» éloigner.

(AIR. *Non je ne ferai pas.*)

Il n'est point de plaisir, il n'est point d'avantage,
Qui puisse me flatter comme votre suffrage,
Tout effort ne peut rien contre un penchant si doux,
C'est le sort de mon sang de s'enflammer pour vous.

» Il ne faut donc point s'étonner du parti que
» je prens aujourd'hui ; on ne doit point non

» plus m'en blâmer, tous Théatres sont Thea-
» tres.

(Air. *Je t'aime ma Claudine.*)

Par le zéle sincere,
Pour le fidéle amour,
Je demande & j'espére
De vous quelque retour.
Mon cœur, j'ose le dire,
N'est point accoûtumé
Au rigoureux martyre,
D'aimer sans être aimé.

» Voilà ce que j'ai à vous demander pour
» moi. A l'égard de l'Opéra Comique, il vous
» prie, Messieurs, de ne pas l'abandonner dans
» un temps où il a besoin de vous plus que
» jamais; le terme qui lui est prescrit n'étant pas
» bien long cette année.

(Air. *Tant de valeur & tant de charmes.*)

Nos jeux ne seront pas durables,
Nous n'avons que très-peu de jours,
Puisqu'on les a rendu si courts,
Songez donc à les rendre aimables.

» Je ne puis trop vous prier d'y venir sou-
» vent, car qu'est ce qu'un Spectacle, quand
» vous l'abandonnez.

(Air. *Plus inconstant que l'onde & le nuage.*)

On n'y voit plus qu'un confus assemblage,
Ballets manqués, machines sans ressort:
La Danseuse perd courage,
L'Orchestre n'est point d'accord :
L'Auteur fait rage,
L'Acteur s'endort.
Prévenez les malheurs,
Et si la Foire est un passage,
Sur ce passage au moins semez des fleurs.

Mlle Le Grand continua de briller à l'Opéra
Comique pendant les Foires suivantes, jusqu'au

Samedi 2 Avril 1735. qu'elle partit la nuit pour Amsterdam, où elle mourut, comme on l'a dit ci-dessus. *Mémoire Manuscrit.*

GRANDCHAMP, (N........) Auteur Dramatique, a composé :

Les Avantures Amoureuses d'Omphale, son Combat, sa Perte, son Retour, son Mariage, Tragi-Comédie, 1630.
Hist. du Th. Fr. année 1630.

GRANDEUR (la) SACRIFIÉE, c'est le titre de la seconde Entrée du Ballet de l'*Ecole des Amans*, de M. *Fuselier*, Musique de M. *Niel*, représentée en 1744. Voyez *Ecole (l') des Amans*.

GRAND'MERE (la) AMOUREUSE, Parodie en trois actes de la Tragédie lyrique d'*Atys*, de M. *Quinault*, Musique de M. *Lully*, par Messieurs *Fuselier* & *d'Orneval*, représentée par les Marionnettes de Bienfait, à la Foire S. Germain, le Dimanche 18 Mars 1726.

Cette piéce est imprimée tome VIII. du Théatre de la Foire, Paris, Gandouin, 1731. On a oublié d'y joindre la Harangue que les Auteurs avoient composée, & qui fut prononcée par Polichinelle avant la représentation. La voici pour servir de supplément. Après avoir fait trois profondes révérences, Polichinelle s'avance chapeau bas, & dit :

MONSEIGNEUR LE PUBLIC.

« Puisque les Comédiens de France & d'Ita-
» lie, masculins, féminins & neutres, se sont
» mis sur le pied de vous haranguer, ne trou-
» vez pas mauvais que Polichinelle, à l'exemple

„ des grands chiens, vienne pisser contre les
„ murs de vos attentions, & les inonder du
„ torrent de son éloquence.

„ Si je me présente devant vous en qualité
„ d'Orateur des Marionnettes, ce n'est pas pour
„ des prunes, c'est pour vous dire que vous de-
„ vez nous pardonner de vous étaler dans notre
„ petite boutique une seconde Parodie d'*Atys*:
„ en voici la raison. Les beaux Esprits se ren-
„ contrent, *ergò*, l'Auteur de la Comédie Ita-
„ lienne, & celui des Marionnettes doivent se
„ rencontrer. Au reste, Monseigneur le Public,
„ ne comptez pas de trouver ici l'exécution gra-
„ cieuse de notre ami Arlequin: vous compte-
„ riez sans votre hôte, songez que nos Acteurs
„ n'ont pas les membres fort souples, & que
„ souvent on croiroit qu'ils sont de bois: son-
„ gez aussi que nous sommes les plus anciens
„ polissons, les polissons privilégiés, les polis-
„ sons les plus polissons de la Foire ; songez
„ enfin que nous sommes en droit dans nos
„ piéces de n'avoir pas le sens commun; que
„ nous sommes en droit de les farcir de bille-
„ vesées, de rogatons, de fariboles ; vous allez
„ voir dans un moment, avec quelle exactitude
„ nous soutenons nos droits.

(Air. *Lanturlu.*)

Ici la licence,
Conduit nos sujets :
Et l'extravagance,
En fournit les traits.
Si quelqu'un nous tence,
J'aurai bientôt répondu,
Lanturlu, lanturlu, lanturlu.

„ Bon soir, Monseigneur le Public, vous

„ auriez eu une plus belle harangue, si j'étois
„ mieux en fond, quand vous m'aurez rendu
„ plus riche, je ferai travailler pour moi le fai-
„ seur de Harangues de notre très honorée voi-
„ sine, la Comédie Françoise, & je viendrai
„ vous débiter ma Rhétorique empruntée avec
„ le ton de Cinna, & un juste au corps galonné
„ comme un trompette. Venez donc en foule,
„ je vous ouvrirai mes portes, si vous m'ouvrez
„ vos poches.

(AIR. *Philis je vous vois, je vous aime.*)

Ah! Messieurs, je vous vois, je vous aime,
Ah! Messieurs, je vous aimerai tant,
Si vous m'apportez votre argent,
Je vous vois, je vous veux, je vous aimerai tant :
Ah! Messieurs, je vous vois, je vous aime,
Ah! Messieurs, je vous aimerai tant.

„ *Dixi.*

Mémoire Manuscrit.

GRANDVAL, (Nicolas Racot de) Auteur François & Musicien, aujourd'hui vivant, a composé.

LES AVANTURES DU CAMP DE PORCHÉ-FONTAINE, Comédie en un acte & en prose, 1722. non imprimée.

Il est Auteur de la Musique des piéces suivantes, représentées au Théatre François.

L'OPÉRA DE VILLAGE, Comédie en un acte de M. *Dancourt*, 1692.

LA BAGUETTE, Comédie en un acte *du même*, 1693.

LES VENDANGES, Comédie en un acte *du même*, 1694.

Le Bourget, Comédie en un acte, d'un Auteur *Anonyme*, 1697.

Les trois Gascons, Comédie en un acte de M. *Boindin*, 1701.

Le Bal d'Auteuil, Comédie en un acte du *même*, 1702.

Le Port de Mer, Comédie en un acte du *même*, 1704.

Le Diable Boiteux, Comédie en un acte de M. *Dancourt*, 1707.

La Foire S. Laurent, Comédie en un acte de M. *Le Grand*, 1709.

L'Usurier Gentilhomme, Comédie en un acte du *même*, 1713.

Le Prix de l'Arquebuse, Comédie en un acte de M. *Dancourt*, 1717.

Pandore, Comédie en un acte de M. de *Saintfoix*, 1720.

Le Divorce, Comédie en trois actes de M. *Avice*, 1730.

La Tragédie en prose, Piéce en un acte de M. *Castre d'Auvigny*, 1730.

Le Mari curieux, Comédie en un acte de M. *d'Allainval*, 1731.

Le Mariage par Lettre de Change, Comédie en un acte de M. *Poisson*, 1735.

L'Amant Comédien, *ou les Déplacés*, Comédie en un acte de M. *Laffichard*, 1735.

Le Fat puni, Comédie en un acte d'un Auteur *Anonyme*, 1738.

Le Consentement forcé, Comédie en un acte de M. de *Merville*, 1738.

Ésope au Parnasse, Comédie en un acte de M. *Pesselier*, 1739.

L'Oracle, Comédie en un acte de M. de *Saintfoix*, 1740.

Joconde, Comédie en un acte de M. *Fagan*, 1740.

Deucalion et Pyrrha, Comédie en un acte de M. de *Saintfoix*, 1741.

Les Masques, Comédie en un acte de M *Parmentier*, 1741.

Amour pour Amour, Comédie Pastorale en trois actes de M. *De la Chaussée*, 1742.

La Fête d'Auteuil, Comédie en trois actes de M. *Boissy*, 1742.

Zénéïde, Comédie en un acte de M. *Cahusac*, 1743.

L'Isle Sauvage, Comédie en trois actes de M. de *Saintfoix*, 1743.

Les Vieillards rajeunis, Comédie en un acte d'un Auteur *Anonyme*, 1743.

Les trois Graces, Comédie en un acte de M. de *Saintfoix*, 1744.

L'Algérien, Comédie en trois actes de M. *Cahusac*, 1744.

L'Heureux Retour, Comédie en un acte de M. *Fagan*, 1744.

Le Quartier d'Hyver, Comédie en un acte de Messieurs *Vilaret*, *d'Aucour* & *Bret*, 1744.

La Folie du Jour, Comédie en un acte de M. *Boissy*, 1745.

L'Étranger, Comédie en un acte de M. l'Abbé *Bonnet*, 1745.

Les Souhaits, Comédie en un acte de Messieurs *Valois* & *Dubois*, 1745.

LA TARANTULE, Comédie en un acte de M. Ma. tel, 1745.
Hift. du Th. Fr. année 1710.

GRANDVAL, (Pierre Racot de) fils du précédent, & Comédien François, a débuté le Samedi 19 Novembre 1729. par le principal role de la Tragédie d'*Andronic*, reçû par ordre de la Cour, en date du 31 Décembre de la même année, aujourd'hui vivant, & rempliſſant au gré du Public les premiers roles tragiques & comiques, depuis la retraite du Sieur Quinault Du Freſne. *Hiſtoire du Théatre François*, année 1729.

GRANDVAL, (N..... Dupré, femme du Sieur Pierre Racot de) Comédienne Françoiſe, a débuté le Mercredi 13 Janvier 1734. par le role d'*Atalide*, dans la Tragédie de *Bajazet*, reçue le Lundi 29 Novembre de la même année, pour les ſeconds roles tragiques, & dans le comique, où elle eſt extrêmement applaudie. Aujourd'hui vivante. *Hiſtoire du Théatre François*, année 1734.

GRAND-VAURIEN, Parodie en un acte de la Tragédie de *Maximien*, de M. *De la Chauſſée* par M. *Panard*, repréſentée au Théatre de l'Opéra Comique, le Dimanche 23 Mars 1738. précédée du *Bal Bourgeois*, & de la *Halle Galante*, piéces d'un acte chacune.

Quoique cette piéce ne ſoit point imprimée, elle ne mérite pas un long extrait, attendu que l'Auteur n'a fait que ſuivre mot à mot la Tragédie, à l'exception qu'ici il n'eſt pas queſtion de Rivalité pour l'Empire, mais ſeulement de la poſſeſſion d'un vaiſſeau que Grand-Vaurien, qui tient la place de Maximien, veut ravir à Brigantin, (Conſtantin) ſon gendre. La femme de ce dernier porte dans l'une & l'autre piéce le nom de Fauſta : les autres principaux perſonnages ne ſont parodiés que de nom ; Jean de Nivelle, pour Auréle, & Fourbin, au lieu d'Albin, Confident de Maximien. Le dénouement eſt pareil. Brigantin victorieux, offre le pardon à Grand-Vaurien ſon beau-pere, & ce dernier l'accepte ſans façon.

FAUSTA. (AIR. *Que j'eſtime mon cher voiſin.*)

Vous agiſſez fort à propos,
Et dans la Parodie,
Tous deux vous êtes bien moins ſots,
Que dans la Tragédie.

La piéce finit par un divertiſſement.

Extrait Manuſcrit.

GRANGE, (Guillaume de la) Poëte Dramatique, né à Sarlat en Périgord, a compoſé

DIDON, Tragédie, 1576.

Hiſtoire du Théatre François, année 1576.

GRANGE, (........ Chancel de la) Gentilhomme de Périgord, Poëte Dramatique, aujourd'hui vivant, a compoſé pour la ſcéne Françoiſe :

ADHERBAL, ROI DE NUMIDIE, Tragédie, 1694.

ORESTE ET PYLADE, Tragédie, 1697.

MÉLÉAGRE, Tragédie, 1699.

ATHÉNAÏS, Tragédie, 1699.

AMASIS, Tragédie, 1601.

ALCESTE, Tragédie, 1703.

INO ET MÉLICERTE, Tragédie, 1713.

LA FILLE SUPPOSÉE, Comédie en cinq actes & en vers, non imprimée, 1713.

SOPHONISBE, Tragédie, 1716.

ÉRIGONE, Tragédie, 1731.

CASSIUS ET VICTORINUS, Tragédie, 1732.

Les Œuvres de M. de la Grange imprimées 3 vol. in-12. Paris, par la Compagnie des Libraires, 1742.

M. de la Grange a composé pour le Théatre Lyrique.

MÉDUS, Tragédie en cinq actes avec un Prologue, Musique de M. *Bouvard*, 1702.

CASSANDRE, Tragédie en cinq actes, avec un Prologue, Musique de Messieurs *Bouvard & Bertin*, 1706.

En société avec M. Roy.

ARIANE, Tragédie en cinq actes, avec un Prologue, Musique de M. *Mouret*, 1717.

GRANGE, (N........ la) Auteur Dramatique aujourd'hui vivant, a composé pour la scéne Françoise :

L'ACCOMMODEMENT IMPRÉVÛ, Comédie en vers libres & en un acte, 1737.

LE RAJEUNISSEMENT INUTILE, Comédie en vers libres & en trois actes, avec un divertissement, 1738.

Au Théatre Italien.

LE DÉGUISEMENT, Comédie en vers libres & en un acte, & un divertissement, 1734.

LES FEMMES CORSAIRES, Comédie en vers & en un acte, 1735.

Les Contretems, Comédie en vers libres & en trois actes, 1736.

L'Italien marié a Paris, Comédie en vers libres & en trois actes, 1737.

En société avec M. Procope, Médecin.

La Gageure, Comédie en vers & en trois actes, 1741.

A l'Opéra Comique, à lui seul.

L'Heureux déguisement, Parodie en un acte de la Pastorale d'*Issé*, 1734.

Le Palais enchanté, un acte, 1734.

Grange, (Charles Varlet, Sieur de la) né à Amiens en Picardie, Comédien dans une Troupe de Province, & ensuite dans celle de M. Moliere, débuta avec lui à Paris, en 1658. passa en 1673. dans celle de Guénégaud, fut conservé à la réunion en 1680. mort le Samedi 1 Mars 1692. M. De la Grange jouoit dans le Tragique & le Comique, il abandonna le premier genre en 1680. *Hist. du Th. Fr. année* 1693.

Grange, (Marie Ragueneau, femme de Charles Varlet, Sieur de la) Comédienne de la Troupe du Palais Royal, & ensuite de celle de Guénégaud, conservée à la réunion en 1680. retirée le 1 Avril 1692. avec une pension de 1000 livres, morte le 2 ou 3 Février 1727. Mlle La Grange jouoit des roles de Ridicules. *Hist. du Th. Fr. année* 1693.

Grange, (la) Comédien François, débuta à Paris le Vendredi 19 Juillet 1741. par le role de *Théfée*, dans la Tragédie de *Phèdre*, de M. Racine, & n'a point été reçû. *Histoire du Th. Fr. année* 1741.

GRATIS. (le) Voyez *Réjouiſſances (les) publiques*.

GRAVE, (N..... de) aujourd'hui vivant, a compoſé pour la ſcène Françoiſe:

VARON, Tragédie, 1751.

Hiſt. du Th. Fr. année 1751.

GRENAILLE, (François) Poëte Dramatique, né à Uſerche en Limoſin, eſt Auteur de

L'INNOCENT MALHEUREUX, *ou la* MORT DE CHRISPE, Tragédie, 1639.

Hiſt. du Th. Fr. année 1639.

GRENET, (N......) Muſicien aujourd'hui vivant, a compoſé la Muſique du

TRIOMPHE DE L'HARMONIE, Ballet en trois actes, avec un Prologue, paroles de M. *Le Franc*, 1737.

GRENOUILLIERE (la) GALANTE, Parodie en trois actes & en vaudevilles, du Ballet des *Indes Galantes*, paroles de M. *Fuſelier*, Muſique de M. *Rameau*, par M. *Carolet*, repréſentée par les Marionnettes de la Foire Saint Laurent 1735.

Une Parodie auſſi négligée ne demande aucun Extrait.

Le premier acte eſt intitulé *Le Batelier généreux*.

C'eſt la Parodie du *Turc généreux*, des *Indes Galantes*.

L'Eté tardif, Parodie de l'acte des *Incas*, forme le ſecond acte. Huaſcar eſt traveſti en Maraîcher, ſous le nom de Maître Gaſpar,

Phani-Palla, en Mlle Marie, Blanchisseuse, & Charlot, Grenadier, y représente Dom Carlos, Cavalier Espagnol.

L'acte des *Fleurs*, est parodié sous le titre de la *Fête des Bouquetieres*, c'est Thomas, Jardinier Fleuriste, qui tient la place du Prince Tachmas.

Note Manuscrite.

GRESSET, (Jean-Baptiste-Louis) de l'Académie Françoise, aujourd'hui vivant, a composé pour le Théatre François :

ÉDOUARD III. Tragédie, 1740.

SIDNEY, piéce dramatique en trois actes & en vers, 1745.

LE MÉCHANT, Comédie en cinq actes & en vers, 1747.

Hist. du Th. Franç. année 1740.

GRÉVIN, (Jacques) né à Clermont en Beauvoisis, vers l'an 1540. mort à Turin le 5 Novembre 1570. a composé pour le Théatre François,

LA TRÉSORIERE, Comédie en cinq actes & en vers, 1558.

LA MORT DE CÉSAR, Tragédie, 1560.

LES ESBAHIS, Comédie en cinq actes & en vers, 1560.

Les Œuvres de Grévin sont imprimées, Paris, Sertenas, 1561, *Hist. du Th. Fr. année* 1558.

GRIMALDI, Danseur & Sauteur de la Troupe de Restier & veuve La Vigne, sous le nom de la Grande Troupe Etrangere, Foire S. Germain 1740. & suivantes.

GRIMALDI, (Mlle) Danseuse de la mêm Troupe, & dans le même temps.

GRISELDE,

G R

GRISELDE, (Grifelda) Tragi-Comédie Italienne en cinq actes, repréfentée pour la première fois le Lundi 23 Août 1717. Paris, Briaffon.

GRISETTES, (les) Comédie en trois actes & en vers de M. *Champmeflé*, repréfentée fur le Théatre de l'Hôtel de Bourgogne au mois d'Octobre 1671. imp. dans le Recueil des Œuvres de cet Auteur. *Hift. du Th. Fr. année* 1671.

GRISETTES, (les) *ou* CRISPIN CHEVALIER, Comédie en un acte & en vers de M. *Champmeflé*. C'eft la même que la précédente, retouchée par l'Auteur, & réduite en un acte, avec quelques légers changemens. *Hift. du Th. Fr. année* 1671.

GROGNET, (Marie) jeune & jolie Danfeufe, s'étant trouvée de bonne heure des difpofitions pour cette profeffion, débuta dans les Ballets de l'Opéra Comique, à la Foire S. Laurent 1724. Elle a continué de fuivre ce Spectacle fous la direction des Sieurs Pontau & de Vienne, jufqu'à la fin de l'année 1736. Elle a paffé enfuite en Province, & enfin en Italie, où elle eft aujourd'hui, dans la Troupe de M. le Duc de Modene. On peut voir dans le Mercure de France, Mars 1742. pag 586-588. un Sonnet Italien à la louange de la *Déeffe Flore*, repréfentée dans une danfe fur le *Théatre de Milan*, par la Demoifelle Grognet, principale danfeufe des Sérénifimes Princeffes de Modene.

GRONDEUR, (le) Comédie en trois actes & en profe, précédée d'un Prologue en vers libres, (intitulé les *Sifflets*,) par Meffieurs *Brueys & Palaprat*, repréfentée le Samedi 3

Tome III. C

Février 1691. imp. dans les Œuvres de M. Brueys. *Hift. du Th. Fr.* année 1691.

GRONDEUSE, (la) Comédie en un acte & en profe de M. *Fagan*, non imp. repréfentée le Jeudi 11 Février 1734. précédée d'*Éfope à la Cour. Hift. du Th. Fr.* année 1734.

GROS GUILLAUME, (Robert Guérin, dit La Fleur dans le haut comique, &) dans les farces, Comédien de l'Hôtel de Bourgogne, mort vers l'an 1634. *Hiftoire du Théatre Fr.* année 1616.

Gros (le) LOT DE MARSEILLE, Comédie en un acte, d'un Auteur *Anonyme*, non imp. repréfentée le Jeudi 23 Septembre 1700. précédée de l'*Ecole des Maris. Hift. du Th. Fr.* année 1700.

Gros RENÉ, Comédien François. Voyez *Du Parc*.

GROS RENÉ PETIT ENFANT, petite Comédie repréfentée le Dimanche 27 Avril 1664. précédée de la Tragédie de *Cinna*. On croit que cette petite piéce eft de M. *Moliere. Hift. du Th. Franç.* année 1686.

GROTTE (la) DE SCAPIN, en Italien (*la Grotta di Finochio*,) Canevas Italien en trois actes, repréfenté pour la première fois le Lundi 21 Septembre 1716. Dans cette piéce qui eft affez foible, Scapin changea de nom, prit celui de *Finochio*, & joua fous le mafque, ainfi qu'il faifoit en Italie, où il étoit affez goûté, mais comme on étoit accoutumé à Paris à le voir jouer à vifage découvert, on lui fit quitter le mafque à la deuxiéme fcéne. *Note Manufcrite.*

GROTTE (la) DE VERSAILLES, Divertissement lyrique. Voyez *Eglogue (l') de Versailles*.

GUASTON DE FOIX, Tragédie de Claude *Billard de Courgenay*, 1607. imprimée dans le Recueil des Piéces de Théatre de cet Auteur. *Hist. du Théatre Franç.* année 1607.

GUÉRIN, (Isaac-François) Sieur d'Estriché, Comédien François, débuta au Théatre du Marais au commencement de 1673. passa la même année dans la Troupe de Guénégaud. Conservé à la réunion des Troupes en 1680. tomba en apoplexie le Jeudi 29 Juillet 1717. retiré du Théatre le 3 Avril 1718. avec la pension ordinaire de 1000 livres, mort le Mercredi 28 Janvier 1728. sur les cinq heures du soir.

Le Sieur Guérin représentoit parfaitement les roles des grands Confidens tragiques, & dans les Comédies, les roles à Manteaux, &c. *Hist. du Th. Franç.* année 1730.

GUÉRIN, (Mlle) Comédienne Françoise. Voyez *Moliere, (Mlle)*

GUÉRIN, (Nicolas-Armand-Martial) fils du précédent, & d'Armande Gresinde Elisabeth Bejart sa femme, précédemment veuve de M. Moliere, naquit en 1677. ou 1678. & mourut vers la fin de l'année 1707. ou au commencement de 1708. âgé d'environ 30 ans. Il est Auteur des deux piéces qui suivent, & qu'il a donné au Théatre François:

MÉLICERTE, Pastorale héroïque en vers libres en trois actes, avec un Prologue, 1699.

LA PSYCHÉ DE VILLAGE, Comédie en

profe en quatre actes, avec un Prologue, non imprimée, 1705.
Hift. du Th. Franç. année 1704.

GUÉRIN, (Mlle) Comédienne Françoife, débuta le Mercredi 1 Juillet 1733. par le role de *Junie*, dans la Tragédie de *Britannicus*, & ne fut point reçue. Aujourd'hui vivante, Comédienne en Province. *Hiftoire du Th. Franç. année* 1733.

GUERRE, (Elifabeth - Claude Jacquet, femme de *Marin de la*) Muficienne, née en 1659. morte le Lundi 27 Juin 1729. âgée de 70 ans, a compofé la Mufique de

CÉPHALE ET PROCRIS, Tragédie lyrique de M. *Duché*, 1694.

Le Sieur de la Guerre étoit Organifte de la Paroiffe S. Gervais à Paris. Mlle de la Guerre fon époufe, outre l'Opéra dont on vient de parler, a compofé différens morceaux de Mufique qui lui ont acquis de la réputation.

GUERRIERS, (les) c'eft le titre d'une Entrée du Ballet des *Fragmens de Lully*, 1702. Voyez *Fragmens* (*les*) *de Lully*.

GUERRIERS, (les) troifiéme Entrée des *Fêtes Galantes*, Opéra Comique de M. *Panard*. Voyez *Fêtes* (*les*) *Galantes*. Op. Comique.

GUERSENS, (Caïe-Jule de) Poëte Dramatique, naquit à Gifors, ville de la Haute-Normandie, en 1543. Avocat au Parlement de Bretagne, & Sénéchal de la ville de Rennes, mourut de la pefte le Jeudi 5 Mai 1583. âgé de 38 ou 40 ans. Il a compofé pour le Théatre Franç.

PANTHÉE, Tragédie, 1571.
Hift. du Th. Fr. année 1571.

G U

GUEULLETTE, (Thomas-Simon) Auteur vivant, ancien Substitut du Procureur du Roi au Châtelet de Paris, a fait présent au Théatre Italien des piéces suivantes :

LES COMÉDIENS PAR HAZARD, Comédie Italienne mêlée de scénes Françoises trois actes, 15 Mars 1718. non imprimée.

ARLEQUIN PLUTON, Comédie Italienne mêlée de scénes Françoises, avec des divertissemens, 19 Janvier 1719. non imprimée.

LE TRÉSOR SUPPOSÉ, Comédie en prose & en trois actes & des divertissemens, 7 Février 1720. Paris, Briasson.

L'AMOUR PRÉCEPTEUR, Comédie en prose & en trois actes, suivie d'un divertissement, 25 Juillet 1726. Paris, Briasson.

L'HOROSCOPE ACCOMPLI, Comédie en prose & en un acte, suivie d'un divertissement, 6 Juillet 1727. Paris, Briasson.

GUILLOCHÉ, (le) Feu d'Artifice exécuté sur le Théatre des Comédiens Italiens, le Dimanche 19 Novembre 1747.

GUILLOT-GORJU, (Bertrand Haudoüin dit Saint Jacques, ou) né à Paris vers l'an 1598. étudia d'abord en Médecine, & ensuite ayant pris le parti de la Comédie, il débuta en 1634. sur le Théatre de l'Hôtel de Bourgogne, & sous le nom de Guillot-Gorju, qu'il a conservé lorsqu'il joua dans les farces. Retiré vers l'an 1642. mort en 1648. *Histoire du Théatre Fr. année* 1634.

GUILLOT. (le Dom) Voyez *Rosélie*. (*la*)

GUINGUETTE (la) ANGLOISE, Divertissement composé de scénes muettes figurées.

C iij

en Ballet. Ce Ballet fut représenté la premiére fois le Jeudi 28 Juin 1731. Il étoit éxécuté par les Sieurs Roger, Rinton & Haugthon, trois excellens Danseurs Pantomimes, nouvellement arrivés de Londres. Il fut extrêmement goûté.

GUINGUETTE (la) DE LA FINANCE, Comédie en un acte avec un Prologue & un divertissement, par M. *Dancourt*, Musique de M. *Mouret*, non imprimée, & représentée le Mardi 19 Mai 1716. précédée de la Tragédie d'*Astrate*. *Hist. du Th. Fr.* année 1716.

GUINGUETTE (la) D'INTRIGUE, Pantomime représentée sur le Théatre du nouveau Spectacle Pantomime, à la Foire S. Laurent, le 5 Juillet 1746. *Affiches de Boudet*.

GUITTARE (la) ENCHANTÉE, Opéra Comique en un acte, de M. *Carolet*, non imp. représentée le Vendredi 25 Juillet 1721. par la Troupe de Lalauze & Associés, précédée de la *Fontaine de Jouvence*, piéce en trois actes avec un Prologue.

Cette piéce eut si peu de succès, qu'on n'a pas crû devoir joindre ici le moindre extrait d'un si foible ouvrage.

GUSTAPHE, *ou* l'HEUREUSE AMBITION, Tragi-Comédie de M. *Benserade*, représentée en 1637. Paris, Sommaville, 1637. in 4°. *Hist. du Th. Fr.* année 1637.

GUSTAVE VASA, Tragédie de M. *Piron*, Paris, Le Breton, 1733. représentée le Mardi 3 Février 1733. suivie de la Comédie du *Florentin*. *Hist. du Th. Franç.* année 1733.

GUYOT, (Judith de Nevers, dite la Dlle) Comédienne Françoise, né à Châlons sur Saone, demeura pendant quelque temps dans une Troupe de Province, & vint débuter à Paris au Théatre du Marais, au mois de Mai 1673. Paſſa la même année à celui de Guénégaud, conſervée à la réunion de cette Troupe & de celle de l'Hôtel de Bourgogne, au mois d'Août 1680. retirée avec une penſion de 1000 livres en 1684. morte le 30 Juillet 1691. *Hiſtoire du Th. Fr. année* 1685.

GUYOT, (Mlle) Danſeuſe de l'Académie Royale de Muſique, où elle débuta ſur la fin de l'année 1705. à peu près vers le temps de la retraite de Mlle Subligny. Mlle Guyot étoit d'une très aimable figure, elle a paſſé pour une des premiéres danſeuſes de ſon temps. Elle fut obligée de ſe retirer à la clôture du Théatre en 1722. parce que ſon embonpoint ne lui permettoit plus d'exercer ſes talens avec la même facilité. Elle a été fort regretée.

« Le Public, dit l'Auteur du Mercure de
« France, trouve beaucoup à redire à la Dlle
» Guyot, qui vient de ſe retirer, avec une
» penſion, après avoir brillé très-longtemps
» dans les Ballets de l'Opéra. C'étoit une des
» plus excellentes Danſeuſes que l'on ait vû ſur
» ce Théatre. Elle joignoit à beaucoup de no-
» bleſſe des graces infinies ». *Mercure de France, Avril* 1722. p. 119.

H.

H A

HABIS, Tragédie de Madame de *Gomez*, représentée le Mardi 17 Avril 1714. imp. la même année, in-12. Paris, Ribou. Cette piéce a été reprise au mois de Mai 1732. *Histoire du Théatre François*, année 1714.

HAINE, (la) premiére Entrée du Ballet des *Amours déguisés*, de M. *Fuselier*, Musique de M. *Bourgeois*, 1713. Sous ce titre l'Auteur a traité le sujet de *Phaëtuse* & de *Dioméde*. Voyez *Amours (les) déguisés*, Ballet.

HALLE (la) GALANTE, Opéra Comique. Voyez *Fête (la) de la Halle*.

HAMEL, (Jacques du) Avocat au Parlement de Normandie, Auteur Dramatique, a composé pour le Théatre François:

ACOUBAR, ou la LOYAUTÉ TRAHIE, Tragédie, 1586.

SICHEM RAVISSEUR, Tragédie, 1600.

LUCELLE, Tragi-Comédie en cinq actes & en vers, 1604.

Histoire du Théatre Franç. année 1586.

HAMOCHE, Acteur Forain, né d'une honnête famille; dès sa jeunesse il prit tant de goût pour le Théatre, qu'il entra dans la Troupe que Maillot rassembloit en Province, &

fut à ses gages pendant deux ans, à titre de violon. En 1709. Hamoche se laissa débaucher par Dolet & La Place, & les suivit à Lille en Flandres. Après avoir quitté ces deux Acteurs, il courut les Troupes de Province, & vint enfin à Paris en 1712. il débuta au Jeu des Sieur & Dame Saint Edme, dans le role de Pierrot, qu'il a toûjours conservé depuis, & sous lequel il a mérité les applaudissemens les plus marqués. Hamoche passa en 1715. dans la Troupe de la Dame de Baune, & lorsque cette derniére quitta ses Jeux, il retourna en Province, & ne revint à Paris qu'en 1721. Ce fut à la Foire Saint Laurent de cette année que cet excellent Pierrot se fit connoître; il continua d'amuser le Public, & de s'attirer ses applaudissemens, jusqu'en 1732. qu'il s'avisa d'entreprendre l'Opéra Comique, ou plûtôt de prêter son nom au Sieur de Vienne, dont il continua d'être toûjours gagiste, & joua les roles de Pierrot. Cette entreprise ayant mal réussi, Hamoche se brouilla avec l'Entrepreneur pour quelque point d'intérêt, & tout fier encore des acclamations dont il avoit été honoré par de nombreuses assemblées, au Théâtre de l'Opéra Comique, il se flatta que ce même public le verroit avec autant de plaisir sur celui de la Comédie Italienne, où il débuta le Lundi premier Décembre 1732. Il fut trompé dans son attente, ainsi qu'un nombre de personnes qui reconnurent qu'elles avoient présumé un peu trop des talens de cet Acteur. Il fut obligé de retourner à l'Opéra Comique, où il reparut le Mardi 30 Juin 1733. A l'article de la *Fausse Egyptienne*, on trouvera l'Extrait du Prologue que M. *Panard* avoit composé au sujet de cette rentrée. A la fin de cette même Foire, Hamoche se brouilla encore avec le Sieur de Vienne, qui continuoit l'entreprise de l'Opéra Comique sous le nom du Sieur Pontau, & le quitta assez brusquement; il resta quelque temps à Paris, occupé seulement à solliciter un procès qu'il lui fallut soutenir avec l'Entrepreneur, au sujet de ses appointemens, & se retira ensuite en Province, d'où il n'est revenu qu'à la Foire S. Laurent 1743. Le 13 Juillet de cette même année, il joua le role de Pierrot à la reprise de la *Reine du Barostan*, piéce en un acte, & fut reçû du public avec les mêmes applaudissemens. Aujourd'hui vivant en Province.

HAMOCHE, (Mlle) femme de l'Acteur précédent, qu'elle épousa dans le temps qu'il étoit gagiste de Maillot. Mlle Hamoche étoit alors danseuse dans la Troupe de la Dame de Lorme, veuve d'un Opérateur. Elle continua d'exercer ce talent aux Foires S. Germain & S. Laurent, dans les différentes Troupes où son mari joua le role de Pierrot. En 1715. elle passa avec lui en Province, & s'engagea dans diverses Troupes de Comédiens; les applaudissemens qu'elle reçût lui firent croire qu'elle paroîtroit sur le Théatre de Paris avec succès: elle y débuta le Samedi 12 Janvier 1726. par le role de *Clitemnestre*, dans la Tragédie d'*Iphigénie*, & celui de *Rosette*, de la petite Comédie du *Cocher supposé*, comme elle n'a point été reçue, elle retourna en Province, où elle est aujourd'hui vivante.

Mlle Hamoche a eu de son mariage une fille, qui suivant sa même profession est morte à Manheim, Comédienne dans la Troupe Françoise de M. l'Electeur Palatin.

HARDY, (Alexandre) Parisien, Auteur Dramatique, mort vers 1630. a composé pour la scéne Françoise, entr'autres piéces, celles dont voici les titres :

Les Amours de Théagene et Cariclée, en huit Poëmes Dramatiques, (chacun de cinq actes,) ou de Théatre consécutifs, 1601.

Didon se sacrifiant, Tragédie, 1603.

Scédase, ou l'Hospitalité violée, Tragédie, 1604.

Panthée, Tragédie, 1604.

Méléagre, Tragédie, 1604.

Procris, ou la Jalousie infortunée, Tragi Comédie, 1605.

Alceste, ou la Fidélité, Tragi-Comédie, 1606.

Ariadne ravie, Tragi-Comédie, 1606.

Alphée, ou la Justice d'Amour, Pastorale, 1606.

La Mort d'Achille, Tragédie, 1607.

Coriolan, Tragédie, 1607.

Cornelie, Tragi-Comédie, 1609.

Arsacome, ou l'Amitié des Scythes, Mariamne, Tragédie, 1610.

Alcée, ou l'Infidélité, Pastorale, 1610.

Le Ravissement de Proserpine par Pluton, Poëme Dramatique, 1611.

La Force du Sang, Tragi-Comédie, 1612.

La Gigantomachie, ou le Combat des

Dieux avec les Géants, Poëme Dramatique, 1612.

Félismène, Tragi Comédie, 1613.

Dorise, Tragi-Comédie, 1613.

Corine, ou le Silence, Pastorale, 1614.

Timoclée, ou la juste Vengeance, Tragédie, 1615.

Elmire, ou l'heureuse Bigamie, Tragi-Comédie, 1615.

La Belle Égyptienne, Tragi-Comédie, 1615.

Lucrece, ou l'Adultere puni, Tragédie, 1616.

Alcméon, Tragédie, 1618.

L'Amour victorieux ou vengé, Pastorale, 1618.

La Mort de Daire, Tragédie, 1619.

La Mort d'Alexandre, Tragédie, 1621.

Aristoclée, ou le Mariage infortuné, Tragi Comédie, 1621.

Frégonde, ou le chaste Amour, Tragi-Comédie, 1621.

Gésippe, ou les Deux Amis, Tragi Comédie, 1622.

Phraarte, ou le Triomphe des vrais Amans, Tragi Comédie, 1623.

Le Triomphe d'Amour, Pastorale, 1623.

Les piéces cy dessus, qui sont toutes celles qu'on connoisse de ce Poëte, sont imprimées en six volumes.

Le Premier contenant *Théagene & Cariclée*, Paris, Quesnel, 1623.

Le IIe contenant *Didon —— Alphée*, Pastorale, Paris, Quesnel, 1624.

Le IIIe *Achille* —— *Alcée*, Pastorale, Paris, Quesnel, 1625.

Le IVe *Proserpine* —— *Corine*, Pastorale, Paris, Quesnel, 1625.

Le Ve *La Mort de Daire* —— *Le Triomphe d'Amour*, Pastorale, Rouen, Du Petitval, 1626.

Le VIe & dernier, *Timoclée* —— *L'Amour victorieux*, Pastorale, Paris, Targa, 1628. *Histoire du Th. Fr.* année 1601.

HARMONIDE, Parodie en un acte & en vaudevilles du Ballet héroïque de *Zaïde*, de M. l'Abbé de la *Mare*, Musique de M. *Royer*, par M. *Favart*, représentée au Théatre de l'Opéra Comique, le Jeudi 1 Octobre 1739. précédée des *Réjouissances publiques*, & du Ballet d'*Arlequin Peintre & Musicien*, & terminée par une danse Pantomime. L'idée de cette Parodie est des plus simple & très-neuve.

Harmonide est recherchée par le Naturel & par l'Art : ces deux Rivaux veulent l'obliger à faire un choix ; Harmonide de peur de se tromper, les prend l'un & l'autre, & ajoûte pour justifier sa conduite :

HARMONIDE. (AIR. *Entre l'Amour & la Raison.*)

> Le naturel a besoin d'art,
> L'art déplaît souvent par son fard,
> Afin qu'à nos vœux tout réponde,
> Joignez-vous sans être jaloux ;
> Avec des Maîtres tels que vous,
> Nous allons charmer tout le monde.

L'ART.)AIR. *Jérôme as-tu vû le feu.*)

Ah ? quel bonheur extrême !

LE NATUREL.

Ah ! quel bien précieux !

HARMONIDE.
Ah ! quelle gloire extrême !
RITOURNELLE.
Ah ! quels chants gracieux !
ENSEMBLE.
Plaisirs délicieux,
Accourez dans ces lieux ;
Amour descens des Cieux,
Mets-nous au rang des Dieux,
Amour comble nos vœux,
Quel bonheur d'être heureux,
Chantons, chantons nos nœuds,
Nos flames & nos feux.

Extrait Manuscrit.

HAUGTHON, Danseur Pantomime Anglois, qui a paru dans différens Ballets de l'Opéra Comique, à la Foire S. Laurent 1732. & suivantes, avec les nommés Rinton & Roger.

HAUTEROCHE, (Noël le Breton, Sieur de) Comédien François, étoit dans la Troupe du Marais dès l'an 1654. Il passa ensuite dans celle de l'Hôtel de Bourgogne, conservé à la réunion des Troupes Françoises au mois d'Août 1688. retiré du Théatre sur la fin de 1682. avec une pension de 1000 livres, mort le 14 Juillet 1707. dans un âge très-avancé. M. Hauteroche jouoit excellemment les troisiémes roles tragiques, les grands Confidens, & brilloit sur tout dans les récits. Il est encore Auteur Dramatique, & a composé pour son Théatre les piéces suivantes.

L'AMANT QUI NE FLATTE POINT, Comédie en cinq actes & en vers, 1668.

LE SOUPÉ MAL APPRÊTÉ, Comédie en un acte & en vers, 1669.

Le Deuil, Comédie en un acte & en vers, 1672.

Les Apparences trompeuses, *ou les Maris infidéles*, Comédie en trois actes & en vers, 1673.

Crispin Médecin, Comédie en trois actes & en prose, 1673.

Crispin Musicien, Comédie en cinq actes & en vers, 1674.

Les Nobles de Province, Comédie en cinq actes & en vers, 1678.

La Bassette, Comédie non imprimée, 1680.

La Dame invisible, *ou l'Esprit follet*, Comédie en cinq actes & en vers, 1684.

Le Cocher supposé, Comédie en prose & en un acte, 1684.

Les Bourgeoises de qualité, Comédie en cinq actes & en vers, 1690.

Les piéces de M. Hauteroche sont imprimées, Paris, 1736, 3 volumes in 12. par la Compagnie des Libraires. On y trouve *Le Feint Polonois*, ou la *Veuve impertinente*, Comédie en trois actes & en prose, qui ne paroît pas avoir été représentée à Paris. *Hist. du Th. Franç.* année 1684.

HAYES, (Marie Anne Carton Dancourt, femme de Samuel Boulinon, Sieur des) fut reçue au Théatre François au mois de Mai 1699, pour les roles d'*Amoureuses* dans le comique de *Soubrette*, &c. retirée le 14 Mars 1728. avec pension de 1000 livres, actuellement vivante. *Hist. du Th. Fr.* année 1730.

HAYES, (Des) Comédien François, a

débuté le Lundi 21 Juillet 1731. par le rôle d'*Andronic*, dans la Tragédie de ce nom, & n'a point été reçû. *Hist. du Th. Fr. année* 1732.

HAYS, (Jean) Auteur Dramatique, né au Pont-de-l'Arche, ville de Normandie, Conseiller & Avocat du Roi au Bailliage & Siége Présidial de Rouen, a composé :

CAMMATE, Tragédie en vers & en sept actes, 1597.

AMARYLLE, BERGERIE FUNÉBRE, cette derniére n'a jamais paru au Théatre.
Hist. du Th. Franç. année. 1597.

HAZARD, (le) Opéra Comique en un acte, de M. *Pontau*, représenté le Mardi 3 Février 1739. précédé d'un Prologue, & terminé par des divertissemens, exécutés par la Troupe Angloise.

Ce Prologue n'est fait que pour annoncer la jonction de la Troupe Angloise de la Meine, Roberti, Torse, & autres, à celle de l'Opéra Comique. Une Actrice de cette derniére faisoit un compliment en pot-pourri, & un des Acteurs terminoit ce Prologue par le couplet que voici.

(Sur l'air. *Changement pique l'appétit.*)

Nous allons avoir de la rime,
Des tours, & de la Pantomime,
L'un part dès que l'autre finit,
Changement pique l'appétit.

LE HAZARD.

Ce Dieu de nouvelle création, choisit la Salle de l'Opéra Comique pour celle de ses audiences, mais comme alors il faut qu'il sorte pour secourir une fort aimable fille, qui a toujours sacrifié sa fortune au Hazard, & se trouve en danger de mourir, il charge le caprice de recevoir les sujets qui se présenteront. On sent bien que c'est ici l'exorde d'une suite de scénes épisodiques; la premiére personne qui se présente est la *Mode* personnifiée, ensuite le *Chevalier Lansquenet*, à qui le Jeu tient lieu de talent & de patrimoine. La *Loterie* paroît après, elle est entretenue de tout le monde, & semble être fort agitée. Dans le moment il sort de la coulisse une voix qui crie: *Quinze mille livres en passant.*

LE CAPRICE. (AIR. *Le Cabarêt est mon réduit.*)
Vous n'avez jamais de repos.

LA LOTERIE.
Adieu, j'entens qu'on me publie,
Je vais arranger tous les lots,
Je serai bientôt remplie,
Je serai bientôt,
Je serai bientôt,
Je serai bientôt remplie.

Madame Bertrand riche veuve, Suzon sa sœur, & Colette fille de Madame Bertrand, viennent se disputer le cœur d'un jeune Chasseur, dont elles ont fait connoissance depuis huit jours. Le Chasseur paroit, & donne la préférence à Colette. Madame Bertrand & Suzon sont fort surprises. Enfin le Hazard arrive, accompagné d'un jeune homme qui lui doit la naissance. Ce jeune homme veut se marier à la premiére personne qui lui conviendra: on entend une symphonie; ce sont des Matelots & des Bohémiens qui viennent terminer l'audience par une fête : le jeune homme reste pour choisir une épouse parmi les Bohémiennes.

Couplet du Vaudeville.

 Un François constant en amour,
 Un Cadédis sans hyperbole,
 Un de ces importans de Cour,
 Jaloux de tenir sa parole,
 Un Normand plus franc qu'un Picard,
 On en peut trouver par hazard.

A la fin du Prologue & de la piéce, la Troupe Angloise exécuta de nouveaux exercices, des tours de force & de souplesse surprenans. Elle donna aussi des Ballets dans le goût de sa Nation, & une Pantomime qui terminoit le spectacle : la variété dont il étoit composé, fit que le Public applaudit à ce divertissement. *Extrait Manuscrit.*

HAZARD, (le Dieu du) Prologue François en prose, qui précédoit deux piéces en un acte, *La Force de l'Amour*, & la *Foire des Fées*, aussi en prose & suivies chacune d'un divertissement, au Théatre Italien, par Messieurs *Le Sage*, *Fuselier* & *d'Orneval*, représentées sur le Théatre du Fauxbourg S. Laurent, le Samedi 8 Août 1722. imprimées tome V. du Théatre de la Foire. *Mercure du mois d'Août* 1722. p. 156.

HECTOR, Tragédie d'Antoine de *Monchrestien*, 1603. imp. dans la premiére édition des Œuvres de cet Auteur. *Histoire du Th. Franç. année* 1603.

HÉLÉNE, (le Ravissement d') Piéce de M. *Fuselier*, au Jeu des Marionnettes. Voyez *Ravissement (le) d'Héléne*.

HENRY LE GRAND, Tragédie de Claude

Billard de Courgenay, 1610. Paris, Langlois, 1611. *Histoire du Théatre Franç. année* 1610.

HÉRACLIDES, (les) Tragédie de M. de *Brie*, non imp. représentée le Samedi 9 Février 1695. *Histoire du Théatre Franç. année* 1695.

HÉRACLIDES, (les) Tragédie de M. *Danchet*, rep. le Vendredi 29 Décembre 1719. Paris, Grangé. *Hist. du Th. Fr. année* 1719.

HÉRACLIDES, (les) Tragédie de M. *Marmontel*, représentée le Mercredi 24 Mai 1752. *Hist. du Th. Franç. année* 1752.

HÉRACLIDES. (le Retour des) Voyez *Chresphonte*, Tragédie de M. *Gilbert*.

HÉRACLIUS, EMPEREUR D'ORIENT, Tragédie de M. *Corneille*, représentée sur le Théatre de l'Hôtel de Bourgogne en 1647. imprimée dans les Œuvres Dramatiques de ce Poëte. *Hist. du Théatre Franc. année* 1647.

HERCULE, Tragédie de Jean *Prevost*. Poitiers, Thoreau, 1614. in-12. *Hist. du Th. Franç. année* 1614.

HERCULE FURIEUX, Tragédie de Roland *Brisset*, 1589. Tours, Montreuil & Richer, 1590. in 8°. *Hist. du Th. Fr. année* 1589.

HERCULE FURIEUX, Tragédie de M. *Lhéritier de Nouvellon*, 1638. Paris, Quinet, 1638. *Hist. du Th. Fr. année* 1638.

HERCULE MOURANT, Tragédie de M. *Rotrou*, représentée en 1632. imp. dans le tome I. du Recueil intitulé Théatre François, Paris, 1737. par la Compagnie des Libraires. *Hist. du Th. Fr. année* 1632.

HERCULE, Tragédie de M. l'Abbé *Abeille*, sous le nom du Sieur de la *Tuillerie*, représentée le Vendredi 7 Novembre 1681. imp. dans les Œuvres de ce dernier. *Hiftoire du Th. Franç.* année 1681.

Les Tragédies d'*Hercule*, de Prevoft, de Briffet & du Sieur l'Héritier, roulent fur le même fujet traité autrefois par Sénéque & Euripide, & nouvellement par M. de *Morand*, fous le titre de *Mégare*, au lieu que les Tragédies de Meffieurs *Rotrou* & *Abeille*, font prifes de l'*Hercule Œteon* d'*Euripide* : le même fujet a été mis au Théatre lyrique par M. *Campiftron*, dans fa piéce intitulée *Alcide*, dont la Mufique eft de Meffieurs L. *Lully* & *Marais*.

HERCULE ET OMPHALE, Comédie en cinq actes & en vers, de M. *Palaprat*, non imp. repréfentée le Vendredi 7 Mai 1694. M. Palaprat, dans fa Préface du *Grondeur*, la nomme fimplement *Omphale*. M. de la Motte a traité ce fujet dans une Tragédie qu'il a donné fous ce dernier titre au Théatre lyrique. *Hift. du Th. Fr.* année 1694.

HERCULE, Tragédie Italienne, repréfentée pour la première fois le Dimanche 19 Décembre 1717. Paris, Briaffon, avec la traduction à côté de l'Italien.

HERCULE FILANT, Parodie en profe & vaudevilles de la Tragédie lyrique d'*Omphale*, au Théatre Italien, par M. *Fufelier*, repréfentée pour la première fois le Jeudi 15 Mai 1721. Paris, Briaffon. *Extrait*, *Mercure du mois de Mai* 1721. *p.* 12.

HÉRITIER, (N...... l') Nouvellon. Voyez *Nouvellon*.

HÉRITIER (l') DE VILLAGE, Comédie

Françoise en prose & en un acte, au Théatre Italien, par M. de *Marivaux*, représentée pour la première fois, (sans être annoncée,) le Dimanche 19 Août 1725. Paris, Prault pere. *Extrait, Mercure de France, mois d'Août 1725. p. 1869. & suivantes.*

HÉRITIER (l') RIDICULE, *ou la* DAME INTERRESSÉE, Comédie en cinq actes & en vers de M. *Scarron*, représentée en 1649. imp. dans les Œuvres de cet Auteur, & in 4°. Paris, Quinet, 1650. & chez le même, in-12. 1659. *Hist. du Th. Franç. année* 1649.

HERMÉNIGILDE, Tragédie en cinq actes & en prose, de M. de la *Calprenede*, représentée en 1643. in-4°. Paris, Sommaville & Courbé, 1643. M. de Montauban a traité le même sujet sous le titre d'*Indegonde*. *Histoire du Théatre François, année* 1643.

HERMOGENE, Tragi Comédie en cinq actes & en vers, de M. *Desfontaines*, représentée en 1638. Paris, Quinet, 1639. in-4°. *Hist. du Th. Fr. année* 1638.

HÉRODE, Tragédie de M. l'Abbé *Nadal*, représentée le Vendredi 15 Février 1709. imp. dans les Œuvres de cet Auteur. *Histoire du Th. Fr. année* 1709.

HÉRODE ET MARIAMNE, Tragédie de M. de *Voltaire*, représentée le Mardi 10 Avril 1725. suivie de la Comédie de la *Foire Saint Laurent*. Cette Tragédie est imprimée dans ses Œuvres. Voyez cy-dessous les articles *Mariamne*. *Hist. du Th. Franç. année* 1725.

HÉRODE, (la Mort des Enfans d') *ou la* SUITE DE MARIAMNE, Tragédie de M. de la

Calprenede, repréſentée en 1639. Paris, Courbé, 1639. in-4°. *Hiſt. du Th. Fr.* année 1639.

HÉROÏNE, (l') Comédie en un acte, d'un Auteur *Anonyme*, non imprimée, repréſentée le Jeudi 10 Septembre 1685 précédée de la Tragédie de *Mariamne* de M. *Triſtan*. *Hiſt. du Th. Fr.* année 1685.

HÉROS (le) DE ROMANS. Voyez *Saliſoque*. (*l'Infante*)

HÉROS (le) EN QUENOUILLE. Voyez *Polichinelle Alcide*.

HERVÉ, (Mlle) Comédienne Françoiſe de la Troupe du Palais Royal en 1663. *Hiſt. du Th. Fr* année 1673.

HÉSIONE, Tragédie lyrique en cinq actes, avec un Prologue, de M. *Danchet*, Muſique de M. *Campra*, repréſentée par l'Académie Royale de Muſique, le Mardi 21 Décembre 1700. in-4°. Paris, Ballard, & tome VII. du Recueil général des Opéra. *Extrait, Mercure de France*, Octobre 1729. p. 2477. & ſuiv.

ACTEURS DU PROLOGUE.

La Prêtreſſe du Soleil.	Mlle Maupin.
Le Soleil.	Le Sieur Hardouin.

BALLET.

Une Lydienne.	Mlle Dufort.
	Le petit Ruel & la petite Prevoſt.

ACTEURS DE LA TRAGÉDIE.

Laomédon.	Le Sieur Hardouin.
Héſione.	Mlle Moreau.
Vénus.	Mlle Deſmatins.
Anchiſe.	Le Sieur Thévenard.
Telamon.	Le Sieur Chopelet.
Cléon, Confident de Telamon.	Le Sieur Dun.

Une Prêtresse de Flore.	Mlle Maupin.
Neptune.	Le Sieur Dun.
Une Grace.	Mlle Heusé.
Un Plaisir.	Le Sieur Boutelou.

ACTEURS DU BALLET.

ACTE I.	*Une Prêtresse de Junon.*	Mlle Subligny.
ACTE II.	*Un Plaisir.*	Le Sieur Pécourt.
	Les Graces.	Mlles Desplaces, Dangeville & Victoire.
ACTE III.	*Héros.*	Le Sieur Balon.
		Mlles Subligny, Dufort, &c.
ACTE IV.	*Vent souterrain.*	Le Sieur Blondy.
	Vent de l'air.	Le Sieur F. Dumoulin.
ACTE V.	*Un Romain.*	Le Sieur Lestang.

IIe REPRISE de la Tragédie lyrique d'*Hésione*, le Vendredi 19 Juillet 1709. 2e édition in-4°. Ballard.

ACTEURS DU PROLOGUE.

La Prêtresse du Soleil.	Mlle Du Jardin.
Le Soleil.	Le Sieur Hardouin.

BALLET.

Une Lydienne.	Mlle Chaillou.

ACTEURS DE LA TRAGÉDIE.

Laomedon.	Le Sieur Hardouin.
Hésione.	Mlle Poussin.
Vénus.	Mlle Journet.
Anchise.	Le Sieur Thévenard.
Telamon.	Le Sieur Cochereau.
Cléon & Neptune.	Le Sieur Dun.
Mercure & un Plaisir.	Le Sieur Chopelet.
Une Prêtresse de Flore.	Mlle Du Jardin.
Une Grace & une Troyenne.	Mlle Dun.

ACTEURS DU BALLET.

ACTE I.	*Un Troyen.*	Le Sieur Blondy.
	Prêtresse de Junon.	Mlle Guyot.
ACTE II.	*Les Graces.*	Mlles Prevost, Du Fresne & Rochecourt.
ACTE III.	*Héros.*	Le Sieur Balon.
	Héroïnes.	Mlles Prevost, Chaillou, Menès, &c.

ACTE IV. *Vent souterrain.*   Le Sieur Fr. Dumoulin.
ACTE V. *Troyens.*   Le Sieur Balon.
               Le Sieur D. Dumoulin & Mlle Guyot.

IIIe REPRISE d'*Hésione*, le Mardi 13 Septembre 1729. 3e édition in-4º Ballard.

ACTEURS DU PROLOGUE.

La Prêtresse du Soleil & celle de Flore.	Mlle Eremans.
Le Soleil.	Le Sieur Chassé.

BALLET.

Une Prêtresse du Soleil.	Mlle Mariette.

ACTEURS DE LA TRAGÉDIE.

Laomédon.	Le Sieur Dun.
Hésione.	Mlle Pélissier.
Vénus.	Mlle Antier.
Anchise.	Le Sieur Chassé.
Télamon.	Le Sieur Tribou.
Mercure & un Plaisir.	Le Sieur Dumast.

ACTEURS DU BALLET.

ACTE I.	*Un Troyen.*	Le Sieur Maltaire C.
	Une Prêtresse de Junon.	Mlle Mariette.
ACTE II.	*Un Plaisir.*	Mlle Sallé.
	Graces.	Mlles Du Rocher, Mariette & Thibert.
ACTE III.	*Héros.*	Le Sieur Laval.
	Héroïne.	Mlle Sallé.
ACTE IV.	*Vent souterrain.*	Le Sieur Maltaire C.
ACTE V.	*Un Phrygien.*	Le Sieur D. Dumoulin.

La Tragédie d'Hésione fut continuée jusqu'à la fin d'Octobre. On la reprit au mois de Janvier 1730. pour être jouée les Mardi, & le 31 du même mois, l'Académie Royale de Musique en supprima le Prologue, & donna à la suite de la Tragédie, *La Pastorale Héroïque* de la Fête des Ambassadeurs d'Espagne, composée à l'occasion de la naissance de Monseigneur le Dauphin. Voyez *Pastorale Héroïque.*

Le Jeudi 31 Août suivant, l'Académie reprit encore l'Opéra d'Hésione: Mlle *Le Maure*, qui avoit quitté le Théatre au mois d'Août 1727. y chanta le principal role avec beaucoup d'applaudissement.

Reprise pour la IVe fois le Vendredi 1 Mars 1743. 4e édition in-4º Ballard.

Acteurs du Prologue.

La Prêtresse du Soleil.	Mlle Fel.
Le Soleil.	Le Sieur Le Page.
Un Lydien.	Le Sieur La Tour.

Ballet.

Saliens.	Le Sieur Lany & Mlle Le Duc.
Prêtresse du Soleil.	Mlle Le Breton.

Acteurs de la Tragédie.

Laomédon.	Le Sieur Le Page.
Hésione.	Mlle Le Maure, & ensuite Mlle Clairon.
Vénus.	Mlle Chevalier.
Anchise.	Le Sieur Chassé.
Telamon.	Le Sieur Jélyotte.
Un Plaisir.	Le Sieur La Tour.
Une Grace.	Mlle Bourbonnois.
Une Phrygienne.	Mlle Fel.

Acteurs du Ballet.

Acte I.	*Prêtresse de Junon.*	Mlle Dallemand.
Acte II.	*Jeux.*	Le Sieur Lany.
	Plaisir.	Mlle Carville.
	Les Graces.	Mlles Le Breton, Le Duc & Fremicourt.
Acte III.	*Ombres de Héros.*	Le Sieur Javillier L. Le Sieur D. Dumoulin, Mlle Camargo.
Acte IV.	*Vent souterrain.*	Le Sieur Dupré.
Acte V.	*Une Phrygienne.*	Mlle Camargo.

La Tragédie d'*Hésione* fut encore reprise le Dimanche 6 Octobre 1743. Dans cette dernière

Tome III.   D

reprise Mlle de *Romainville* y chanta le role d'*Hésione*, & fut très-applaudie.

HÉSIONE, Parodie en prose & vaudevilles & en un acte, de la Tragédie lyrique du même nom, au Théatre Italien, par Messieurs *Dominique* & *Romagnesi*, représentée pour la premiére fois le Samedi 22 Octobre 1729. Paris, Briasson. *Extrait, Mercure de France, mois de Novembre 1729. p. 2685. & suivantes.*

HESSE, (N....... de) Acteur vivant de la Troupe Italienne, débuta sur le Théatre de l'Hôtel de Bourgogne, le Jeudi 2 Décemb. 1734. dans la Comédie Françoise du *Petit Maître Amoureux*, où il joua le role de *Valet*, avec un applaudissement général des Spectateurs, & il fut reçû dans la Troupe peu de temps après son début. On ne s'étendra point sur les talens du Sieur de Hesse, soit pour les roles qu'il remplit avec succès, soit pour les Ballets pictoresques qu'il a donné tant à la Cour que sur le Théatre de l'Hôtel de Bourgogne, l'approbation générale dispense d'un plus long détail.

HEUDON, (Jean) Parisien, Poëte Dramatique, sous le regne d'Henri IV. a composé pour la scéne Françoise :

PYRRHE, Tragédie, 1598.

SAINT CLOUAUD, Tragédie, 1599. *Hist. du Th. Fr. année* 1598.

HEURE (l') DU BERGER, Pastorale en cinq actes & en vers, de M. *Champmeslé*, imp. dans ses Œuvres, & représentée au Théatre de l'Hôtel de Bourgogne, au mois de Juillet 1672. *Hist. du Th. Fr. année* 1672.

HEURE (l') DU BERGER, Comédie en prose

& en un acte avec un divertiffement, de M. *Panard*, par M. *Pontau*, Mufique de M. *Favre*, Paris, Prault fils, repréfentée le Mardi 12 Novembre 1737. précédé du *Rival Sécretaire*, & de l'*Accommodement imprévu*, piéces en un acte. *Hift. du Th. Fr.* année 1737.

HEUREUSE (l') AMBITION. Voyez *Guftaphe*.

HEUREUSE (l') CONSTANCE, Tragi Comédie de M. *Rotrou*, repréfentée en 1631. Paris, Quinet, 1636. in-4°. *Hift. du Th. Fr.* année 1631.

HEUREUSE (l') RESSEMBLANCE. Voyez *Princeffe (la) de Golconde*.

HEUREUSE (l') SURPRISE, en Italien l'*Inganno fortunato*, Canevas Italien en trois actes, repréfenté pour la premiére fois fur le Théatre du Palais Royal, le Lundi 18 Mai 1716.

Cette piéce eft la premiére que les nouveaux Comédiens Italiens repréfentérent à Paris. Le Théatre de l'Hôtel de Bourgogne ne fe trouvant pas encore achevé pour les réparations, Monfeigneur le Duc d'Orléans Régent, pour fatisfaire à l'empreffement du public, leur permit de jouer fur le Théatre du Palais Royal, ce qu'ils continuérent deux fois la femaine, fçavoir le Lundi & le Samedi, jufqu'à la mort de Madame, femme de Monfieur, frere unique de Louis XIV.

Au refte cette piéce fût trouvée très jolie. Il y a des fcénes de nuit excellentes, dans lefquelles, ainfi que dans celles du Peintre, l'Arlequin (Thomaffin Vicentini) enleva les fuffrages des fpectateurs. Il y a dans cette Comédie des scénes tirées d'une autre Espagnole. *Note Manuscrite.*

HEUREUSE (l') TRAHISON, en Italien, *Il servo astudo*, Canevas en trois actes, tiré *dal Emilia cieco d'Adria*, lequel en avoit pris le sujet d'une Comédie de Plaute, *Note Manuscrite*, représenté pour la premiére fois le Mercredi 27 Janvier 1717.

ACTEURS.

PANTALON.
SCAPIN, *valet de Pantalon.*
LE DOCTEUR.
MARIO.
LÉLIO, *fils de Pantalon, autrefois amant de Flaminia, qu'il quitte pour s'attacher à Silvia.*
FLAMINIA, *esclave.*
ARLEQUIN, *Marchand d'Esclaves.*
SCARAMOUCHE, *Capitaine.*
UN TURC, *Marchand d'Esclaves.*
BEATRIX, *femme de Pantalon, qui arrive de Scio, au moment que se passe la scéne.*
SILVIA, *fille de Pantalon & de Béatrix, Esclave, qui arrive pareillement de Scio.*

La scéne est en Dalmatie, dans la ville de Zara.

« Pantalon envoye Lélio son fils à la guerre, » pour l'empêcher d'épouser une esclave, dont » il est éperduement amoureux; mais ce jeune » homme avant que de partir, ordonne à Sca-» pin de la lui acheter à quelque prix que ce » soit, & de la lui garder jusqu'à son retour,

„ Pantalon, très-affligé de l'absence de son fils,
„ qui se trouve dans l'armée qui fait le siége de
„ Scio, & d'avoir dans cette place Béatrix qu'il
„ a épousée à Napoli de Romanie, & une fille
„ appellée Silvia, qu'il a eue de cette femme,
„ Pantalon dis-je, témoigne à Scapin son valet,
„ la crainte où il est que ces deux personnes ne
„ courent autant de risque avec les Turcs qu'a-
„ vec les Chrétiens, au cas que la ville soit
„ prise.

„ L'ingénieux Scapin profitant de cette con-
„ joncture, & de la nouvelle de la prise de
„ Scio, fait croire à Pantalon qu'entre les Es-
„ claves que l'on vient d'amener de cette place,
„ il a reconnu sa fille Silvia, qu'il avoit coutu-
„ me d'aller voir tous les ans par son ordre,
„ pour apprendre de ses nouvelles & de celles
„ de Béatrix. Pantalon transporté de joye, don-
„ ne à Scapin de l'argent pour délivrer sa fille
„ d'esclavage, dont il se sert pour acheter Fla-
„ minia, qu'il présente à ce vieillard sous le
„ nom de Silvia.

„ Lélio revient de la guerre, & sans vouloir
„ se montrer devant son pere, il ordonne à
„ Scapin de lui trouver promptement de l'ar-
„ gent pour acheter une Esclave, dont il est
„ devenu amoureux, qui est arrivée avec lui
„ de Scio sur le même vaisseau, & lui com-
„ mande avec menace, de chercher un moyen
„ pour faire sortir de la maison de son pere,
„ Flaminia qu'il n'aime plus. Scapin, pour
„ obéir à son jeune Maître, fait plusieurs four-
„ beries, & tire encore de l'argent de Pantalon;
„ elles sont toutes découvertes par des événe-

» mens imprévûs & extraordinaires, mais il
» répare tous ces malheurs par sa présence d'es-
» prit. Enfin au moment qu'il se croit perdu, il
» présente à Pantalon son fils Lélio, qui est de
» retour de la guerre, & sa fille à qui il a rendu
» la liberté. Flaminia, reconnue pour fille du
» Docteur, épouse Lélio, qui trouve sa sœur
» Silvia dans l'Esclave qui l'avoit rendu infidéle,
» Mario l'obtient pour femme; Scapin est com-
» blé de caresses, & peut dire qu'il a fait d'heu-
» reuses & d'utiles trahisons ». *Argument imprimé.*

HEUREUSE (l') TROMPERIE. Voyez *Pyrandre & Lisimene.*

HEUREUX (l') DÉGUISEMENT, Parodie en un acte & en vaudevilles de la Pastorale héroïque d'*Issé*, par M. de la *Grange*, représentée à l'Opéra Comique le Samedi 27 Février 1734. précédée du *Palais Enchanté*, piéce en un acte, & d'un Prologue intitulé *Le Retour de l'Opéra Comique*, au Fauxbourg S. Germain.

Quoique cette piéce ne soit pas imprimée, l'Extrait n'en sera pas long: l'Auteur ayant suivi le sujet & la conduite de l'Opéra qu'il a parodié, à l'exception des noms qui sont ici différens: Acaste Capitaine de Dragon, y tient la place d'Apollon, & Agathe, qui est l'Issé de la Parodie, au lieu de consulter l'Oracle de Dodone, se fait dire la bonne avanture par des Bohémiens. La piéce finit par un divertissement formé par les Dragons de la Compagnie d'Acaste, & par un vaudeville qui est sans refrain. *Extrait Manuscrit.*

HEUREUX (l') DE'SESPOIR. Voyez *Arlequin & Colombine captifs.*

HEUREUX (l') ÉCHANGE, Comédie en cinq actes & en vers, d'un Auteur *Anonyme*, non imprimée, représentée le Samedi 22 Octobre 1740. suivie de l'*Esprit de contradiction. Hist. du Th. Franç.* année 1740.

HEUREUX (l') ESCLAVE, Canevas Italien en trois actes & trois divertissemens, représenté pour la première fois le Samedi 25 Février 1747.

ACTEURS.

MARIO, *Prince de Majorque.*
SILVIA, *épouse de Mario.* ⎫ *travesties en*
CORALINE, *sa suivante.* ⎬ *hommes.*
MUSTAPHA, *Prince de Tunis.*
ROXELLANE, *sœur de Mustapha.*
ALLI, *Gouverneur des Jardins du Sérail.*
SCAPIN.
ARLEQUIN, *valet de Mario.*
FATIME, *suivante de Roxellane.*
TROUPE DE TURCS.

La scéne est à Tunis.

EXPOSITION.

« Mario, Prince de Majorque, en faisant la
» visite des ports maritimes de son état, fut
» pris avec son valet Arlequin, par des Corsai-
» res Tunisiens. Comme il étoit mis simple-
» ment, & sans autre suite que ce valet, il ne
» fut point reconnu. Ils furent conduits à Tu-
» nis, présentés au Prince Mustapha, qui

» ordonna qu'on les fit travailler à ſes jardins. Il
» faut obſerver que Silvia, épouſe de Mario,
» gouvernoit l'Etat pendant l'abſence de ſon
» mari, mais enfin impatiente de le revoir, &
» de trouver moyen de le délivrer de ſa capti-
» vité, elle alla elle-même à Tunis, ſous l'habit
» de Cavalier, avec Coraline, qu'elle traveſtit
» de même, s'introduit dans le Sérail, en ſe
» faiſant paſſer pour un Muſicien Italien.

Acte I.

» Mario & Arlequin ſe plaignent de leur in-
» fortune. Ce qui afflige le plus Mario, c'eſt de
» ſe voir éloigné de ſon épouſe, ſans eſpoir de
» la revoir ſitôt. Il dit à Arlequin, que ſi les
» Tuniſiens venoient à le ſoupçonner, il lui
» feroit l'honneur de le faire paſſer pour Prin-
» ce. Arlequin le remercie, en l'aſſurant qu'il
» n'eſt pas curieux de ſe faire empaller pour lui.
» Il lui reproche enſuite ſon malheur, crai-
» gnant de mourir bientôt dans ſon eſclavage,
» puiſqu'on le nourrit fort mal, & qu'on le
» fait travailler comme un forçat. Cependant,
» fidéle à ſon maître, il lui promet de garder
» le ſecret.

» Alli, Gouverneur des Jardins du Sérail, ſe
» plaint de Mario qu'il trouve oiſif. Mario s'ex-
» cuſe ſur la foibleſſe de ſon tempérament. Alli
» le ſoupçonne d'être quelque grand Seigneur,
» puis il reproche à Arlequin ſa perpétuelle pa-
» reſſe. Arlequin répond ingénuement qu'il ne
» doit pas s'en étonner, puiſqu'il n'étoit accou-
» tumé dans ſon pays qu'à boire & manger.

„ Alli ne peut souffrir tant de lâcheté, & à
„ grands coups de bâton poursuit ce valet,
„ pour le faire travailler.

„ Roxellane, accompagnée de Fatime sa
„ suivante, vient dans le moment que Mario
„ de son mieux travaille à la terre. Elle ne peut
„ voir sans douleur cet homme qu'elle aime,
„ dans un si vil emploi. Elle fait confidence à
„ Fatime de l'amour qu'elle a pour cet Esclave,
„ qu'elle ne connoit pas pour être le Prince
„ Mario. Fatime se charge de l'instruire de la
„ tendresse qu'elle a pour lui. Elles s'approchent
„ ensuite de Mario, Roxellane paroît touchée
„ de le voir dans une si triste situation. Fatime
„ ne manque pas de faire valoir à Mario la
„ pitié qu'il inspire à cette Princesse, mais il ne
„ répond que par de profonds respects. Roxel-
„ lane rougissant de se déclarer, s'en va, & re-
„ met ses intérêts entre les mains de Fatime,
„ qui découvre à Mario la passion que Roxel-
„ lane a pour lui. Mario, dans l'espérance que
„ cette Princesse pourra lui faciliter sa liberté,
„ paroit sensible aux sentimens de Roxellane.

„ Arlequin, toûjours poursuivi par Alli,
„ vient se refugier auprès de Fatime, qui l'ac-
„ cueille favorablement. Fatime lui déclare
„ qu'elle l'aime, & que s'il veut répondre à son
„ ardeur, elle lui fera rendre sa liberté. Cette
„ promesse fait tant de plaisir à Arlequin, qu'il
„ n'a garde de lui avouer qu'il est marié à Co-
„ raline. Fatime sort. Scapin, valet de Célio,
„ déguisé en Marchand de poudre & de pom-
„ made, & de toutes sortes d'essences odorifé-
„ rentes, cherche Mario, pour lui rendre une

» lettre. Il apperçoit Arlequin, qui d'abord le
» prend pour un espion. Après quelques lazzis,
» il se fait connoître, & après quelques jeux
» de Théatre, Arlequin le présente à son Maî-
» tre. Scapin se jettant aux genoux du Prince
» Mario, les larmes aux yeux, lui présente la
» lettre de Célio. Cette lettre contient : *Que*
» *Silvia épouse de Mario, oubliant ses devoirs,*
» *est éprise de la plus forte passion, pour un*
» *Cavalier que personne ne connoît ; que sa*
» *foiblesse va jusqu'à s'enfermer avec cet Amant,*
» *& son aveuglement jusqu'à laisser gouverner*
» *l'Etat par cet inconnu.*

» Mario reste immobile à la lecture de cette
» lettre ; sa douleur est si forte, qu'il s'évanouit ;
» Arlequin maudit Scapin & le maltraite. Sca-
» pin se retire. Arlequin console son Maître,
» prend cette fatale lettre, & croit y lire quel-
» que fâcheuse nouvelle de Coraline sa femme,
» ce qui l'oblige à dire mille extravagances.
» Cependant Mario, revenu de son évanouisse-
» ment, reprend la lettre & se répand en repro-
» ches contre l'infidéle Silvia. Arlequin de son
» côté, fait le singe de son Maître, leur désef-
» poir finit à la vûe d'Alli qui les fait dispa-
» roître.

» Silvia, suivie de Coraline, arrive assez tôt
» pour être témoins du mauvais traitement que
» l'on fait à un époux qui lui est cher. Elle dit à
» Coraline qu'elle ne s'est exposée dans un si
» pénible voyage, & déguisée en Musicien Ita-
» lien, que dans l'espoir de délivrer son époux.
» Elle ajoûte qu'elle a laissé le soin de gouver-
» ner l'Etat à une de ses cousines qu'elle a

„ travestie en Cavalier ; (*) qu'elle se flatte
„ d'un heureux succès, puisqu'elle est bien reçue
„ de Mustapha, Prince de Tunis.

„ Mustapha annonce à sa sœur Roxellane
„ que le Roi de Maroc la demande en mariage.
„ Roxellane reçoit froidement cette nouvelle.
„ Mustapha demande ensuite si son divertisse-
„ ment est prêt. Silvia répond qu'oui, & l'acte
„ finit par le divertissement.

Acte II.

„ Roxellane demande à Mario si elle peut
„ compter sur son amitié. D'abord Mario occu-
„ pé de l'infidélité de Silvia, répond avec beau-
„ coup de distraction ; mais l'espoir d'être libre,
„ de revoir ses Etats, & de remplir sa vengean-
„ ce, le déterminent à répondre à l'amour de
„ Roxellane. Cette Princesse croyant posséder
„ le cœur de Mario, lui propose de fuir des lieux
„ où regne son frere, de passer en Europe, en
„ l'assurant que vers la fin du jour, tout sera
„ prêt pour leur évasion. Mario consent à tout,
„ & se retire.

„ Roxellane fait beaucoup de complimens à
„ Silvia sur son divertissement : elle l'assure qu'il
„ a plu beaucoup à Mustapha, & la jugeant
„ propre à l'aider dans ses desseins, elle lui fait
„ mille amitiés, en la priant de lui rendre un
„ service. Silvia paroît charmée de pouvoir lui
„ être utile, & promet de la servir en tout ce

(*) C'est cette précaution qui occasionne la jalousie de
Célio, & la lettre qu'il écrit à Mario.

» qui dépendra d'elle. Roxellane la prie de
» n'exiger de Muftapha d'autre récompenfe que
» la liberté des deux efclaves qui font dans les
» Jardins; que dès qu'elle l'aura obtenue, elle
» lui découvrira un fecret de la derniére im-
» portance, & laiffe Silvia dans une grande agi-
» tation. Elle croit Mario infidéle; Coraline
» tâche de calmer fa jaloufie, & lui dit que
» c'est peut-être d'Arlequin fon mari, que Ro-
» xellane eft amoureufe.

» Muftapha arrive extrêmement content de
» la fête. Silvia prétextant le befoin qu'elle aura
» des deux efclaves dans fes fêtes, les demande,
» Muftapha les lui donne de bon cœur, & il
» ordonne qu'à l'inftant ils foyent remis aux
» Muficiens. Alli rend Mario à Silvia, & Arle-
» quin à Coraline. Arlequin marque fa joie de
» n'être plus fous la domination d'Alli. Silvia
» dit à Coraline d'emmener Arlequin, & de
» le faire rafraîchir. Silvia fe voyant feule de-
» vant fon mari, fans être reconnue, lui dit
» qu'elle le reconnoît pour le Prince de Ma-
» jorque; puis fe jettant à fes pieds, elle ajoûte
» qu'elle a l'honneur d'être fon fujet, qu'elle
» vient d'expofer fa vie pour fa liberté qu'elle a
» eu le bonheur d'obtenir. Mario charmé, ré-
» pond qu'il ne pourra jamais récompenfer tant
» de zéle, & l'embraffant comme fon plus fidéle
» ami, il lui fait connoître que ce fervice eft
» d'autant plus important pour lui, qu'il brule
» d'impatience de revoir fon époufe, pour lui
» reprocher fon infidélité, l'en punir, & fe
» venger de l'infulte que lui fait fon rival. Silvia
» lui demande quelle preuve il a de ce qu'il

» avance ? Mario lui dit qu'il le sçait par Célio
» son parent. Silvia soutient que Célio est un
» imposteur. Mario répond qu'il est incapable
» de lui en imposer. Silvia ajoûte, avec vivacité,
» que Célio est un menteur, & que Silvia n'a
» jamais trahi son devoir. Mario veut alors se
» servir de son autorité pour imposer silence à
» Silvia, & l'avertit du respect qu'elle lui doit;
» mais Silvia sensible à l'outrage qu'on lui fait,
» répond avec fierté, qu'elle est son sujet à
» Majorque, mais qu'il se souvienne qu'il est
» son esclave à Tunis, & qu'il se modére lui-
» même, ce qui augmente la confusion & le
» désespoir de Mario, qui se retire. Arlequin
» remercie Coraline, qu'il prend pour un nou-
» veau protecteur, de lui avoir fait donner à
» manger. Coraline lui fait entendre qu'elle ne
» borne point là ses bienfaits, qu'elle veut le
» remettre entre les bras de sa moitié, qu'elle
» connoit fort bien. Arlequin embrasse Cora-
» line, qui le laisse avec Scapin.

» Scapin, pour rabattre la joie d'Arlequin,
» lui dit, qu'il est bien dupe de marquer tant
» d'empressement pour revoir sa femme, qu'elle
» est bien éloignée de penser de même, puis-
» qu'elle se console de son absence avec un
» jeune homme. Arlequin le croit d'autant plus
» facilement, qu'il soupçonne son protecteur
» d'être son rival. Il en paroît désespéré, & ne
» respire que la vengeance. Fatime voit Arle-
» quin, lui demande s'il est toûjours dans le
» sentiment de l'aimer ? la rage, le dépit, tout
» dispose Arlequin à répondre à sa tendresse. Il
» consent à l'épouser. Fatime lui dit qu'elle ne

» peut être fa femme, s'il ne fe fait Turc. Arle-
» quin répond qu'il fera tout ce qu'on voudra.
» Fatime auffi tôt appelle Alli, & l'acte finit
» par la cérémonie de faire Arlequin Turc.

Acte III.

» Roxellane témoigne à Silvia une recon-
» noiffance éternelle de la liberté qu'elle a fait
» rendre aux Efclaves, & ne pouvant plus lui
» cacher fa paffion pour Mario, elle la prie de
» vouloir achever fon bonheur ; qu'elle vient
» de fe faifir de tout ce qu'elle a de plus précieux;
» qu'elle compte que le même vaiffeau que Muf-
» tapha lui accorde pour la conduire en Euro-
» pe, l'y transportera auffi avec tout ce qu'elle
» aime. Silvia fe contraint, & promet tout à
» Roxellane.

» Silvia appercevant Mario, lui dit qu'elle
» n'eft plus étonnée de le voir fi mal parler de
» fon époufe ; que fes fureurs n'étoient appa-
» remment que pour mieux cacher fon intelli-
» gence avec Roxellane, mais qu'elle ne recon-
» noiffoit point le cœur magnanime d'un Prin-
» ce, de ternir la réputation d'une époufe conf-
» tante, pour avoir lieu d'être le plus infidéle
» de tous les hommes. Mario lui montre auffitôt
» la lettre de Célio. Silvia ne peut revenir de
» fon étonnement. Mario, après cette preuve,
» dit qu'il ne peut mieux faire que d'accepter
» les offres de Roxellane; que c'étoit le feul
» moyen de recouvrer fa liberté, & de pouvoir
» punir qui ofe l'offenfer. Silvia fe radouciffant,
» par les expreffions les plus tendres, prouve à

„ Mario, que son épouse lui est toûjours fidel-
„ le, & pour l'en convaincre, lui raconte qu'el-
„ le a quitté sa patrie, s'est exposée sur les mers,
„ a affronté mille périls pour le revoir, & le
„ délivrer de sa captivité. Mario ne sçait que
„ répondre. Silvia aussitôt se découvre, &
„ Mario l'embrasse, en lui demandant pardon
„ d'avoir eu la foiblesse de la soupçonner.

„ Coraline vient, elle est charmée de leur
„ raccommodement ; ils ne pensent plus qu'à
„ leur retraite, ce qui les embarrasse est Roxel-
„ lane. Mario ne peut consentir à la tromper.
„ Coraline demande à Arlequin qu'elle voit
„ habillé en Turc, la raison de son déguisement.
„ Arlequin, qui la regarde comme son rival,
„ lui dit que c'est pour n'être plus à elle, & qu'il
„ s'est fait Turc pour faire enrager sa femme.
„ Le désespoir d'Arlequin touche Coraline,
„ elle s'attendrit & se fait reconnoître. Arle-
„ quin se livre tout entier à la joie ; mais d'un
„ autre côté il se désespére de s'être fait Turc ;
„ il appréhende qu'on ne l'empêche de suivre
„ sa chere Coraline. Elle le console, & lui pro-
„ met de l'emmener. Scapin qui vient d'enten-
„ dre leur conversation, leur dit qu'il va tout
„ découvrir. Tous deux le prient instamment de
„ n'en rien faire. Scapin le leur promet, &
„ s'unit avec eux. Alli veut par force emmener
„ Arlequin à la Mosquée ; il le maltraite fort sur
„ son refus. Coraline veut défendre son mari,
„ mais Alli s'obstine à vouloir l'emmener. Co-
„ raline dit qu'elle en répondra à son Prince.
„ Alli, avec beaucoup de peine, consent à le
„ laisser. Coraline va rejoindre sa Maîtresse „

» difant que la nuit s'avance. Scapin d'un côté,
» & Arlequin de l'autre, difent que voilà l'inf-
» tant de fe raffembler. Alli vient avec une bou-
» teille de vin, & un panier de provifions, qu'il
» a pris à des étrangers ; comme la nuit eft fort
» obfcure, il croit pouvoir en fûreté boire &
» manger ; mais Arlequin d'un côté, & Scapin
» de l'autre, lui boivent fon vin, & mangent
» ce qu'il a apporté.

» Silvia & Coraline preffent Mario de partir.
» Roxellane arrive en faifant remarquer fon
» exactitude à Mario. Ce Prince touché de
» voir Roxellane l'aimer de fi bonne foi, lui
» remontre qu'elle auroit bien tort de quitter fa
» patrie & fes biens pour un homme qui ne peut
» être à elle, puifqu'il eft marié à Silvia qu'il
» lui préfente. Notre liberté & notre vie eft
» entre vos mains, lui dit-il, je pourrois ne vous
» défabufer que loin de ces lieux, mais j'aurois
» fait votre infortune, & je veux tout devoir à
» votre générofité. Roxellane charmée de la
» fidélité de ces époux, renonce à fon amour,
» & leur promet tout fon fecours pour favorifer
» leur fuite. A l'inftant Mario & Silvia, fuivis
» de Coraline, abandonnent avec douleur leur
» bienfaictrice, & s'embarquent. Scapin & Ar-
» lequin, après beaucoup de jeux de Théatre,
» entrent dans la barque, pour rejoindre leurs
» Maîtres ». *Sujet imprimé*. Cette piéce n'eut point de fuccès.

HEUREUX (l') ÉVE'NEMENT DES ORACLES.
Voyez *Raviffement (le) de Florife*.

HEUREUX (l') NAUFRAGE, Tragi-Comédie de M. *Rotrou*, repréfentée en 1633. & imp.

HE HI 89

Paris, Sommaville, 1637. in-4°. *Histoire du Th. Franç.* année 1633.

HEUREUX (l') NAUFRAGE. Voyez *Indienne (l') amoureuse.*

HEUREUX (l') STRATAGÊME, Comédie Françoise en prose & en trois actes, au Théatre Italien, par M. de *Marivaux*, représentée pour la premiére fois le Lundi 6 Juin 1733. Paris, Prault pere. *Extrait, Mercure de France, Juin, II*e *volume,* p. 1428. *& suivantes.*

HIPPODAMIE, Tragédie en cinq actes avec un Prologue, de M. *Roy*, Musique de M. *Campra*, représentée par l'Académie Royale de Musique, le Mardi 6 Mars 1708. in 4°. Paris, Ballard, & tome IX. du Recueil général des Opéra.

ACTEURS DU PROLOGUE.

Un Sauvage.	Le Sieur Dun.
Un Berger.	Le Sieur Cochereau.
Vénus.	Mlle Poussin.
Deux Bergers.	Les Sieurs Mantienne & Boutelou.

BALLET.

Un Sauvage.	Le Sieur Balon.
Les Graces.	Mlles Roses, Chaillou & Le Comte.
Une Bergére.	Mlle Prevost.

ACTEURS DE LA TRAGÉDIE.

Œnomaüs, Roi d'Elide.	Le Sieur Hardouin.
Hippodamie, fille du Roi.	Mlle Journet.
Pelops.	Le Sieur Thévenard.
Eriphile.	Mlle Des Jardins.
Cleone.	Mlle Merville.
Elise.	Mlle Heusé.
Neptune.	Le Sieur Dun.
Le Grand Sacrificateur.	Le Sieur Chopelet.
Une Corinthienne.	Mlle Poussin.
Triton.	Le Sieur Cochereau.
Un Phrygien.	Le Sieur Boutelou.

ACTEURS DU BALLET.

Acte I. *Amant.*	Le Sieur D. Dumoulin.
Amantes.	Mlles Rose, Chaillou, Prevost & Guyot.
Acte II. *Néréides.*	Mlle Guyot.
	Mlles Prevost & Du Fresne.
Acte III. *Peuples.*	Les Sieurs Blondy, Marcel L. Javillier, &c.
Prêtresses.	Mlles Prevost, Du Fresne, Rose, Chaillou, Carré, &c.
Acte IV. *Suivant de Pélops.*	Le Sieur Balon.
Acte V. *Un Phrygien.*	Le Sieur Blondy.

Cet Opéra n'a point reparu au Théatre.

HIPPOLYTE, Tragédie de Robert *Garnier*, représentée en 1573. imprimée dans ses Œuvres. *Hist. du Th. Fr. année* 1573.

HIPPOLYTE, Tragédie de M. de la *Pineliere*, représentée en 1635. Paris, Sommaville, 1635. in-4°. *Hist. du Th. Fr. année* 1635.

HIPPOLYTE, *ou le* GARÇON INSENSIBLE, Tragédie de M. *Gilbert*, représentée au Théatre de l'Hôtel de Bourgogne en 1646. Paris, Courbé, 1646. in-4°. *Hist. du Th. Fr. année* 1646. Voyez les articles de *Phédre*.

HIPPOLYTE ET ARICIE, Tragédie lyrique de M. l'Abbé *Pellegrin*, Musique de M. *Rameau*, représentée par l'Académie Royale de Musique, le Jeudi 1 Octobre 1733. in-4°. Paris, Ballard, & tome XV. du Recueil général des Opéra. *Extrait, Mercure de France, Octobre* 1733. p. 2233-2249.

ACTEURS DU PROLOGUE.

Diane.	Mlle Eremans.
L'Amour.	Le Sieur Jélyotte.
Jupiter.	Le Sieur Dun.

BALLET.

Nymphes de Diane.
Mlles Du Rocher, Carville, Rabon, Petit & Le Breton.

ACTEURS DE LA TRAGÉDIE.

Aricie.	Mlle Pélissier.
Phédre.	Mlle Antier.
Œnone.	Mlle Monville.
La Prêtresse de Diane, une Matelote, une Chasseuse, une Bergére.	Mlle Petitpas.
Hippolyte.	Le Sieur Tribou.
Thésée.	Le Sieur Chassé.
Pluton.	Le Sieur Dun.
Les Parques.	Les Sieurs Cuignier, Jélyotte & Cuvillier.

ACTEURS DU BALLET.

ACTE I.	Prêtresses de Diane.	Mlles Mariette, Le Breton, Du Rocher, Rabon, &c.
ACTE II.	Un Démon.	Le Sieur Dupré.
ACTE III.	Matelots.	Le Sieur D. Dumoulin & Mlle Camargo.
ACTE IV.	Un Chasseur.	Le Sieur D. Dumoulin.
ACTE V.	Une Bergére.	Mlle Camargo.

REPRISE de l'Opéra d'*Hippolyte & Aricie*, le Mardi 11 Septembre 1742. 2ᵉ édition in-4° Paris, Ballard, avec des changemens considérables au cinquiéme acte.

ACTEURS DU PROLOGUE.

Diane.	Mlle Chevalier.
L'Amour.	Mlle Bourbonnois.
Jupiter.	Le Sieur Albert.

BALLET.

Une Nymphe de Diane. Mlle Le Breton.

ACTEURS DE LA TRAGÉDIE.

Aricie.	Mlle Le Maure.
Phédre.	Mlle Eremans.
Œnone.	Mlle Coupée.
Une Prêtresse de Diane, &c.	Mlle Fel.
Diane.	Mlle Chevalier.

Hippolyte.	Le Sieur Jélyotte.
Théfée.	Le Sieur Chaffé.
Les Parques.	Les Sieurs Cuvillier, Albert & Bérard.
Pluton.	Le Sieur Le Page.

ACTEURS DU BALLET.

ACTE I.	Une Prêtreffe de Diane.	Mlle Carville.
ACTE II.	Furie.	Le Sieur Lany.
ACTE III.	Matelots.	Le Sieur D. Dumoulin & Mlle Camargo.
ACTE IV.	Une Chafferefe.	Mlle Dallemand.
ACTE V.	Un Berger.	Le Sieur Javillier L.

HIPPOLYTE ET ARICIE, Parodie en profe & vaudevilles en un acte de la Tragédie lyrique du même nom, au Théatre Italien, par M. *Riccoboni le fils*, repréfentée pour la premiére fois le Lundi 30 Novembre 1733. non imp.

Comme l'Auteur de cette Parodie n'a rien changé au fujet ni aux caracteres des Acteurs, on fe contentera de marquer que cette piéce ouvre par l'acte fecond de la Tragédie lyrique, qui fert de Prologue ici; Théfée eft délivré des Furies & renvoyé fur la terre, Pluton lui dit:

AIR. (*Quand le péril eft agréable.*)

L'Enfer & fa noire furie,
Font le prologue de tes maux;
Chez toi tu rentres à propos,
Pour voir la Tragédie.

Tout le fujet de l'Opéra d'Hippolyte eft fuivi comiquement. Après la mort d'Hippolyte, Aricie vient déplorer fa perte, Diane lui fait rapporter fon amant par les Zéphirs.

DIANE *à Hippolyte & à Aricie*.

AIR. (*O gué lon la.*)

Ici tout fe prépare
Pour nous unir:

Que rien ne vous sépare,
A l'avenir.
Le destin me permet cela,
L'on vous mariera,
Quand il vous plaira,
O gué lon la, lan laire,
O gué lon la.

« Mais voulez-vous sçavoir comment Hippolyte n'est point mort, comment Neptune à pû manquer à son serment, & que sont devenus Phédre & Thésée?

HIPPOLYTE.

AIR. (*Réveillez-vous belle endormie.*)

Non, la fin de notre martyre,
Est le sujet intéressant,
Tout ce que vous pourriés nous dire,
Nous seroit fort indifférent.

La piéce est terminée par un divertissement composé de Bergers & de Bergéres. Suit un vaudeville, dont voici deux couplets. (*)

Fronder un Opéra nouveau,
Ne lui point donner son suffrage,
Quand on ne le trouve pas beau,
   C'est être sage,
Mais s'acharner avec fureur,
Dans la critique de l'ouvrage,
A vouloir dénigrer l'Auteur :
   Cela passe le badinage.

Contre les mœurs en général,
De la satyre faire usage,
Frapper les défauts en total,
   C'est être sage.
Mais berner un particulier,
Et désigner le personnage,
Par l'habit, l'air & le métier,
   Cela passe le badinage.

(*) Ces deux couplets portent trait sur une Comédie intitulée *Le Badinage*, représentée au Theatre François le Lundi 23 Novembre 1733.

HIPPOLYTE ET ARICIE, Parodie en prose & vaudevilles, & en un acte de la Tragédie lyrique du même nom, au Théatre Italien, par M. *Favart*, représentée pour la premiére fois le Jeudi 11 Octobre 1742. Paris, Prault fils. *Extrait, Merçure de France, mois de Décembre* 1742. 2ᵉ *vol. pag.* 2916. *& suivantes.*

HISTOIRE, (l') c'est le titre du second acte du Ballet héroïque des *Fêtes de Polymnie*, de M. *Cahusac*, Musique de M. *Rameau*, sous lequel l'Auteur des paroles a traité le sujet d'*Antiochus & de Stratonice*. Voyez *Polymnie.* (*les Fêtes de*)

HISTOIRE (l') DE L'OPÉRA COMIQUE, *ou les* MÉTAMORPHOSES DE LA FOIRE, Piéce en quatre actes avec un Prologue, non imp. & représentée sur le Théatre de l'Opéra Comique, le Mercredi 27 Juin 1736. Les trois premiers actes & le Prologue de M. *Le Sage*, & le quatriéme acte de M. *Panard*.

M. Le Sage, Auteur de l'idée de cette piéce, qu'il étoit plus qu'aucun autre en état de remplir, expose dans un petit Prologue son dessein, qui est de mettre sous les yeux du public les différens changemens que la Foire a souffert depuis son établissement.

Le 1ᵉʳ acte contient une *Parade* & une *Farce.*

Arlequin Chirurgien de Barbarie, est le titre de la premiére.

Et le *Mensonge véritable*, celui de la Farce.

Le second acte comprend, *Pierrot valet de Magicien*, Piéce en monologues:

Et *Arlequin Orphée*, autre piéce mais à la muette.

Ariane & Théfée, piéce en Ecriteaux, sert a remplir le troisiéme acte. C'est par-là que M. Le Sage a terminé son Ouvrage.

La piéce suivante, qui est celle de M. *Panard*, est dans le nouveau goût des Opéra Comiques, en Vaudevilles, mêlés de prose. Elle a pour titre les *Ennemis réconciliés*, & compose seule le quatriéme & dernier acte des *Métamorphoses de la Foire*. Pour éviter la longueur de cet Extrait, nous avons renvoyées les différentes piéces dont on vient de parler, chacune sous son ordre alphabétique.

HISTOIRE SEPTENTRIONALE. Voyez *Trompeur (le) puni*, de M. *Scudery*.

HOLLANDE (la) MALADE, Comédie en un acte & en vers de M. Raimond *Poisson*, représentée sur le Théatre de l'Hôtel de Bourgogne, au mois d'Août 1672. in-12. Paris, Promé, 1673. & dans les Œuvres de l'Auteur. *Hist. du Th. Fr.* année 1672.

HOLLANDE, (le Comte de) Tragi-Comédie de M. de *Montauban*, représentée en 1653. Paris, de Luynes, 1654. in-12. *Histoire du Théatre François*, année 1653.

HOLOPHERNE, Tragédie sacrée d'Adrien d'*Ambroise*, 1580. Paris, Langlier, 1580. in-8°. *Hist. du Th. Franç.* année 1580.

HOLOPHERNE, Tragédie en trois actes & en vers, de M. *Baro*. Cette piéce se trouve inférée dans le Poëme héroïque de ce même Auteur, intitulé *Celinde*, qui fut représenté en 1629. Paris, Pomeray, 1629. in-8°. *Hist. du Th. Fr.* année 1629.

HOMMAGE (l') DÛ. Voyez *Réjouissances* (le) *de la paix*.

HOMME (l') A BONNE FORTUNE, Comédie en cinq actes & en prose, de Messieurs d'*Alegre* & *Baron*, imprimée dans les Œuvres de ce dernier, sous son nom, & représentée le Jeudi 30 Janvier 1686. *Hist. du Th. Fr.* année 1686.

HOMME (l') DE GUERRE, Comédie en cinq actes, par un Auteur *Anonyme*, non imprimée, représentée le Vendredi 6 Décembre 1686. *Hist. du Th. Franç.* année 1686.

HOMME (l') DE PAILLE. Voyez *Riche* (le) *Vilain*.

HOMME (l') DU JOUR. Voyez *Dehors* (les) *Trompeurs*.

HOMME (l') INDÉPENDANT, c'est sous ce nom qu'on connoît une piéce en cinq actes & en vers de M. *Boissy*, qui fut jouée sans titre, le Vendredi 3 Mars 1741. Elle n'est point imprimée. *Hist. du Théatre Franç.* année 1741.

HOMME (l') MARIN, Comédie Françoise en vers libres & en un acte, suivie d'un divertissement, au Théatre Italien, par M. *Davaux*, représentée le Mercredi 22 Mai 1726. non imprimée.

Comme l'Auteur depuis la représentation de sa piéce n'a pas jugé à propos de la faire imprimer, nous en allons donner un extrait un peu circonstancié.

ACTEURS.

MADAME LISIMON.

LUCILE,

LUCILE, *niéce de Madame Lisimon.*
LISETTE, *suivante.*
DAMIS, *frere de Madame Lisimon.*
DAMON, *amant de Lucile.*
LOLIVE, *valet de Damon.*
LUCAS, *Jardinier.*
MUSICIENS, DANSEURS, &c.

La scéne est dans un Château, sur le bord de la mer.

Madame Lisimon dit à Lucile que les astres s'opposent à son mariage avec Damon. Lucile répond que ce ne sont point les affaires des astres. Vous avez tort, interrompt Lisette, quand Madame épousa M. Lisimon, elle avoit lû dans le ciel qu'il ne seroit qu'un sot, & cela s'est vérifié. La tante réitére ses volontés à sa niéce & sort. Lisette apprend à Lucile, qu'elle a vû le matin une barque qui pourroit bien leur apporter de bonnes nouvelles, que c'étoit Damon & Lolive qui seroient débarqués, si la maudite tante n'avoit fait mettre une chaîne à deux rochers qui ferme la descente au port. Ensuite elle apprend à Lucile, comme si elle l'ignoroit, que Madame Lisimon est une folle, entêtée de Silphes, de Ondains, de Folets, &c.

Lucas vient apprendre à Lucile, que Damis son oncle & lui, sont dans le jardin, où, continue-t-il,

> Par fois je travaillions,
> Et pis ji nigaudions,
> Et nous entretenions ;
> Sur mar' je regardions,
> Et enfin je voÿons,

Tome III. E

> Des gens qui navigions,
> Et qui vart nous venions :
> Les vla qui nous parlions,
> Et que je les entendions.
> Si bien qu'ils appellions
> Vote onque, & ly difions
> Que je les aidiffions,
> A celle fin qu'ils montions,
> Sur la terraffe où je les écoutions, &c.

Lifette vient dire que Madame Lifimon eft dans fon laboratoire, & qu'on peut introduire les Amans. Après que M. Damis, oncle très-complaifant, a confeillé les amoureux à fe faire beaucoup de careffes, il fe met à faire des réfléxions auffi inutiles qu'hors de place. Enfuite on tient confeil, & Lolive qui y préfide, imagine, dit-il, un ftratagême, pour battre la tante de fes propres armes. Madame Lifimon fe fait entendre, & tout le monde s'enfuit. Elle entre & propofe à fa niéce un fçavant vieillard, grand cabalifte. Lucile lui dit fans détour qu'elle s'en tient à Damon. Lucas un papier à la main lit :

> Relation galante, admirable, hiftorique,
> A l'endroit d'un homme marin,
> Qu'on a confidéré, qu'on a pris par la main,
> Sur les rives de l'Amérique.
> Le fameux voyageur, Silvantin Copernic,
> De la République de Luques,
> Jadis honorable Sndic,
> Habitant aujourd'hui de l'Ifle des Moluques,
> Obligeamment donne avis au public
> Qu'il a pris dans la mer au pied d'un fort grand pic
> Certain homme marin fe montrant par la nuque, &c.

Madame Lifimon curieufe de voir un Ondain, forme la réfolution de partir pour Breft. Damis furvient, qui dit à fa fœur, que connoiffant fon goût pour les chofes extraordinaires, il a fait venir de Brest un homme marin, qui y est arrivé depuis deux jours. Damon, déguisé en homme marin, & Lolive en Etranger qui le montre, paroissent. Madame Lisimon s'étonne de voir cet homme marin si petit, Lisette toûjours prête à parler répond:

LISETTE.

Facilement on explique,
Ce merveilleux changement ;
L'air qu'on prend subitement,
Cause un effet.... excentrique,
Qui donne insensiblement,
Une forme.... laconique.
Enfin, cet événement
Est extrêmement phisique.

L'Homme marin fait entendre sa voix, & parle fort galamment aux Dames, ce qui étonne fort Madame Lisimon. Ensuite on exécute un divertissement de danses, suivi d'un vaudeville dont voici quatre couplets.

On prétend que jadis le monde,
Etoit rempli d'honnêtes gens,
Tous citoyens, amis, parens ;
Et bon, bon, bon, sur quoi se fonde
Cette belle histoire là,
La rira ?
Sans doute ces hommes-là,
Sortoient du sein de l'onde.

Avec sa moitié brune ou blonde,
On vivoit en tranquillité,
D'elle seule on étoit tenté ;
Et bon, bon, bon, sur quoi se fonde,
Cette belle fable là,
La rira ?
Où trouve-t-on ces époux-là ?
Ce n'est qu'au sein de l'onde,

Etoit-on beau comme Joconde,
A peine on s'en applaudissoit,
C'étoit par le cœur qu'on plaisoit;
Et bon, bon, bon, sur quoi se fonde,
Cette belle histoire là,
La rira ?
Où trouve-t-on ces amans-là ?
Ce n'est qu'au fond de l'onde.

Femme coquette, époux qui gronde,
N'existoient point chez nos ayeux,
On s'épousoit pour s'aimer mieux;
Et bon, bon, bon, sur quoi se fonde,
Cette belle histoire là,
La rira ?
Où trouve-t-on ces amours là !
Ce n'est qu'au sein de l'onde.

Après ce Vaudeville on forme un Ballet général auquel l'Homme marin se mêle, & d'accord avec les personnes qui composent le Ballet, il enléve Lucile, malgré les cris de la tante, dont on se moque, & la piéce finit faute d'Acteurs. *Extrait manuscrit.*

« Le 22 de ce mois, (Mai) les Comédiens
» Italiens représentérent une petite Comédie
» nouvelle, intitulée l'*Homme marin*, en vers
» libres, avec un divertissement. La piéce est
» bien écrite, mais le public n'a pas paru la
» goûter». *Mercure de France*, Mai 1726. pag. 1040 1041.

HOMMES, (les Petits) Comédie en prose & en trois actes, avec un Prologue & un divertissement, de M. de *Marivaux*, représentée le Jeudi 11 Septembre 1727. *Histoire du Th. Franç. année* 1727. Paris, Prault pere.

HORACE, Tragédie de Pierre *Laudun*, Sieur *Daigaliers*, 1596. Paris, Le Clerc, 1596. in-12. *Hist. du Th. Franç. année* 1596.

HORACE, Tragédie de M. *Corneille*, imp. dans ses Œuvres, & représentée sur le Théatre de l'Hôtel de Bourgogne, au commencement de l'année 1639. *Hist. du Th. Fr.* année 1639.

HOROSCOPE (l') ACCOMPLI, Comédie Françoise en prose & en trois actes, au Théatre Italien, suivie d'un divertissement, dont les paroles sont de M. *d'Yvri*, par M. *Gueullette*, représentée pour la première fois le Dimanche 6 Juillet 1727. Paris, Briasson. *Extrait, Mercure de France,* Juillet 1727. p. 1647. *& suivantes*.

HOROSCOPE (l') D'ARLEQUIN, Pantomime Turque, en trois actes & un Prologue, représentée par la Troupe du Spectacle Pantomime, sur le Théatre de l'Opéra Comique, Foire Saint Laurent, au mois d'Août 1748. *Affiches de Boudet*.

HÔPITAL (l') DES FOUX, Tragi Comédie de M. *Beys*, représentée en 1635. Paris, Quinet, 1636. in-4°. *Histoire du Théatre François*, année 1635.

HOSPITALITÉ (l') VIOLÉE. Voyez *Scédase*.

HOUSSARTS. (les) Voyez *Maréchal (le) Médecin*.

HUBERT, (André) Comédien François de la Troupe de M. Moliere, passa après sa mort dans celle de Guénégaud, fut conservé à la réunion des Troupes en 1680. retiré le 14 Avril 1685. avec une pension de 1000 livres, mort le Vendredi 19 Novembre 1700. Hubert jouoit dans le Comique avec applaudissement, sur-tout des roles de Médecins, des Marquis

E iij

ridicules, & ceux de femmes, tels Madame *Jourdain*, dans le *Bourgeois Gentilhomme*, Madame *Jobin*, ou la *Devineresse*, &c. *Hist. du Th. Fr.* année 1685.

HUIT (les) MARIAMNES, Parodie en prose & vaudevilles & en un acte, de la Tragédie d'*Hérode & Mariamne*, par M. *Piron*, représentée pour la premiére fois par les Comédiens Italiens, le Samedi 28 Avril 1725. non imprimée.

« Les Comédiens Italiens donnérent le 20 » (28) Avril, une nouvelle Comédie intitulée » *Les huit Mariamnes*. Cette piéce fut assez » bien reçue du public; nous n'en donnerons » pas un extrait détaillé, de peur de nous ren- » dre complices des affronts qu'on fait, ou qu'on » prétend faire aux meilleurs ouvrages. Par le » titre seul des huit Mariamnes, on comprend » bien qu'on veut tourner en ridicule tous ceux » qui ont traité ce sujet, sans en exempter même » ceux qui y ont réussi.

» La piéce est allégorique, & fait honneur à » l'imagination de son Auteur. La scéne est » dans le Serrail du Grand Seigneur ; ce Grand » Seigneur est le *Public*. Les Piéces de Théatre, » tant anciennes que modernes, sont les Sul- » tanes favorites ou disgraciées. *Apollon* est » l'Eunuque qui a soin d'en peupler son Ser- » rail, & tout Dieu qu'il est, on le traite avec » assez de mépris ; l'Auteur ayant voulu sans » doute nous faire connoître par-là, que le » meilleur Poëte n'est que

L'Esclave né de quiconque l'achette. *Despréaux.*

» Apollon envoye au Sultan public jusqu'à

„ huit Mariamnes, sçavoir; celle de *Tristan*,
„ une qui n'a point paru, deux qui ont été
„ jouées sur le Théatre François, & les quatre
„ qu'on a vûes sur le Théatre de la Foire. (Le
„ Parterre n'a pas trouvé bon que ces quatre
„ derniéres vinssent grossir le nombre, parce
„ que son équité ne sçauroit souffrir les doubles
„ emplois.) Le Sultan public à qui toutes ces
„ Mariamnes sont présentées, les chasse igno-
„ minieusement de son Serrail, & leur défend
„ d'en approcher jamais ; cet ordre absolu n'em-
„ pêche pas que celle qui vient de réussir n'y
„ rentre ; le Sultan ne peut se défendre des
„ nouveaux charmes qu'elle fait briller à ses
„ yeux ; la piéce finit par les vers parodiés, que
„ le Sultan dit à sa nouvelle Favorite ".

<blockquote>
Vous aurez mon estime :
Quelques réflexions pourroient vous en priver ;
Mais je n'en ferai point pour vous la conserver.
</blockquote>

Mercure de France, Mai 1725. p. 1007-1008.

HYLAS, c'est le titre de la seconde Entrée du Ballet du *Triomphe de l'Harmonie*, de M. Le Franc, Musique de M. Grenet, & représentée en 1737. Voyez *Triomphe (le) de l'Harmonie*.

HYPERMNESTRE, Tragédie de M. de *Riupeirous*, représentée le Mardi 1 Avril 1704. suivie du *Mariage forcé*. Cette Tragédie est imprimée Tome IX. du Recueil intitulé Théatre François, Paris, 1737. par la Compagnie des Libraires.

HYPERMNESTRE, Tragédie lyrique en cinq actes & un Prologue, de M. *De la Font*, Mufique de M. *Gervais*, représentée le Mardi 3 Novembre 1716. in-4° Ribou, & tome XII. du Recueil général des Opéra. *Extrait, Merc. de France, Juin* 1728. II. vol. p. 1441-1457.

ACTEURS DU PROLOGUE.

Le Nil.   Le Sieur Dun.
Une Egyptienne.   Mlle Antier.
Un Egyptien.   Le Sieur Murayre.
Isis.   Mlle Pasquier.
Une Naïade.   Mlle Minier.

BALLET.

Un Egyptien.   Le Sieur D. Dumoulin.

ACTEURS DE LA TRAGÉDIE.

Danaüs, Roi d'Argos. Le Sieur Thévenard.
Hypermnestre, fille de Danaüs.   Mlle Journet.
Lyncée, fils d'Egyptus. Le Sieur Cochereau.
Arcas.   Le Sieur Le Myre.
Le Grand Prêtre d'Isis. Le Sieur Gueldon.
L'Ombre de Gélanor. Le Sieur Dun.

ACTEURS DU BALLET.

ACTE I. *Un Argien.*   Le Sieur Blondy.
ACTE II. *Matelot.*   Le Sieur Blondy.
  Matelotte.   Mlle Prevost.
ACTE III. *Bergéres.*   Mlles Prevost & Guyot.
ACTE IV. *Grecs.*   Mlle Guyot.
  Le Sieur Marcel & Mlle Menès.
ACTE V. *Combattans.*   Les Sieurs Blondy, Javilliers, &c.
  Les Sieurs Pécourt, Maltaire, &c.

Cet Opéra fut repris à la fin d'Avril 1717. avec un cinquiéme acte nouveau, retouché par M. l'Abbé Pellegrin, 2ᵉ édit. in-4° Ribou.

REPRIS pour la IIIᵉ fois le Mardi 25 Mai 1728. 3ᵉ édition in 4° Ballard.

ACTEURS DU PROLOGUE.

Le Nil.   Le Sieur Le Myre.
Une Egyptienne.   Mlle Pélissier.
Un Egyptien.   Le Sieur Grenet.

HY

BALLET.

Egyptien.	Le Sieur D. Dumoulin.
Nayades.	Mlles Sallé, Camargo & Petit.

ACTEURS DE LA TRAGÉDIE.

Danaüs.	Le Sieur Chaffé.
Hypermnestre.	Mlle Antier.
Lyncée.	Le Sieur Tribou.
Arcas.	Le Sieur Dun.
L'Ombre de Gélanor.	Le Sieur Rebours.
Le Grand Prêtre d'Isis.	Le Sieur Grenet.

ACTEURS DU BALLET.

AU PROLOGUE.	Mlles Camargo, Sallé & Petit.
ACTE I. Argiens.	Mlle Menès & le Sieur Laval.
ACTE II. Matelots.	Mlle Camargo.
	Les Sieurs Laval & Maltaire.
ACTE III. Bergéres.	Mlles Sallé & Prevost.
ACTE IV............	Mlle Sallé.
	Le Sieur D. Dumoulin & Mlle Camargo.

REPRIS pour la IVe fois le Jeudi 18 Août 1746. 4e édition in 4°. De Lormel.

ACTEURS DU PROLOGUE.

Le Nil.	Le Sieur Le Page.
Un Egyptien.	Le Sieur Poirier.
Une Egyptienne.	Mlle Romainville.

BALLET.

Un Egyptien.	Le Sieur Maltaire 3.
Une Nayade.	Mlle Lyonnois.

ACTEURS DE LA TRAGÉDIE.

Danaüs.	Le Sieur Chaffé.
Hypermnestre.	Mlle Chevalier.
Lyncée.	Le Sieur Jélyotte.
Arcas.	Le Sieur Albert.
Le Grand Prêtre d'Isis.	Le Sieur La Tour.

ACTEURS DU BALLET.

ACTE I. Argiens.	Le Sieur Dupré & Mlle Le Breton.

ACTE II. *Matelots.* Mlle Camargo.
Le Sieur Maltaire 3. & Mlle Dallemand.
ACTE III. *Bergers.* Mlle Dallemand.
Le Sieur D. Dumou'in & Mlle Le Breton.
ACTE IV. *Un Grec.* Le Sieur Pitro.

Ce sujet a été traité sur la scéne Françoise par M. de Gombaud, sous le titre des *Danaïdes*, & par M. l'Abbé Abeille, sous celui de *Lyncée*. La Comédie Italienne a fait paroître *Danaus* & la Parodie de l'Opéra qui fait le sujet de cet article, intitulée *La Bonne femme*.

HYPOCONDRIAQUE, (l') *ou le* MORT AMOUREUX, Tragi-Comédie de M. *Rotrou*, représentée en 1628. Paris, de Bray, 1631. in-4°. *Hist. du Th. Fr. année* 1628.

HYPSICRATÉE, *ou la* MAGNANIMITÉ, Tragédie de Jean *Behourt*, représentée en 1597. Rouen, in-12. du Petitval, 1598. C'est, à peu de chose près, le même sujet qui a été traité depuis par Messieurs de la *Calprenede* & *Racine*, sous le titre de *Mithridate*. *Hist. du Th. Fr. année* 1597.

HYPSIPYLE ET JASON, c'est le sujet d'une nouvelle Entrée ajoûtée au Ballet des *Amours déguisés*, par M. *Fuselier*, Musique de M. *Bourgeois*, sous le titre de la *Reconnoissance*, & qui parut en 1714. Voyez *Amours (les) déguisés*, Ballet.

HYVER, (l') Comédie Françoise en vers & en un acte, suivie d'un divertissement, au Théatre Italien, par M. *d'Allainval*, représentée pour la premiére fois le Jeudi 19 Février 1733. Paris, Briasson.

J.

JA

JACOB. Voyez *Montfleury*.

JACOBAL, Sauteur & Danseur de corde, de la Troupe de Maurice, vers l'année 1697.

JACINTE, Acteur Forain, débuta à Paris pendant le cours de la Foire S. Laurent 1714. dans la Troupe des Sieur & Dame Saint Edme. Lorsque ces Entrepreneurs abandonnérent leur Jeu, Jacinte s'engagea avec Francisque, & ensuite chez Honoré. Il joua quelque temps sous de Vienne, & de là passa en Province. Il a épousé la Demoiselle Renaud, fille de l'Acteur de ce nom; elle avoit dansé dans les Ballets de l'Opéra Comique, sous le Sieur Pontau, & est morte vers l'année 1737. ou 1738. Voyez les *Mémoires sur les Spectacles de la Foire*, tome I. p. 164. & 165. Paris, Briasson, 1743.

JACQUEMIN JADOT, Comédien François de la Troupe du Marais, passa en 1634. dans celle de l'Hôtel de Bourgogne. Il ne jouoit que le Comique. On ignore le temps de sa mort. *Hist. du Th. Fr.* année 1634.

JALOUSE (la) D'ELLE MÊME, Comédie en cinq actes & en vers, de M. l'Abbé de *Boisrobert*, représentée au Théatre de l'Hôtel de Bourgogne en 1649. Paris, Courbé, 1650. in-4°. *Hiſtoire du Th. Fr.* année 1649.

JALOUSE (la) DÉSABUSÉE, Parodie Pantomime du Ballet bouffon de *Platée*, repréſentée par les Acteurs Pantomimes du Théatre de l'Opéra Comique, Foire S. Germain, au mois de Mars 1749. *Affiches de Boudet.*

JALOUSIE, (la) c'eſt le titre du quatriéme acte du *Triomphe des cinq Paſſions*, Tragi-Comédie du Sieur *Gillet de la Teſſonnerie.* Voyez *Triomphe des cinq Paſſions.*

JALOUSIE (la) IMPRÉVÛE, Comédie Françoiſe en proſe & en un acte, au Théatre Italien, par M. *Fagan*, repréſentée pour la premiére fois le Samedi 16 Juillet 1740. Paris, Prault fils. *Extrait, Mercure de France, mois d'Août* 1740. *p.* 1824. *& ſuivantes.*

JALOUSIE (la) INFORTUNÉE. Voyez *Procris.*

JALOUSIE (la) DU GROS RENÉ, petite Comédie d'un acte, non imprimée, qu'on préſume être de M. *Moliere*, repréſentée le Dimanche 15 Avril 1663. à la ſuite de *Sertorius. Hiſt. du Th. Fr.* année 1663.

JALOUSIE (la) SANS AMOUR, *ou la* RUPTURE EMBARRASSANTE, Comédie Françoiſe en proſe & en trois actes, au Théatre Italien, par M. *Sablier*, repréſentée pour la premiére fois le Mercredi 29 Septembre 1728. non imprimée & ſans Extrait.

« Les Comédiens Italiens donnérent le 29
» Septembre 1728 la première repréſentation
» d'une Comédie nouvelle en proſe & en trois
» actes, qui a pour titre : *La Jalouſie ſans*
» *amour*, ou la *Rupture embarraſſante.* Cette

» piéce n'a été jouée que deux fois. L'Auteur,
» qui ne veut pas être nommé, retira son Ma-
» nuscrit à la deuxiéme représentation. Il avoue
» que le titre qui peut faire le sujet d'une bonne
» Comédie, ne convenoit point ici, & que
» l'intrigue est défectueuse ; mais c'est un coup
» d'essai, & il espéroit que la maniere dont
» elle est écrite, la vivacité du dialogue, &
» sur-tout le jeu des Acteurs, auroit pû lui
» procurer un accueil plus favorable ». *Merc.
de France, mois d'Octobre* 1728. *p.* 2282.

JALOUX. (le) Voyez *Curieux* (*le*) *impertinent*, de M. *Brosse*.

JALOUX, (le) Comédie en cinq actes & en vers, de M. *Baron*, représentée le Mercredi 17 Décembre 1687. imp. dans les Œuvres de l'Auteur. *Hist. du Th. Fr. année* 1687.

JALOUX, (le) Comédie Françoise en prose & en trois actes, précédée d'un Prologue aussi en prose, & suivie d'un divertissement, au Théâtre Italien, par M. de *Beauchamps*, représentée pour la premiére fois le Jeudi 23 Décembre 1723. Paris, Briasson.

JALOUX (le) DÉSABUSÉ, Comédie en cinq actes & en vers, de M. *Campistron*, imp. dans ses Œuvres, & représentée le Vendredi 13 Décembre 1709. Cette piéce est restée au Théâtre. *Hist. du Th. Fr. année* 1709.

JALOUX (le) DUPÉ, Pantomime représentée par la Troupe du Spectacle Pantomime, sur le Théâtre de l'Opéra Comique à la Foire Saint Laurent, le 4 du mois de Septembre 1747. *Affiches de Boudet.*

JALOUX (le) ENDORMI. Voyez *Cadenats.* (*les*)

JALOUX (le) HONTEUX, Comédie en cinq actes & en prose, de M. *Du Fresny*, imp. dans ses Œuvres, & représentée le Mardi 6 Mars. Cette piéce fut annoncée & jouée sous le titre du *Jaloux honteux de l'être*. *Histoire du Théatre Franç.* année 1708.

JALOUX (le) INVISIBLE, Comédie en trois actes & en vers de M. *Brécourt*, représentée sur le Théatre de l'Hôtel de Bourgogne, vers le 20 Août 1666. imp. dans le Recueil intitulé Théatre François, tome VIII. Paris, 1737. par la Compagnie des Libraires. *Histoire du Théatre Franç.* année 1666.

JALOUX (le) MASQUÉ, Comédie d'un Auteur *Anonyme*, non imprimée, & représentée le Samedi 16 Avril 1695. *Hist. du Th. Franç.* année 1695.

JALOUX (le) POLTRON, c'est le titre de la premiére Entrée des *Amours des Indes*, Parodie des *Indes Galantes*, par M. *Carolet*, au Théatre de l'Opéra Comique. Cette Entrée contient la critique de l'acte des *Incas*. Voyez *Amours (les) des Indes*.

JALOUX (le) PUNI, *ou la* SÉRÉNADE, troisiéme Entrée du Ballet des *Plaisirs de la Paix*, de M. *Menesson*, Musique de M. *Bourgeois*, représentée en 1715. Voyez *Paix*. (*les Plaisirs de la*)

JALOUX (le) SANS SUJET, Tragi-Comédie de M. *Beys*, représentée en 1635. Paris, Quinet, 1635. in-4°. *Histoire du Th. Franç.* année 1635.

JALOUX (le) TROMPÉ, c'est sous ce titre que l'A. R. de M. donna le Jeudi 18 Janvier

1731. à la suite du *Carnaval & la Folie*, l'acte de la *Sérénade Vénitienne*, Entrée ajoûtée en 1703. au Ballet des *Fragmens de M. Lully.* Voici de quelle maniere les roles furent distribués à la reprise de 1731.

Crisaldo.	Le Sieur Chassé.
Léonore.	Mlle Eremans.
Nérine.	Le Sieur Tribou.
Eraste.	Le Sieur Dun.

Voyez *Fragmens* (les) *de M. Lully*, année 1702.

JALOUX, (les) Comédie en cinq actes & en prose, de Pierre de la *Rivey*, représentée en 1578. Paris, 1597. *Hist du Th. Franç.* année 1578.

JALOUX (les) DE RIEN, Opéra Comique en un acte, de M. *Fuselier*, non imp. représenté le Mercredi 25 Février 1739. suivi d'un divertissement, qui fut terminé par un vaudeville. La Troupe Angloise, & les principaux Acteurs & Actrices de l'Opéra Comique donnérent à la suite une nouvelle Pantomime, sous le titre de la *Fête des Anglois*, qui fut parfaitement exécutée.

A l'égard de la piéce qui fait le sujet de cet article, on peut dire qu'elle est encore au dessous de son titre : on en jugera par ce petit Extrait.

Jeannette, niéce de Madame Thomas Fermiere, prête à épouser Lubin, & craignant qu'il ne soit jaloux, veut sonder ses sentimens; Lubin la prie de lui définir cette passion.

JEANNETTE. AIR. (*Cahin, caha.*)
La Jalousie
D'épine est un fagot,

Elle rend l'esprit sot ,
La chimere est son lot ,
Le moindre petit mot
Aigrit sa frénésie :
Elle croit ceci , puis cela ,
Dès qu'on va pour elle ,
Adieu la cervelle ,
Le cœur se rebelle ,
L'estime chancelle ,
Et l'Amour va
Cahin , caha ,
Sçais-tu cela.

LUBIN.

Cahin , caha.

Pour lui donner un exemple sensible , elle fait naître des soupçons dans l'esprit de Thibaut, amant de Javote , fille de Madame Thomas. Lubin trouvant ce jeu plaisant , imite Jeannette, & rend jalouse Madame Thomas , qui est sur le point d'épouser Fretillac Gascon ; de cette maniere tous ces amans se trouvent brouillés sans sçavoir pour quel sujet : à la fin ils se raccommodent ; de même Javote , qui est d'intelligence avec Jeannette, consent à finir cette plaisanterie.

JAVOTE. Air. (*Chantez , petit Colin.*)

Ma cousine , il est temps
De finir nos querelles ,
Ma cousine , il est temps
D'appaiser tous les mécontens.
Nos rapports infidéles ,
Ont brouillé leurs cervelles ,
Vous trompiez Thibaut ,
Je trompois Lubin.

THIBAUT.

O le grand nigaut.

JA 113

JEANNETTE.

Je n'avois pas dessein, cousine, de te nuire,
Je n'ai rendu Thibaut jaloux, que pour instruire
　　La simplicité de Lubin,
Et lui montrer l'abîme où peuvent nous conduire
Les injustes soupçons nés d'un discours malin.

Les Bergers du village prennent part à la joie de ces Amans, & forment le divertissement. Voici deux couplets du Vaudeville.

Un rien rend jaloux un cœur tendre,
Et de fureur sçait l'enflamer.
Mais il suffit, pour le calmer
Qu'un autre rien se fasse entendre.
L'Amour, examinons le bien,
Est souvent occupé d'un rien.

Un rien sçait charmer une Belle,
Si ce rien a de l'agrément ;
Aux soupirs du plus tendre Amant,
Souvent un rien la rend rebelle.
Les cœurs, examinez-les bien,
Se déterminent pour un rien.

Extrait Manuscrit.

JAPHET (Don) D'ARMÉNIE, Comédie en cinq actes & en vers, de M. *Scarron*, imp. dans ses Œuvres, & représentée sur le Théatre de l'Hôtel de Bourgogne en 1652. *Histoire du Th. Franç.* année 1652.

« JARDIN, (N..... du) Acteur Forain, en-
» tra pendant le cours de la Foire S. Laurent
» 1715. dans la Troupe d'Octave, pour rem-
» plir les roles de Sultan & de Paysan. Lorsque
» cet Entrepreneur quitta son jeu, Du Jardin
» passa dans la Troupe des Sieur & Dame de
» Saint Edme, de-là chez la Dame de Beaune ;

» il quitta enfuite Paris, pour aller jouer en
» Province, & ne revint qu'en 1721. joua dans
» la Troupe de Francifque : enfuite avec Ho-
» noré, qui avoit le bail de l'Opéra Comique;
» & paffa quelque temps fous le Sieur Pontau.
» Enfin il eft mort à Paris vers l'année 1735.
» à la fuite d'une longue maladie.

» En parlant ci-deffus de Du Jardin, j'ai ou-
» blié de dire qu'il étoit de Paris, du quartier
» Montmartre, & que fon véritable nom étoit
» *La Faloye*. Dans fa jeuneffe il entra au fer-
» vice de M. Deftouches, qui lui trouvant de
» la voix & de la difpofition pour la Mufique,
» la lui fit apprendre, & eut même la bonté
» d'y donner fon attention. Au bout de quel-
» que temps, Du Jardin devenu amoureux
» d'une jeune fille du voifinage, l'époufa, &
» ne pouvant fe réfoudre à exercer un métier,
» il quitta Paris, & paffa en Province, où fe
» fervant de fes talens, il chanta fur différens
» Théatres d'Opéra. Il revint vers 1708. M. Def-
» touches qui faifoit pour lors paroître fa Paf-
» torale Héroïque d'*Iffé*, nouvellement mife en
» cinq actes, lui procura une place dans les
» chœurs de celui de Paris. Enfuite fa femme
» qui avoit quelqu'accès chez Octave, lui fit
» faire connoiffance avec cet Entrepreneur,
» dans l'une des troupes duquel il débuta à la
» Foire Saint Germain 1714. Il jouoit les roles
» d'Amoureux & autres caracteres. Il avoit la
» voix très belle, & au refte affez bon Acteur ».
Mémoires fur les Spectacles de la Foire, tome I.
p. 177, 178, 210, 211.

JARDINIER, (l'*Ortelano*,) Canevas Italien

en trois actes, moderne, & sans nom d'Auteur, représenté le Lundi 2 Novembre 1716. *Sans Extrait.*

JARDINS. (Mlle Des) Voyez *Villedieu* (*Madame de*)

JARDINS (les) DE FLORE, Feu d'artifice exécuté sur le Théatre des Comédiens Italiens, le Dimanche 27 Juillet 1749.

JARDINS (les) DE L'HYMEN, *ou la* ROSE, Opéra Comique en un acte, avec un Prologue, Bruxelles, (Paris,) 1744. & représenté le Jeudi 5 Mars 1744. précédé de la *Coquette sans le sçavoir*, & du *Saut du Fossé*, & terminé par le Ballet des *Meuniers*.

Beaucoup de personnes ont crû que M. *Le Sueur*, jeune homme de beaucoup d'esprit, qui a présenté la piéce au Théatre, avec quelques changemens de sa façon, en étoit le véritable Auteur. Quoiqu'elle ait eu assez de succès, cependant, en la faisant imprimer, il a eu la modestie de ne vouloir pas la mettre sous son nom : on sçait effectivement qu'elle est de M. *Piron*, & qu'elle auroit paru dès la Foire Saint Laurent 1726. si des difficultés que l'Auteur essuya à la Police, ne l'eussent obligé à renoncer à ce dessein. Ce détail rapporté en peu de mots, sert à constater ce fait, & tient la place d'un Extrait de la piéce, dont l'impression nous a dispensé.

Monsieur l'Abbé Chérier, alors chargé de l'examen des Ouvrages de Théatre, rendit le témoignage suivant, dans sa Lettre du 16 Août 1726.

MONSIEUR,

« La Piéce intitulée *La Rose*, Pastorale co-
» mique, représente allégoriquement une jeune
» fille indécise sur le choix de plusieurs amans,
» & qui ne se détermine que par l'inspiration
» de l'Hymen : ainsi la conduite de la piéce ne
» méne qu'à une décence & une régularité qu'il
» est difficile de critiquer.

» Le nom & le titre de *La Rose*, ne jette
» aucune idée sale par lui même : on dit tous
» les jours, dans le commerce du beau monde,
» *cueillir la rose*, quand on parle d'un galant
» qui a saisi les premiéres faveurs d'une jeune
» personne ; ainsi on ne peut pas attaquer le
» titre.

» Il n'en est pas de même des autres termes
» qui sont répandus dans la piéce, & qui peu-
» vent faire naître quelques applications dangé-
» reuses ; ces termes sont, *Rose*, *Jardin*, *Hou-
» lette*, *voir le Loup*. Je ne crois pas qu'il faille
» les retrancher par rapport à la malignité dont
» on peut être affecté, d'autant plus que si on
» retranche ces mots, ou les phrases qui con-
» tiennent ces mots, il faudra retrancher toute
» la piéce.

» Scéne XII. vers la fin, j'ai retranché ces
» mots : *jusqu'à la vache du Compere Panier,
» dont on parlera à jamais, en disant qu'il n'en
» faut pas parler*, parce que j'ai eu peur de
» l'application.

» Au reste, plus j'examine la piéce, & plus
» je la trouve dans les bienséances du Théatre :

» toutes les malignes interprétations que l'on
» peut donner à la Rose, à la Houlette, ne
» font que des interprétations : il faut dans les
» ouvrages s'attacher au sens que les paroles
» donnent par elles-mêmes, & ne pas s'atta-
» cher à la torture, & à la violence que les es-
» prits de travers peuvent donner ».

Malgré les bonnes intentions du Censeur de la Police, le Magistrat demeura toujours inflexible, & ne voulut pas permettre que la piéce de M. Piron fut représentée. Ce dernier s'adressa à M. le Comte de Maurepas, & eut l'honneur de lui présenter le placet dont voici la copie.

MONSEIGNEUR,

« Sans autre appui qu'une parfaite confiance
» en votre pouvoir & en votre bonté, j'ose
» recommander à votre protection une Rose
» qu'on veut empêcher d'éclore. Le désespoir
» des pauvres Entrepreneurs de l'Opéra Co-
» mique me force à prendre cette liberté. On
» vient de leur défendre la représentation de
» cette piéce, au moment que votre départ les
» empêche d'être à vos pieds, & que la lon-
» gueur & les grands frais des préparatifs ont
» achevé de les réduire à l'extrémité. Ils avoient
» tout fait, dans l'espérance que votre indul-
» gence & votre autorité les mettroit à l'abri de
» la persécution.

Votre nom, Monseigneur, les conduit à la mort.

» Ainsi, j'ose avancer que vous leur devez votre

» compaſſion, d'autant plus qu'on ne s'aviſe pas
» d'imploier ici votre appui en faveur du ſcan-
» dale & de la licence. Un Abbé commis à
» l'examen des piéces, & qui ſe conforme aux
» ſcrupules & à la rigidité de la Police, envoya
» la Roſe à M. Hérault avec ſon approbation,
» & ſans avoir fait aucune rature. Il y a plus,
» Monſeigneur, j'ai lû la Roſe dans une Com-
» pagnie où il y avoit deux Evêques ſexagénai-
» res, & quelques Dames qui en ſont déja aux
» Directeurs: l'ouvrage trouva grace devant
» leurs yeux, ils n'y ont voulu voir que ce que
» j'y montre: les mots de Roſe, Roſier, Hou-
» lette & Jardin leur ont bien fait penſer quel-
» que petite choſe, mais ils convinrent tous
» comme a fait l'Examinateur, que le voile de
» de l'allégorie étoit ſi heureuſement tiſſu, qu'il
» n'y avoit pas le petit trou par où l'on pût voir
» la nudité.

« M. Hérault ne veut pas branler de der-
» riére le rideau, ſans ſe vouloir imaginer que
» ce rideau ſera bien plus devant les yeux des
» Spectateurs, qu'il ne peut être dans l'idée des
» Lecteurs. Mon Théatre repréſente un Jardin,
» au milieu duquel eſt un Roſier; la Roſe éclate
» au deſſus de ce Roſier, & frappe les regards
» du Spectateur. Tout cela répand une inno-
» cence continuelle ſur tout ce qui ſe dit. Des
» Bergers ſe diſputent comme une faveur inno-
» cente un bouquet offert par la plus jolie Ber-
» gere du Hameau, lieux communs des niai-
» ſeries paſtorales. Je vous ſupplie très-humble-
» ment, Monſeigneur, de vouloir bien donner
» des ordres plus doux que ceux de M. Hérault.

Sæpè premente Deo, fert Deus alter opem.

„ Un grand Roi, très-Chrétien, ne dédaigna
„ pas de secourir Moliere dans un pareil cas, à
„ l'occasion du Tartuffe, & cependant la même
„ différence qui se trouve à mon desavantage
„ entre les deux Auteurs, se trouve à mon
„ avantage entre les matieres, & les conséquen-
„ ces des deux piéces, &c. „

Enfin, M. l'Abbé Raguet, à la décision duquel l'affaire fut renvoyée par le Ministre, déclara que la piéce n'étoit pas propre à être représentée. « L'Auteur, (dit-il) connoit son
„ Théatre, c'est un génie aisé & très-inventif.
„ Son objet l'a entraîné, mais pourquoi l'a t il
„ choisi cet objet perpétuel ? J'en suis fâché,
„ (continue t-il,) car il me paroit que son talent
„ n'a pas besoin de tels secours pour briller „.
Mémoire Manuscrit.

On peut présumer que ces refus, qui au fond sont très honorables à l'Auteur, ont servi à le dégoûter du Théatre de l'Opéra Comique, & l'ont déterminé à s'attacher à un spectacle plus propre à acquérir de la réputation. A l'égard de la piéce, il semble que l'événement a pleinement justifié M. Piron ; elle a été représentée, comme on le vient de dire sans qu'on y ait fait aucun retranchement, pas même ceux que l'ancien Censeur de la Police avoit indiqué ; imprimée de même, & reçue avec beaucoup d'applaudissement.

Le Dimanche 28 Juin 1744. l'Opéra Comique ouvrit son Théatre par cette même piéce, elle étoit précédée de la *Statue animée*, ou

Pygmalion, remis sous ce titre. Le Dimanche 12 Juillet suivant, ces deux piéces furent données *gratis* au public, en réjouissances de la prise de Furnes. Tout se passa sans confusion, & au grand contentement d'une multitude de peuple du Fauxbourg & de la Ville; ce spectacle commença à une heure & finit à trois.

« Ce divertissement populaire, (dit l'Auteur » du Mercure de France) fut encore marqué par » quelques circonstances aussi singulieres qu'inat-» tendues. Une Marchande Bouquetiere vou-» lant contribuer en quelque chose à la fête » qu'on donnoit sur ce Théatre, s'y rendit, & » fit porter plusieurs corbeilles remplies de tou-» tes sortes de fleurs & de bouquets, qu'elle » présenta à cette nombreuse assemblée, qui » sçût très-bon gré à la Marchande de cette ga-» lanterie.

» Après la représentation de la premiére pié-» ce, un Acteur de la Troupe s'avança sur le » bord du Théatre, pour annoncer aux specta-» teurs qu'ils ne pouvoient pas donner la secon-» de piéce qu'ils avoient promise; l'Acteur qui » devoit remplir un des roles se trouvant indis-» posé, qu'ils étoient tous fâchés de ce contre-» tems. Le Sieur *Lescluse*, Acteur dès plus co-» mique de ce même Théatre, avoit pris la pré-» caution de se placer comme Spectateur, pen-» dant la premiére piéce, dans une des premié-» res loges, en habit de Jardinier, confondu » avec toutes sortes de gens de tous états : toute » l'Assemblée se récria fort sur cette annonce de » ne pas jouer la piéce promise; le feint Jardi-» nier se léve comme tous les autres, & dit

» qu'on

» qu'on prétendoit que la piéce fut jouée, avec
» tant d'art & d'apparence de vérité, que tous
» les Spectateurs donnérent parfaitement dans
» l'illusion. L'Acteur qui avoit déja fait l'an-
» nonce, proposa enfin au feint Jardinier, qui
» étoit toûjours dans la loge, de vouloir bien
» se charger du role de l'Acteur malade, puis-
» qu'il en avoit l'habit. Le défi fut accepté, le
« supposé Jardinier quitta sa place pour passer
» au Théatre, & joua son role avec l'applaudis-
» sement de toute l'assemblée ». *Mercure de France, Août* 1744. p. 1866, 1867.

JARDINS (les) D'HÉBÉ, Opéra Comique en un acte, avec un divertissement, de M. *Panard*, représenté à la suite des *Fêtes Villageoises*, le Samedi 17 Septembre 1740. non imp.

Le plan de cette piéce n'est pas nouveau, & l'Auteur même l'a présenté plusieurs fois sur la scéne. Hébé paroit sur un throne de fleurs, environnée de ses Nymphes, Jacinte, Violette, Amarante, Anemone, Jonquille, Julienne & Rosette. Elles bravent la fureur des Aquilons, l'approche de ces derniers les jette dans une consternation qui heureusement ne dure qu'un instant. L'Amour déguisé se présente, & fait fuir ces téméraires. Hébé apprenant que ce généreux inconnu vient exprès trouver dans ce lieu la beauté dont il est épris, s'offre, par reconnoissance à le servir de tout son pouvoir.

HÉBÉ. AIR. (*Quand je vous ai donné mon cœur.*)
Sur la droite de ce bosquet,
Il est certain Parterre,
Allez-y chercher un bouquet.
L'AMOUR.
Que faudra-t-il en faire?

HÉBÉ.
Celle qui de vous l'obtiendra,
Par mes soins vous appartiendra.

Hébé cédant à la secrette inclination qu'elle ressent pour son libérateur, va le joindre, & laisse à Rosette, l'une de ses Nymphes, la commission de tenir l'audience. Madame Gaillard, autrefois Danseuse de l'Opéra Comique, & M. Grand-Jean, Acteur du même spectacle, viennent faire un tour de promenade dans le Jardin de la Jeunesse. Ils se reconnoissent, & se rappellent le temps où ils étoient l'un & l'autre si fort applaudis.

MADAME GAILLARD.
AIR. (*De la Baronne.*)

A moi la mere
Pour faire valoir mon talent,

GRAND JEAN.

Tous les deux nous faisions la paire,
Pour être amoureux & galant,
A moi le pere.

Sitôt que vous paroissiez, ajoûte-t-il,

AIR. (*Des fraises.*)

La lorgnette pour vous voir
D'abord étoit braquée.

MADAME GAILLARD.

Chacun vantoit mon sçavoir,

GRAND JEAN.

Et vous étiez chaque soir,
Claquée, claquée, claquée.

Rosette leur permet de se promener dans le Jardin, mais elle conseille à Grand-Jean de ne pas s'aviser d'y cueillir des fleurs. Tout d'or, Financier, se présente ensuite, & propose à la

Nymphe l'établissement d'un impôt à la grille du Jardin. Rosette rejette un pareil projet, & donne audience à une veuve qui déplore la perte d'un époux, dont la complaisance étoit extrême: la Nymphe pour la consoler, l'envoye au bosquet de l'Hymen. Alors ne voyant plus personne, elle appelle Floriston, Jardinier d'Hébé, & lui demande s'il a exécuté le plan que la Déesse lui a donné pour la distribution de son Jardin. Oüi, répond Floriston: j'ai placé le bosquet des Agnès dans un endroit raboteux, & leur parterre est semé de fleurs champêtres, de roses pâles, & de violettes simples: celui des Prudes est entouré d'épines, & n'a point d'autres fleurs que le thim sauvage & le basilic. Le Bosquet des jeunes Robins est joint à celui des Abbés coquets, les uns & les autres fuyent le grand jour. Vous avez bien fait, dit Rosette, ces Messieurs craignent plus le hâle que les femmes. A l'égard des beaux Esprits, continue le Jardinier, je place ceux du premier ordre sur une éminence couverte de lauriers & d'immortelles, & les autres dans un terrain qui ne produit que des pavots & des œillets d'Inde. Mais, ajoûte t-il, le bosquet qui m'a donné le plus de peine, est celui des femmes galantes, il demande un soin & une propreté extraordinaire, & malgré cela, je n'y peux faire venir du gazon.

ROSETTE.

» Pourquoi, s'il vous plaît?

FLORISTON.

» C'est qu'il est trop fréquenté, & puis on y est toûjours
» en l'air.

AIR. (*Lon la.*)

L'on y gambade inceſſamment ;
A chaque heure, à chaque moment,
Le Bal ſemble y renaître.
L'Oiſeau Royal s'y danſe tant
Que l'herbe n'y peut croître
    Lon la,
Que l'herbe n'y peut croître.

Il ne reſte que le Boſquet des Courtiſans, qui demande auſſi beaucoup d'attention, par rapport aux caſcades & aux ſoûterrains dont il eſt rempli. Le Jardinier y ſéme de l'oreille d'ours, des tricolors & des penſées doubles. La converſation eſt interrompue par les cris douloureux de Grand-Jean, qui a fait la culbute dans le Jardin : Madame Gaillard en revient auſſi, mais plus ſatisfaite, c'eſt ce qui donne lieu à cette réflexion.

ROSETTE.

» Ce qu'un Auteur de nos jours a dit eſt bien vrai.

AIR. (*Honneur au ſexe féminin.*)

Dans le Jardin de la Jeuneſſe,
Qu'un homme aille dans ſa vieilleſſe,
Il en revient ſombre & chagrin,
Nargue du ſexe maſculin.
Une femme tout au contraire
En revient joyeuſe & légére,
Elle y retourneroit ſoudain :
Honneur au ſexe féminin.

Hébé revient avec l'Amour : ce Dieu ſûr du cœur d'Hébé, ſe fait connoître, & ayant appellé les Jeux & les Plaiſirs de ſa ſuite, il leur ordonne de célébrer ſon bonheur par un divertiſſement.

Couplet du Vaudeville.

L'Homme de Robe & de Finance,
Ont leur tour près d'un jeune objet ;
Pour eux on a de l'indulgence,
Pendant l'absence du plumet.
 Quand l'épée arrive,
 La plume s'esquive,
Et l'on ordonne au Robin,
Digue, digue, diguedin,
De faire un tour de Jardin.

Extrait Manuscrit.

JARS, (Louis le) Sécretaire de la Chambre du Roi Henri III. & Poëte Dramatique, a composé pour la scéne Françoise :

LUCELLE, Tragi-Comédie, 1576.
Hist. du Th. Franç. année 1576.

JASON, *ou la* TOISON D'OR, Tragédie lyrique en cinq actes, avec un Prologue, de M. *Rousseau*, Musique de M. *Collasse*, représentée par l'Académie Royale de Musique, le Vendredi 6 Janvier 1696. in-4°. Paris, Ballard, & tome V. du Recueil général des Opéra.

Cet Opéra n'a pas reparu au Théatre.

JAVOTTE, Parodie en un acte de la Tragédie de *Mérope*, de M. de *Voltaire*, par M. *Valois*, représentée par les Marionnettes de Bienfait, à la Foire S. Germain 1743. non imp.

On dira peu de choses de cette piéce, il paroit que l'Auteur s'est attaché à parodier les noms des personnages, & c'est en cela que consiste le principal mérite de l'ouvrage. Polyphonte étoit nommé *Pandour*, ce nom faisoit alors un grand bruit à Paris. Mérope étoit travestie en Javotte, & Polichinelle sous le nom de Zifle, représentoit l'Egisthe de la Tragédie : comme il paroissoit d'abord déguifé, & fous celui de Zefte, cette duplicité de noms avoit fourni la pointe d'un couplet que l'Auteur a mis dans la bouche de Javotte au moment de la reconnoiffance. Ah ciel, s'écrie-t elle :

>Mon efprit étoit fufpendu,
>Entre le zifte & le zefte.

Extrait Manufcrit.

IBRAHIM, *ou* l'ILLUSTRE BASSA, Tragi-Comédie de M. de *Scudery*, repréfentée en 1642. Paris, Sercy, 1643. in-4°. *Hift. du Th. Fr.* année 1642.

IBRAHIM BASSA (la fuite d') Voyez *Perfide*.

IDOMÉNÉE, Tragédie de M. de *Crébillon*, imp. dans fes Œuvres, & repréfentée le Mardi 29 Décembre 1705. *Hiftoire du Théatre François*, année 1705.

IDOMÉNÉE, Tragédie lyrique en cinq actes, avec un Prologue, de M. *Danchet*, Mufique de M. *Campra*, repréfentée par l'Académie Royale de Mufique, le Mardi 12 Janvier 1712. in-4°. Ballard, & tome X. du Recueil général des Opéra. Extrait, *Mercure de France, Avril* 1731. *II. Part. p.* 771. *& fuiv.*

ACTEURS DU PROLOGUE.

Eole.	Le Sieur Hardouin.
Vénus.	Mlle Pouffin.

BALLET.

Plaifirs.	Le Sieur Marcel.
	Le Sieur D. Dumoulin L. & Mlle Chaillou.
Graces.	Mlles Menès, Le Maire & Maugis.

ACTEURS DE LA TRAGÉDIE.

Idomenée.	Le Sieur Thévenard.
Arcas, confident d'Idomenée.	Le Sieur Buseau.
Idamante, fils d'Idomenée.	Le Sieur Cochereau.
Arbas, suivant d'Idamante.	Le Sieur Hardouin.
Ilione, Princesse Troyenne, amante d'Idamante.	Mlle Journet.
Dircé, confidente d'Ilione.	Mlle Antier.
Electre, fille d'Agamemnon, amante d'Idamante.	Mlle Pestel.
Neptune.	Le Sieur Dun.
La Jalousie & Némésis.	Le Sieur Mantienne.

ACTEURS DU BALLET.

ACTE I.	Un Crétois.	Le Sieur D. Dumoulin.
ACTE II.	Suivant de la Jalousie.	Le Sieur Blondy.
ACTE III.	Une Matelotte.	Mlle Prevost.
ACTE IV.	Crétoises.	Mlles Prevost & Guyot.
ACTE V.	Une Bergère.	Mlle Guyot.

IIe REPRISE de l'Opéra d'*Idomenée*, le Mardi 3 Avril 1731. jour de l'ouverture du Théâtre, cette année, 2e édit. in 4°. Ballard.

ACTEURS DU PROLOGUE.

Eole.	Le Sieur Dun.
Vénus.	Mlle Eremans.

BALLET.

Graces.	Mlles Thibert, Richalet & Du Rocher.
Un Plaisir.	Mlle Ferret.

ACTEURS DE LA TRAGÉDIE.

Idomenée.	Le Sieur Chassé.
Arcas.	Le Sieur Dumast.
Idamante.	Le Sieur Tribou.
Ilione.	Mlle Le Maure.
Electre.	Mlle Pélissier.
Neptune.	Le Sieur Dun.
La Jalousie & Némésis.	Le Sieur Cuvillier.

F iv

Une Crétoise & une Bergére.	Mlle Petitpas.

ACTEURS DU BALLET.

Acte I. *Un Troyen.*	Le Sieur D. Dumoulin.
Acte II. *Suivant de la Jalousie.*	Le Sieur Dupré.
Acte III. *Une Matelote.*	Mlle Camargo.
Acte IV. *Berger & Bergére.*	Le Sieur D. Dumoulin & Mlle Camargo.
Acte V. *Crétois & Crétoises.*	Le Sieur Laval & Mlle Mariette.

IDYLLE SUR LA PAIX, par M. *Racine*, mis en Musique par M. *Lully*, imp. tome III. du Recueil général des Opéra, & représenté à Sceaux en 1685. & ensuite à Paris, la même année.

Repris en 1689. à la suite de la Pastorale des *Fêtes de l'Amour & de Bacchus*.

JEAN, (N...... de Saint) Poëte lyrique, a composé:

ARIADNE ET BACCHUS, Tragédie en cinq actes avec un Prologue, Musique de M. *Marais*.

Il avoit été dans les affaires du Roi, & sur la fin de ses jours il s'est retiré à Perpignan, où il est mort. C'est de lui dont M. Regnard a parlé dans son Epitre à M. le Marquis *** lorsqu'il dit,

Il n'est point de cerveau qui n'ait quelque travers,
Saint Jean ne sçait pas lire, & veut faire des vers.

JEANNE D'ANGLETERRE, Tragédie de M. *De la Calprenede*, Paris, Sommaville, 1637. in-4°. représentée la même année. *Hist. du Th. Fr.* année 1637.

JEANNE D'ANGLETERRE, Tragédie de M. *De la Place*, représentée le Mardi 8 Mai 1748. suivie de *Crispin rival de son Maître*, non imp.

Histoire du Théatre François, année 1748.

JEANNE D'ARQUES, (Tragédie de) dite la *Pucelle d'Orléans*, en cinq actes & en vers, par un Auteur *Anonyme*, Paris, 1611. in-12. Voyez *Pucelle (la) de D. Remi*, & *Pucelle (la) Hist. du Th. Fr.* année 1611.

JEANNE DE NAPLES, Tragédie de M. *Magnon*, représentée en 1654. & imp. Paris, Champhoudry, 1656. in-4°. *Hist. du Th. Fr.* année 1654.

JE NE SÇAI QUOI, (le) Comédie Françoise en vers libres & en un acte, suivie d'un divertissement, au Théatre Italien, par M. de *Boissi*, représentée pour la premiére fois le Mercredi 12 Septembre 1731. Paris, Prault pere. *Extrait, Mercure de France, mois de Septembre* 1631. p. 2223 *& suivantes.*

JEPHTÉ, *ou le* VŒU, Tragédie de Florent *Chrestien*, 1567. Paris, Estienne, 1573. in 4°. idem in-12. Paris, Mamert Patisson, 1587. idem in 12. 1595. la premiére édition est d'Orléans, in-4°. 1567. Rabier. *Hist. du Th. Franç.* année 1567.

JEPHTÉ, Tragédie lyrique, tirée de l'Ecriture Sainte, en cinq actes, avec un Prologue, par M. l'Abbé *Pellegrin*, Musique de M. *Monteclair*, représentée par l'Académie Royale de Musique, le Jeudi 20 Février 1732. in 4°. Ballard, Tome XV. du Recueil général des Opéra. *Extrait, Mercure de France, Mars* 1732. p. 571. *& suivantes.*

ACTEURS DU PROLOGUE.

Apollon.   Le Sieur Dun.
Polymnie.   Mlle Mignier.

Terpsichore.   Mlle Dun.
Vénus.   Mlle Petitpas.
La Vérité.   Mlle Eremans.

ACTEURS DE LA TRAGÉDIE.

Jephté.   Le Sieur Chassé.
Phinée, Grand-Prêtre. Le Sieur Dun.
Ammon, Prince Ammo-
nite.   Le Sieur Tribou.
Almasie, femme de Jeph-
té.   Mlle Antier.
Iphise, fille de Jephté. Mlle Le Maure.
Élise, confidente d'Iphise. Mlle Petitpas.

ACTEURS DU BALLET.

ACTE I. Un Guerrier.   Le Sieur Laval.
ACTE II. Un Israëlite.   Le Sieur Maltaire C.
        Une Israëlite.   Mlle Camargo.
ACTE III. Un Chef de Tribu. Le Sieur D. Dumoulin.
ACTE IV. Une Bergére.   Mlle Sallé.

IIe édition de la Tragédie lyrique de *Jephté*, reprise pour la premiére fois le Mardi 4 Mars 1732. in-4°. Ballard.

La Tragédie de *Jephté* n'ayant pû paroître le 28 Févtier, comme elle étoit annoncée dans la premiére édition, ne fut représentée que le 4 Mars, suivant cette édition, qui est conforme à la précédente, à la réserve de quelques changemens au cinquiéme acte, à la fin duquel on ajoûta un divertissement, dont les deux principales Entrées furent exécutées par Mlle Sallé, & par le Sieur Javillier.

IIe REPRISE de la Tragédie de *Jephté*, le Jeudi 26 Février 1733. 3e édition, in 4°. Paris, Ballard.

La distribution des roles fut la même que l'année précédente, à l'exception des roles de *Vénus* & de la *Vérité*, qui furent remplis par les

Dlles Mignier & Antier. Les Auteurs avoient fait quelques changemens dans la piéce, & supprimé la Fête qui terminoit la piéce, & qu'on n'avoit ajoûté, disent-ils, que par condescendance au desir des amateurs outrés de la danse. Ils substituerent à cette fête des actions de graces chantées par trois des plus belles voix de l'Opéra, & ce trio répété par le chœur, finissoit la piéce.

IIIe Reprise de *Jephté*, Tragédie, le Dimanche 28 Mars. 1734.

IVe Reprise, le Jeudi 10 Mars, 1735.

Ve Reprise de la Tragédie lyrique de *Jephté*, le Lundi premier Avril 1737. avec des changemens considérables au cinquiéme acte : on peut voir l'Extrait de ce cinquiéme acte. *Mercure de France*, Avril 1737. p. 790-794.

Cet Opéra fut repris le Mardi 30 Avril à l'ouverture du Théatre, & continué quelques représentations.

VIe Reprise de l'Opéra de *Jephté*, le Mardi 4 Mars 1738.

VIIe Reprise de *Jephté*, le Jeudi 17 Mars 1740. 4e édition in-4°. Ballard.

ACTEURS DE LA TRAGÉDIE.

Apollon.   Le Sieur Dun.
Polymnie.   Mlle Mignier.
La Vérité.   Mlle Antier.

BALLET.

Suivans de Terpsichore.   Mlle Richalet.
  Le Sieur Hamoche.

ACTEURS DE LA TRAGÉDIE.

Jephté.   Le Sieur Le Page.
Phinée.   Le Sieur Dun.
Ammon.   Le Sieur Jélyotte.

Almasie.	Mlle Antier.
Iphise.	Mlle Le Maure.
Elise.	Mlle Fel.
Abner.	Le Sieur Albert.

ACTEURS DU BALLET.

ACTE I. *Un Guerrier.*	Le Sieur Maltaire C.
ACTE II. *Israëlites.*	Le Sieur Dupré.
	Mlle Mariette.
ACTE III. *Un Chef de Tribu.*	*Le Sieur D. Dumoulin.
ACTE IV. *Une Bergére.*	Mlle Dallemand.

VIIIe REPRISE de l'Opéra de *Jephté*, le Mardi 3 Mars 1744.

ACTEURS.

Jephté.	Le Sieur Chassé.
Phinée.	Le Sieur Le Page.
Ammon.	Le Sieur Jélyote.
Almasie.	Mlle Chevalier.
Iphise.	Mlle Le Maure.
Elise.	Mlle Fel.
Abner.	Le Sieur Albert.

ACTEURS DU BALLET.

ACTE I. *Un Guerrier.*	Le Sieur Ghérardi.
ACTE II. *Israëlites.*	Le Sieur Maltaire C.
	Mlle Camargo.
ACTE III. *Un Chef de Tribu.*	Le Sieur D. Dumoulin.
ACTE IV. *Une Bergére.*	Mlle Dallemand.

La Parodie de cet Opéra se trouve dans le troisiéme acte des *Amusemens à la mode*, Comédie de M. *Romagnesi*, au Théatre Italien.

JEU (le) DE L'AMOUR ET DU HAZARD, Comédie Françoise en prose & en trois actes, au Théatre Italien, par M. de *Marivaux*, représentée pour la premiére fois le Lundi 23 Janvier 1730. Paris, Prault pere.

JEUNE, (Mlle le) Danseuse Foraine & dans des Troupes de campagne, est fille de *Francassal*, qui a joué les roles d'Arlequin, & femme du Sieur Quinault, Comédien de Province, qui a auſſi joué à l'Opéra Comique. Mlle Le Jeune a danſé ſur ce dernier Théatre en 1738. & ſuivantes. En 1742. elle étoit dans la grande Troupe Etrangere de Reſtier & de la veuve La Vigne. Aujourd'hui vivante.

JEUNE (la) BERGERE. Voyez *Liſimene*.

JEUNE (le) HOMME, Comédie en un acte, par un Auteur *Anonyme*, non-imp. repréſentée le Jeudi 14 Octobre 1694. précédée de la Tragédie de *Phédre*. *Hiſtoire du Théatre Franç.* année 1694.

JEUNES (les) MARIÉS, Opéra Comique en un acte, de M. *Favart*, avec un divertiſſement & un vaudeville, & repréſenté le Vendredi 1 Juillet 1740. précédé d'un Prologue intitulé les *Recrues de l'Opéra Comique*, & des *Epoux*, piéce d'un acte du même Auteur.

En s'épouſant, le Marquis pere du Chevalier, & la Marquiſe mere de Lucile, ont conclu le mariage de leurs enfans: mais comme ces derniers ſont encore trop jeunes pour demeurer enſemble, on a réſolu d'envoyer le Chevalier achever ſes exercices à Paris, & que la Demoiſelle paſſeroit ce temps-là dans un Couvent. En attendant que ce deſſein puiſſe être exécuté, Barbariſmus, Pédant du Chevalier, & Madame Dorothée, Gouvernante de Lucile, ont ordre d'empêcher les deux jeunes Epoux de ſe voir. Malgré ces précautions, Lucile & le Chevalier trouvent le ſecret de ſe donner un rendez-vous. On les ſépare, & Lucile eſt remiſe entre les mains d'un Gentilhomme campagnard, couſin de la Marquiſe, qui doit la conduire ſur le champ dans un Couvent. Pendant que ce

Gentilhomme s'y dispose, le Chevalier arrive, & l'oblige à mettre l'épée à la main ; la Marquise accourt au bruit, & sépare les combattans. Peu de temps après, le Chevalier s'introduit par une fenêtre dans l'appartement de Lucile, où il se cache, & se retranche dans un cabinet. Comme il est armé de pistolets, il menace de bruler la cervelle à quiconque voudroit l'en faire sortir. Le Marquis se présente, alors les jeunes époux se jettent à ses pieds, & lui demandent la grace de n'être point séparés. On leur accorde, à condition que le Chevalier continuera ses exercices, pour se rendre digne de sa jeune Epouse. La nôce forme le divertissement.

Couplets du Vaudeville.

Avant de sçavoir l'art profane,
Qu'au Palais on nomme chicane,
Un Procureur passoit trente ans.
Aujourd'hui fort jeune on y brille,
Le moindre petit Clerc nous pille ;
N'y a plus d'enfans, n'y a plus d'enfans.

Le Gascon vante sa naissance,
Le Parvenu son opulence,
Chacun se met au rang des Grands.
Le Bretteur fait l'homme de Guerre,
Plus d'une fille fait la mere :
N'y a plus d'enfans, n'y a plus d'enfans.

Extrait Manuscrit.

JEUNESSE (la) *ou* l'AMOUR INGÉNU, c'est le titre de la premiére Entrée du Ballet des *Ages*, de M. *Fuselier*, mis en Musique par M. *Campra*, & représenté en 1718. Voyez *Ages*. (les)

JE VOUS PRENDS SANS VERD, Comédie en un acte & en vers de M. *Champmeslé*, imp. dans ses Œuvres, & représentée à la suite du *Misantrope*, le Vendredi 1 Mai 1693. *Hist. du Th. Fr.* année 1693.

JEUX (les) OLYMPIQUES, première Entrée du Ballet des *Fêtes Grecques & Romaines*, de M. *Fuzelier*, Musique de M. *Colin de Blamont*, représenté en 1723. Voyez *Fêtes (les) Grecques & Romaines*.

JEUX (les) OLYMPIQUES, ou le PRINCE MALADE, Comédie en vers & en trois actes, suivie d'un divertissement, au Théatre Italien, par M. *Chancel de la Grange*, représentée pour la première fois le Samedi 12 Novembre 1729. imp. dans les Œuvres de l'Auteur. *Extrait, Mercure de France*, mois de Novembre 1729 p. 2693. & suivantes.

IGNORANTS (les) DEVENUS FOURBES PAR INTÉRÊT, Canevas Italien en un acte, mêlé de scènes Françoises, par Messieurs *Riccoboni* le pere & *Dominique*, représenté pour la première fois le Mercredi 13 Octobre 1717. *Sans Extrait*.

ILLUMINATION, (l') Comédie Françoise en prose & en un acte, suivie d'un divertissement, au Théatre Italien, par M. *Martel*, représentée une seule fois le Jeudi 17 Septembre 1744. non imp. & *sans Extrait*. Cette piéce fut suivie de la *Nôce de Village*, Comédie en prose & en un acte, de Messieurs *Minet* fils & *Parcy*, & des *Fêtes sinceres*, Comédie en vers & en un acte, suivie d'un divertissement, par Messieurs *Panard* & *Sticotti*.

ILLUSION (l') COMIQUE, Comédie en cinq actes & en vers, de M. *Corneille*, imprimée dans ses Œuvres, & représentée sur le Théatre de l'Hôtel de Bourgogne en 1636. *Hist. du Th. Fr.* année 1636.

ILLUSTRE (l') AVENTURIER, *ou le* PRINCE TRAVESTI, Comédie Françoise en prose & en trois actes, au Théatre Italien, par M. de *Marivaux*. Voyez *Prince (le) travesti*.

ILLUSTRE (l') BASSA. Voyez *Ibrahim*.

ILLUSTRE (l') COMÉDIEN, Tragédie. Voyez *Saint Genest*, de M. *Desfontaines*.

ILLUSTRE (l') COMÉDIENNE, Opéra Comique. Voyez *Comédienne*.

ILLUSTRE (l') CORSAIRE, Tragi-Comédie de M. *Mayret*, représentée en 1637. Paris, Courbé, 1640. in-4°. *Histoire du Théatre François*, année 1637.

ILLUSTRE (l') OLYMPIE, *ou le* SAINT ALEXIS, Tragédie de M. *Desfontaines*, représentée en 1644. in-4°. *Hist. du Th. Fr.* année 1644.

ILLUSTRE (l') PIRATE. Voyez *Eurymedon*.

ILLUSTRES (les) ENNEMIS. Voyez *Ennemis*.

ILLUSTRES (les) FOUX. Voyez *Foux*.

IMPATIENT, (l') Comédie en cinq actes & en vers, avec un Prologue, de M. *Boissi*. imp. dans ses Œuvres, & représentée le Mercredi 26 Janvier 1724. suivie de la *Sérénade*. *Histoire du Th. Fr.* année 1724.

IMPATIENT (l') Canevas Italien, sur un Canevas François de M. *Coypel*, représenté pour la premiére fois le Mercredi 10 Novembre 1717.

« Lélio, qui est un caractere d'homme impa-
» tient, & qui est toûjours en mouvement,
» devient sur le champ amoureux de Flaminia,
» fille du Docteur, & convient des faits tou-
» chant son mariage, avec la même prompti-
« tude que s'il ne s'agissoit que d'une bagatelle.
» Flaminia, qui n'aime point son futur époux,
» s'avise d'un stratagême pour le dégoûter de
» son mariage. A la premiére entrevûe qu'ils
» ont ensemble, elle lui parle avec une lenteur
» si marquée, qu'il lui faut un espace de tems
» pour articuler un mot ; Lélio marque son
» impatience à tout moment, & enfin ne pou-
» vant plus y tenir, il quitte brusquement Fla-
» minia, & va trouver le Docteur, pour le
» prier de lui rendre la parole qu'il lui a don-
» née d'épouser sa fille. Mario, amant aimé de
» Flaminia, profite de cette rupture, la deman-
» de au Docteur, & l'obtient ». *Extrait Manuscrit.*

IMPERTINENT, (l') Comédie en un acte & en vers libres, de M. *Desmahys*, représentée le Lundi 31 Août 1750. précédée de la Tragédie d'*Ariane*. Cette Comédie a été annoncée & jouée les deux premiéres fois sous le titre du *Billet perdu*. *Histoire du Théatre François*, année 1750.

IMPERTINENT (l') MALGRÉ LUI, *ou les* AMANS MAL-ASSORTIS, Comédie en cinq actes & en vers, de M. *Boissi*, imp. dans ses Œuvres, & représentée le Samedi 14 Mai 1729. suivie de l'*Usurier Gentilhomme*. *Hist. du Th. Fr.* année 1729.

IMPORTANT, (l') Comédie en cinq actes

& en profe, de M. *Brueys*, imp. dans ses Œuvres Dramatiques, & repréfentée le Mercredi 16 Décembre 1693. *Hift. du Th. Fr. année* 1693.

IMPOSTEUR, (l') Comédie de M. *Moliere*. Voyez *Tartuffe*.

IMPOSTEUR (l') MALGRÉ LUI, Canevas Italien en cinq actes, repréfenté pour la première fois le Dimanche 4 Juillet 1717. Cette piéce eft tirée d'une autre Espagnole d'*Auguftin Moreto*, M. Riccoboni le pere l'a accommodé au Théatre Italien. Thomas Corneille a pris d'Auguftin Moreto l'idée de fon Don Céfar d'Avalos.

ACTEURS.

LÉLIO LINDORI, *Gentilhomme Génois.*
ARLEQUIN, *fon valet.*
CAPANDRO ARDENTI, *vieillard.*
FLAMINIA. *fa fille.*
MARIO, *fon fils.*
SILVIA, *fœur de Lélio.*
SCARAMOUCHE, *Amant de Flaminia.*

La fcéne eft à Milan.

« Lélio ayant furpris à Génes fa patrie, un
» cavalier inconnu en converfation particuliere
» avec fa fœur Silvia, fe bat contre lui, le bleffe,
» & craignant les fuites de ce combat, qui don-
» ne occafion à fes ennemis de lui faire une
» mauvaife affaire, il fe retire à Milan. Lorf-
» qu'il eft dans cette ville, il devient amoureux
» de Flaminia, dont il ignore la famille, &

»qu'il ne peut voir qu'à la promenade. Cepen-
» dant, (c'est ici où la Comédie commence,)
» Scaramouche, ami intime de Capandro Ar-
» denti, vieux Bourgeois de Milan, duquel il
» doit épouser la fille Flaminia, (celle dont on
» vient de parler) rencontre Lélio. Il est trom-
» pé par la grande ressemblance qu'il lui trouve
» avec un portrait de Mario, fils de Capandro,
» & le prend pour ce Mario, que l'on attend
» incessamment de Lisbonne, où il est depuis
» plusieurs années. Lélio assure Scaramouche
» qu'il s'abuse, & fait de vains efforts pour le
» détromper. Celui ci s'obstine toûjours à lui
» soûtenir qu'il est Mario, & persuade la chose
» au vieillard Capandro, que la même ressem-
» blance abuse, & qui veut le forcer d'être son
» fils, & de venir loger chez lui.

» Arlequin, valet de Lélio, est désespéré de
» voir que son Maître refuse de se prêter à une
» méprise, qui leur seroit d'autant plus utile,
» que l'argent commence à leur manquer, à
» cause de la précipitation avec laquelle ils sont
» partis, & du retardement des lettres de chan-
» ge. Il prend donc le parti de suppléer au refus
» de son Maître, par une fable qu'il invente sur
» le champ. Il conte à Scaramouche & à Ca-
» pandro, que son Maître ayant été attaqué
» d'une maladie dangéreuse, perdit totalement
» la mémoire, en sorte que lorsqu'il revint en
» santé, il fallut lui rapprendre généralement
» tout ce qu'il avoit sçu auparavant. Que les
» choses qui lui avoient été les plus familieres,
» sont celles qu'il a le plus de peine à retenir :
» par exemple, son nom & celui de sa famille;

» qu'il s'est mis dans la tête de n'être point *Ma-*
» *rio Ardenti*, mais un certain *Lélio Lindori*,
» qui a quitté Génes, à cause d'un combat. Que
» du reste il parle sur tout de fort bon sens, &
» que l'on y seroit trompé, si l'on n'en étoit
» averti. Capandro & Scaramouche donnent
» dans cette fable; ainsi plus Lélio fait d'efforts
» pour les détromper, plus ils s'obstinent à vou-
» loir qu'il soit Mario.

» Lélio est contraint de se rendre, moins
» par la vûe du besoin où il se trouve, que par
» compassion pour ce viëillard, dont l'erreur
» lui fait pitié, & qu'il craint de réduire au dé-
» sespoir. Il le suit donc chez lui, par une pure
» complaisance; mais trouvant que Flaminia est
» sa fille, l'amour le fait consentir à seconder
» la feinte d'Arlequin. Comme il ne lui est pas
» facile de cacher sa passion, il joue moins le
» role de frere que celui d'amant avec Flaminia.
» Il s'oppose à son mariage avec Scaramouche,
» & la demande pour lui même. Les extrava-
» gances que l'amour lui fait commettre, sont
» mises sur le compte du manque de mémoire.
» Arlequin sçait employer si à propos cette fic-
» tion, que non seulement Capandro n'est point
» tiré de son erreur, mais que Flaminia elle-
» même ne sçait qu'en croire, & ne peut s'as-
» surer s'il est son frere ou son amant.

» Cependant Mario, qui est le Cavalier con-
» tre lequel Lélio s'est battu, vient à Milan, &
» se présente à son pere, mais il est méconnu,
» & traité d'imposteur. D'un autre côté, Silvia
» n'osant rester à Génes, après son aventure,
» & sçachant que son amant a pris le chemin

„ de Milan, elle l'y vient chercher, & obtient
„ une retraite auprès de Flaminia, chez qui elle
„ espére d'avoir des nouvelles de son amant.
„ Voilà ce qui forme tout le nœud de cette Co-
„ médie, qui se termine enfin par un double
„ mariage entre Lélio & Flaminia, Mario &
„ Silvia ". *Argument imprimé.*

IMPROMPTU, (l') Opéra Comique en un acte, avec un divertissement & un vaudeville, par M. *Panard*, non imp. représenté le Mercredi 9 Septembre 1733. suivi de *Zéphyre* & la *Lune*, ou la *Nuit d'Été*, & du Ballet Pantomime des *Ages*. Comme cette piéce n'a nulle intrigue, & n'est composée que de scénes épisodiques, appellées scénes à tiroir, par les nouveaux Maîtres de l'art, il suffit d'en rapporter l'Extrait de deux, dont les détails sont assez plaisans.

La Nymphe de la France instale l'*Impromptu* personnifié à Paris, & le charge d'y donner ses audiences. M. Passepartout, qui a le don de se multiplier, & d'être en même temps à la ville & au Fauxbourg, vient d'abord demander un quatrain pour mettre au bas du portrait d'une Actrice Françoise, peinte en Electre. L'Impromptu répond:

La mignature que tu vois
Du Théatre François représente la Reine,
Elle est ici, telle que sur la scéne,
Il ne lui manque que la voix.

Passepartout lui fait une seconde question, & demande à qui d'Electre ou de Zaïre l'Impromptu donne la préférence.

L'IMPROMPTU.

*A Electre.

En vain l'oreille la condamne,
Son action est si parfaite en soi,
Qu'elle mérite, selon moi,
Qu'on la dispense de l'organe,
L'exemple nous le fait sentir,
Elle a tant de pouvoir sur notre ame trompée,
Et son art est si grand qu'elle a fait applaudir,
Pour la première fois l'Auteur de Pélopée.

Un Traitant se présente à l'Audience : comme il a fait rapidement fortune, il veut jouir de ses faveurs avec la même facilité. L'Impromptu lui montre le tarif de l'Opéra. Le prix de cinquante louis auquel le duo y est porté, étonne d'abord le partisan, qui le trouve excessif.

L'IMPROMPTU.

Mais le Duo est le morceau des connoisseurs,
(AIR. *Je ne suis né ni Roi ni Prince.*)

Quand par bonheur chaque partie,
Chante d'accord, est assortie,
On nage dans la volupté.
On se pâme ; l'on s'extasie,
Un Duo bien exécuté,
Fait tout le plaisir de la vie.

Le Traitant demande ensuite le tarif de la danse.

L'IMPROMPTU. (AIR. *Ces filles sont si sottes.*)

Le menuet vaut trois louis,
La Loure doit se payer six,
On n'en peut rien rabattre.
Le Tambourin en coute dix,
Et le cotillon quatre
Lon là,
Et le Cotillon quatre.

LE TRAITANT.

Le Cotillon est à bon marché ?

L'IMPROMPTU.

Il est à présent si commun, que cela ne doit pas vous surprendre.

(AIR. *Vivons pour ces fillettes.*)

La pirouette deux écus,
L'entrechat double, trois de plus,
Un louis les jettez battus,
Et les sauts par cascade,
Vingt francs la gargouillade,
Vingt francs,
Vingt francs la gargouillade.

LE TRAITANT.

Je voudrois bien sçavoir maintenant combien se vend au juste.

(AIR. *Tu croyois en aimant Colette.*)

Le Goût & les Graces parfaites,
Dans ces deux arts que je chéris.

L'IMPROMPTU.

Oh ! le Goût jamais ne s'achette,
Et les Graces n'ont point de prix.

Cette scéne est interrompue par l'arrivée de Mlle Julie, Actrice de l'Opéra Comique, que le Traitant prend pour sa Maîtresse de chant. Julie accepte la proposition, & demande ensuite à l'Impromptu une piéce pour son Théatre.

L'IMPROMPTU.

Attendez que j'y rêve.

(AIR. *Sans l'amour & sans ses charmes.*)

Par la raison qui m'inspire,
Un sujet m'est présenté,
C'est la Lune avec Zéphyre,
Autrement la Nuit d'Eté.

JULIE.

Ah ! ce sujet-là m'intéresse, j'aime les nuits blanches à la folie.

L'IMPROMPTU.

Morphée fera l'exécution, l'Amour le nœud, & l'Hyménée le dénouement.

(AIR. *Allons gay.*)

Je veux que ce Poëme,
Soit joué sur le champ.

LE TRAITANT.

Et qu'il tombe de même.

JULIE.

Vous risquez hardiment,
A'llons gay, &c.

Voici un couplet du Vaudeville.

Par la bonne mine qu'on a,
Se flatter & croire,
Vaincre une Nymphe d'Opéra,
Abus sans ce geste-là (*)
C'est une histoire.
Mais fussiez-vous un nain tortu,
Bancroche, bossu,
Faites briller l'espéce,
Aussi-tôt marché conclu,
A vous la Princesse,
C'est un impromptu.

Extrait Manuscrit.

IMPROMPTU (l') DE CAMPAGNE, Comédie en un acte & en vers de M. Philippe *Poisson*, imp. dans ses Œuvres, & représentée le Lundi 21 Décembre 1733. précédée de la Comédie d'*Amphitryon*. *Hist. du Théatre Franç.* année 1733.

IMPROMPTU (l') DE GARNISON, Comédie en un acte & en prose d'un Auteur *Anonyme*, retouchée & mise au Théatre par M. *Dancourt*, imp. dans les Œuvres de cet Auteur, & représentée le Samedi 26 Juillet 1693. à la suite de la Tragédie de *Mithridate*. *Hist. du Th. Franç.* année 1693.

─────────

(*) Lazzi de compter de l'argent.

I M   145

IMPROMPTU (l') DE LA FOLIE, ambigu comique composé d'un Prologue, des *Nouveaux débarqués* & de la *Françoise Italienne*, piéces d'un acte chacune, & en prose, avec des intermédes, par M. *Le Grand*, imp. dans ses Œuvres, & représenté le Lundi 5 Novembre 1725. *Hist. du Théatre Franç. année* 1725.

IMPROMPTU (l') DE L'HÔTEL DE CONDÉ, Comédie en un acte & en vers, de M. *Montfleury*, imp. dans ses Œuvres, & représentée sur le Théatre de l'Hôtel de Bourgogne en 1663. *Hist. du Th. Fr. année* 1663.

IMPROMPTU (l') DE POLICHINELLE, Piéce en un acte & en vaudevilles, de M. *Valois*, représentée par les Marionnettes de Bienfait, précédée de la *Piéce manquée*, à la Foire Saint Laurent 1735.

On ne donne ici ce petit Extrait que pour faire connoître le goût des piéces de ce Spectacle.

Polichinelle, amant de Lolotte, lui propose de l'épouser sans façon : Lolotte en fille bien née, répond qu'il est nécessaire d'obtenir le consentement de son pere Géronte. Polichinelle vient faire la demande, & sur le refus qu'on lui fait, il prend la résolution d'enlever Lolotte, ce qu'il exécute. Pierrot accourt annoncer à Géronte que sa fille est enlevée par un bossu : le bon homme s'exhale en plaintes inutiles.

GÉRONTE. (AIR. *Des Triolets.*)
Qu'un pauvre pere est malheureux,
Quand il lui faut garder sa fille !
En vain sur elle il a les yeux,
Qu'un pauvre pere est malheureux !

Tome III.   G

Il vient toûjours quelqu'amoureux,
Qui se fourre dans sa famille.
Qu'un pauvre pere est malheureux,
Quand il lui faut garder sa fille.

Dans le moment, Polichinelle revient avec Lolotte ; Géronte ne sçachant plus, dit-il, que faire de sa fille, consent qu'elle épouse Polichinelle. Suit un divertissement pour la noce, & un vaudeville dont voici un couplet.

Le Laquais se voit en carrosse,
L'amour rend la fille précoce,
L'honnête homme devient cocu,
On voit souvent cet impromptu.

Extrait manuscrit.

IMPROMPTU (l') DES ACTEURS, Comédie Françoise en vers libres & en un acte, au Théatre Italien, par Messieurs *Panard & Sticotti*, précédée d'un compliment des mêmes Auteurs, représentée pour la premiére fois le Lundi 26 Avril 1745. Paris, de Lormel.

IMPROMPTU (l') DE SURESNE, Comédie Ballet en prose & en un acte, avec un Prologue & un divertissement, par M. *Dancourt*, imp. dans ses Œuvres, & représentée à Suresne devant M. l'Electeur de Baviere, le Dimanche 21 Mai 1713. & à Paris le Mercredi suivant 24 du même mois, précédée de *Mithridate. Hist. du Th. Fr. année* 1713.

IMPROMPTU (l') DE VERSAILLES, Coméde en un acte & en prose de M. *Moliere*, imp. dans ses Œuvres, représentée à Versailles le 14 Octobre 1663. & à Paris sur le Théatre du Palais Royal, le Dimanche 4 Novembre de la même année. *Hist. du Th. Franç. année* 1663.

IMPROMPTU DE VERSAILLES, (Réponse à l') *ou la* VENGEANCE DES MARQUIS, Comédie en un acte & en prose, de M. de *Villiers*, Paris, Loison, 1664. & représentée sur le Théatre de l'Hôtel de Bourgogne en 1663. *Histoire du Théatre François, année* 1663.

IMPROMPTU (l') DU PONT - NEUF, Opéra Comique en un acte, avec un divertissement & un vaudeville, Musique de M. *Gilliers*, par M. *Panard*, représenté pour la première fois gratis, le Vendredi 9 Septembre 1729. précédé du *Corsaire de Salé*, des *Spectacles malades*, & du Ballet Pantomime de la *Nôce Angloise*.

« L'Entrepreneur de l'Opéra Comique vou-
» lant signaler son zéle & la part qu'il prenoit à
» la joie universelle causée par l'heureuse nais-
» sance de Monseigneur le Dauphin, donna
» cette piéce, qui avoit été composée exprès
» pour être donnée gratis. Elle fut fort applau-
» die : on continua ce même spectacle jusqu'à
» la clôture de cette Foire ». *Mémoires sur les Spectacles de la Foire, tome II. p.* 56.

Il n'est pas extraordinaire que cet Ouvrage ait eu beaucoup de succès, la matiere sur lequel il roule étoit trop interressante pour laisser lieu d'en douter : mais ce qui fait le plus d'honneur à l'Auteur, c'est que cette même piéce a été reprise le Vendredi 3 Février 1730. précédée du *Malade par complaisance*, & le Lundi 24 Septembre 1736. à la suite du *Magasin des Modernes*. Elle est imprimée dans le tome VII. du Théatre de la Foire.

G ij

IMPROMPTUS (les) DE L'AMOUR, Comédie Françoife en vers & en un acte, fuivie d'un divertiffement, au Théatre Italien, par M. *Guyot de Merville*, repréfentée pour la premiére fois le Samedi 9 Février 1737. Paris, Prault pere.

IMPUISSANCE, (l') Tragi-Comédie Paftorale en cinq actes & en vers, du Sieur *Veronneau*, Paris, Quinet, 1634. in-8°. *Hiftoire du Théatre François*, année 1634.

INCAS (les) DU PEROU, c'eft le titre de la IIe Entrée du Ballet des *Indes Galantes*, de M. *Fufelier*, Mufique de M. *Rameau*, 1735, Voyez *Indes* (*les*) *Galantes*.

INCESTE (l') SUPPOSÉ. Tragi-Comédie de M. *De la Caze*, Paris, Quinet, 1639. in-4°. *Hift. du Th. Franç.* année 1639.

INCONNU, (l') Comédie en cinq actes & en vers, précédée d'un Prologue en vers libres, mêlée d'ornemens de Mufique, par M. *Corneille de l'Ifle*, imp. dans fes Œuvres Dramatiques, & repréfentée fur le Théatre de Guénégaud, le Dimanche 17 Novembre 1675. la Mufique de M. *Charpentier*, & celle qui y fut ajoûtée en 1703. de M. *Gilliers*. *Hift. du Th. Fr.* année 1675.

INCONNUE, (l') Comédie en cinq actes & en vers, par M. l'Abbé de *Boisrobert*, Paris, in-12. De Luynes, 1655. & repréfentée fur le Théatre de l'Hôtel de Bourgogne en 1646. *Hift. du Th. Fr.* année 1646.

INCONSTANCE (l') D'HYLAS, Paftorale de M. *Maréchal*, repréfentée en 1630.

Paris, Targa, 1635. in-4°. *Hist. du Th. Fr.* année 1630.

INCONSTANCE (l') PUNIE, Comédie en un acte & en vers, de M. *Dorimon*, représentée en 1661. par la Troupe de Mademoiselle, sur le Théatre de la rue des Quatre Vents, Paris, Quinet, 1661. in-12. *Hist. du Th. Franç.* année 1661.

INCONSTANT, (l') *ou les* TROIS ÉPREUVES, Comédie Françoise en vers & en trois actes, au Théatre Italien, par M. l'Abbé *Pellegrin*, représentée pour la premiére fois le Mercredi 30 Juillet 1727. non imp.

« Le 30 Juillet (1727.) les Comédiens Ita-
» liens ordinaires du Roi, donnérent la pre-
» miére représentation d'une Comédie *Anony-*
» *me*, qui a pour titre, l'*Inconstant*, ou les *Trois*
» *épreuves*, Piéce en vers & en trois actes.
» Voici de quoi il s'agit :

ACTE I.

» Une veuve appellée Doriméne, est recher-
» chée en mariage par un Inconstant de profes-
» sion, qui loge avec elle dans un même Hôtel
» garni ; on les suppose tous deux étrangers.
» Doriméne ayant déja été malheureuse dans
» son premier mariage, par l'humeur infidéle
» de son époux, ne veut se rengager dans l'Hy-
» men qu'à bonnes enseignes, sur-tout avec un
» homme tel que Valere, c'est le nom de l'in-
» constant en question. Voici comment elle
» établit le dessein qu'elle a d'éprouver la fidé-
» lité de son amant : c'est à lui-même qu'elle
» parle.

L'époux qui le premier m'engagea sous sa loi,
Ne me donna la main que pour m'ôter sa foi.
A peine de l'hymen j'eus subi l'esclavage,
Que je ne vis en lui qu'un ingrat, qu'un volage ;
Le Ciel me l'a ravi, laissons sa cendre en paix ;
Mais si dans d'autres nœuds je m'engage jamais,
Instruite à mes dépens & libre ainsi que veuve,
Je ne prend désormais que des cœurs à l'épreuve.

„ C'est par ce motif que Doriméne a exigé
„ de Valere qu'il rempliroit trois épreuves, où
„ elle vouloit mettre sa fidélité, avant qu'il pût
„ prétendre à recevoir sa main. La première est
„ déja commencée dès le premier acte. Valere
„ s'est engagé à ne sortir de huit jours de l'Hôtel
„ garni où il loge avec Doriméne. Il observe
„ cette première loi, mais ce n'est pas sans se
„ rendre suspect d'inconstance. Doriméne étant
„ sortie pour aller visiter une de ses amies nom-
„ mée Bélise & nouvellement arrivée de Bre-
„ tagne, s'est déja apperçue que Valere s'est
„ troublé au nom de Bélise, qu'il avoit aimée
„ autrefois, & qu'il avoit cédée cavaliérement
„ à un de ses amis appellé Dorante. A peine
„ a-t-il perdu Doriméne de vûe, qu'il en conte
„ à sa suivante Marthon. Lolive, son valet,
„ amoureux de Marthon, lui ayant fait des re-
„ proches, Valere lui dit, que c'est par un trait
„ de prudence, qu'il vient de cajoler Marthon,
„ & qu'il n'a d'autre dessein que de faire diver-
„ sion aux nouveaux traits que Bélise pourroit
„ encore lancer sur son cœur. Lolive lui repré-
„ sente prudemment que sa fortune dépend de
„ son hymen avec Doriméne, qui lui vaudra
„ quinze mille livres de rente. Valere ne pou-
„ vant tenir plus longtemps contre le penchant

» qui le porte à multiplier les objets de son
» amour, dit à Lolive de lui aller chercher un
» petit coffret dans lequel sont renfermées les
» lettres de ses anciennes Maîtresses. Il lui dit
» que la lecture de ces billets doux l'amusera,
» & qu'il croira parler encore avec toutes ces
» belles qu'il a autrefois aimées. Lolive a encore
» cette complaisance pour lui ; il va chercher le
» coffret, & l'ayant mis sur une table, il laisse
» son Maître seul. Valere prend au hazard. La
» premiére lettre qui se trouve sous sa main est
» de cette même Bélise qui vient d'arriver de
» Bretagne. Voici comment elle est conçûe.

C'est peu de me manquer de foi,
Vous m'osez céder à Dorante ;
L'outrage est des plus grands ; cependant je le voi
Avec une ame indifférente.
Je vous rendrois trop fier si j'étois en courroux ;
Pour humilier votre audace,
Je vous attend à mes genoux,
Et je verrai pour lors s'il faut vous faire grace.

» La lecture de cette lettre réveille l'amour
» que Valere a eu autrefois pour Bélise. Dori-
» méne arrive dans le temps qu'il s'adresse à
» cette Maîtresse absente, & qu'il lui promet
» un tendre retour. Lolive qui la voit prête à
» surprendre son Maître, s'écrie du fond du
» Théatre :

Ciel ! que vois-je ? mon Maître est pris dans les filets,
Ç'a, montrons que je suis la perle des valets.

» Lolive se retire après avoir fait cet *à parte*,
» dont les Spectateurs attendent la suite. Valere
» surpris par Doriméne, ne sçait comment excu-
» ser cette lecture d'une lettre de Belise ; Lolive

„ rentrant tenant un flambeau à la main : Va-
„ lere ne sçait pourquoi il lui apporte ce flam-
„ beau : Quoi ! dit Lolive, l'amour que vous
„ avez pour Doriméne, vous fait perdre la mé-
„ moire, ne m'avez-vous pas dit que vous vou-
„ liez brûler tous ces billets doux ? Valere com-
„ prenant alors le stratagême de son valet, l'ap-
„ puye de son mieux par ces vers.

. . . . . Rien n'est plus véritable ;
Mais, Madame, aussitôt vous voyant revenir,
J'ai de tout autre objet perdu le souvenir.

LOLIVE, à *Doriméne.*

Quel amour ! sa mémoire en est déja perdue ;
Il en perdra l'esprit si cela continue.

„ Doriméne ne sçait que penser de ce qu'elle
„ voit. Elle soupçonne Valere d'inconstance,
„ mais ne pouvant l'en convaincre, & les huit
„ jours de la premiére épreuve étant expirés,
„ elle veut bien passer à la seconde, & quitte
„ Valere pour y rêver dans son appartement.
„ Valere finit ce premier acte par ces vers:

Que l'on passe aisément pour être amant fidéle,
Quand on prend certain pied sur le cœur d'une belle ;
Nous avons beau pousser sa patience à bout,
Tendrement prévenue, elle nous passe tout.
Défiantes beautés, l'exemple vous regarde ;
C'est en vain, contre nous, que vous êtes en garde ;
Nous trouvons le secret, sitôt que nous parlons,
De vous persuader tout ce que nous voulons.

ACTE II.

„ Marthon, suivante de Doriméne, ouvre
„ ce second acte. Elle ne comprend rien dans
„ le dessein de sa Maîtresse, qui vient d'inviter
„ Bélise à loger chez elle. Doriméne lui a fait

» un secret des raisons qu'elle peut avoir d'en
» user ainsi, & d'exposer par-là à devenir infi-
» déle un cœur qu'elle se veut conserver. Mar-
» thon, quoique piquée du secret qu'on lui fait,
» se détermine à servir sa Maîtresse malgré
» qu'elle en ait ; elle se propose d'observer Va-
» lere & Bélise. La derniére ruse de Lolive
» l'obligeant à se défier de lui, elle lui donne
» plusieurs commissions pour l'écarter du logis ;
» elle avertit Dorante du danger qui menace
» son amour, par l'inconstance naturelle de son
» ami Valere. Dorante prie Valere de ne point
» voir Bélise qu'il lui a cédée autrefois ; Valere,
» après quelques momens d'irrésolution, le lui
» promet, mais il est bien surpris de voir Dori-
» méne lui imposer une loi toute contraire ;
» voici sur quoi elle est fondée.

DORIMÉNE.

. . . . . Il y va de ma gloire.
Bélise est dans ces lieux : eh ! que va-t-elle croire ?
Que de ses yeux encor redoublant le pouvoir,
Je vous ai prudemment défendu de la voir ?
Que pour moi vous n'aurez un cœur tendre & sensible ;
Qu'autant qu'il lui plaira de se rendre invisible ?
Revoyez-là, vous dis-je, & dès ce même jour, &c.

» Valere refusant de lui obéïr, elle continue
» ainsi :

Non, ce n'est pas assez pour me rendre tranquille,
Que de ne voir que moi, l'effort est trop facile ;
Osez braver ces yeux dont vous fûtes charmé ;
Mon triomphe est douteux, il sera confirmé.
Je ne dis plus qu'un mot : faites ce que j'ordonne ;
Je me suis mise à prix : à ce prix je me donne ;
Si le don de ma main est pour vous un bonheur,
C'est la seconde épreuve où je mets votre cœur.

» Cet ordre de Doriméne met Valere dans

» une situation qui seroit très-embarrassante
» pour un amant fidéle, mais qui est très-douce
» pour un inconstant. Il ne balance pas sur ce
» qu'il doit faire ; l'amour l'emporte sur l'ami-
» tié. Il ne sçait si cet amour regarde Doriméne,
» ou s'il s'adresse à Bélise. Voici comme il s'ex-
» plique :

VALERE, seul.

Bélise, Doriméne,
Je doute en ce moment qui de vous deux m'entraîne.
Ah ! que j'aime, entre vous, à voir mon cœur flottant !
Et voilà les plaisirs que goûte un inconstant.
Avant que de choisir, il pése, il examine,
Doucement suspendu, rien ne le détermine,
Au lieu qu'un cœur fidéle en esclave enchaîné,
N'a plus rien à choisir sitôt qu'il s'est donné.

» Bélise vient, elle veut se retirer à la vûe de
» Valere, mais il l'arrête & lui reproche son
» infidélité. Bélise ne peut entendre sans éton-
» nement, que le plus volage de tous les hom-
» mes l'accuse d'inconstance. Valere continue
» sur le même ton, & lui dit que ce ne fut que
» pour éprouver sa foi qu'il feignit de la céder
» à Dorante. Il ajoûte que cette épreuve ne lui
» fut que trop funeste, puisqu'elle n'eut pas le
» moindre regret de se donner à un autre ; enfin,
» ajoûte-t il, quand même je serois coupable,
» vous ne tiendrez pas contre mon repentir,
» vous me l'avez fait espérer par cette lettre : à
» ces mots, il lui lit ces trois derniers vers de la
» lettre dont nous avons parlé dans le premier
» acte :

Pour humilier votre audace,
Je vous attends à mes genoux,
Et je verrai pour lors s'il faut vous faire grace.

» Il se jette à ses pieds pour obtenir cette gra-
» ce: Bélise feint. Je verrai, lui répond elle,
» s'il faut vous accorder cette grace. Marthon
» qui survient, est fort surprise de trouver Va-
» lere aux pieds de Bélise. Elle dit à Valere
» qu'elle va tout dire à Doriméne. Valere lui
» répond froidement qu'il va lui en épargner la
» peine, & que son amour pour Bélise lui paroit
» trop beau pour le dissimuler. Marthon ne
» sçait que comprendre de ce sincere aveu : elle
» soupçonne Bélise d'aimer encore cet infidéle.

» Bélise après l'avoir tenue quelque temps
» incertaine, lui dit qu'elle a pris son parti ;
» qu'elle veut couronner la fidélité de Dorante,
» mais que par un sentiment de gloire, elle est
» partie de Rennes pour tâcher de reprendre son
» captif, & de l'accabler de mépris, afin qu'il
» n'ait plus lieu de se vanter de l'avoir cédée à
» un autre. Ce second acte finit par l'arrivée de
» Dorante, qui vient d'être témoin d'une con-
» versation des plus tendres entre Valere & Do-
» riméne ; il dit à Bélise que la fin de cette con-
» versation a été une promesse que Doriméne a
» faite à Valere de le rendre heureux sans diffé-
» rer. Bélise paroit frappée de ce qu'elle entend ;
» Dorante frappé à son tour de l'étonnement
» de Bélise, en conçoit de la jalousie. Il sçait
» qu'elle a vû Valere ; il est vrai, lui répond
» Bélise, je l'ai vû ; bien plus, il m'a parlé
» d'amour; & si je puis douter qu'il m'aime, ne
» comptez pas sur le don de ma main. Marthon
» qui sçait que Bélise ne parle ainsi que par ce
» même motif de gloire qui l'a fait partir de
» Rennes, promet à Dorante de lui expliquer

„ cette énigme d'une maniere dont il sera satis-
„ fait, mais que leur premier soin doit être de
„ détromper Doriméne.

Acte III.

„ Doriméne & Marthon commence ce der-
„ nier acte. Marthon est surprise de voir que
„ tout ce qu'elle peut dire à sa Maîtresse contre
„ Valere, ne sert qu'à la mieux confirmer dans
„ la bonne opinion qu'elle a de sa constance.
„ Bélise vient se joindre à elle ; mais Doriméne
„ finit la contestation en avouant à Bélise que
„ c'est par son ordre exprès que Valere lui a
„ parlé d'amour. Bélise est piquée au vif d'avoir
„ été jouée. Voici comment Doriméne s'excuse :

Pardonnez de mon cœur l'innocent stratagême,
Tout doit être permis dans un péril extrême,
Je soupçonnois Valere, & vous sçavez trop bien,
Que son cœur autrefois changeoit en moins de rien ;
Il juroit qu'il m'aimoit, mais je n'osois l'en croire ;
Vous seule me pouviez confirmer ma victoire,
Il falloit l'éprouver ; & le pouvois-je mieux,
Qu'en l'exposant encore au pouvoir de vos yeux ?
D'ailleurs, n'aviez-vous pas sur moi cet avantage,
D'avoir été l'objet de son premier hommage ?
Mon amour allarmé ne redoutoit que vous ;
Est-il pour une Belle, un triomphe plus doux ?

„ Bélise est assez satisfaite de cette réponse de
„ Doriméne ; mais Marthon qui veut aller au
„ fait, les prie toutes deux de lui parler à cœur
„ ouvert. Bélise lui dit qu'elle ne veut que re-
„ prendre son captif, pour le céder ; Doriméne
„ lui avoue qu'il lui seroit bien doux de l'épou-
„ ser, s'il étoit fidéle, Marthon lui promet de
„ la convaincre de son infidélité, pourvû qu'elle

»lui laisse le choix de la troisiéme épreuve. Cette
» épreuve consiste à mettre Valere en suspens
» entre la main de Bélise & celle de Doriméne,
» que ces deux Maîtresses lui doivent offrir.
» C'est Bélise qui commence la derniére épreu-
» ve; Valere accepte avec plaisir la proposition
» qu'elle lui fait de l'épouser. Marthon lui pro-
» pose la même chose en présence de Dorimé-
» ne, par ces vers :

Il faut qu'il soit chargé pour sa derniére épreuve,
Du soin de consoler une charmante veuve.

» Valere est interdit à cette seconde propoſi-
» tion; Doriméne lui en demande la raison,
» mais il se justifie si mal, qu'il ne lui laisse au-
» cun lieu de douter de son infidélité. Elle le
» quitte en lui défendant de la revoir jamais. Il
» croit en être dédommagé par Bélise, mais
» pour achever de le punir, elle donne la main
» à Dorante; il est un peu frappé du tour qu'on
» lui a joué, mais il ne tarde pas à se remettre
» de son étonnement, & finit la piéce par ces
» vers, qui achévent de le caractériser.

Deux Maîtresses de moins ! plaisante bagatelle !
Je puis offrir mon cœur à mille autres appas ;
Viens, Lolive, demain il n'y paroitra pas.

Merc. de France, Août 1727. p. 1870-1882.

INCONSTANT (l') RAMENÉ, Comédie Françoise en trois actes & en prose, au Théatre Italien, par un Auteur *Anonyme*, représentée une
seule fois le Samedi 14 Janvier 1747. non imp.
& sans Extrait.

INDÉGONDE, Tragédie de M. de *Montauban*, représentée en 1653. Paris, de Luines,

1654. in 12. *Hift. du Th. Franç.* année 1654.

C'eſt le même ſujet d'*Herminigilde*, de M. de la *Calprenede*.

INDES (les) GALANTES, Ballet héroïque en trois actes avec un Prologue, de M. *Fuſelier*, Muſique de M. *Rameau*, repréſenté par l'Académie Royale de Muſique, le Mardi 23 Août 1735. in-4°. Paris, Ballard, & Tome XV. du Recueil général des Opéra. *Extrait, Mercure de France, Août* 1735. pag. 2035-2046. Réflexions ſur cet Opéra, *idem*, Novembre 1735. p. 2367-2372.

ACTEURS DU PROLOGUE.

Hébé.	Mlle Eremans.
Bellone.	Le Sieur Cuignier.
L'Amour.	Mlle Petitpas.

BALLET.

Le Sieur Dupré & Mlle Rabon.

Un Plaiſir.	Mlle Le Breton.

ACTE I. *Le Turc Généreux.*

Oſman, Bacha.	Le Sieur Dun.
Emilie, Eſclave d'Oſman.	Mlle Péliſſier.
Valere, amant d'Emilie.	Le Sieur Jélyotte.

BALLET.

Matelots.

Le Sieur Maltaire 3. & Mlle Mariette.

II. ENTRE'E. *Les Incas du Pérou.*

Huaſcar, Inca.	Le Sieur Chaſſé.
Phani-Palla.	Mlle Antier.
D. Carlos.	Le Sieur Jélyotte.

BALLET.

Un Péruvien.	Le Sieur D. Dumoulin.
Une Péruvienne.	Mlle Le Breton.

IN

III. ENTRÉE. *Les Fleurs*, Fête Persane.

Tacmas, Prince Persan.	Le Sieur Tribou.
Aly.	Le Sieur Person.
Zaïre, Princesse Circassienne.	Mlle Eremans.
Fatime, Princesse Georgienne, déguisée en Esclave Polonois.	Mlle Petitpas.

BALLET.

Bostangi.	Le Sieur Dupré.
Zéphyre.	Le Sieur D. Dumoulin.
La Rose.	Mlle Sallé.
Borée.	Le Sieur Javillier L.

L'Académie Royale de Musique reprit ce Ballet le Samedi 10 Mars 1736. avec une nouvelle Entrée intitulée *Les Sauvages*, paroles & Musique des mêmes Auteurs, 2ᵉ édition du Ballet des *Indes Galantes*, avec le nouvel acte in·4°. Paris, Ballard, 1736. Extrait de l'Entrée des *Sauvages*. Mercure de France, Mars, 1736. p. 534 536.

PROLOGUE.

Comme ci-dessus, 23 Août 1735.

Iᵉ ENTRÉE. *Les Incas du Pérou*.

Idem, que le 23 Août.

IIᵉ ENTRÉE. *Le Turc généreux*.

Idem, que le 23 Août.

III. ENTRÉE. *Les Fleurs*, Fête Persane retouchée.

Tacmas.	Le Sieur Tribou.
Fatime.	Mlle Petitpas.
Atalide.	Mlle Eremans.
Roxane.	Mlle Bourbonnois.

BALLET.

Zéphyre.	Le Sieur D. Dumoulin.
La Rose.	Mlle Sallé
Borée.	Le Sieur Javillier L.

IV. Entrée. *Les Sauvages*, nouvel acte.

Damon.	Le Sieur Jélyotte.
D. Alvar.	Le Sieur Dun.
Zima.	Mlle Péliſſier.
Adario.	Le Sieur Cuvillier.

BALLET.

Sauvages.   Le Sieur Dupré.
    Le Sieur Malraire 3. & Mlle Mariette.
Amazones Françoiſes.   Mlles Carville, Rabon,
                       & Du Rocher.

IIIe Reprise du Ballet des *Indes Galantes*, le Jeudi 27 Décembre 1736. pour être joué alternativement avec l'Opéra de *Médée* & *Jaſon*.

IVe Reprise du Ballet des *Indes Galantes*, le Mardi 28 Mai 1743. 3e édition in-4°. Paris, Ballard.

ACTEURS DU PROLOGUE.

Hébé.	Mlle Fel.
Bellone.	Le Sieur Albert.

BALLET.

Le Sieur Dupré & Mlle Rabon.
Un Plaiſir.   Mlle Le Breton.

I. Entrée. *Le Turc généreux.*

Oſman.	Le Sieur Le Page.
Emilie.	Mlle Le Maure.
Valere.	Le Sieur Jélyote.
Une Matelotte.	Mlle Fel.

BALLET.

Eſclave Afriquain.	Le Sieur Lany.
Une Matelotte.	Mlle Camargo.

II. Entrée. *Les Incas du Pérou.*

Huaſcar, Inca.	Le Sieur Chaſſé.
Phani Palla.	Mlle Chevalier.
D. Carlos.	Le Sieur Jélyotte.

BALLET.

Un Inca.   Le Sieur Ghérardi.

III. Entre'e. *Les Fleurs*, Fête Persane.

Tacmas.	Le Sieur Bérard.
Fatime.	Mlle Bourbonnois.
Atalide.	Mlle Julie.
Roxane.	Mlle Coupée.

Ballet.

Un Bostangi.	Le Sieur Dupré.
Zéphyre.	Le Sieur D. Dumoulin.
La Rose.	Mlle Camargo.
Borée.	Le Sieur Javillier L.

L'Académie Royale de Musique ajoûta à ce Ballet le Mardi 16 Juillet 1743. l'acte des *Sauvages*, 2ᵉ édition in-4°. Paris, Ballard.

Acteurs.

Damon.	Le Sieur Jélyotte.
D. Alvar.	Le Sieur Le Page.
Zima.	Mlle Le Maure.
Adario.	Le Sieur Cuvillier.

Le Jeudi 14 Novembre 1743. l'Académie reprit le Ballet des *Indes Galantes*, pour être continué les Jeudis. Un nouveau Danseur Anglois y éxécuta avec la Dlle Dallemand un pas de deux Pantomimes, qui fut très applaudi.

Le Dimanche 9 Février 1744. l'Académie Royale de Musique donna le Prologue de ce même Ballet, avec l'acte des *Incas*, qui fut suivi du Ballet Comique des *Amours de Ragonde*.

Vᵉ Reprise du Ballet héroïque des *Indes Galantes*, le Mardi 8 Juin 1751. 4ᵉ édition in-4°. Paris, De Lormel.

Acteurs du Prologue.

Hébé.	Mlle Coupée.
Bellone.	Le Sieur Cuvillier.

BALLET.

Un Guerrier.	Le Sieur Laval.
Un Plaisir.	Mlle. Vestris.

I. ENTRE'E. *Le Turc généreux.*

Osman.	Le Sieur Person.
Emilie.	Mlle Chevalier.
Valere.	Le Sieur Jélyotte.

BALLET.

Matelotte.	Mlle Rayx.
Africains. Pas de cinq.	Le Sieur Lyonnois.
	Les Sieurs Laval Hyacinthe.
	Mlles Lyonnois & Labatte.

II. ENTRE'E. *Les Incas du Pérou.*

Huascar.	Le Sieur Chassé.
Phani Palla.	Mlle Romainville.
D. Carlos.	Le Sieur La Tour.

BALLET.

Péruviens.	Le Sieur Dupré.
	Mlle Lany.

III. ENTRE'E. *Les Fleurs*, Fête Persane.

Tacmas.	Le Sieur Poirier.
Fatime.	Mlle Coupée.
Atalide.	Mlle Romainville.
Roxane.	Mlle Duperay.

BALLET.

Un Bostangi.	Le Sieur Lany.
Zéphyre.	Le Sieur Tessier.
La Rose.	Mlle Puvignée.
Borée.	Le Sieur Vestris.

L'Académie Royale de Musique supprima le Mardi 3 Août 1751. l'Entrée du *Turc Généreux*, & donna à sa place celle des *Sauvages*, 3ᵉ édition in 4°. Paris, De Lormel.

ACTEURS.

Damon.	Le Sieur Jélyotte.
D. Alvar.	Le Sieur Person.
Zima.	Mlle Chevalier.
Adario.	Le Sieur Salle.

BALLET.

| Sauvages. | Le Sieur Dupré. |
| Mlle Lyonnois, & les Sieurs Lyonnois & Vestris |
| François. | Le Sieur Laval & Mlle Labatte. |

Outre les deux Parodies suivantes, le Ballet des *Indes Galantes* a été travesti au Théatre de la Foire par M. *Carolet*, sous le titre des *Amours des Indes*, & par M. *Favart*, dans son *Ambigu de la Folie*, ou le *Ballet des Dindons*, & depuis à la Comédie Italienne, sous le titre des *Indes dansantes*, & encore au Jeu des Marionnettes par M. *Carolet*, dans une piéce de sa composition, intitulée la *Grenouilliere Galante*.

INDES (les) CHANTANTES, Parodie en vaudevilles & en deux actes, précédée d'un Prologue en prose dialogué entre deux Acteurs, du Ballet des *Indes Galantes*, par Messieurs *Riccoboni* le fils & *Romagnési*, représentée pour la premiére fois le Samedi 17 Septembre 1735. non imprimée.

PROLOGUE D'UNE SCÉNE ENTRE LELIO ET ROMAGNESI.

Ce dernier s'oppose au dessein de son camarade, qui veut donner un Prologue, & enfin il ajoûte :

ROMAGNESI.

Et de quoi traitera-t-il ?

LÉLIO.

Premiérement j'avertirai que si notre Parodie est mauvaise, ce ne sera pas la faute de ses Auteurs.

ROMAGNESI.

Ce ne sera pas leur faute ? & à qui donc ?

LÉLIO.

A l'Opéra, qui ne fournit rien à la Parodie, parce qu'il s'épuise lui-même.

ROMAGNESI.

On vous répondra qu'il ne falloit pas la faire.

LÉLIO.

Oui, mais il nous falloit du nouveau......A propos, il faut dire dans l'avertissement que nous commençons par l'acte du *Turc généreux*, & qu'il n'y aura point de Volcan dans celui des *Incas*.

ROMAGNESI.

Il n'en faut point prévenir.

LÉLIO.

Pardonnez-moi, on s'attendra à autre chose, & on sera bien attrapé quand on ne verra rien.

ROMAGNESI.

Cela fera un beau coup de Théatre.

LÉLIO.

Voilà tout, je crois.

ROMAGNESI.

Nous oublions le meilleur ; & le troisiéme acte ?

LÉLIO.

Nous le supprimons, comme vous sçavez, & nous n'en parodions que les fleurs.

ROMAGNESI.

Il faut en avertir.

LÉLIO.

C'est ce que je veux faire, & que nous attendons pour en parodier les paroles qu'on les ait changées une troisiéme fois. (*)

LES INDES CHANTANTES.

PREMIÉRE ENTRÉE.

Il seroit inutile de donner l'extrait de cette Entrée : elle est parodiée entiérement de l'Opéra. Il suffit de dire qu'Emilie & Valere, après s'être reconnus, survient le Bacha Osman, qui

---

(*) Voyez l'article des *Indes galantes*, à l'acte troisiéme de ce Ballet.

rend non seulement la liberté à Valere, mais encore à Emilie. Voici quelques couplets de cette derniére scéne.

SCÉNE IV.
OSMAN.
Faisons semblant d'être en colere.
(*à Valere.*)
(Air. *Allons la voir à Saint Cloud.*)
Va, ton crime m'est connu.
VALERE.
Je ne veux pas m'en défendre.
ÉMILIE.
Vous avez mal entendu.
OSMAN.
Ne croyez pas me surprendre ;
Voyez l'effet de mon courroux.
VALERE.
Oh, par ma foi, c'est fait de nous.
OSMAN.
Reçois de moi, Valere,
Ton Epouse & ta Galere.
VALERE. (Air. *Oh, oh, oh, oh.*)
Ce coup généreux est beau !
ÉMILIE.
Oh, oh,
Gardons-nous bien de le croire.
VALERE.
Pour un Turc il est nouveau.
OSMAN.
Oh, oh,
Il est pourtant dans l'histoire.
Mais tout beau !
Voici des preuves autentiques,
J'ai fait de présens magnifiques
Charger tout votre vaisseau.

VALERE.

Oh, oh, oh, oh,
Vous n'êtes pas si nigaut.

OSMAN. (AIR. *Du temps froid.*)

Eh, pourquoi te vois-je étonné ?
Tu ne devrois pas l'être ;
Je te rends ce que tu m'as donné,
Tu fus jadis mon maître :
Retrouvant un ami fortuné,
Devrois-tu le méconnoître ?

VALERE, *déclamant.*

Oüi, je le reconnois, c'eſt toi, mon cher Oſman,
Voilà le Scipion de l'Empire Ottoman.

AIR.

Vous domptez la tendreſſe
Dont vous étiez touché ;

OSMAN.

Je te rends ta maîtreſſe,
Sans en être fâché,
Et ces grands traits de nobleſſe,
Se font à bon marché.

(*déclamant.*)

Que l'on chante ici, que l'on danſe,
Et que les Matelots rament tous en cadence,

Divertiſſement.

OSMAN. (AIR. *De M. Mouret.*)

Que l'harmonie,
D'Italie
Eſt bien remplie !
Quoiqu'on s'écrie,
Qu'elle ennuye.
Vrais connoiſſeurs,
Vous ſentez ſes douceurs.
Dans ſes accords unique,
Patétique,
Son cromatique
Et ſon enharmonique,
Pique,
Anime, attendrit,
Flatte & réjouit.

Son goût remplit,
Le cœur autant que l'esprit.
Que la Françoise,
Me paroît niaise !
Toûjours à l'aise,
Il faut à tout moment,
Grand accompagnement ;
Jamais bizarre,
Rien ne la pare,
Mais l'autre a de vrais appas ;
Quel doux fracas !
Pourquoi ne l'aime-t-on pas ?

Vaudeville.

Il faut sur l'onde,
A propos s'embarquer,
Et que la fortune seconde,
Celui qui veut risquer ;
En dépit d'elle,
On n'entre point au port,
Lorsqu'à vos vœux elle est rebelle,
Tentez un autre sort,
Virez de bord.

Près d'une Belle
Employez les soupirs ;
Prenez, si son cœur est rebelle,
La route des plaisirs ;
Rien ne la touche,
Ouvrez le coffre fort ;
L'argent l'éprouve-t-il farouche ?
Tentez un autre sort,
Virez de bord.

Si Melpoméne,
Se refuse à vos vœux,
Auteurs venez sur notre scéne ;
Y siffle-t-on vos jeux ?
Que le lyrique soit votre réconfort :
Si vos vers tombent en musique,
Tentez un autre sort,
Virez de bord.

SECONDE ENTRÉE.

On suivra le même plan dans cet Extrait que dans le précédent, & on ne rapportera que quelques endroits de la scéne entre Phani-Palla & Huascar.

SCÉNE III.

HUASCAR, *à part*.

(AIR. *Pere je me confesse.*)

Puisque je suis Grand-Prêtre,
Parlons au nom des Dieux;
Je les sers mal peut-être,
Me serviront-ils mieux ?

(*A Phani-Palla.*)

Aujourd'hui notre divinité,
Et m'éclaire & m'inspire;
Aujourd'hui notre divinité,
Vous dit la vérité,
Et c'est dans notre Empire,
Que je dois vous élire,
Par son ordre un époux.....
Pourquoi frémissez-vous ?
  Acceptons,
  Respectons,
Ce qu'elle veut nous prescrire,
  Y penser,
  Balancer,
Songez que c'est l'offenser.

PHANI-PALLA.

(AIR. *Adieu voisins.*)

De ce langage merveilleux,
Je reconnois l'adresse;
On ne trouve point en ces lieux,
D'excuse à sa foiblesse;
Fit-on jamais parler les Dieux,
A sa Maîtresse ?

HUASCAR. (AIR. *Le fameux Diogéne.*)

M'accuser d'imposture !
Qu'elle coupable injure,
Pour les Dieux & pour moi ?

PHANI-PALLA.

PHANI-PALLA.
Ah ! quelle perfidie !
Les mettre en compagnie
D'un fripon tel que toi.

Nous paſſons le reſte de la ſcéne pour venir à la Fête.

HUASCAR. (AIR. *Vaudeville des Anonimes.*)

On vient, cachons notre courroux.
Je vais les faire bruler tous.
Que nous avons d'eſprit quand l'amour nous anime !

(*A ſon Confident.*)

Chut, paix ! que mon ſecret ne ſoit ſçû que de vous,
Faiſons un ravage anonyme.

AIR.

Rendons hommage à la Lune,
Cette fête eſt peu commune,
Au Soleil on en donne une,
Et puiſqu'elle fait fortune,
Rendons hommage à la Lune.

CHŒUR.

Rendons hommage à la Lune.

HUASCAR. (AIR. *Des billets doux.*)

Convenons tous que ſa clarté,
Eſt d'une grande utilité,
Car perſonne ne doute,
Que ſi la Lune n'éclairoit,
Lorſque le Soleil diſparoit,
On n'y verroit plus goute.

Survient le tremblement des Volcans qui jettent du feu, ce qui étonne toute l'Aſſemblée & lui fait jetter de grands cris. Huaſcar dit à Phani-Palla que pour éteindre cet embrâſement il faut l'épouſer ; Phani-Palla le refuſe. Survient Criſpinos, amant aimé de Phani-Palla.

Tome III. H

SCÉNE VII.

HUASCAR à *Phani-Palla.*

(AIR. *Vaudeville de la Comédie de Cartouche.*)

Suivez ma juste loi,
Marchons sans plus attendre.

PHANI-PALLA.

Quel parti dois-je prendre ?

CRISPINOS.

Vous viendrez avec moi.

PHANI-PALLA.

Nul espoir ne me reste,
La Lune a brulé ma maison.

CRISPINOS.

Et zeste, & zeste, & zeste,
Le seul amour de ce fripon,
Vous est funeste.

PHANI-PALLA.

(AIR. *Quand on dit que j'aime.*)

Seigneur, dites-moi donc comment
Est venu cet embrâsement ?

CRISPINOS.

Voulez-vous que je vous l'explique ?
En voici la raison physique.

AIR. (*Turlurette.*)

Pour enflammer à propos,
Un grenier plein de fagots,
Il ne faut qu'une allumette
Turlurette,
Turlurette,
Ma tanrourlourette.

(*Déclamant.*)

Je devrois t'écraser,
Mais pour mieux le punir je vais vous épouser.

HUASCAR, *seul*.

Air. (*Ma mie Margot.*)

Un Officier, deux Officiers, trois Officiers d'Espagne,
Ont enlevé Phani, ont enlevé Phani-Palla,
Pour faire la campagne.

Air. (*Un jour de cet automne.*)

Puisque de la Princesse
Je ne puis être l'époux,
Taritatou ;
Il faut que l'on connoisse
Combien je suis en courroux,
Taritatou,
Pour éteindre ma tendresse,
Dans le feu jettons-nous,
Taritatou, taritatou, taritatou.

DIVERTISSEMENT DES FLEURS.

Vaudeville.

Jeune fleur, dont la durée
Cesse au retour de Borée,
Vous en avez senti l'effet ;
En vain le tendre Zephire,
Pour vous ranimer soupire,
Quand une fois le mal est fait.

En aimant, dans le mystere,
On croit passer pour sévére,
Mais il survient un indiscret ;
C'est en vain que notre adresse,
Conserve un air de sagesse,
Quand une fois le mal est fait.

Au lieu d'un galant ouvrage,
Quand on donne du sauvage,
Doit-on s'étonner s'il déplaît ?
On a beau changer un acte,
Vainement on se retracte,
Quand une fois le mal est fait.

INDES (les) DANSANTES, Parodie en vaudevilles & en trois actes, du Ballet des *Indes*

Galantes, au Théatre Italien, par M. *Favart*, représentée pour la premiére fois le Lundi 26 Juillet 1751. Paris, De Lormel. *Extrait*, *Mercure de France*, *Août* 1751.

INDIENNE (l') AMOUREUSE, ou l'HEUREUX NAUFRAGE, Tragi Comédie, imitée de l'*Arioste*, par le Sieur *Du Rocher*, Paris, Corrozet, 1631. *Histoire du Théatre François*, année 1631.

INDIFFÉRENCE, (l') Prologue de l'*Amour marin* & de l'*Espérance*, piéces d'un acte, par Messieurs *Le Sage*, *Fuselier* & *d'Orneval*, représenté le Mardi 5 Septembre 1730. & imp. Tome VIII. du Théatre de la Foire, Paris, Gandouin, 1731.

INDISCRET, (l') Comédie en un acte & en vers, de M. de *Voltaire*, imp. dans ses Œuvres, représentée le Samedi 18 Août 1725. précédée d'*Hérode & Mariamne*, Tragédie du même Auteur. *Hist. du Th. Fr.* année 1725.

INDUSTRIE, (l') Prologue de *Zemine* & *Almanzor*, & des *Routes du Monde*, piéces en un acte, par Messieurs *Le Sage*, *Fuselier* & *d'Orneval*, représenté le Mardi 27 Juin 1730, & imp. Tome VIII. du Théatre de la Foire, Paris, Gandouin, 1731.

INDUSTRIE, (l') Ballet Pantomime, coupé par des scénes épisodiques, par Messieurs *Panard* & *Carolet*, non imp. représenté le Samedi 13 Avril 1737. précédé de l'*Assemblée des Acteurs*, du *Magasin des Modernes*, & du *Mariage en l'air*.

Le Besoin rebuté de la Fortune, vient chercher le secours de l'Industrie. Une symphonie singuliere annonce les suivans de cette Déesse : M. de Saute-en-l'air, Maître de danse paroît, & rend compte de sa conduite. J'ai fait, dit-il, danser les *Mécontens* à un nouveau Marié, la *Jalousie* à deux Vieillards, la *Niaise* aux filles du Magasin de l'Opéra, la *Cabaretiere* à dix Symphonistes, la *Courante* à deux Auteurs, les *Rats* à trois Peintres, la *Chasse* aux Gascons, & le *Cotillon* à quatre Abbés. Dans le moment, le Prevôt de M. Saute-en-l'air s'avance, & en donnant ses leçons, il fait exécuter une Entrée caractérisée, par des Tireurs d'armes, des Frotteurs & des Savoyards.

A la suite de ce premier Ballet, un Peintre apporte à l'Industrie différens tableaux, dont l'un est celui des *Deux Niéces*, mortes pour avoir eu trop d'esprit : les autres représentent *les Fausses Confidences*, les *Impromptus de l'Amour*, & l'*Ecole des Amis*, étouffés par des Danseurs de Corde.

Suit une Entrée de Fileuses, de Brodeuses & de Maréchaux.

Enfin la *Découpure* paroit, & fait exécuter à ses suivans la fameuse Contredanse qui porte son nom, & qui est de la composition de Mlle Sallé, célébre Danseuse de l'Académie Royale de Musique.

Couplet du Vaudeville de la Découpure.

S'il est vrai qu'Hercule fila,
Qu'avez-vous à craindre ?
Découpez sans vous contraindre,
S'il est vrai qu'Hercule fila,
L'on doit s'en tenir à cet exemple-là.

Découpez, découpez, travaillez tous,
Guerriers, pour nous plaire,
Faites ce qu'on nous voit faire,
Découpez, découpez, travaillez tous,
Ce qu'Alcide a fait n'est point affront pour vous.

Ce Divertissement fut très goûté, il étoit parfaitement exécuté par les meilleurs sujets de la Troupe. Comme cette année le 13 Avril étoit le jour de la clôture de l'Opéra Comique, on ajoûta à la suite de ces divertissemens, suivant l'usage ordinaire, le compliment composé par M. *Panard*, & prononcé par les Demoiselles de Lisle, Chéret l'aînée, Catin Chéret & Beauvais, & les Sieurs Desjardins, Drouillon & l'Escluse. En voici l'Extrait.

Les Acteurs & Actrices se plaignent de l'indifférence que le public témoigne pour leur Spectacle, Mlle Catin Chéret interrompt ainsi leurs regrets.

Croyez-moi, laissons là les lamentations, il y a assez longtemps que nous faisons pitié ; prions la Compagnie de nous être plus favorable à l'avenir. Messieurs, (ajoûte-t-elle,) j'ose me flatter que vous n'oublierez pas les soins que la petite Tante s'est donnée pour vous contenter

Air. (*Ah ! qu'il est beau l'oiseau.*)

Dès l'enfance c'est mon emploi, *bis.*
Cette ardeur est toûjours chez moi
La même, la même.
Messieurs, plus je vous voi,
Plus je vous aime.

Air. (*Que faites-vous Marguerite.*)

La vérité m'autorise,
A vous parler sur ce ton :
Quoiqu'en chantant je le dise,
Ce n'est pas une chanson, &c.

Chaque Acteur & Actrice fait son compliment, & le Sieur l'Ecluse en Charbonnier, vient le dernier, & dit ce qui suit:

« C'est à mon tour, & mon compliment ne sera pas long:
» Messieurs & Dames.

AIR. (*Réveillez-vous belle endormie.*)

De bien parler & de bien dire,
Je ne connois point le mic-mac :
Mais si le zéle peut suffire,
J'ai votre affaire dans le sac.

Extrait Manuscrit.

INÈS DE CASTRO, Tragédie de M. de *La Motte*, imp. dans ses Œuvres Dramatiques, & représentée à l'ouverture du Théatre, le Mardi 6 Avril 1723. suivie de la *Comtesse d'Escarbagnas. Histoire du Th. Franç.* année 1723.

Cette Tragédie a été parodiée au Théatre Italien sous le titre d'*Agnès de Chaillot*. Voyez aussi les *Vacances du Théatre*, piéce de M. *Fuselier* à l'Opéra Comique, & la piéce suivante.

INÈS ET MARIAMNE AUX CHAMPS ELYSÉES, Piéce de M. *Carolet*, représentée par les Marionnettes de Bienfait, à la Foire S. Laurent, 1724. Cette Parodie, dans laquelle l'Auteur a fait entrer la critique de la Tragédie d'*Inès de Castro*, de M. de *La Motte*, & de celle de *Mariamne*, de M. de *Voltaire*, ne mérite aucun Extrait, & est très-digne du Théatre pour lequel elle a été composée.

INFIDÉLITÉ. (l') Voyez *Alcée*.

INFIDÉLITÉ (l') PUNIE. Voyez *Comédie (la) sans Hommes.*

INFIDELLE (l') CONFIDENTE, Tragi-Comédie en cinq actes & en vers, de M. *Pichou*, représentée en 1630. Paris, Targa, 1631. in-8°. *Histoire du Th. Fr. année* 1630.

INFORTUNÉ (l') MARIAGE D'ARLEQUIN, Canevas Italien en trois actes, représenté le Samedi 27 Novembre 1718.

Pantalon a promis sa fille Flaminia à Arlequin, qui doit arriver de Bergame à Naples, pour l'épouser. Lélio, qui en est amoureux, fait tous ses efforts auprès de Pantalon pour obtenir sa Maîtresse, sans y réussir : il ne désespére pas pourtant d'en venir à bout, secondé par Flaminia sa Maîtresse, qui ne veut point être la femme d'Arlequin.

On fait toutes sortes de piéces à Arlequin, quand il est arrivé ; c'est Scapin qui s'est chargé des fourberies qui doivent le dégoûter de son mariage, en commençant par lui voler sa valise. Lélio lui offre un logement chez lui, feignant de le connoître; il le méne enfin aux Petites Maisons, & l'y laisse. On vient rendre compte à Pantalon que son futur gendre est devenu fou, & qu'on a été obligé de l'enfermer. Pantalon renonce à l'alliance d'Arlequin, & accorde à Lélio Flaminia sa fille. On donne la liberté à Arlequin, qui s'en retourne au plus vîte à Bergame. Cette piéce, comme on le voit aisément, est une très-mauvaise copie de la Comédie du *Pourceaugnac* de Moliere, aussi elle ne fut jouée qu'une fois. Elle est intitulée en Italien : *Le Nozze sfortunate d'Arlichino. Extrait Manuscrit.*

INGÉNUE, (l') c'est le titre de la premiére

Entrée du Ballet des *Graces*, de M. *Roy*, Musique de M. *Mouret*, 1735. sous lequel l'Auteur a traité l'avanture de l'Empereur Théophile & d'Eudoxe. A la reprise de cet Opéra, l'Auteur changea cette Entrée, & la mit sous le titre de l'*Innocente*, Voyez *Graces*. (les)

INGRAT, (l') Comédie en cinq actes & en vers, de M. *Destouches*, imp. dans ses Œuvres, & représentée le Jeudi 28 Janvier 1712. *Histoire du Th. Fr. année* 1712.

INJUSTICE (l') PUNIE, Tragédie de M. du *Teil*, représentée en 1641. Paris, Sommaville, 1641. in-4°.

C'est le même sujet que M. *Campistron* a traité depuis sous le titre de *Virginie*. *Hist. du Th. Franç. année* 1641.

INNOCENCE (l') DÉCOUVERTE, Tragi-Comédie du Sieur *Auvrai*, 1628. Rouen, 1628. in-8°. *Hist. du Th. Franç. année* 1628.

INNOCENS (les) COUPABLES, Comédie en cinq actes & en vers, de M. *Brosse*, représentée sur le Théatre de l'Hôtel de Bourgogne, & imp. Paris, Sommaville, 1645. in-4°. Le même sujet a été traité depuis par M. l'Abbé de Boisrobert & par M. Le Sage, le premier sous le titre des *Apparences trompeuses*, & l'autre sous celui de *César Ursin*. *Histoire du Th. Franç. année* 1645.

INNOCENT (l') EXILÉ, Tragi-Comédie en cinq actes & en vers, de M. *Chevreau*, sous le nom du Sieur *Provais*, 1640. Paris, Sommaville, 1640. in-4°. *Hist. du Th. Fr. année* 1640.

INNOCENT (l') MALHEUREUX, *ou la* MORT

DE CHRISPE, Tragédie du Sieur *Grenaille*, 1639. Paris, Raflé, même année, in 4°. *Hſt. du Th. Franç.* année 1639.

Voyez *Mort (la) de Chriſpe*, de M. *Triſtan*.

INNOCENTE (l') INFIDÉLITÉ, Tragi-Comédie en cinq actes & en vers, de M. *Rotrou*, repréſentée en 1635. Paris, Sommaville, 1637. in 4°. *Hiſtoire du Th. Fr.* année 1635.

INO ET MÉLICERTE, Tragédie de M. *Chancel de la Grange*, imp. dans ſes Œuvres, & repréſentée le Vendredi 10 Mars 1713. *Hiſt. du Th. Fr.* année 1713.

INQUIET, (l') c'eſt le titre du premier acte des *Caracteres de Thalie*, Divertiſſement compoſé par M. *Fagan*, & repréſenté en 1737. Voyez *Caracteres (les) de Thalie*.

INSTINCT (l') ET LA NATURE, Prologue de M.......... non imp. & repréſenté le Lundi 28 Juillet 1732. ſur le Théatre de l'Opéra Comique, ſuivi des *Intérêts de Village*, & de l'*Epreuve des Fées*, piéces d'un acte chacune.

Ce Prologue contient une critique du Ballet des *Sens*, de M. *Roy*, mis en Muſique par M. *Mouret*, & du *Procès des Sens*, parodie en un acte de ce Ballet, que M. *Fuſelier* a donné au Théatre François.

Les Sens viennent paſſer en revue, & ſont ſoumis à la cenſure de la Nature & de l'Inſtinct, ce dernier repréſenté par un Payſan. L'Opinion veut ſe mêler de les juger, mais on le fait retirer. Après que la Nature & l'Inſtinct ont déclaré leurs ſentimens ſur chacun des ſens, la premiére fait ainſi le portrait des deux Amours des Piéces critiquées, celui de l'Opéra, repréſenté par

Mlle Le Maure, & celui de la Comédie Françoise, par Mlle Dangeville.

LA NATURE.

AIR. (*Deux beaux yeux n'ont qu'à parler.*)

Bon, moi j'entens tous les jours,
Cent discours,
Sur ces deux aimables amours,
Sans me sembler trop téméraire,
Sur leur mérite on ne peut rien régler ;
Car l'un n'a qu'à chanter pour plaire,
Et l'autre n'a qu'à parler.

A la fin de la piéce, tous les sens, tant de l'Opéra que de la Comédie Françoise, se réunissent avec les Critiques pour former un divertissement, qui est terminé par un vaudeville, dont chaque sens chante un couplet.

Ier. Couplet.

Que de biens nous offrent les sens.
Contr'eux ne prenez point les armes,
Mortels, de vos besoins pressans,
Ils font naître les plus doux charmes ;
Que de biens nous offrent les sens !

Cette piéce a aussi été jouée & annoncée sous le titre de la *Réconciliation des Sens.*

Extrait Manuscrit.

INTÉRÊTS (les) DE VILLAGE, Opéra Comique en un acte, avec un divertissement & un vaudeville, d'un Auteur *Anonyme*, non imp. représenté le Lundi 28 Juillet 1732. précédé de l'*Instinct & la Nature*, Prologue, & suivi de l'*Epreuve des Fées*, piéce en un acte.

Le Seigneur d'un village, pour reconnoître les bons services qu'il a reçû de Madame Triolet, veuve du Bailly, lui a fait don de la charge du défunt, avec le pouvoir d'en revêtir celui qu'elle époufera. Pierrot, amant d'Agathe, niéce de Madame Triolet, afpire uniquement à la poffeffion de cette Belle, mais M. Chaton fon rival, cherche le moyen d'obtenir Agathe avec la charge, & fe moquer de la veuve. Pour réuffir dans ce deffein, Gripaut valet de M. Chaton, & Manceau comme lui, invente quelques fourberies affez groffiéres. D'abord il affure à Madame Triolet, que M. Chaton qu'elle aime, ne défire autre chofe que de terminer au plûtôt avec elle : d'un autre côté, il tâche d'infinuer à Pierrot que la place de Bailli & d'époux de Madame Triolet, font préférables à la main d'Agathe, & enfin, ce valet perfuade fans peine à M. Grosdos, riche Fermier du village, que la veuve & la charge lui conviennent parfaitement. Ce dernier & M. Chaton ont féparément une converfation avec Madame Triolet, dans laquelle ils lui propofent de l'époufer. Sur ces entrefaites, Pierrot furprend M. Chaton faifant une déclaration d'amour à Agathe. Cette découverte lui donne des foupçons fur la conduite des deux Manceaux. Il en fait part à Madame Triolet & à Grosdos, & pendant que ces deux perfonnes font cachées derriére les arbres, il fait jafer M. Chaton, & découvre adroitement que l'intention de ce fourbe eft d'époufer Agathe, & de s'emparer de la charge. Madame Triolet & Grosdos fortent dans ce moment : Chaton & fon valet fe retirent bien confus : Madame Triolet époufe le Fermier, & confent au mariage d'Agathe & de Pierrot. Les habitans du village viennent célébrer par une fête la réception de leur nouveau Bailly, ce qui forme le divertissement.

Couplet du Vaudeville.

De Fanchon l'Epoux libertin,
  Va cajoller Nanette.
Fanchon patiente & discrete
Ne s'en plaint pas : c'est que Lubin
  Sçait la consoler en cachette.
Ainsi Fanchon, trelin tintin,
Avec son mari joue au fin.

Extrait Manuscrit.

INTÉRESSÉ. (l') Voyez *Rapiniere*. (la)

INTRIGUE, (l') Opéra Comique en un acte, avec un divertissement & un Vaudeville, de M. *Panard*, non imp. représenté le Dimanche 10 Septembre 1741. précédé du *Bacha d'Alger*, & suivi de la premiére représentation des *Bateliers de S. Cloud*.

Toute l'intrigue de cette piéce consiste dans le titre, ce n'est au reste qu'un tissu de scénes, qui n'ont aucune liaison les unes avec les autres, & fort peu avec l'objet principal. Mais ce défaut est heureusement réparé par de jolis détails qui lui ont procuré le succès qu'elle a eu.

La premiére scéne est une dispute entre l'Industrie & l'Intrigue. Le Besoin leur pere leur conseille de vivre en bonne intelligence. Il sort, dit-il, *pour gagner son gîte : demeurez-vous toûjours à la montagne*, lui demande l'Intrigue : *Oüi*, répond le Besoin, *le quartier des Arts est toûjours le mien.*

Arrive un Poëte qui se vante de rimer sur le champ ; l'Intrigue veut en voir l'essai.

L'INTRIGUE. (AIR. *Au Bal du Cours les Dames.*)

Quel mot à la Garonne,
Trouvez-vous qu'il convient?

LE POETE.

Celui de fanfaronne
Parfaitement y vient.

L'INTRIGUE.

Au Médecin?

LE POETE.

Baffin.

L'INTRIGUE.

A Fillettes?

LE POETE.

Fillettes.

L'INTRIGUE.

A Meſſieurs du Palais?

LE POETE.

Délais.

L'INTRIGUE.

A grand complimenteur?

LE POETE.

Menteur.

L'INTRIGUE.

A Fleurettes?

LE POETE.

Sornettes.

Dans la ſcéne ſuivante un Chanteur & ſa femme, payés par un mari jaloux d'un gros Abbé qui en conte à ſon épouſe, chantent en l'attendant, & en faiſant voir un tableau.

LA CHANTEUSE.

« Remarquez ici, Meſſieurs, ce vieux Procureur qui dit à ſon fils.

Si quelque Plaideur taquin,
Vient à toi la bourse pleine,
Pour consommer son frusquin,
Fais des roles par centaine,
Gruge jusqu'au dernier sou,
Tirli, tirli, tirlitaine,
Gruge jusqu'au dernier sou.
Tirli, tirli, tirlitou.

» De ce côté-là, Messieurs, voyez-vous une vieille tante,
» qui dit à sa niéce :

Si quelqu'Amant décrépit,
Te veut épouser, Climéne,
Par un bel & bon écrit,
Assure-toi son domaine,
Rançonne ce vieux matou,
Tirli, tirli, tirlitaine, &c.

LE CHANTEUR.

» Dans ce quarré, remarquez un jeune garçon, qu'une
» jeune cousine instruit par cet avis.

Si dans tes filets un jour,
Il tombe quelque Doyenne,
Témoigne-lui de l'amour,
Mais fais-toi payer ta peine :
Prens argent, montre, bijou,
Tirli, tirli, tirlitaine, &c.

» Javotte, j'apperçois notre homme qui entre dans la
» maison, dénichons ».

A la scéne qui suit, paroit une fausse Agnès, qui a trois Amans, un Officier, un Robin, & un Financier ; elle les garde tous les trois par innocence, & parce qu'elle n'ose faire un choix.

Le goût que le public a témoigné pour le genre Pantomime, a fourni à l'Auteur l'idée de la scéne du Musicien, qui a inventé le vaudeville Pantomime, dont voici un couplet.

Pour s'unir à Philis, Valere,
Très-volontiers chez le Notaire,
Fit-ce geste-là.
Lazzi de signer.

Que d'embarras dans l'hymenée,
Notre époux au bout d'une année,
En eut jusques-là.
Lazzi de la gorge.
Lui qui cherchoit Philis sans cesse,
Quand son chemin ici s'adresse,
Il tourne par-là.
Lazzi de se détourner.
Promesse, serment, tout s'oublie,
L'épouse gronde, on s'en soucie,
Comme de celà.
Lazzi du bout du doigt.

Comme l'Intrigue approuve fort l'idée neuve du Musicien, il lui fait part du projet de mettre la description de Paris en Musique.

LE MUSICIEN.

» Imaginez-vous que dans les bras de Morphée je goûte
» un profond repos. Allons, Messieurs de l'Orchestre.

L'INTRIGUE.

» Qu'est-ce que celà.

LE MUSICIEN.

» C'est mon sommeil, il ne sera pas long.

L'INTRIGUE.

» Quel tapage ?

LE MUSICIEN.

» Ce sont les chats qui m'éveillent : peut-on mieux expri-
» mer les amours de Minette & de Raminagrobis.

L'INTRIGUE.

» Le Tableau est parlant.

LE MUSICIEN.

» Ecoutez le bruit des cloches, din, dan, don, &c. Ce
» carillon me réveille, je m'habille ; je sors, à peine ai-je
» fait deux pas, qu'une voiture de moilons me colle contre
» un mur, entre un Maréchal & un Serrurier, titata, pa-
» tapan.

L'INTRIGUE.

» L'expression est d'après nature.

LE MUSICIEN.

» Je pourfuis mon chemin, changement de Mufique.

L'INTRIGUE.

» Qu'eſt-ce que celà exprime ?

LE MUSICIEN.

» Les bruits de Paris dans les quartiers du Palais Royal,
» & de la Halle ; les embarras..... quelle cohue ! quel
» tintamarre ! Là c'eſt un jeune homme qui ſe trouve mal....
» *ya, ya, vinaigre.* Un peu plus loin c'eſt un aimable Abbé
» qui cauſe avec une Marchande...... *Il brule, il brule.* Tout
» proche eſt un Colporteur qui a publié le récit d'une ba-
» taille..... *Vieux chapeaux à vendre.* Au coin d'une borne eſt
» un Nouvelliſte qui lit des lettres d'Iſpahan..... *Fagots,*
» *Fagots.* Sous les Piliers, un Provincial marchande un
» habit d'hazard tout neuf....... *Achetez des cruches.* Ne ſem-
» ble-t-il pas qu'on entende crier tout vis-à-vis de certains
» hommes de fortune, *Champignons, champignons.* Auprès
» d'une jeune faiſeuſe de modes, *Appétit, appétit.* Dans ce
» Quartier de la Comédie Italienne, *Crême fouettée, crême*
» *fouettée.* A la porte de l'Opéra, *Ballets, ballets, Vieux*
» *paſſemens d'habits,* &c. Je vous communiquerai le reſte
» une autre fois, &c. »

Au Muſicien ſuccéde Bourdignac, Gaſcon du premier ordre, qui ſçait jouer à la fois, en différens quartiers de Paris, les roles de Petit Maître, de Robin, de Financier & d'Officier. Cette ſcéne eſt interrompue par le bruit des inſtrumens, qui annonce le divertiſſement.

Couplets du premier Vaudeville.

Qu'un jeune Acteur monte au Théatre,
On l'applaudit, on l'idolâtre,
Chacun l'exalte à ſon début,
    Ut.
Mais une diſgrace ſubite,
Succéde à cette réuſſite,
Bref il tomba dans le début,
    Ut.

Dans les premiers mois que Clarice,
Du grand Opéra fut Actrice,

Sa voix réfonnoit comme un lut,
Ut.
Mais elle fabla du Champagne,
Fit q'elques tours à la campagne,
Son ton baiffa tant qu'il déplut.
Ut.

Couplet du second Vaudeville.

L'or aux Amans épargne la fatigue,
Philis fe rend quand Tircis en prodigue,
Y fait-on quelque façon ?
Bon !
Veftales, réfiftez-vous ?
Paoux !
Plutus abrege l'Intrigue.

Extrait Manufcrit.

INTRIGUE (l') DES ACADÉMIES, Comédie. Voyez *Joueufe (la) dupée.*

INTRIGUE (l') DES CARROSSES A CINQ SOLS, Comédie en trois actes & en vers, de M. *Chevalier*, repréfentée fur le Théatre du Marais en 1662. Paris, Baudouin, 1663. in 12. *Hft. du Th. Fr.* année 1662.

INTRIGUE (l') DES FILOUX, Comédie en cinq actes & en vers, de M. de l'*Eftoile*, repréfentée en 1647. Paris, Sommaville, 1648. in-4°. *Hftoire du Théatre Fr.* année 1647.

INTRIGUE (l') INUTILE, Opéra Comique en un acte, par M. *Carolet*, non imp. repréfenté le Jeudi 20 Septembre 1736. précédé de la *Dragonne* & des *Coffres*, piéces d'un acte chacune, & fuivi de l'*Ecole de Mars*, divertiffement Pantomime.

Angélique, niéce de Doriméne, & amante de Valere, jeune Officier, eft promife par fa Tante au Comte de la Charmille, riche parvenu. Valentin, valet de Valere, gagne la confiance du Comte, & entre à son service. Valere, suivant le conseil de Valentin, se présente au Comte à titre de Poëte, & lui montre un épithalame sur son mariage arrêté avec Angélique. Le Comte charmé de l'avanture, prie le prétendu Poëte d'aller de sa part porter ces vers à Angélique. Valere saisit cette occasion pour parler à sa Maîtresse ; Doriméne & le Comte le surprennent à ses genoux. Valere alors est obligé de se déclarer, il avoue qu'il est fils du Comte de Richeval. A ce nom Doriméne le reconnoît pour celui à qui elle a autrefois destiné la main d'Angélique. Elle consent avec plaisir à son mariage, & pour dédommager le Comte de la Charmille, elle offre de l'épouser : sa proposition est acceptée, & Valentin se marie avec Olivette, suivante d'Angélique.

Le titre de cette piéce pourroit assez bien convenir à toutes celles dont l'intrigue ne roule que sur un mal entendu, & dont une explication entre les principaux personnages fait le dénouement. *Extrait Manuscrit.*

INTRIGUES (les) AMOUREUSES, Comédie en cinq actes & en vers, de M. *Gilbert*, représentée sur le Théatre de l'Hôtel de Bourgogne en 1666. Paris, Quinet, 1668. in 12. *Hist. du Th. Fr. année* 1666.

Le sujet de cette piéce est semblable pour le fond à la Comédie d'*Aimer sans sçavoir qui*, de M. *d'Ouville*, & à celle de la *Belle invisible*, ou *la Constance éprouvée*, de M. l'Abbé de *Boisrobert*.

INTRIGUES (les) DE LA LOTERIE, Comédie en trois actes & en vers, de M. *Devizé*, représentée sur le Théatre du Marais en 1670, imp. dans le Recueil intitulé Théatre François, Paris, 1737. par la Compagnie des Libraires, Tome IX. *Histoire du Théatre Franç. année 1670.*

INVISIBLE, (la Belle) *ou la* CONSTANCE ÉPROUVÉE, Comédie en cinq actes & en vers, de M. l'Abbé de *Boisrobert*, représentée en 1656. & imp. Paris, de Luynes, 1656. in 12. *Histoire du Th. Fr. année 1656.*

JOBIN, (Madame) Comédie. Voyez *Devineresse*. (*la*)

JOCONDE, Comédie en un acte & en prose, de M. *Fagan*, Paris, Prault fils, & représentée le Samedi 5 Novembre 1740. à la suite des *Bourgeoises à la mode. Histoire du Théatre François, année 1740.*

JODELET, (Claude Geoffrin dit) Comédien François, débuta au Théatre du Marais en 1610. passa au mois de Décembre 1634. dans la Troupe de l'Hôtel de Bourgogne, où il continua de jouer les roles de Valets & de caracteres dans le comique, mort à la fin de Mars 1660. *Histoire du Théatre Franç. année 1642.*

JODELET, (la feinte mort de) Comédie en un acte & en vers, de M. *Brecourt*, représentée sur le Théatre du petit Bourbon en 1660. Paris, Guignard, 1660. in-12. *Hist. du Th. Fr. année 1660.*

JODELET ASTROLOGUE, Comédie en cinq actes & en vers, de M. *d'Ouville*, représentée sur le Théatre de l'Hôtel de Bourgogne en 1646. Paris, Besogne, 1646. in-4°. *Hist. du Th. Fr. année 1646.*

JODELET DUELLISTE. Voyez *Dorothées*. (les trois)

JODELET, *ou le* MAÎTRE VALET, Comédie en cinq actes & en vers, de M. *Scarron*, représentée sur le Théatre de l'Hôtel de Bourgogne en 1645. imp. dans les Œuvres de cet Auteur. Cette piéce reparoît quelquefois au Théatre. *Hist. du Th. Fr. année* 1645.

JODELET PRINCE, Comédie. Voyez *Geolier* (*le*) *de soi-même*.

JODELET SOUFFLETÉ. Voyez *Dorothées*. (les trois)

JODELLE, (Etienne) Seigneur du Lymodin, Poëte Dramatique, né à Paris en 1532. mort au mois de Juillet 1573. âgé de 41 ans. Jodelle est le premier Poëte Dramatique François qui a composé dans le goût des piéces Grecques & Latines : il est Auteur des Poëmes suivans.

CLÉOPATRE CAPTIVE, Tragédie, 1552.

EUGENE, *ou la* RENCONTRE, Comédie en cinq actes, 1552.

DIDON SE SACRIFIANT, Tragédie, 1552.

Ces trois piéces se trouvent imprimées parmi les Œuvres de cet Auteur, Paris, Chesneau & Patisson, 1574. in 4°. *Hist. du Th. Fr. année* 1552.

JOLLY, (Antoine-François) de Paris, Auteur vivant aujourd'hui, a composé pour la scéne Françoise :

L'ÉCOLE DES AMANS, Comédie en trois actes & en vers, 1718.

LA VENGEANCE DE L'AMOUR, Comédie en cinq actes & en vers, 1721. non imp.

A l'Académie Royale de Musique.

MÉLÉAGRE, Tragédie en cinq actes, avec un Prologue, Musique de M. *Batistin*, 1709.

Au Théatre Italien.

L'AMANTE CAPRICIEUSE, Comédie en vers & en trois actes, 1726.

LA FEMME JALOUSE, (c'est la traduction de la piéce Italienne du même nom,) Comédie en trois actes & en vers, 1726.

JOLY, (Mlle) Actrice Foraine, est fille du Sieur *Morel*, Comédien Allemand qui débuta en 1709. sur le Théatre de la Comédie Françoise. Mlle Joly avoit à peine treize ans, que le Sieur Joly, Chanteur dans un Opéra de Province, en devint éperduement amoureux, & l'épousa. Ils vinrent l'un & l'autre à Paris, & entrérent dans les Chœurs de l'Académie Royale de Musique, où ils demeurérent pendant quelques années. Après avoir quitté l'Opéra, le Sieur Joly & la Demoiselle son épouse coururent la Province jusqu'en 1729. qu'ils s'engagérent avec le Sieur Pontau, alors Entrepreneur de l'Opéra Comique : Mlle Joly y débuta par le role de la *Princesse de la Chine*, qu'elle joua d'original, & dans lequel elle fut très-applaudie. Son mari fut chargé des roles de Sultans. A la fin de la Foire S. Laurent de cette même année, Mlle Joly fut séparée de son mari l'espace de deux ou trois ans; elle le rejoignit en Hollande, mais le Sieur Joly l'ayant quitté à son tour, elle revint à Paris, & reparut

J O 191.

au Théatre de l'Opera Comique, pendant les Foires S. Germain & S. Laurent 1737. Aujourd'hui vivante à Paris, & retirée du Théatre.

JONATHAS, Tragédie en trois actes, de M. *Duché de Vancy*, représentée à S. Cyr en 1700. & sur le Théatre François à Paris, le Lundi 26 Février 1714. imp. tome IV. du Recueil intitulé Théatre François, Paris, 1737, par la Compagnie des Libraires, & précédemment in-4º 1700. Paris, Ballard. *Histoire du Th. Franç. année* 1714.

JOSAPHAT, Tragi-Comédie de M. *Magnon*, représentée en 1646. & imp. Paris, Sommaville & Quinet, 1646. in-4º. *Hist. du Th. Franç. année* 1646.

JOSEPH, Tragédie de M. l'Abbé *Genest*, représentée à Clagny au mois de Février 1706. & à Paris sur le Théatre de la Comédie Françoise, le Vendredi 19 Décembre 1710. in-8º Paris, (Rouen) 1711. *Hist. du Th. Fr. année* 1710.

JOSSET, Danseur Forain, est fils d'un Boucher de Paris, il a dansé en femme dans la Sabotiere Pantomime, exécutée aux Foires Saint Germain & Saint Laurent 1744.

JOSUÉ, *ou le* SAC DE JERICHO, Tragédie sacrée, de Pierre de *Nancel*, 1606. imp. dans le Théatre de cet Auteur. *Hist. du Théatre Franç. année* 1606.

JOUET (le) DE LA FORTUNE. Voyez *Arlequin amant malgré lui*.

JOUEUR, (le) Comédie en cinq actes & en vers, de M. *Regnard*, imp. dans son Théatre, & représentée le Mercredi 19 Décembre 1696.

Hystoire du Théatre François année 1696.

JOUEUR, (le Chevalier) Comédie en cinq actes & en profe, avec un Prologue aussi en profe, par M. *Du Frefny*, imp. dans fes Œuvres, & repréfentée le Mercredi 27 Février 1697. *Hift. du Théatre Franç. année* 1697.

JOUEUR, (le) Canevas Italien en trois actes, de M. *Riccoboni* le pere, repréfenté pour la premiére fois le Mardi 6 Décembre 1718.

« Bien des gens font dans l'opinion qu'il y a
» de la témérité à expofer fur la fcéne un fujet
» connu, fur-tout lorfqu'il a déja été traité par
» quelque Ecrivain du premier ordre. En effet,
» foit que l'on foit prévenu en faveur de celui
» qui le premier l'a fait paroître, où que l'on
» foit perfuadé que l'on ne peut pas mieux faire :
» il faut convenir que l'on n'a point encore vû
» de notre temps, d'Auteurs Dramatiques qui
» ne fe foient repentis d'avoir ofé courir la même
» carriére. Mais, où cette difficulté eft aifée à
» démontrer, c'eft dans les caracteres tels que
» ceux de l'*Avare*, du *Tartuffe*, du *Menteur*,
» &c. car on peut avancer qu'outre tous les
» traits qui fervent à les peindre, il y a un
» choix de couleurs à faire. Le choix une fois
» fait par un homme de goût, on regarde pour
» lors comme une chofe prefqu'impoffible, de
» retracer, fi l'on peut le dire, le même carac-
» tere, fans tomber dans l'inconvénient de l'*imi-
» tation* ou des *répétitions*.

» Cependant le Théatre a vû depuis peu ce
» préjugé doublement démenti, & cette pré-
» tendue impoffibilité furmontée à tous égards.
» 1º L'*Œdipe de M. de Voltaire*, dont le fuccès

» a toûjours accrû jufqu'à ce jour, eft une
» preuve bien fenfible que l'on pourroit encore
» égaler, ou même furpaffer, fi j'ofe le dire, le
» *Grand Corneille*, en travaillant fur le même
» texte : il me paroît que c'eft aujourd'hui le fen-
» timent du plus grand nombre. 2° *Le nouveau*
» *Joueur*, que les Comédiens Italiens ont rifqué
» fur leur Théatre, a dû convaincre, par la
» réuffite qu'il a eu, que le même titre fi heu-
» reufement rempli & éxécuté par feu M. *Re-*
» *gnard*, pouvoit être encore préfenté fous un
» nouvel afpect..... Je reviens préfentement au
» *Nouveau Joueur*. Ceux qui entendent l'Ita-
» lien, reconnoiffent qu'il eft continuement
» Joueur dans fes actions : elles tendent toutes à
» le faire connoître tel par le Spectateur éclairé :
» fon valet eft le feul à qui la paffion dominante
» de fon Maître pour le jeu foit connue ; fa
» Maîtreffe même ignore ce foible ; au contraire
» elle s'imagine qu'il aime paffionnément l'étu-
» de de la Philofophie & des Belles-Lettres, &
» que ce n'eft que par bienféance qu'il refufe
» de l'avouer. Elle tourne de ce côté toutes les
» actions qui pourroient déceler fa véritable
» inclination. Il n'y a aucun perfonnage épifo-
» dique, mais tous concourent à faire valoir le
» caractere du Joueur : l'intrigue eft fimple,
» pleine d'action, & dont la chaleur augmente
» jufqu'à la fin de la piéce. Comme je crois que
» le meilleur extrait que l'on puiffe donner d'une
» Comédie de caractere, eft d'en rapporter les
» principaux traits, & d'en crayonner la fable ;
» j'en uferai de même à l'égard de celle ci.

» Dans le premier acte, le Joueur touchant

„ au moment de se marier, l'oncle de sa pré-
„ tendue vient avec le Notaire pour lui faire
„ signer son contrat de mariage. Le Notaire lui
„ demande ses honoraires, mais comme il a tout
„ perdu la nuit précédente, il ne trouve pas de
„ moyen plus prompt pour s'en défaire, que de
„ lui promettre une tabatiere d'or, & le ren-
„ voye ainsi fort content. A peine le Notaire
„ est-il sorti, qu'un créancier vient lui deman-
„ der vingt cinq pistoles qu'il lui a autrefois
„ prêtées : autres embarras, autres civilités : le
„ créancier tient bon ; il veut de l'argent : que
„ faire ? le Joueur, pour s'en débarrasser, lui
„ donne son contrat de mariage en nantissement
„ de ce qu'il lui doit, l'assurant que ce sera le
„ premier pris & payé sur la dot. Quelque temps
„ après on lui annonce sa Maîtresse ; l'intérêt
„ qu'il a de ne point paroître Joueur, l'oblige à
„ mettre promptement dans sa poche un jeu
„ de cartes qui est sur la table ; mais par mal-
„ heur, en tirant son mouchoir, il fait tomber
„ une partie de ces cartes aux pieds de sa Maî-
„ tresse, qui, bien loin de prendre la chose en
„ mauvaise part, l'excuse obligeamment sur
„ l'usage que les Gens de Lettres font ordinaire-
„ ment des cartes : elle le croit homme de Let-
„ tres en effet.

„ Dans le second acte, il donne une fête à
„ sa Maîtresse, & lorsque le bal est prêt à com-
„ mencer, un marin de ses amis survient. Cet
„ homme qui n'a nul goût pour la danse, enga-
„ ge insensiblement le Joueur à passer dans une
„ chambre voisine, pour y carabiner un quart-
„ d'heure. Mon homme qui avoit fait une

„ reſſource conſidérable, aimant encore plus le
„ jeu que ſa Maîtreſſe, la prie de vouloir bien
„ commencer le Bal, l'aſſurant qu'il eſt à elle
„ dans un moment. Il lui tient en effet parole,
„ mais il revient ſi dérangé, & avec des yeux
„ ſi égarés, qu'on devine aiſément qu'il a tout
„ perdu. Sa Maîtreſſe qui ne ſoupçonne nulle-
„ ment la cauſe de ſon trouble & de ſon agita·
„ tion ; le force dans cet état de ſouffrance, à
„ danſer un menuet avec elle. Il a beau s'en dé-
„ fendre, elle lui allégue pour raiſon que rien
„ n'eſt plus capable que la danſe, pour lui faire
„ oublier la diſpute philoſophique qu'il vient
„ d'avoir avec ſon ami le marin. Le Joueur,
„ pour cacher le véritable motif de ſon trouble,
„ donne la main à ſa Maîtreſſe ; mais la diſtrac-
„ tion devenant la plus forte, il interrompt par
„ intervalle ſa danſe, n'étant pour lors occupé
„ que de ſa perte. Tantôt il parle à l'oreille
„ d'Arlequin ſon valet, en ſe déteſtant quel-
„ quefois ; il cherche dans ſes poches, pour
„ voir s'il ne lui eſt rien reſté ; enfin il ſe livre
„ tellement au malheur qui vient de lui arriver,
„ qu'il finit ſon menuet, en danſant ſeul ſur le
„ bord du Théatre, pendant que ſa Maîtreſſe
„ danſe de ſon côté toute ſeule dans le fond,
„ ce qui fait un jeu de Théatre fort plaiſant. A
„ peine le Joueur eſt il ſorti de cet embarras,
„ qu'il rentre dans un autre. Arlequin qu'il
„ avoit envoyé avant ſa perte chez le Traiteur,
„ pour commander un grand ſouper après le
„ bal, vient lui annoncer triſtement, que le
„ maudit Traiteur ne veut abſolument rien
„ fournir, qu'il ne ſoit payé de quelques autres

» repas précédens : que tout ce qu'il a pû faire,
» a été de l'engager à vouloir bien lui venir
» parler. Le Traiteur arrive : le Maître & le
» valet le prient tout bas, le pressent, mais inu-
» tilement ; il est inexorable. Sa Maîtresse s'im-
» patiente pendant tout ce débat, & regardant
» à sa montre, elle la trouve arrêtée ; elle la
» donne au Joueur, pour sçavoir de lui si effec-
» tivement elle ne va point. Le Joueur la prend,
» & retournant vers le Traiteur pour tâcher de
» le fléchir, celui-ci à la vûe de la montre, lui
» demande tout à-coup si c'est un gage qu'il veut
» lui donner. Le Joueur regardant cet homme
» comme inspiré, se voit par-là tiré d'embarras :
» il lui remet dans le moment la montre, & re-
» tournant à sa Maîtresse, lui dit, *qu'en effet sa
» montre est arrêtée, mais que si elle souhaite,
» il va la donner à cet homme*, (en lui montrant
» le Traiteur,) *qui est, selon lui, le meilleur
» Horloger du pays*. La jeune personne y con-
» sent, & le Joueur charmé de s'être tiré si heu-
» reusement d'embarras, laisse la montre au
» Traiteur, en l'assurant qu'il n'a qu'à la rap-
» porter le lendemain, & qu'il sera payé sur le
» champ.

» Le troisiéme acte commence par une scéne
» de désespoir de la part du Joueur, qui après
» avoir été si longtemps contraint, & se trou-
» vant seul chez lui en liberté, jure alors tout à
» son aise, en maudissant sa mauvaise fortune.
» Arlequin, comme un bon valet, s'ingére de
» faire des remontrances sur sa conduite ; mais
» il lui coupe la parole, en lui protestant que
» son parti est pris, & qu'il a fait serment de ne

» plus jouer : que depuis cette résolution for-
» mée, il jouit de la plus grande tranquillité du
» monde ; mais dans le même moment, il mar-
» que par ses gestes & par ses yeux, un désef-
» poir intérieur qui dément ce qu'il vient de
» dire. Dans cette assurance, il projètte, pour
» remplir les vuides que le défaut du jeu lui laif-
» sera, de se donner à la Poësie. Après en avoir
» examiné les différentes espéces, il choisit la
» *Partie Dramatique Comique* ; il se détermine
» à ce choix par les avantages & le plaisir que
» doit avoir un Auteur, lorsqu'il voit ses Ouvra-
» ges applaudis du Public & exposés au grand
» jour. Pour mettre son esprit sur ce ton, il en-
» voye chercher un livre de Poësie. Arlequin
» lui en apporte un, qui a pour titre : *Le Joueur,*
» *Comédie, par M. Regnard.* A peine Lélio,
» (c'est le Joueur) a t il jetté les yeux sur ce
» titre, qu'il le jette tout en colere, & fait des
» imprécations contre l'insolence des Auteurs,
» qui osent mettre sur le Théatre un aussi galant
» homme que le Joueur. Dans l'instant, arrive
» le frere de sa prétendue Maîtresse, qui vient
» lui demander s'il ne pourroit pas lui faire
» avancer le payement d'une lettre de change
» de quatre mille livres. Celui-ci qui envisage
» qu'avec cet argent il pourroit faire ressource,
» d'autant plus qu'il vient de passer dans son
» cabinet deux nouveaux Joueurs, n'a garde de
» ne point promettre à *Mario*, son beau frere
» futur, qu'il le fera avec plaisir ; & ayant la
» lettre de change par devers lui, il entre au
» jeu. Le créancier dont j'ai parlé, à qui le
» Joueur avoit donné son contract de mariage

» pour nantiffement, vient s'informer de la
» fuivante de Flaminia, fi effectivement fa Maî-
» treffe époufe Lélio. Ce créancier ne fait point
» difficulté de lui apprendre que Lélio, pour
» fûreté de cette fomme, lui a remis ce contract
» entre les mains. *Violette* en avertit auffitôt fa
» Maîtreffe ; celle-ci toûjours prévenue en fa-
» veur de Lélio, n'y donne aucune créance, &
» commence à n'en être bien détrompée, que
» par le retour du Traiteur, qui lui apprend ce
» qu'il eft, lui conte enfuite l'hiftoire de Lélio,
» & le déclare le plus déterminé Joueur qui foit
» au monde. Elle en eft pleinement convaincue,
» lorfqu'elle voit fortir de la maifon de Lélio
» deux Joueurs qui emménent l'argenterie &
» les étoffes qu'elle avoit envoyées à fon futur.
» Elle prend le parti de payer le Traiteur, pour
» r'avoir fa montre, & promet aux deux Joueurs
» de retirer fa vaiffelle d'argent & fes étoffes.
» Lélio arrive, confterné & pénétré de fa nou-
» velle difgrace, & pour comble d'infortune, il
» fe trouve entre fa Maîtreffe, l'oncle & Mario,
» à qui il a attrapé la lettre de change. Chacun
» prend congé de lui d'une maniere infultante,
» & telle qu'une vie auffi déréglée que la fienne
» le mérite. Il refte muet & fans défenfe. Heu-
» reufement pour lui, un ami vient le dégager
» de cet embarras, en lui difant *que comme il*
» *eft prêt de s'embarquer pour paffer au Pérou,*
» *il vient lui dire adieu.* Lélio, fans lui rien
» répliquer, va fur le champ chercher fon épée,
» fon manteau & fon chapeau, & le prie de le
» prendre pour compagnon de fon voyage.
» L'ami y confent volontiers ; il fort après avoir

„ fait ſes adieux à Arlequin, à qui il laiſſe le
„ peu qui lui reſte, & le prie d'aſſurer ſes
„ Créanciers qu'il ne les oubliera pas au Pérou„.
Le nouveau Mercure, mois de Décembre 1718.
pag. 137-145.

JOUEURS, (les) Comédie en cinq actes, d'un Auteur *Anonyme*, non imprimée, repréſentée le Vendredi 5 Février 1683. *Hiſt. du Th. Fr.* année 1683.

JOUEURS. (les) Voyez *Sérénades*. (les)

JOUEUSE, (la) Comédie en cinq actes & en proſe, accompagnée de divertiſſemens, par M. *Du Freſny*, imp. dans ſes Œuvres, & repréſentée le Mardi 22 Octobre 1709. *Hiſtoire du Théâtre François*, année 1709.

JOUEUSE (la) DUPÉE, ou L'INTRIGUE DES ACADÉMIES, Comédie en un acte & en vers, par J. D. L. F. (J. de la Forge,) repréſentée en 1664. imp. la même année, Paris, in-12. *Hiſt. du Th. Franç.* année 1664.

JOUI, (Mlle de) Comédienne Françoiſe, débuta à Paris le Jeudi 20 Septembre 1712. par le role de *Monime* dans la Tragédie de *Mithridate*, & n'a point été reçue. *Hiſt. du Th. Fr.* année 1712.

JOÛTE (la) D'ARLEQUIN ET DE SCAPIN, Canevas Italien en deux actes, repréſenté pour la premiére fois le Lundi 13 Avril 1744. *Sans Extrait.*

JOUVENOT, (Louiſe Heydecamp) Comédienne Françoiſe, a débuté le Lundi 19 Décembre 1718. par les roles de *Camille*, dans *Horace*, & de *Roſette* du *Cocher ſuppoſé*. Reçûe par ordre de la Cour du 30 Janvier 1719. Quitta

I iv

le Théatre au mois de Juin 1722. & y rentra le premier Septembre suivant, pour les roles de grandes Confidentes tragiques. Retirée le Dimanche 19 Mars 1741. avec la pension ordinaire de 1000 livres, aujourd'hui vivante. *Hist. du Th. Fr. année* 1741.

JOYE, (la) Opéra Comique d'un acte, avec un divertissement & un Vaudeville, par M. *Favart*, non imp. représenté le Vendredi 3 Février 1741. précédé du *Niais de Sologne*, piéce en un acte, & du Prologue, dont voici l'Extrait.

La Foire & l'Opéra Comique se réveillent en sursaut au son du tambour du Carnaval. Ce dernier leur annonce en entrant, une Foire plus favorable que la précédente, & pour leur en donner l'assurance, il leur fait présent des deux piéces, le *Niais de Sologne*, & la *Joye*. La Foire & l'Opéra Comique le remercient, & ordonnent à une Actrice de complimenter le public. Ce compliment que l'Actrice ne fait qu'après bien des cérémonies, est suivi d'une dispute entre Babet & Nanette Bouquetieres; chacune d'elles prétendant avoir le droit exclusif de débiter des fleurs à la Foire.

LA JOYE, *Opéra Comique.*

La Joye personnifiée donne audience aux personnes qui se présentent : on n'entrera dans aucun détail ; il suffit de rappeller à la mémoire des curieux les scénes les plus passables, qui sont celles des trois sœurs qui veulent se marier, pour jouir d'une vie plus gracieuse : du Marchand prêt à faire banqueroute, qui attaque sa femme en séparation, l'accusant d'infidélité, & de lui avoir fait donner des coups de bâtons, & enfin de la veuve qui cherche la Joye en pleurant son époux. La piéce finit à l'ordinaire par un divertissement. Le Vaudeville est sur l'air de la Fanfare de Choisy.

Couplet.

A la ville comme aux champs,
Le sexe a certains penchans,
On les suit en ce pays,
On les devance à Paris ;
Allons gai, chers compagnons,
Vive la joie, aimons, buvons.

Extrait Manuscrit.

JOYE (la) IMPRÉVÛE, Comédie Françoise en prose & en un acte, au Théatre Italien, par M. de *Marivaux*, représentée pour la premiére fois le Lundi 7 Juillet 1738. Paris, Prault pere. *Extrait, Mercure de France, mois de Juillet* 1738.

JOYEUSE, (la) Comédie de Nicolas de *Montreux*, non imprimée, & représentée en 1581. à la suite de *Cyrus*, Tragédie du même Auteur. *Hist. du Th. Fr. année* 1581.

IPHIGÉNIE, Tragédie de M. *Rotrou*, représentée au Théatre de l'Hôtel de Bourgogne en 1640. Paris, Quinet, 1641. in 4°. *Hist. du Th. Fr. année* 1640.

IPHIGÉNIE, Tragédie de M. *Racine*, représentée à Versailles le Samedi 18 Août 1674. & à Paris sur le Théatre de l'Hôtel de Bourgogne, le Lundi 31 Décembre 1674. imp. dans les Œuvres de M. Racine. Cette Tragédie est restée au Théatre. *Hist. du Théatre Fr. année* 1674.

IPHIGÉNIE, Tragédie de Meſſieurs *Le Clerc & Coras*, imp. tome IX. du Recueil intitulé Théatre François, 1737. Paris, par la Compagnie des Libraires, & repréſentée ſur le Théatre de l'Hôtel de Bourgogne, le Vendredi 24 Mai 1675. *Hiſt. du Th. Fr.* année 1675.

Les trois Tragédies précédentes, ſont compoſées ſur le même ſujet d'*Iphigénie en Aulide*.

IPHIGÉNIE EN TAURIDE, Tragédie lyrique en cinq actes avec un Prologue, de M. *Duché de Vancy*, Muſique de M. *Deſmareſts*, miſe au Théatre par Meſſieurs *Danchet & Campra*, (Auteurs des paroles & de la Muſique du Prologue & des deux dernières ſcénes du cinquiéme acte,) le Mardi 6 Mai 1704. in-4. Paris, Ballard, & tome VIII. du Recueil général des Opéra. *Extrait, Mercure de France, Décembre* 1734. II. *vol.* p. 2916 *& ſuivantes.*

ACTEURS DU PROLOGUE.

L'Ordonnateur des Jeux. Le Sieur Hardouin.
Diane. Mlle Maupin.
Habitant de Délos. Le Sieur Boutelou.

BALLET.

Délien & Délienne. Le Sieur Blondi,
Mlle Victoire, &c.

ACTEURS DE LA TRAGÉDIE.

Iphigénie. Mlle Deſmatins.
Oreſte. Le Sieur Thévenard.
Electre. Mlle Armand.
Pylade. Le Sieur Pouſſin.
Thoas. Le Sieur Dun.
L'Océan. Le Sieur Hardouin.
Triton. Le Sieur Chopelet.
Le Grand Sacrificateur. Le Sieur Mantienne.

ACTEURS DU BALLET.

ACTE I. *Un Scythe.* Le Sieur Balon.
ACTE II. *Une Nymphe.* Mlle Subligny.

Acte III. *Un Triton.*	Le Sieur F. Dumoulin
Une Neréide.	Mlle Prevoft.
Acte IV. *Sacrificateurs.*	Le Sieur Blondi, &c.
Prêtreſſes.	Mlle Prevoft, &c.
Acte V. *Grecs & Grecques.*	Le Sieur Blondi.
	Le Sieur Dangeville & Mlle Prevoft.

IIe REPRISE de la Tragédie d'*Iphigénie*, le Jeudi 12 Mars 1711. 2e édition in-4°. Paris, Ballard.

ACTEURS DU PROLOGUE.

L'Ordonnateur des Jeux.	Le Sieur Dun.
Diane.	Mlle Pouſſin.
Habitant de Délos.	Le Sieur Buſeau.

BALLET.

Plaiſirs.	Le Sieur Dumoulin L. & Mlle Chaillou.

ACTEURS DE LA TRAGÉDIE.

Iphigénie.	Mlle Journet.
Oreſte.	Le Sieur Thévenard.
Electre.	Madame Peſtel.
Pylade.	Le Sieur Cochereau.
Thoas.	Le Sieur Hardouin.
L'Océan.	Le Sieur Dun.
Triton.	Le Sieur Chopelet.
Le Grand Sacrificateur.	Le Sieur Le Bel.

ACTEURS DU BALLET.

Acte I. *Un Scythe.*	Le Sieur D. Dumoulin.
Acte II. *Une Nymphe.*	Mlle Prevoft.
Acte III. *Un Triton.*	Le Sieur F. Dumoulin.
Une Néréide.	Mlle Guyot.
Acte IV. *Sacrificateur & Prêtreſſe.*	Les Sieurs Blondy, Marcel, &c.
	Mlles Chaillou, Menès, &c.
Acte V. *Un Grec.*	Le Sieur Blondy.

IIIe REPRISE d'*Iphigénie en Tauride*, le Dimanche 15 Janvier 1719. 3e édition in-4°. Paris, Ribou.

ACTEURS DU PROLOGUE.

L'Ordonnateur des Jeux.	Le Sieur Le Mire.
Diane.	Mlle La Garde.

BALLET.

Le Sieur Marcel & Mlle Menés.

ACTEURS DE LA TRAGÉDIE.

Iphigénie.	Mlle Journet.
Oreste.	Le Sieur Thévenard.
Electre.	Mlle Poussin.
Pylade.	Le Sieur Murayre.
Thoas.	Le Sieur Du Bourg.
L'Océan.	Le Sieur Dun.
Triton.	Le Sieur Guesdon.
Le Grand Sacrificateur.	Le Sieur Mantienne.

ACTEURS DU BALLET.

ACTE I.	Scythes.	Le Sieur D. Dumoulin.
		Mlle Prevost.
ACTE II.	Une Nymphe.	Mlle Prevost.
ACTE III.	Un Triton.	Le Sieur Laval.
	Une Néréide.	Mlle Guyot.
ACTE IV.	Sacrificateurs.	Les Sieurs Blondy & Marcel.
	Prêtresse.	Mlle Guyot.
ACTE V.	Un Grec.	Le Sieur Blondy.

Cet Opéra fut encore repris l'année suivante (1720.) la distribution des roles étoit la même, à la réserve de celui d'*Iphigénie*, que Mlle *Antier* remplit, au lieu de Mlle *Journet*, qui mourut cette même année.

IVe REPRISE de l'Opéra d'*Iphigénie en Tauride*, le Jeudi 16 Décembre 1734. 4e édition in-4°. Paris, Ballard.

ACTEURS DU PROLOGUE.

L'Ordonnateur des Jeux.	Le Sieur Person.
Diane.	Mlle Eremans.
Habitant de Délos.	Le Sieur Jélyotte.

BALLET.

Déliens.	Le Sieur Maltaire & Mlle Le Breton.

ACTEURS DE LA TRAGÉDIE.

Iphigénie.	Mlle Le Maure.
Oreste.	Le Sieur Chassé.

Electre.	Mlle Petitpas.
Pylade.	Le Sieur Tribou.
Thoas.	Le Sieur Dun.
Triton.	Le Sieur Jélyotte.
L'Océan.	Le Sieur Cuignier.

ACTEURS DU BALLET.

ACTE I.	Un Scythe.	Le Sieur D. Dumoulin.
ACTE II.	Une Nymphe.	Mlle Mariette.
ACTE III.	Une Néréide.	Mlle Camargo.
ACTE IV.	Sacrificateur.	Le Sieur Javillier L.
	Prêtresses.	Mlles Rabon, Carville, S. Germain, Petit, Du Rocher & Thibert.
ACTE V.	Un Grec.	Le Sieur Dupré.

Ce sujet a été traité sur la scéne Françoise, par Messieurs *Boyer* & *Le Clerc*, dans leur Tragédie d'*Oreste*, & par M. *Chancel de la Grange*, dans celle d'*Oreste & Pylade*.

IPHIS ET IANTE, Comédie en cinq actes & en vers, de M. de *Benserade*, représentée en 1636. Paris, Sommaville, 1637. in-4°. *Hist. du Th. Fr.* année 1636.

IPHIS ET IANTE, c'est le titre de la IIe Entrée du Ballet de la *Paix*, de M. *Roy*, Musique de Messieurs *Rebel* & *Francœur* en 1738. Voyez *Ballet de la Paix*.

IRIS, Pastorale de l'invention du Sieur H. D. de *Coignée de Bourron*, en cinq actes & en vers, 1620. Rouen, du Petitval 1620. in-12. *Hist. du Th. Fr.* année 1620.

IRIS ET L'AMOUR, sujet de la IIIe Entrée du Ballet des *Sens*, de M. *Roy*, Musique de M. *Mouret*, sous le titre de la *Vûe*. Représenté en 1732. Voyez *Sens*. (les)

IRRÉSOLU, (l') Comédie en cinq actes & en vers, de M. *Néricault Destouches*, imp. dans le Recueil de ses Œuvres Dramatiques, &

représentée le Lundi 5 Janvier 1713. *Hist du Th. Franç. année* 1713.

ISABELLE, Tragédie de Nicolas de *Montreux*, 1594. Paris, des Rues, 1595. in-12. *Hist. du Th. Fr. année* 1594.

ISABELLE ARLEQUIN, Opéra Comique en un acte, avec un divertissement, par Messieurs *Panard*, *Pontau* & *Fagan*, non imp. & représenté le Samedi 3 Mars 1731. précédé du *Badinage*, Prologue, & de la *Fausse Ridicule*, & des *Amours de Nanterre*, piéces d'un acte chacune.

La Demoiselle Le Grand joua le role d'Isabelle déguisée en Arlequin, d'une maniere fort originale.

« Eraste piqué par quelque dépit, quitte sa
» Maîtresse Isabelle, & se retire chez Léonor
» sa tante, à une maison de campagne peu
» éloignée de Paris. Cette démarche n'empêche
» pas que ces deux Amans ne soyent dans une
» vive impatience de se revoir : ce qui déter-
» mine Isabelle à se rendre chez Léonor ac-
» compagnée de son valet Arlequin. Ne sça-
» chant comment faire pour voir son cher Eras-
» te, sans être connue, elle prend le parti sur
» le champ de prendre l'habit d'Arlequin, pour
» parler à Eraste, & pénétrer par cette ruse, si
» elle est toûjours aimée.

» Isabelle ainsi travestie, arrive chez Léo-
» nor, où elle trouve d'abord Olivette aimée
» d'Arlequin, & suivante de Léonor. Le faux
» Arlequin la prie de lui faire parler à Eraste ;
» envoyé dit-il, de la part d'Isabelle sa Maî-
» tresse. Eraste arrive, & lui demande avec

» empreſſement des nouvelles de ſa chere Iſa-
» belle. Ce valet ne manque pas de l'aſſurer
» qu'elle conſerve toûjours pour lui l'amour le
» plus tendre, & qu'elle eſt dans un mortel
» dépit de ſe voir éloignée de lui. Après cette
» converſation, qui eſt fort comique de la part
» d'Arlequin, celui ci dit enfin à Eraſte qu'il a
» une lettre à lui remettre de la part d'Iſabelle.
» L'Amant tranſporté de joye à cette nouvelle,
» arrache la lettre des mains d'Arlequin, &
» apprend enfin que le porteur de la lettre eſt
» Iſabelle même. Elle diſparoît après l'avoir
» rendue. Voici à peu près ce que la lettre con-
» tient.

» *Jugez de l'excès de mon amour par l'extra-*
» *vagance du parti que j'ai pris pour ſçavoir vos*
» *ſentimens à mon égard; préſentement que j'en*
» *ſuis convaincue, je retourne à Paris; il ne*
» *tiendra qu'à vous de m'y ſuivre, &c.*

» Eraſte ſort avec précipitation pour aller
» chercher ſa chere Maîtreſſe; le mariage de
» Lucas, Jardinier de Léonor, donne lieu au
» divertiſſement qui termine la piéce ». *Mercure de France, Mars* 1731. *pages* 594. *& ſuiv.*

« Le Lundi 7 Mars 1735. l'Opéra Comique
» remit au Théatre *Iſabelle Arlequin*. Made-
» moiſelle Le Grand y repréſenta le principal
» role, qu'elle avoit déja joué d'original. Cette
» piéce fut ſuivie du *Corſaire de Sallé*, piéce
» remiſe auſſi d'un acte; le Ballet Pantomime
» des *Tricotets* terminoit ce ſpectacle, & fit
» toûjours un grand plaiſir ». *Mémoires ſur les Spectacles de la Foire, tome* II. *p.* 99.

IsABELLE CAPITAINE. Voyez *Fille (la) sçavante.*

ISBÉ, Pastorale héroïque en cinq actes, avec un Prologue, par M. le M...... Musique de M. *Mondonville*, représentée par l'Académie Royale, le Mardi 10 Avril 1742. in 4°. Paris, Ballard. *Extrait, Mercure de France, Mai* 1742. p. 1200-1212.

ACTEURS DU PROLOGUE.

L'Amour.	Mlle Julie.
La Volupté.	Mlle Bourbonnois L.
La Mode.	Mlle Eremans.

BALLET.

Un Pantomime.	Le Sieur Lany.

ACTEURS DE LA PASTORALE.

Isbé, Bergére.	Mlle Le Maure.
Alcidon Berger, amant d'Isbé.	Le Sieur Jélyotte.
Adamas, Chef des Druydes.	Le Sieur Le Page.
Iphis, Confident d'Adamas.	Le Sieur Albert.
Charite, Bergére.	Mlle Fel.
Céphise, Magicienne.	Mlle Eremans.
Tircis, Berger.	Le Sieur Cuvillier.
Climéne, Bergére.	Mlle Coupée.

ACTEURS DU BALLET.

ACTE I. Une Bergére.	Mlle Camargo.
ACTE II. Un Faune.	Le Sieur Dupré.
ACTE III. Une Dryade.	Mlle Dallemand.
ACTE IV. Zéphyre & Nymphe.	Le Sieur D. Dumoulin & Mlle Camargo.
ACTE V. Un Druyde.	Le Sieur Javillier L.

Cet Opéra n'a point reparu au Théatre.

ISIES, (les) *ou* ARUËRIS, c'est le titre de la troisiéme Entrée du Ballet héroïque des *Fêtes de l'Hymen & de l'Amour*, de M. *Cahusac.*

Musique de M. *Rameau*, représenté en 1748. Voyez *Fêtes (les) de l'Hymen*.

ISIS, Tragédie lyrique en cinq actes, avec un Prologue, de M. *Quinault*, Musique de M. *Lully*, représentée à S. Germain en Laye le Mardi 5 Janvier 1677. & à Paris sur le Théâtre du Palais Royal au mois d'Août de la même année, in-4° Paris Ballard, & tome II. du Recueil général des Opéra. *Extrait, Mercure de France, Décembre 1732. I. vol. pag. 2683. & suivantes, II. vol. p. 2884-2893.*

ACTEURS DU PROLOGUE.

La Renommée.	Mlle Verdier.
Neptune.	Le Sieur Forestier.
Deux Tritons.	Les Sieurs Du Mesny & Nouveau.
Apollon.	Le Sieur La Grille.

BALLET.

Les sept Arts libéraux.

Le Sieur Beauchamp.
Les Sieurs Pécourt, Favre, Magny, Boutteville, Barazé & Des Airs.

ACTEURS DE LA TRAGÉDIE.

Hierax, frere d'Argus.	Le Sieur Gaye.
Pirante, ami d'Hierax.	Le Sieur Langeais.
Io, fille d'Inachus, Roi d'Argos.	Mlle Aubry.
Mycene, Confident d'Io.	Mlle Sainte Colombe.
Mercure.	Le Sieur Clediere.
Jupiter.	Le Sieur Beaumavielle.
Iris.	Mlle Beaucreux.
Junon.	Mlle Saint Christophe.
Hébé.	Mlle Brigogne.
Argus.	Le Sieur Morel.
Syrinx.	Mlle Verdier.
Pan.	Le Sieur Godonesche.
Erinnis.	Le Sieur Ribon.
Les Parques.	Les Sieurs Forestier, Langeais & Mlle Bony.

ACTEURS DU BALLET.

ACTE I. *Divinités des Richesses.* Les Sieurs Magny, Favre, Boutteville, Du Mirail L.
ACTE II. *Un Plaisir.* Le Sieur Favier.
ACTE III. *Bergers héroïques.* Les Sieurs Favier L. Pécourt, Barazé & Leſtang C.
ACTE IV. *La Guerre.* Le Sieur Blondy.
Suivant des Parques. Le Sieur Beauchamp.
ACTE V. *Egyptiens.* Les Sieurs Du Mirail C Noblet, Vaignard & Favier de Zell.

IIe REPRISE de la Tragédie d'*Isis*, le Jeudi 14 Février 1704. 2e édition in 4°. Paris, Ballard.

ACTEURS DU PROLOGUE.

La Renommée. Mlle Deſmatins.
Neptune. Le Sieur Dun.
Apollon. Le Sieur Pelin.

BALLET.

Un Triton. Le Sieur Blondy.
Néréides. Mlles La Ferriere, Prevoſt, Noiſy & Tiſſard.

ACTEURS DE LA TRAGÉDIE.

Hierax. Le Sieur Thévenard.
Pirante. Le Sieur Boutelou.
Io. Mlle Deſmatins.
Mycene. Mlle Sailé.
Mercure. Le Sieur Cochereau.
Jupiter. Le Sieur Hardouin.
Iris. Mlle Armand.
Junon. Mlle Maupin.
Argus. Le Sieur Dun.
Syrinx. Mlle Loignon.
Pan. Le Sieur Hardouin.
Les Parques. Mlle Loignon & les Sieurs Chopelet & Thévenard.

ACTEURS DU BALLET.

ACTE I. *Divinités des Richesses.* Les Sieurs Dumoulin & Ferrand.
Mlles Dangeville & Roſe.
ACTE II. *Suivante de la Jeuneſſe.* Mlle Subligny.

ACTE III. *Un Berger,*	Le Sieur Balon.
ACTE IV. *La Guerre.*	Les Sieurs Blondy, Ferrand, Du Mirail & Javillier.
ACTE V. *Egyptiens.*	Les Sieurs Dumoulin, Dangeville, &c.
Egyptiennes.	Mlles Prevost, La Ferriere, &c.

La Tragédie d'*Isis* reprise pour la troisiéme fois, le Mardi 14 Septembre 1717. 3ᵉ édition in 4°. Paris, Ribou.

ACTEURS DU PROLOGUE.

La Renommée.	Mlle Antier.
Neptune.	Le Sieur Le Myre.
Apollon.	Le Sieur Buseau.

BALLET.

Une Néréïde.	Mlle Prevost.

ACTEURS DE LA TRAGE'DIE.

Hierax.	Le Sieur Thévenard.
Pirante.	Le Sieur Murayre.
Io.	Mlle Journet.
Mercure.	Le Sieur Cochereau.
Jupiter.	Le Sieur Hardouin.
Junon.	Mlle Antier.
Iris. *Syrinx.*	Mlle Poussin.
Les Parques.	Mlle Pasquier & les Sieurs Murayre & Dun *fils.*

ACTEURS DU BALLET.

ACTE I. *Divinité des Richesses.*	Le Sieur Blondy.
ACTE II. *Suivans de la Jeunesse.*	Le Sieur Marcel & Mlle Menès.
ACTE III. *Une Bergere.*	Mlle Guyot.
ACTE IV. *La Guerre.*	Le Sieur Blondy.
ACTE V. *Un Egyptien.*	Le Sieur D. Dumoulin.

IV. REPRISE de la Tragédie d'*Isis*, le Dimanche 14 Décembre 1732. 4ᵉ édition in 4° Paris, Ballard.

ACTEURS DU PROLOGUE.

La Renommée.	Mlle Antier.
Neptune.	Le Sieur Dun.

Apollon.	Le Sieur Dumaſt.

BALLET.

Une Néréide.	Mlle Richalet.
Un Art.	Le Sieur Maltaire C.

ACTEURS DE LA TRAGÉDIE.

Hiérax.	Le Sieur Chaſſé.
Io.	Mlle Le Maure.
Mercure.	Le Sieur Tribou.
Jupiter.	Le Sieur Dun.
Iris. } *Syrinx.*	Mlle Péliſſier.
Junon.	Mlle Antier.
Pan.	Le Sieur Chaſſé.
Les Parques.	Mlle Julie & les Sieurs Dun & Dumaſt.

ACTEURS DU BALLET.

ACTE I. *Divinité des Richeſſes.*	Le Sieur Dupré
ACTE II. *Suite de la Jeuneſſe.*	Le Sieur D. Dumoulin & Mlle Camargo.
ACTE III. *Une Bergére.*	Mlle Camargo.
ACTE IV. *La Guerre.*	Le Sieur Dupré.
ACTE V. *Un Egyptien.*	Le Sieur D. Dumoulin.

Le Sieur Charpentier a compoſé une eſpéce de Parodie de cet Opéra, qui a été repréſentée en 1718. ſous le titre de *Jupiter amoureux d'Io.*

ISLE (l') DES AMAZONES, Opéra Comique en un acte, avec un divertiſſement & un vaudeville, Muſique de M. *Gillier*, par Meſſieurs *Le Sage* & *d'Orneval*. Cette piéce avoit été compoſée pour être repréſentée à la Foire S. Laurent 1718. au Jeu de la Dame de Baune & des Sieurs & Dame de S. Edme. Mais l'Opéra Comique ayant été ſupprimé, elle ne parut qu'à la Foire S. Laurent 1720. Franciſque la donna d'abord en proſe, & enſuite en couplets, telle qu'elle ſe trouve imprimée tome III. du

Théatre de la Foire, Paris, Ganeau, 1726.

L'idée de cette piéce est assez neuve, & le Dialogue vif & aisé, aussi eût-elle un succès marqué. Elle fut reprise le Dimanche 30 Mars 1727, précédé des *Débris de la Foire S. Germain*, Prologue, & suivie des *Nôces de Proserpine*, Parodie en un acte de l'Opéra de ce nom.

Et en dernier lieu le Jeudi 22 Juillet 1731. qu'elle servit de troisiéme acte à la *France Galante*.

ISLE (l') DE LA FOLIE, Comédie Françoise en prose & en un acte, suivie d'un divertissement, au Théatre Italien, par Messieurs *Dominique, Riccoboni fils & Romagnesi*, représentée pour la premiére fois le Mercredi 24 Septembre 1727. Paris, Briasson. *Extrait*, *Mercure de France*, Septembre 1727. p. 2313. & *suivantes*.

ISLE (l') DE LA RAISON. Voyez *Petits* (*les*) *Hommes*.

ISLE (l') DES ESCLAVES, Comédie Françoise en prose & en un acte, au Théatre Italien, par M. de *Marivaux*, représentée pour la premiére fois le Lundi 5 Mars 1725. Paris, Briasson. *Extrait*, *Mercure de France*, Avril 1725. pag. 725. & p. 784. *du même Mercure*.

ISLE (l') DES FÉES, *ou le* GÉANT AUX MARIONNETTES, piéce d'un acte en vaudevilles, avec un divertissement & un vaudeville, par un Auteur *Anonyme*, représentée au Jeu des Marionnettes de Bienfait, le Mardi 12 Juillet 1735.

Cette piéce a été composée sur un vaudeville du temps, au sujet d'un homme d'une taille gigantesque qui parut cette année à la Foire, & que les Comédiens Italiens prirent à gages pendant quelque temps, pour jouer un role dans une piéce intitulée *Le Conte de Fée*, dont celle des Marionnettes étoit une espéce de parodie.

Couplets du Vaudeville.

On croit les filles courrouffées,
Quand un Amant peu circonspect
Reçoit d'elles un bon soufflet,
C'est un Conte des Fées.

Défions-nous de ces sucrées,
Qui font voir un sage maintien,
On dit qu'elles ne sçavent rien,
C'est un Conte des Fées.

Isle (l') des Songes, Opéra Comique. Voyez *Songes.* (*l'Isle des*)

Isle (l') des Talens, Comédie Françoise en vers libres & en un acte, suivie d'un divertissement, au Théatre Italien, par M. *Fagan*, représentée pour la premiére fois le Mardi 19 Mars 1743. Paris, Briasson. *Extrait, Mercure de France,* mois de Juin 1743. *premier vol.* p. 1197. & *suivantes.*

Isle (l') du Divorce, Comédie Françoise en profe & en un acte, suivie d'un divertissement au Théatre Italien, par Messieurs *Dominique* & *Romagnesi*, représentée pour la premiére fois le Lundi 11 Septembre 1730. Cette piéce étoit précédée de la *Foire des Poëtes*, un acte & un divertissement, & suivie de la *Silphide*, un acte & un divertissement, le tout des mêmes Auteurs, de *l'Isle du Divorce*, Paris, Briasson. *Extrait des trois piéces, Mercure de*

France, mois de Septembre 1730, p. 2033. & *suivantes.*

ISLE (l') DU GOUGOU, Piéce en deux actes, en monologues, & mêlée de jargon, avec un divertissement, par M. *d'Orneval*, représentée le Samedi 3 Février 1720. précédée d'un prologue aussi en monologues, intitulé *l'Ombre de la Foire*, au Jeu de Francisque.

Léandre, amant d'Argentine, & Arlequin, amant de Marinette, en cherchant leurs Maîtresses, font naufrage auprès de l'Isle du Gougou, & sont arrêtés par les Sauvages habitans de l'Isle, qui les conduisent au Sagamo leur Souverain. Le Sagamo reçoit ces deux étrangers avec politesse, on leur apporte à manger & à boire avec profusion, & le repas fini, on prépare Arlequin, qui est destiné à être dévoré par le Gougou, espéce de Crocodile adoré par les Insulaires. Heureusement cet ordre est suspendu par l'arrivée d'un Eunuque de la Princesse Tourmentine, fille du Sagamo.

L'EUNUQUE.

« Arrêtic, arrêtic : l'Infantic Tourmentinic désiric parlic à Léandric ; la regardic de son balconic, voulic l'empêchic d'estric mangic.

Léandre est conduit devant la Princesse, mais l'amour qu'il a pour Argentine, & l'extrême laideur de Tourmentine, font qu'il refuse de l'épouser..

TOURMENTINE à *Léandre.*

» Voulic m'épousic ?

LÉANDRE *secoue la tête.*

TOURMENTINE.

» Ah ! ah ! méprisic ? charmic : insolentic ! seric dévoric: *A la Cantonnade.* Amenic crocodilic.

ARLEQUIN *à genoux devant Tourmentine.*

„ Appaifie coleric. Donnez-lui le temps de fe reconnoître, „ il vous aimera peut-être à la fin.

TOURMENTINE.

„ Nic, voulic, attendric.

CARABOSSE, *Suivante de la Princeſſe à Arlequin.*

„ Regardoc vifageoc, défiroc époufoc.

ARLEQUIN.

„ Noc.

CARABOSSE.

„ O ingratoc ! (*Elle appelle*) Gougou, Gougou.

Arlequin eſt ſi épouvanté à la vûe de Caraboſſe, qu'il tombe par terre de frayeur. Malgré cela, Léandre & lui aiment mieux être la proye du Gougou, que les époux de Caraboſſe & de Tourmentine. Cette dernière, par un reſte de pitié, ſauve la vie à Léandre & à ſon valet, mais elle ordonne à ſes Lutins de les tranſporter dans l'Iſle Noire.

Acte II.

Argentine & Olivette qui ont fait naufrage ſur les côtes de l'Iſle du Gougou, ouvrent cet acte en déplorant leur défaſtre. Elles ſont aimées du Sagamo & de ſon favori, qui par malheur entendent leur converſation, & la paſſion de la première pour Léandre, & de ſa ſuivante pour Arlequin. Le Sagamo outré de fureur, fait tranſporter ces deux perſonnes dans l'Iſle Noire: Argentine & Olivette y retrouvent leurs amans; ce moment de joye eſt ſuivi de réflexions aſſez triſtes; dans ce moment nos amans voyent paroître le Génie Beninguet, qui pour les conſoler, leur apprend qu'ils vont goûter

tout

tout le bonheur imaginable, s'ils peuvent sé rendre maîtres de la bague magique de Tourmentine. Arlequin en présentant à cette Princesse une paire de gants de la part de son Maître, trouve le secret de substituer une fausse bague à la place de la véritable, & ayant mis celle-ci à son doigt, par sa vertu, il oblige le Sagamo de fournir un vaisseau à Léandre, pour s'en retourner avec Argentine, Marinette & lui. Le Sagamo promet tout ce qu'on lui demande, & avant le départ de ces Amans, il les régale d'un divertissement de saults & de danse, éxécuté par ses Lutins.

Extrait Manuscrit.

ISLE (l') DU MARIAGE, Opéra Comique en un acte, avec un divertissement & un vaudeville, par M. *Carolet*, représenté le Samedi 20 Juillet 1733. suivi des *Sincéres malgré eux*, & du *Départ de l'Opéra Comique*, piéces d'un acte chacune, & du Ballet Pantomime des *Ages*. Cette piéce est imprimée dans le Théatre de M. *Carolet*, intitulé tome IX. du Théatre de la Foire. La Musique du divertissement est de M. *Corrette*, le refrain du vaudeville est:

Tâtez en tourlourirette,
Si le cœur vous en dit.

ISLE (l') SAUVAGE, Comédie en trois actes & un Prologue en prose & un divertissement, de M. de *Saintfoix*, Paris, Prault fils, & représentée le Lundi 8 Juillet 1743. *Histoire du Th. Franç.* année 1743.

ISMÉNE, Pastorale héroïque en un acte, de M. de *Moncrif*, Musique de Messieurs *Rebel*

Tome III. K

& *Francœur*, représentée sur le Théatre des Petits Appartemens à Versailles, au mois de Décembre 1747. le 10 Janvier 1748. le 10 Mars suivant, & par l'Académie Royale de Musique, à Paris le Vendredi 28 Août 1750, à la suite du Ballet d'*Almasis*, & terminé par celui de *Linus*, in-4°. Paris, De Lormel, 1750.

ACTEURS.

Isméne, Nymphe.	Mlle Coupée.
Daphnis, Berger.	Le Sieur Chassé.
Cloé, Bergére.	Mlle Jacquet.

BALLET. I. Divertissement.

Une Bergere.	Mlle Puvignée.

II. Divertissement.

Un Faune.	Le Sieur Vestris.
Pastres.	Le Sieur Lany & Mlle Lany.

II.ᵉ REPRISE du Ballet d'*Isméne*, le Jeudi 18 Février 1751. suivi des actes de *Titon* & *l'Aurore*, & d'*Æglé*, 2ᵉ édition in-4°. Paris, De Lormel.

Mêmes Acteurs que ci-dessus.

ISSÉ, Pastorale héroïque en trois actes, avec un Prologue, de M. de *La Motte*, Musique de M. *Destouches*, représentée le 17 Décembre 1697. à Trianon devant le Roi, & à Paris l'année suivante, in-4°. Paris, Ballard.

ACTEURS DU PROLOGUE.

La premiere Hespéride.	Mlle Desmatins.
Hercule.	Le Sieur Hardouin.
Jupiter.	Le Sieur Thévenard.

BALLET.

Une Hespéride.	Mlle Subligny.

ACTEURS DE LA PASTORALE.

Apollon, sous le nom de Philémon.	Le Sieur Du Mesny.
Pan.	Le Sieur Dun.
Hylas.	Le Sieur Thévenard.
Issé.	Mlle Rochois, ou Mlle Desmatins.
Doris.	Mlle Moreau.
Un Berger.	Le Sieur Boutelou.
Le Ministre de Dodone.	Le Sieur Hardouin.

ACTEURS DU BALLET.

ACTE I. Bergères. Mlles Subligny, Descaux & Desmatins.

ACTE II. Un Faune. Le Sieur Balon.
Dryades. Mlles Dufort, Freville, &c.

ACTE III. Un Américain. Le Sieur Pécourt.
Egyptiennes. Mlles Subligny, Freville & Ruelle.

Issé, Pastorale héroïque en cinq actes, avec un Prologue, par M. de *La Motte*, Musique de M. *Destouches*, représentée le Dimanche 14 Octobre 1708. in 4°. Ballard, & tome IX. du Recueil général des Opéra. *Extrait, Merc. de France*, Décembre 1733. I. vol. p. 1678. & suivantes.

ACTEURS DU PROLOGUE.

La première Hespéride.	Mlle Dun.
Hercule.	Le Sieur Thévenard.
Jupiter.	Le Sieur Hardouin.

BALLET.

Une Hespéride. Mlle Prevost.

ACTEURS DE LA PASTORALE.

Apollon.	Le Sieur Cochereau.
Pan.	Le Sieur Dun.
Hylas.	Le Sieur Thévenard.
Issé.	Mlle Journet.
Doris.	Mlle Poussin.
Un Berger.	Le Sieur Boutelou.

Le Ministre de Dodone.	Le Sieur Hardouin.
Une Dryade.	Mlle Heuzé.

ACTEURS DU BALLET.

ACTE I.	*Un Plaisir,*	Le Sieur Blondy.
	Chasseuses.	Mlles Prevost & Guyot.
ACTE II.	*Une Bergére.*	Mlle Guyot.
ACTE III.	*Faunes & Dryades.*	Le Sieur Balon.
		Le Sieur D. Dumoulin & Mlle Guyot.
ACTE IV.	*Jeux & Plaisirs.*	Le Sieur Dumoulin L. & Mlle Chaillou.
ACTE V.	*Européens.*	Le Sieur Blondy.
		Mlles Le Maire & Menès.
	Un Amériquain.	Le Sieur D. Dumoulin.

Issé, Pastorale héroïque en cinq actes, avec un Prologue, repris pour la troisiéme fois le Jeudi 7 Septembre 1719. 3ᵉ édit. in-4°. Ribou.

ACTEURS DU PROLOGUE.

La premiére Hespéride,	Mlle La Garde.
Hercule,	Le Sieur Le Myre.
Jupiter,	Le Sieur Du Bourg.

BALLET.

Une Hespéride,	Mlle Corail.

ACTEURS DE LA PASTORALE.

Apollon,	Le Sieur Cochereau.
Pan.	Le Sieur Le Myre.
Hylas,	Le Sieur Thévenard.
Issé,	Mlle Journet.
Doris,	Mlle Antier.
Un Berger,	Le Sieur Murayre.
Le Ministre de Dodone.	Le Sieur Du Bourg.
Le Sommeil.	Le Sieur Murayre.

ACTEURS DU BALLET.

ACTE I.	*Un Plaisir.*	Mlle Guyot.
ACTE II.	*Une Bergére,*	Mlle Prevost.
ACTE III.	*Une Dryade,*	Mlle Prevost.
ACTE IV.	*Songes.*	Le Sieur Marcel & Mlle Menès.
ACTE V.	*Européen.*	Le Sieur Blondy.
	Amériquain,	Le Sieur D. Dumoulin.

IV ͤ REPRISE de la Pastorale héroïque d'*Issé*, le .... Février 1721. 4ᵉ édition in-4°. Paris, Ribou.

ACTEURS DU PROLOGUE.

Hercule.	Le Sieur Le Myre.
Jupiter.	Le Sieur Dubourg.

BALLET.

Une Hespéride.	Mlle Guyot.

ACTEURS DE LA PASTORALE.

Apollon.	Le Sieur Murayre.
Pan.	Le Sieur Le Myre.
Hylas.	Le Sieur Thévenard.
Issé.	Mlle Antier & Mlle La Garde à la reprise du 21 Octobre 1721.
Doris.	Mlle Tulou.
Le Ministre de Dodone.	Le Sieur Dubourg.

Ballet comme ci-dessus 7 Septembre 1719.

V ͤ REPRISE d'*Issé*, le Jeudi 19 Novembre 1733. in-4°. Paris, Ballard.

ACTEURS DU PROLOGUE.

La première Hespéride.	Mlle Eremans.
Hercule.	Le Sieur Chassé.
Jupiter.	Le Sieur Cuignier.

BALLET.

Une Hespéride.	Mlle Richalet.

ACTEURS DE LA PASTORALE.

Apollon.	Le Sieur Tribou.
Pan.	Le Sieur Dun.
Hylas.	Le Sieur Chassé.
Issé.	Mlle Le Maure.
Doris.	Mlle Petitpas.
Un Berger.	Le Sieur Jélyotte.
Le Grand Prêtre de Dodone.	Le Sieur Chassé.
Le Sommeil.	Le Sieur Jélyotte.

ACTEURS DU BALLET.

ACTE I. Un Plaisir.	Mlle Mariette.

ACTE II. *Berger & Bergére.*   Le Sieur D. Dumoulin
                                            & Mlle Camargo.
ACTE III. *Une Dryade.*   Mlle Camargo.
           Dryades.   Mlles Du Rocher, Carville, Petit & Rabon.
ACTE IV. *Un Zéphyr.*   Le Sieur Javillier.
           Une Nymphe.   Mlle Mariette.
ACTE V. *Un Européen.*   Le Sieur Dupré.

VIe REPRISE de la Pastorale d'*Issé*, le Mardi 14 Novembre 1741. 4e édition in 4°. Paris, Ballard.

ACTEURS DU PROLOGUE.

La premiére Hespéride.   Mlle Eremans.
Hercule.   Le Sieur Le Page.
Jupiter.   Le Sieur Albert.

BALLET.

Hespérides.   Mlles Carville, Rabon, Le Duc, &c.

ACTEURS DE LA PASTORALE.

Apollon.   Le Sieur Jélyotte.
Pan.   Le Sieur Albert.
Hylas.   Le Sieur Le Page.
Issé.   Mlle Le Maure.
Doris.   Mlle Fel.
Le Grand Prêtre de Dodone.   Le Sieur Le Page.
L'Oracle.   Le Sieur Cuvillier.
Le Sommeil.   Le Sieur Bérard.
Une Européenne.   Mlle Chevalier.

ACTEURS DU BALLET.

ACTE I. *Un Plaisir.*   Mlle Le Breton.
ACTE II. *Bergéra.*   Mlle Dallemand.
          Un Pastre.   Le Sieur Lany.
ACTE III. *Faune & Dryades.*   Mlle Cochois.
                Le Sieur D. Dumoulin & Mlle Dallemand.
ACTE IV. *Songes.*   Le Sieur Dupré & Mlle Carville.
ACTE V. *Européen.*   Le Sieur Dupré.
          Chinois.   Le Sieur Lany.
          Chinoises.   Mlles Carville & Rabon.

Les Parodies de cet Opéra sont les *Amours*

de *Vincennes*, de M. *Dominique*, & les *Oracles*, de M. *Romagnesi*, toutes deux au Théatre Ital.

ITALIE, (l') c'est le titre de la quatriéme Entrée du Ballet de l'*Europe Galante*, de M. de *La Motte*, Musique de M. *Campra*, représenté en 1697. Voyez *Europe* (l') *Galante*.

ITALIE (l') GALANTE, *ou les* CONTES, divertissement composé d'un Prologue, & de trois piéces en prose & en un acte chacune, sçavoir:

LE TALISMAN.
MINUTOLO.
LE MAGNIFIQUE.

représenté le Vendredi 11 Mai 1731. & imp. dans le nouveau Recueil des Œuvres de M. de *La Motte*, Paris, Prault fils. *Histoire du Th. Fr. année* 1731.

ITALIEN (l') FRANCISÉ, Canevas Italien en cinq actes, de M. *Riccoboni* le pere, représenté pour la premiére fois le Mercredi 30 Juin 1717.

ACTEURS.

PANTALON, *Gentilhomme*.
LÉLIO, *fils de Pantalon*.
ARLEQUIN, *valet de Lélio*.
LE DOCTEUR.
SILVIA, *fille du Docteur*.
FLAMINIA, *niéce du Docteur*.
SCAPIN, *valet de Flaminia*.
Un autre *valet de Flaminia*, *déguisé en femme*.
MARIO.
SCARAMOUCHE, *son valet*.

La scéne est à Milan, devant & dedans la maison de Pantalon.

« Lélio, jeune Gentilhomme fort riche, ayant eû occasion de fréquenter à Milan plusieurs François, a pris un goût extrême pour toutes les maniéres Françoises. Cette inclination s'est tellement fortifiée, que ce qu'il ne regardoit auparavant que comme un plaisir fort léger, est devenu en lui une passion dominante; il n'a d'autres agrémens dans la vie, que de tâcher à imiter cette Nation galante, dont il est l'adorateur perpétuel; il estime peu tout ce qui n'a point rapport à la France, & méprise ce que l'Italie a de plus beau & de plus charmant.

» Pantalon, pere de Lélio, ayant intention de le marier, lui destine pour épouse une jeune personne très-belle & de bonne condition, nommée Silvia, mais prévenu que les Italiennes sont remplies de mille défauts, & qu'il s'en faut de beaucoup qu'elles ayent les graces des Dames Françoises, il ne veut pas absolument entendre parler de ce mariage, par la seule raison que Silvia n'est pas de cette nation.

» Flaminia, qui sur ces entrefaites arrive à Milan, chez le Docteur son oncle, pere de Silvia, apprend le peu d'estime que Lélio fait des Dames d'Italie, & l'extrême prévention dans laquelle il est pour les Françoises; elle en est très-choquée, & défendant la cause commune de son sexe & de sa patrie, elle se fait présenter à Lélio, sous le nom d'une

» Françoise, qui vient demeurer pour quelque
» temps chez le Docteur ; cela donne occasion
» à Lélio, qui en devient amoureux, de mar-
» quer par de nouveaux transports l'attache
» qu'il a pour les Françoises, dont il exagére
» autant le mérite, qu'il abaisse celui des Ita-
» liennes. Arlequin, qui depuis longtemps ai-
» moit Violette, entendant à tous momens par-
» ler son Maître des Dames Françoises, dans
» des termes si pleins de louanges, se repent
» de la promesse qu'il a donnée à cette fille, &
» prend la résolution, à l'imitation de Lélio,
» de n'épouser qu'une Françoise ; Violette au
» désespoir de cette infidélité, & piquée au vif
» de ses mépris, implore le secours de Flami-
» nia, qui dans le moment même, fait habiller
» en femme un valet qu'elle a à son service, &
» l'introduit avec elle chez Lélio ; Arlequin la
» croyant Françoise, fait mille extravagances
» pour elle. Cette double tromperie est le sujet
» de cette Comédie, dont elle fait tout le nœud
» & le dénouement, par le mariage de Lélio
» avec Flaminia, &c. *Sujet imprimé.*

ITALIEN (l') MARIÉ A PARIS, (*l'Italiano maritato a Parigi*,) Canevas Italien en trois actes, par M. *Riccoboni* le pere, (c'est la premiére piéce qu'il a composé à Paris, (représenté pour la premiére fois le Samedi 25 Juillet 1716. *Sujet imprimé acte par acte & scéne par scéne.* Paris, Briasson.

« Cette Comédie roule entiérement sur le
» caractere d'un jaloux, à qui tout est suspect
» & que tout épouvante. Les endroits qui font
» le plus de plaisir dans cette piéce, sont d'y

» voir le jaloux perdre sa femme dans la foule
» des spectateurs, à une représentation de
» Comédie, où après bien des peines, il a con-
» senti à la mener ; d'y voir de quelle manière
» il reçoit l'avis qu'on lui donne qu'une sienne
» parente qu'il a gracieusement reçue dans sa
» maison, & à laquelle il a uniquement confié
» son épouse, n'est pas une femme, mais un
» homme. C'est enfin d'y voir sa femme assistée
» de son pere, fuir sa maison, pour se dérober
» à la tirannie de son mari, & pour dénoue-
» ment, le Jaloux condamné à accorder à son
» épouse toute sorte de divertissemens honnêtes,
» s'il veut la ravoir; jusques là qu'elle l'oblige
» à avoir la complaisance de danser dans un bal
» où il la trouve. Il y a un art infini, & tout le
» jeu imaginable dans cette Comédie, quoi
» qu'on n'y voye point d'intrigue amoureuse,
» parce que les soupçons du Jaloux sont toû-
» jours sans fondement, on y est si agréablement
» occupé, qu'on ne songe pas seulement à y
» souhaiter rien au-delà de ce qu'on y trouve;
» c'est d'ailleurs une critique parfaite de la jalou-
» sie, & dans toutes ses parties une Comédie
» digne de tous les applaudissemens qu'elle a
» reçûs ». *Mercure galant, mois de Juillet* 1716. *p.* 279-283.

ITALIEN (l') MARIÉ A PARIS, Comédie Françoise en prose & en cinq actes, suivie d'un divertissement, au Théatre Italien, par M. *Riccoboni* le pere, représentée pour la première fois le Lundi 29 Novembre 1729. (C'est la traduction de la piéce précédente, avec quelques changemens, non imprimée.)

« Le 29 Novembre 1728. les Comédiens Ita-
» liens représentèrent sur leur Théatre, une
» Comédie qui a pour titre, l'*Italien marié à
» Paris*, piéce Françoise en cinq actes, avec
» des agrémens. Cette piéce fut donnée pour la
» première fois avec beaucoup de succès en
» Juillet 1716. elle étoit pour lors en Italien,
» & le Sieur Lélio qui en est l'Auteur, se fit
» une réputation justement méritée; sa piéce
» n'a pas été aussi heureuse dans la traduction,
» quoi qu'on y ait laissé subsister le même fond,
» à quelques circonstances près, qui sembloient
» même devoir contribuer à la rendre encore
» meilleure, où du moins plus propre à notre
» Théatre : ne seroit-ce pas au prestige de la
» langue Italienne qu'il faudroit attribuer cette
» différence de succès ? comme cela nous mé-
» neroit trop loin, nous nous contenterons de
» donner ici un extrait de la piéce telle que
» nous venons de la voir.

» Lélio ouvre la scéne avec Colombine, sui-
» vante de Clarice ; cette derniére est fille de
» Pantalon, & Lélio l'a épousée à Paris, où
» elle avoit été élevée dès sa plus tendre enfan-
» ce. Lélio n'ayant point changé de mœurs,
» pour avoir changé de lieu, prétend que sa
» nouvelle épouse vive en France comme si elle
» étoit en Italie. Clarice ne s'accommode pas
» de cet espéce d'esclavage auquel elle n'est
» point accoutumée, & Lélio veut absolument
» qu'elle renonce à la douce liberté dont le
» beau sexe est en possession chez nous. Il en
» fait un portrait des plus satyriques à Colom-
» bine, & finit par une liste qu'il lui donne de

» toutes les personnes qu'il prétend chasser de
» sa maison, sur le pied de la nouvelle réforme
» qu'il y veut établir. Maîtres à Chanter, à
» Danser, à montrer du clavecin, & sur tout
» Revendeuses à la toilette; tout cela doit être
» éloigné pour toûjours d'auprès de Clarice.
» Colombine a beau demander grace, & se
» débattre sur quelques articles, tout paroît
» suspect au Jaloux, qui, non content d'ôter
» ces petits agrémens à son épouse, lui veut
» faire de son appartement une prison impé-
» nétrable, dont il sera le geolier inéxorable.
» Pendant qu'il prend des mesures si funestes à
» Clarice, un laquais vient lui dire que M. le
» Comte son Maître, suivi d'un Baron & d'un
» Chevalier, l'envoye pour sçavoir s'il y est;
» Lélio qui lui a déja crié qu'il n'y étoit pas,
» avant même qu'il fut entré, le traite d'imper-
» tinent de ne l'avoir pas crû sur sa parole; il
» lui donne de l'argent, afin qu'il dise à ceux
» qui l'envoyent, qu'il ne l'a pas trouvé chez
» lui. Le valet prend l'argent & se retire, &
» Lélio le reconduit jusqu'à la rue; pendant ce
» temps là, Arlequin, valet de la Comtesse,
» trouve le secret de s'introduire chez Lélio,
» chargé d'une lettre de sa Maîtresse qu'il doit
» rendre en main propre à Clarice; Lélio qui sur-
» vient dans le moment, arrache cette lettre des
» mains d'Arlequin; & l'ouvre brusquement;
» tous les termes ordinaires d'amitié de femme à
» femme, lui paroissent les plus tendres expres-
» sions d'amant à maîtresse; on vient l'avertir
» pour surcroît de chagrin, que Madame la
» Comtesse, le Comte, le Baron & le Cheva-

» lier sont à sa porte. Il veut faire dire qu'il n'y
» a personne ; mais par malheur Clarice a paru
» à la fenêtre, & a été apperçue de cette impor-
» tune compagnie ; il recommande à sa femme
» d'abréger la visite. Il n'avoit que faire de char-
» ger Clarice de ce soin, sa jalousie s'en acquitte
» bien mieux. Chaque baiser qu'on donne à sa
» femme, lui perce le cœur ; il fait mille extra-
» vagances ; & après avoir congédié toute cette
» troupe, bon gré, malgré, il fait rentrer Cla-
» rice dans sa chambre, & proteste de ne la
» plus laisser sortir. Ce que nous venons de dire
» fait à peu près la matiere du premier acte.
» Nous passerons légérement sur le détail des
» autres, pour n'être pas trop longs.

» Lélio instruit de la prochaine arrivée de
» Pantalon son beau pere, craint que Clarice
» ne se plaigne à lui de sa jalousie ; il prend le
» parti de la flatter du recouvrement de sa li-
» berté ; mais elle lui reproche son excessive
» dureté, & lui proteste qu'elle est résolue à se
» donner la mort pour mettre fin à ses mal-
» heurs. Lélio effrayé de sa résolution, lui pro-
» met d'avoir à l'avenir de meilleures maniéres,
» & pour lui en donner des preuves, il la prie
» de lui demander ce qu'elle souhaite. Elle se
» radoucit, & lui propose la promenade aux
» Thuilleries, l'Opéra, la Comédie Françoise
» & l'Italienne. Tout cela paroît trop dangé-
» reux à Lélio ; elle le prie enfin de lui per-
» mettre d'aller à un bal qu'on doit donner ce
» jour même à une maison voisine. Comme elle
» y doit être masquée, & qu'elle veut bien qu'il
» l'y accompagne sous le masque, il y consent.

» Ce bal sert de premiére fête. Le Comte, le
» Baron & le Chevalier dont on a déja parlé s'y
» trouvent. Clarice y danse ; Lélio même ne
» peut refuser d'y danser. A la faveur du tu-
» multe du bal, Clarice est enlevée, son jaloux
» mari la cherche en vain, & l'appelle de toutes
» parts ; il la croit perdue pour jamais. On la
» lui raméne enfin ; il la reprend en jaloux &
» en brutal ; il la renferme encore pour n'être
» plus exposé à pareil malheur. Pantalon arrive,
» & lui présente une prétendue niéce. Lélio a
» une conversation avec elle, & lui trouve des
» mœurs si éloignées de celles des Dames Fran-
» çoises, qu'il la veut embrasser pour lui témoi-
» gner le plaisir qu'il a de la voir si scrupuleuse-
» ment attachées aux mœurs Italiennes ; elle lui
» prouve l'austérité de sa vertu, par un souf-
» flet, qui le met au comble de sa joye. Il ne
» balance plus à la charger de la conduite de
» Clarice, & promet une entiére liberté à cette
» derniére, pourvû qu'elle soit toûjours sous
» les yeux de la sévére niéce. Il ordonne à Cla-
» rice de l'embrasser & de la baiser pour l'amour
» de lui. Qu'arrive t'il ? Pantalon déclare à
» Lélio que cette niéce n'est autre qu'un neveu
» travesti, pour se mettre à couvert de la pour-
» suite de ses ennemis, & de la justice ; il ajoûte
» qu'il a été forcé à ce travestissement pour avoir
» tué un homme à Venise, au sujet d'une Dame
» qu'il aimoit. Lélio quitte brusquement son
» beaupere, pour aller séparer sa femme de ce
» Cavalier ; il chasse ce dernier honteusement
» de sa maison, & lui défend d'y remettre le
» pied. Cependant Clarice ne pouvant plus

» souffrir la persécution de son mari, trouve le
» moyen de s'évader, & d'aller avec la Com-
» tesse son amie, dans une maison que cette
» derniére a à Chaillot. C'est là que la piéce
» finit; Clarice s'y trouve en bonne & belle
» compagnie. On y chante, on y danse; la fête
» est interrompue par l'arrivée du Jaloux, qui
» redemande à grands cris sa femme, comme un
» bien qu'on lui a enlevé. Clarice lui déclare
» hautement qu'elle aime mieux passer le reste
» de ses jours dans un Cloître, que de rentrer
» dans sa prison. Lélio lui jure qu'il lui laissera
» toute la liberté qu'elle peut souhaiter; elle est
» assez sage pour n'abuser pas des offres qu'on
» lui fait; elle consent à ne sortir jamais qu'avec
» lui, à ne faire aucune partie de plaisir dont il
» ne soit. Le raccommodement se conclut par
» l'entremise de la Comtesse & des autres amis
» communs; Clarice même, oblige son mari à
» danser avec elle pour commencer la fête, qui
» finit par des danses, des chansons & un vau-
» deville qui terminent la piéce; tous les diver-
» tissemens de cette Comédie sont de la com-
» position de M. *Mouret*, qui ont été trouvés
» très-bien caractérisés.

» Cette piéce fut représentée à la Cour le
» 2 Décembre (1728.) avec la petite Comédie
» du *Portrait* ». *Mercure de France*, *mois de
Décembre*, *premier volume*, p. 2071-2077.

ITALIEN (l') MARIÉ A PARIS, Comédie
Françoise en vers libres & en trois actes, au
Théatre Italien, par M. *De la Grange*, représentée pour la premiére fois le Samedi 15 Juin
1737. Paris, Prault pere.

« Le 15 Juin (1737.) les Comédiens Italiens représentérent une Comédie qui a pour titre l'*Italien marié à Paris*. Cette piéce qui est de la composition de M. *Riccoboni* le pere, retiré du Théatre depuis 1729. fut jouée en Italien avec beaucoup de succès en Juillet 1716. L'Auteur y jouoit le premier role, c'est-à-dire, celui du *Jaloux*, d'une maniere inimitable, La même piéce fut remise au Théatre en cinq actes, au mois de Novembre 1728. traduite en prose par l'Auteur, lequel fut remplacé dans son role par le Sieur Paghetti, autre excellent Comédien, mort en 1732. Dans cette derniére reprise, la piéce a été réduite en trois actes, & mise en vers libres, par M. *De la Grange*, connu par d'autres piéces qu'il a données au même Théatre. Elle a été reçue très-favorablement du public. Le Sieur Romagnesi y joua le premier role avec applaudissement. La piéce est terminée par un très-joli divertissement, dansé par les Acteurs & Actrices de la Troupe, &c. L'éxecution en a été généralement goûtée, ainsi que le Ballet composé par le Sieur *Riccoboni* le fils, & la Musique de la composition du Sieur *Durocher*, Auteur de plusieurs ouvrages de Musique, reçus très favorablement du public ». *Mercure de France*, mois de *Juin* 1737. *premier volume, pag.* 1420, 1421.

ITALIENNE (l') FRANÇOISE, Comédie Françoise en prose & en trois actes, précédée d'un Prologue aussi en prose, & des divertissemens, au Théatre Italien, par Messieurs *Dominique* & *Romagnesi*, représentée pour la première fois le Samedi 15 Décembre 1725, non imprimée.

« Cette piéce Françoise en prose fut repré-
» sentée sur le Théatre de l'Hôtel de Bourgo-
» gne, le Samedi 15 de ce mois. L'assemblée
» fut des plus nombreuses, & le prologue fut
» applaudi; le premier acte de la piéce fut à
» peine écouté, & les deux derniers ne le furent
» point du tout.

» Les Comédiens Italiens, à la priere de
» l'Auteur, qui ne s'est pas fait connoître, sup-
» primérent la piéce, & ne donnérent le Lundi
» d'après que le Prologue, précédé de la *Sur-*
» *prise de l'amour*. Mais plusieurs personnes en-
» gagérent les Comédiens à donner une seconde
» représentation de l'*Italienne Françoise*, pour
» pouvoir juger si elle méritoit le mauvais sort
» qu'elle avoit eu. Elle parut faire plaisir à
» cette seconde représentation, ayant été écou-
» tée avec attention.

» Au Prologue le Théatre représente une
» solitude. *Arlequin* & *Pantalon* fatigués du
» long voyage qu'ils ont fait, disent qu'ils ne
» peuvent pousser plus loin, & qu'ils ne sça-
» vent à qui s'adresser pour trouver la Fée Bien-
» faisante qu'ils cherchent depuis si longtemps.
» Après une scéne fort courte, une simphonie
» se fait entendre, un rocher se sépare en deux,
» on en voit sortir deux Fées, qui forment une
» danse gracieuse, la Fée Bienfaisante paroît, &
» demande à Arlequin & à Pantalon le sujet qui
» les attire; à quoi Arlequin répond qu'il vient
» lui porter ses plaintes, & la prier de répandre
» ses bienfaits sur lui & sur ses camarades; il

» lui raconte que les Comédiens François, pen-
» dant le séjour que la Troupe Italienne a fait à
» Fontainebleau, se sont avisés par le conseil de
» la Folie, d'introduire sur leur Théatre les
» caracteres Italiens, & qu'une jeune Actrice
» joue le role d'Arlequin. Pantalon se plaint
» qu'un comique François l'a contrefait. La Fée
» leur conseille de les contrefaire à leur tour;
» Arlequin & Pantalon s'excusent sur ce qu'ils
» ne possédent pas assez bien la langue Françoise
» pour y pouvoir réussir; la Fée les touche de
» sa baguette, & leur donne le talent de l'imi-
» tation; Arlequin contrefait *Hector* dans son
» Monologue du *Joueur*; Pantalon copie M.
» *Thibaudois* dans l'*Esprit de Contradiction*. La
» Fée qui s'apperçoit que ces Acteurs trouvent
» des difficultés dans ce qu'elle leur propose,
» leur promet d'inspirer à une de leurs camara-
» des plus entreprenante, le dessein de contre-
» faire un des caracteres de la Comédie Fran-
» çoise; & pour les amuser par un spectacle
» plaisant, elle fait paroître plusieurs Génies
» familiers, qui représentent les caracteres du
» Théatre François. On voit aussitôt Pourceau-
» gnac, Sganarelle, Pasquin, le Docteur en
» paysan, M. & Madame de Sottenville, pré-
» cédés d'un valet qui porte une lanterne au
» bout d'un bâton, le Malade imaginaire avec
» sa petite fille Louison, un Romain avec son
» confident; le Romain chante un grand air
» qu'il adresse aux Comédiens Italiens, en leur
» disant, qu'ils espérent en vain pouvoir les con-
» trefaire, qu'ils sont inimitables dans les roles
« qu'ils représentent. Après cet air qui est fort

» beau, & dans lequel le Sieur *Mouret* a inge-
» nieusement dépeint les différends caracteres
» des Comédiens François, soit dans le tendre,
» soit dans la fureur, l'Orchestre joue un vau-
» deville, dansé par Pasquin & par Sganarelle.
» Le Romain chante sur l'air du vaudeville les
» paroles suivantes.

LE ROMAIN *aux Italiens.*

Par l'avis de la Folie,
Qui nous comble de bienfaits,
Fameux acteurs d'Italie,
Nous vous avons contrefaits;
Cela sent un peu la Foire:
Mais malgré ce qu'on en dit,
Nous en avons moins de gloire,
   Et plus de profit.

LA CHANTEUSE *de la Comédie Italienne.*

La jeune Actrice nouvelle,
Dont on vante tant la voix,
Dans l'Italien excelle,
Comme moi dans le François:
Il lui manque encor le reste,
Et pour me bien copier,
Ce n'est pas assez du geste,
   Il faut le gosier.

PASQUIN.

Mes talens pour le comique,
Ont charmé les Spectateurs :
Je pourrois faire la nique,
Aux plus agiles Sauteurs.
Je suis badin dans mes roles,
Et sans régle dans mes pas :
Je plais par mes cabrioles,
   Et mes entrechats.

PANTALON.

Le gros Pierrot de la Foire,
M'a contrefait le premier ;
Pasquin se fait une gloire,
De pouvoir me copier ;

Ils ont la même marotte,
Et tous les deux pour ce trait,
Méritent que la calotte
Leur donne un brevêt.

ARLEQUIN *aux Comédiens François.*

L'absence de Melpoméne,
Vous avoit tous consternés,
On désertoit votre scéne,
Vous étiez abandonnés;
Ouï, votre chute étoit sûre,
Sans le masque d'Arlequin :
Il vous falloit ma figure
Et mon casaquin.

„ Après ces couplets, les Comédiens Fran-
„ çois dansent une contre-danse fort bien ima-
„ ginée sur l'air du vaudeville, & à la fin de la
„ danse, un Apoticaire & quatre Matassins avec
„ des seringues, poursuivent Pourceaugnac,
„ qui s'enfuit, & le Prologue finit.

L'Italienne Françoise.

„ Nous ne donnerons qu'une légére idée de
„ cette piéce. Voici de quoi il s'agit. Mario veut
„ épouser Silvia, malgré les engagemens qu'il a
„ depuis longtemps avec Lucinde, dont il est
„ tendrement aimé. Lucinde informée de l'infi-
„ délité de Mario, s'en plaint à Colombine, qui
„ est entrée depuis peu à son service; Colom-
„ bine lui dit que tant qu'elle ne fera que se
„ plaindre, elle n'avancera point ses affaires,
„ & qu'il faut des actions, & non pas des paro-
„ les, quand on est menacé de quelque mal-
„ heur. Elle lui promet d'agir pour elle, sans
„ lui faire part du projet qu'elle roule dans sa
„ tête, pour rompre le mariage qui doit se

» faire entre Mario & Silvia. Ce projet consiste
» dans un déguisement qui donne le titre à la
» Comédie en question. Colombine se travestit
» en Crispin, & sous ce nouvel habit, se met
» au service de Mario. C'est au grand regret
» d'Arlequin, déja valet de Mario, & qui ne
» peut souffrir qu'un nouveau domestique vien-
» ne le supplanter, ou du moins partager avec
» lui la confiance de son maître. Il témoigne
» d'abord une aversion secrette pour le Crispin
» femelle. Crispin prévoyant les effets que son
» sexe, quoiqu'inconnu à Arlequin, produira
» sur son cœur, lui demande son amitié, &
» pousse les avances jusqu'à l'embrasser. Arle-
» quin ne comprend rien dans les mouvemens
» qui l'agitent ; il sçait qu'il devroit haïr Cris-
» pin, & cependant il sent qu'il l'aime malgré
» qu'il en ait. Cette scène a fait plaisir, mais
» on croit que l'Auteur en auroit fait encore
» davantage, s'il avoit suivi la même idée dans
» une autre scène qui se passe entre Crispin &
» Rosette. En effet, au lieu que cette derniére
» devient amoureuse de Crispin, on auroit sou-
» haité que toutes les avances que Crispin lui
» auroit pû faire, n'eussent rien produit sur son
» cœur, par la même raison qu'elles ont beau-
» coup produit sur celui d'Arlequin. Rosette
» auroit dû sentir que Crispin étoit d'un même
» sexe qu'elle, comme Arlequin avoit senti
» qu'elle étoit d'un sexe différend du sien. Reve-
» nons au projet de Colombine travestie en
» Crispin. Mario la charge de porter une lettre
» à Silvia qu'il doit épouser ; Colombine est
» ravie que son nouveau Maître lui donne une

» pareille commission, dont elle va profiter
» pour rompre le mariage qui fait tant de peine
» à sa véritable Maîtresse. Elle apprend à Silvia
» les engagemens de Mario avec Lucinde. Ces
» engagemens consistent en promesses de ma-
» riage par écrit. Silvia, qui n'épouse Mario
» que pour obéïr à son pere, & qui penchoit
» du côté de Lélio, son premier amant, prie
» Pantalon son pere, de différer de huit jours
» le mariage arrêté; ce délai donne le temps
» d'approfondir tout ce que Crispin a insinué à
» Silvia contre Mario. Ce dernier retourne à
» Lucinde, qu'il étoit prêt à trahir, & Lélio
» épouse sa chere Silvia, qui ne le quittoit qu'à
» regret. La piéce finit par un divertissement ter-
» miné par un vaudeville dont voici quatre cou-
» plets.

    Iris, prude jusqu'à trente ans,
    Ecoute aujourd'hui les galans,
    A ses désirs rien ne s'oppose.
      Et bon, bon, bon,
      L'amour a fait dit-on,
      Cette métamorphose.

    Je connois un vieux loup-garou,
    Que sa femme change en coucou,
    Il le sçait, croit-on qu'il en glose?
      Et non, non, non,
      L'or lui vient à foison :
      Bonne métamorphose!

    Le Courtisan devient flatteur,
    Le Parvenu fait le Seigneur,
    L'Abbé doucereux se compose;
      Et chaque jour,
      A la Ville, à la Cour,
      Tout est métamorphose.

UNE PETITE FILLE.

On dit qu'une fille à quinze ans,
Se fait de doux amusemens,
Que de plaisirs je me propose!
Je les aurai,
Et je profiterai
De ma métamorphose.

» Voilà toute l'action de cette piéce. Il est
» aisé de sentir qu'il n'y en a pas assez pour
» comporter trois actes, & que le travestisse-
» ment de Colombine n'a servi qu'à donner le
» titre à la Comédie, & qu'à contraster avec
» celui de la piéce des Comédiens François; en
» un mot, on a voulu opposer l'*Italienne Fran-*
» *çoise* à la *Françoise Italienne*. Le public a jugé
» en faveur de la derniére; nous ne croyons pas
» qu'on en doive appeller ». *Mercure de France, mois de Décembre* 1725. p. 3125-3133.

JUAN, (Dom) *ou le* FESTIN DE PIER-
RE, Comédie en cinq actes & en prose, de
M. *Moliere*, imp. dans ses Œuvres, & repré-
sentée sur le Théatre du Palais Royal, le 15
Février 1665. *Hist. du Th. Franç. année* 1675.
Voyez *Festin (le) de Pierre*.

JUDITH, Tragédie tirée de l'Ecriture Sainte, par M. l'Abbé *Boyer*, représentée le Vendredi 4 Mars 1695. & imp. Paris, Le Mercier,
tome IV. du Recueil intitulé Théatre François,
Paris 1737. par la Compagnie des Libraires.
Hist. du Théatre Franç. année 1695.

JUGEMENT (le) D'APOLLON ET DE
PAN PAR MIDAS, Opéra Comique en un
acte de M. *De la Font*, non imp. & représenté par la Troupe de Lalauze & associés, le

Mardi 16 Septembre 1721. précédé de la *Décadence de l'Opéra Comique l'ainé*, Prologue, & suivi de la *Réforme du Régiment de la Calotte*, piéce en un acte. On ne donne aucun extrait de ces ouvrages, qui n'ont point eu de succès.

JUGEMENT (le) ÉQUITABLE DE CHARLES LE HARDY, DERNIER DUC DE BOURGOGNE, Tragédie de M. *Maréchal*, représentée en 1644. Paris, Quinet, 1646. in-4°. *Hist. du Th. Franç. année* 1644.

JUGEMENT (le) DE PARIS, ET LE RAVISSEMENT D'HÉLÉNE, Tragi-Comédie en cinq actes & en vers, de M. *Sallebray*, représentée sur le Théatre de l'Hôtel de Bourgogne en 1639. & imp. la même année, Paris, Quinet, in-4°. *Hist. du Th. Fr. année* 1639. & 1657.

JUGEMENT (le) DE PARIS, Pastorale héroïque en trois actes, avec un Prologue, de M. l'Abbé *Pellegrin*, sous le nom de Mlle *Barbier*, Musique de M. *Bertin*, représentée le Mardi 14 Juin 1718. in-4°. Paris, Ribou, & tome XII. du Recueil général des Opéra. *Extrait, nouveau Mercure, Juin* 1718. p. 98. & *suiv. Mercure de France, Juillet* 1727. pag. 1866. 1870.

ACTEURS DU PROLOGUE.

Jupiter.	Le Sieur Dubourg.
L'Amour.	Mlle Souris.
L'Hymen.	Le Sieur Dun *fils*.
La Discorde.	Le Sieur Mantienne.

BALLET.

Suite de Comus.	Le Sieur Pécourt & Mlle La Ferriere.

ACTEURS DE LA PASTORALE.

Paris.	Le Sieur Thévenard.
Œnone.	Mlle Journet.
Doris.	Mlle Antier.
Arcas.	Le Sieur Cochereau.
Mercure.	Le Sieur Buzeau.
Pallas.	Mlle Courbois.
Junon.	Mlle La Garde.
Vénus.	Mlle Poussin.

ACTEURS DU BALLET.

ACTE I.	Bergéres.	Mlles Prevost & Guyot.
ACTE II.	Suivant de Junon.	Le Sieur Blondy.
ACTE III.	Un Matelot.	Le Sieur D. Dumoulin.

Cette Pastorale a été remise au Théatre le Mardi 15 Juillet 1727. 2ᵉ édit. in-4°. Ribou.

ACTEURS DU PROLOGUE.

Jupiter.	Le Sieur Le Myre.
L'Amour.	Mlle Julie.
L'Hymen.	Le Sieur Dun.
La Discorde.	Le Sieur Cuvillier.

BALLET.

Suite de Comus.	Mlle Menès.

ACTEURS DE LA PASTORALE.

Paris.	Le Sieur Thévenard.
Œnone.	Mlle Pélissier.
Arcas.	Le Sieur Tribou.
Doris.	Mlle Antier & Mlle Eremans à la sixiéme représentation.
Mercure.	Le Sieur Grenet.
Pallas.	Mlle Lambert.
Junon.	Mlle Eremans.
Vénus.	Mlle Mignier.

ACTEURS DU BALLET.

ACTE I.	Bergers & Bergére.	Le Sieur Laval.
		Le Sieur Maltaire C. & Mlle De Lisle.
ACTE II.	Suivant de Junon.	Le Lieur Blondy.
ACTE III.	Les Graces.	Mlles De Lisle C. Duval & Thibert.
	Matelot.	Le Sieur D. Dumoulin.
	Matelotte.	Mlle Camargo.

Tome III.

JUGEMENT (le) DE PARIS, Parodie en un acte & en vaudevilles de la Pastorale héroïque du même nom, de M. l'Abbé *Pellegrin*, Musique de M'. *Bertin*, par M. *d'Orneval*, représentée au Jeu de la Dame de Baune & des Sieurs & Dame Saint Edme, à l'ouverture de la Foire Saint Laurent 1718. Cette Parodie est assez passable; elle se trouve imprimée tome III. du *Théatre de la Foire*, Paris, Ganeau, 1721.

« JUGEMENT (le) DE PARIS, Ballet Pantomime en scénes muettes, qui parut pour la premiére fois le Lundi 27 Août 1751. Tout le monde sçait que ce Ballet fut composé à l'occasion d'une avanture du temps, & le sentiment qu'un célèbre Musicien donna sur la beauté des trois Actrices exposées à son jugement ». *Mémoires sur les Spectacles de la Foire*, Paris, Briasson, *Tome II*. p. 229.

JUGEMENT (le) DE THÉODORIC ROI D'ITALIE, Tragi-Comédie. Voyez *Fils (le) désavoué*.

JUGURTHA, Tragédie de M. *Péchantrès*, non imprimée, représentée le Mercredi 17 Décembre 1692. *Histoire du Théatre François*, année 1692.

JUIVES. (les) Voyez *Sédécie*, Tragédie de Garnier.

JUMEAUX, (les) Canevas Italien en cinq actes, représenté pour la premiére fois le Jeudi 4 Novembre 1717. Cette Comédie est tirée d'une autre intitulée: *La prigione d'Amore*, de Sforza Dodi. Flaminia y remplissoit le role double du Jumeau & de la Jumelle.

« Fédéric & Flaminia sont deux Jumeaux, entre lesquels la nature a mis une si parfaite

„ ressemblance, qu'elle a fait longtemps le
„ plaisir de la Cour de Ferrare, à laquelle ils
„ ont été élevés ainsi qu'il convenoit à leur
„ naissance. Lorsqu'ils furent devenus grands,
„ Fédéric s'étant rencontré avec Lélio Lindori,
„ citoyen Vénitien, dans un voyage qu'il fai-
„ soit par ordre du Duc de Ferrare, se lia de
„ l'amitié la plus étroite avec lui. Lélio vint à
„ Ferrare avant le retour de Fédéric, & ayant
„ vû plusieurs fois Flaminia, sœur de son ami,
„ il en devint passionnément amoureux, & sçut
„ même s'en faire aimer. Fédéric étant de re-
„ tour, Lélio étoit prêt à lui déclarer son
„ amour, lorsque le Duc de Ferrare demanda
„ Flaminia en mariage pour Mario son Favori,
„ qui en étoit amoureux, & dont Fédéric
„ aimoit aussi la sœur Silvia. Lélio voyant qu'il
„ ne pouvoit s'opposer à l'Hymen de Mario,
„ sans détruire la fortune de son ami, & sans
„ rendre son amour malheureux pour Silvia, il
„ prit le parti de sacrifier son amour à l'amitié;
„ de pareils sacrifices coûtent beaucoup. Les
„ efforts que fit Lélio pour vaincre son amour,
„ lui causérent une maladie qui le mit bientôt
„ à l'extrémité. Fédéric au désespoir de voir
„ périr son ami d'un mal inconnu, que l'on
„ ne pouvoit attribuer qu'à un chagrin caché,
„ le pressa tellement, qu'il lui arracha son se-
„ cret. La générosité avec laquelle Lélio avoit
„ voulu sacrifier ses jours pour les intérêts de
„ son ami, touchérent tellement Fédéric, qu'il
„ promit à Lélio de lui faire épouser sa sœur
„ Flaminia, quand même il devroit perdre les
„ bonnes graces du Duc, & l'espoir d'épouser

» Silvia. Cette promesse ayant rendu l'espérance
» à Lélio, sa santé se rétablit bientôt, & dès
» qu'il fut hors de danger, Fédéric emmena sa
» sœur Flaminia à Bologne, sous prétexte de
» quelques affaires de famille. De cette ville il
» écrivit une lettre à Lélio, dans laquelle il
» renouvelloit les promesses qu'il lui avoit déjà
» faites, & parloit du Duc de Ferrare d'une
» façon très-peu respectueuse. Cette lettre
» ayant été interceptée, fut rendue au Duc,
» que le départ & l'absence affectée de Fédéric
» & de Flaminia avoit mis en quelque soupçon.
» Le Prince fut outré de la manière insultante
» dont il y étoit traité; mais dissimulant son
» courroux, il rappella Fédéric sous un faux
» prétexte. Celui-ci qui ne se doutant de rien,
» revint, mais sans sa sœur. Le Duc de Ferrare
» le fit arrêter, & ayant fait lire sa lettre en
» plein Conseil, il le fit condamner à mort, si
» sa sœur Flaminia ne venoit le délivrer en
» épousant Mario. Mais comme il n'étoit pas
» sûr qu'elle osât se remettre entre ses mains;
» Lélio qui voyoit en quel danger son ami
» s'étoit exposé, se jetta aux pieds du Duc, &
» obtint qu'on remettroit Fédéric en liberté,
» pour aller chercher sa sœur à Bologne, à la
» charge de la ramener à Ferrare au bout de
» huit jours, ou de venir se remettre en prison,
» & sous la condition que cependant Lélio
» tiendroit sa place, & subiroit la peine pro-
» noncée contre Fédéric, en cas qu'il ne revint
» point. Lélio eut bien de la peine à y faire
» consentir son ami, mais enfin il l'obtint de
» lui. Fédéric partit, Lélio entra à sa place,

„ Voilà dans quel état font toutes chofes quand
„ la piéce commence, Le huitiéme jour, c'eſt-
„ à-dire, le dernier du terme accordé pour le
„ retour de Fédéric eſt prêt d'expirer, fans que
„ l'on ait reçu de fes nouvelles. *Sujet imprimé.*

Flaminia, fans avertir fon frere de fon deſſein, arrive à Ferrare en habit d'homme, & pour délivrer Lélio fon amant, elle fe préfente à la prifon fous le nom de fon frere, fait fon échange, & Lélio eſt remis en liberté ; elle a divers entretiens avec les Miniſtres du Duc & de Lélio, qui la croyent Fédéric. Enfin refufant de donner fon confentement pour le mariage de Flaminia avec Mario, le Duc donne ordre qu'on l'empoifonne dans la prifon ; Silvia, qui eſt amoureufe de Fédéric, lui fauve la vie, en lui faifant donner de *l'opium* pour du poifon. Fédéric arrive pour tenir fa parole, & fa préfence effraye tous ceux qui le croyent mort. Silvia découvre le ſtratagême dont elle s'eſt fervie. Lélio devine par ce récit que c'eſt Flaminia qui l'a délivré de prifon. Mario fe défiſte de fes pourfuites, & céde Flaminia à Lélio, & donne fa fœur Silvia à Fédéric. Le Duc touché de ces événemens, pardonne tout ce qui s'eſt paſſé, & la piéce finit par le double hymenée. *Extrait Manuſcrit.*

JUMEAUX. (les) Voyez *Menechmes*, (les) de M. *Regnard.*

JUMELLES, (les) Opéra Comique en un acte, avec un divertiſſement & un vaudeville, par M. *Favart*, non imp. & repréfenté le Lundi 22 Mars 1734. fuivi d'un divertiſſement ou Concerto Pantomime.

M. Gérafte a deux filles jumelles, l'une appellée Julie demeure avec lui, & eft deftinée pour être l'époufe d'un Gafcon nommé Foulignac. Lucile, c'eft le nom de l'autre fille de Gérafte, eft à Bordeaux auprès de Madame Argante fa tante. Madame Argante arrive avec Lucile, & Foulignac, qui aime cette derniére & qui en eft aimé. Malgré cela M. Gérafte demeure ferme dans la réfolution de marier Julie qu'il veut favorifer, à Foulignac, parce qu'il croit ce parti le plus avantageux, & il veut donner Lucile à Clitandre, amant de Julie. L'opiniatreté ridicule du vieillard fe trouve corrigée par l'adreffe de Madame Argante, qui feignant d'être de fon fentiment, & profitant de la reffemblance des deux fœurs, elle fait prendre le change à Gérafte, qui figne fans s'en appercevoir les contrats de mariage de Clitandre avec Julie, & de Lucile avec Foulignac. On lui avoue la fourberie lorfque le Notaire eft retiré, mais M. Gérafte s'en confole fort aifément.

GÉRASTE. (AIR. *Vous avez bien de la bonté.*)

J'ai tort de me mettre en courroux,
Faites à votre guife,
Si vous êtes mal c'eft pour vous,
Vous boirez la fotife.
Je perdrois ma tranquillité
A contefter cette alliance.

LES QUATRE AMANS.

Quelle indulgence !
Monfieur en vérité,
Vous avez bien de la bonté.

Le divertiffement eft celui que Gérafte a préparé pour les nôces de fes filles.

JU 247

Couplets du Vaudeville.

Le monde est plein de tricheries,
Les Courtisans,
Par mille discours séduisans,
Sçavent cacher leurs fourberies.
Par les amis, les amis sont dupés,
Craignons les sermens des Coquettes,
Et la pudeur de ces fillettes :
Les plus fins y sont trompés.

Sans porter le titre d'épouse,
Lise en secret,
Eût toûjours un mari discret,
Et resta veuve au moins de douze.
Certain matois, galant des plus hupés,
L'autre jour épousa la veuve,
Et la prit bonnement pour neuve :
Les plus fins y sont trompés.

L'Amour est un excellent Maître,
En un moment,
Il sçait mettre au fait un Amant,
Tel imbécille qu'il puisse être.
Jamais les cœurs ne sont en vain frappés,
Il rend la lente plus active,
Et retient l'ardeur de la vive :
Les plus fins y sont trompés.

Extrait Manuscrit.

JUPITER AMOUREUX D'IO, Piéce en deux actes, avec un Prologue, par le Sieur *Charpentier*, représentée au Jeu du Chevalier Pellegrin, pendant le cours de la Foire Saint Laurent 1718. Les couplets de cette piéce sont imprimés avec le Jeu des personnages scéne par scéne. Le Prologue est une froide imitation de quelques morceaux de scénes de l'ancien Théatre Italien. Les Acteurs Forains témoignent leur embarras sur le défaut des piéces nouvelles, &

rien ne le prouve mieux que la suivante qu'ils annoncent.

LA VACHE IO.

C'est une Parodie des plus mal faite de la Tragédie lyrique d'*Isis*, que l'Académie Royale de Musique avoit remise sur son Théatre avec beaucoup de succès le Mardi 14 Septembre de l'année précédente. Cette Parodie est sans goût & sans conduite ; les couplets sont remplis de grossiéretés & de mauvaises plaisanteries : on se contente de donner un exemple de ce dernier genre.

Jupiter appercevant Io, que la jalouse Junon a transformée en vache, fait la réflexion que voici.

JUPITER. (AIR. *Tu croyois en aimant Colette.*)

    Junon jalouse à mon Inache,
    A fait présent de ce museau,
    Afin, je pense, qu'étant vache,
    Elle n'accouche que d'un veau.

JUPITER CRISPIN. Voyez *Danaé*.

JUPITER CURIEUX IMPERTINENT, divertissement en trois actes, précédé d'un Prologue, par un Auteur *Anonyme*, représenté au Jeu d'Alard & Lalauze, le Mardi 3 Février 1711. Paris, Valleire, 1713.

Cette Piéce a été imprimée de la même maniére que celle de *Jupiter amoureux d'Io*, quoiqu'elle ne soit guère plus passable, cependant le succès qu'elle a eu dans son temps, joint à sa rareté, nous engage à en donner un Extrait.

La décoration du Prologue représente le

Temple de la Folie. Arlequin vient implorer le secours de cette Déesse.

LA FOLIE. (AIR. *Sois complaisant & de bonne vie.*)

 Malgré les coups
 De la Troupe Romaine,
  Sur ces jaloux,
 Invente quelque scéne,
   Mais
 Sois modeste, car leur haine
 Pourroit te perdre à jamais.

ACTE I.

Jupiter suivi de Mercure, descend aux Enfers pour en tirer sa Maîtresse Isabelle, dont il veut éprouver la fidélité. Pluton consent à satisfaire les desirs de Jupiter, & fait passer en revûe les nouveaux sujets du sombre Empire.

PLUTON. (AIR. *Du Confiteor.*)

 J'ai chez moi quelques Procureurs,
 Le nombre est plus grand des Notaires :
 J'ai plus de mille agioteurs,
 Et presque tous les gens d'affaires :
 Mon Empire depuis trois ans,
 N'est rempli que d'honnêtes gens.

On voit paroître successivement une Actrice de l'Opéra, un Agioteur, un Poëte, & un Romain.

LE ROMAIN. (AIR. *Des Fraises.*)

 Les Enfers sur mes malheurs,
 Sont sans miséricorde.
 Trop justes sont mes douleurs ;
 J'en ai trop fait aux Danseurs
 De corde, de corde, de corde.

Jupiter donne des coups de bâton au Romain, & se retire avec Isabelle.

Acte II.

Cet acte est celui qui a eu le plus de succès, à cause de la scéne du vin mousseux qui y est insérée, & que le public avoit la bonté d'applaudir. Arlequin, Scaramouche, le Docteur & Pierrot, habillés en Procureurs, sont à table dans une Guinguette : à la fin du repas, un Garçon apporte la carte, sur laquelle est le compte qui suit.

Pour six pâtés de requête . . .	6 sols.
Pour du pain	10
Pour dix bouteilles de vin de Champagne	100 l.
Total.	100 l. 16 sols.

Les Procureurs déchirent la carte, & battent le Garçon Cabaretier : quatre autres Garçons surviennent, & après avoir arraché les robes aux Procureurs, ils les forcent à coups de bâton à payer leur écot. Un des Garçons chante sur l'air de *Joconde*.

> Procureurs, quand vous avalez
> Ce grand vin de Champagne,
> On peut dire que vous volez
> La ville & la campagne :
> Ne tenez pas un si haut rang,
> Le Traitant s'en courrouffe :
> Ce n'est qu'à ces suceurs de sang,
> A boire un vin qui mousse.

Acte III.

Mercure, pour contenter Jupiter, tâche à séduire Isabelle, & en vient à bout au moyen d'une bourse d'or. Pendant que Jupiter réfléchit sur la conduite de sa Maîtresse infidelle, un Paysan chante ce Vaudeville.

> Six mois après son mariage,
> Catin donne un fils gracieux :
> L'Epoux demande au voisinage,
> A t il mon nez, mon front, mes yeux ?
> Ah ! l'impertinent curieux.

Jupiter pour punir Isabelle, la fait retomber aux Enfers, & la piéce finit par un divertissement de Sauteurs.

JUPITER PRIS EN FLAGRANT DÉLIT, Prologue du *Fourbe sincere*, par le Sieur *Desgranges*, représenté au Jeu du Chevalier Pellegrin, v 1714. Ce Prologue n'est qu'une scéne de *Opéra de Campagne*, piéce de l'ancien Théatre Italien, & que l'Auteur Forain a seulement mise en couplets.

JUPITER ET L'AMOUR RIVAUX, Pantomime exécutée par la Troupe des Danseurs de corde, Foire S. Germain 1746. au mois de Mars de la même année. *Affiches de Boudet*.

JUSTICE (la) D'AMOUR, Pastorale. Voyez *Alphée* de *Hardy*.

JUSTICE (la) D'AMOUR, Pastorale en cinq actes & en vers, du Sieur *Borée*, 1626. imp. dans ses Œuvres. *Hist. du Th. Fr. année 1626*.

IXION, C'est le sujet de la premiére Entrée du Ballet des *Elémens*, de M. *Roy*, que l'Auteur a traité sous le titre de l'*Air*, Musique de Messieurs *Lalande* & *Destouches*, & représentée en 1725. Voyez *Elémens*. (les)

L.
L A

L A *****, Comédie Françoife en vers & en trois actes, précédée d'un prologue auffi en vers, & fuivie d'un divertiffement, au Théatre Italien, par M. de *Boiffi*, repréfentée pour la premiére fois le Samedi 17 Août 1737. Paris, Prault pere. *Mercure de France, mois de Septembre* 1737. p. 2063. *& fuivantes.*

LABATTE, (Jeanne) Comédienne Françoife, a débuté le Samedi 2 Août 1721. par le role d'*Iphigénie*, dans la Tragédie de ce nom, reçue le Lundi 7 Décembre 1722. pour les feconds roles tragiques & comiques, qu'elle a rempli au gré du Public. Retirée le Dimanche 22 Mars 1733. avec la penfion ordinaire de 1000 livres, qui lui a été accordée le 13 Avril fuivant, aujourd'hui vivante. *Hift. du Th. Fr. année* 1733.

LABBÉ, Danfeur de l'Académie Royale de Mufique, où il eft entré en 1688. âgé de vingt & un an, a quitté vers 1698. & à paffé en Angleterre, où il a demeuré jufqu'en 1738. qu'il eft revenu à Paris, aujourd'hui vivant.

LAC, (N...... Du) Comédien François, a débuté le Mardi 21 Juin 1712. par le role de *Ladiflas*, dans la Tragédie de *Venceflas* ; il n'a point été reçû. *Hist. du Th. Fr.* année 1733.

LACENES, (les) *ou la* CONSTANCE, Tragédie d'Antoine de *Montchrestien*, représentée en 1599. & imp. dans les Œuvres de cet Auteur. *Hist. du Th. Franç.* année 1599.

LACHAUT, (Mlle) Actrice de l'Opéra Comique, fille d'un Perruquier du Fauxbourg S. Germain, a débuté sur ce Théatre le 3 Février 1740. dans la piéce intitulée les *Fols volontaires*, où elle joua un role de Soubrette, & celui de la *Médecine* dans l'*Ecole d'Asniere*. Elle quitta à la fin de cette Foire, & enfin rentra à l'Opéra Comique en 1743. à la fin de la Foire S. Germain de cette année, elle s'engagea dans une Troupe de Comédiens de campagne, où elle remplit aujourd'hui les roles de Soubrettes.

LAFFICHARD, (Thomas) Auteur Dramatique aujourd'hui vivant, a composé pour le Théatre François:

LA RENCONTRE IMPRÉVÛE, Comédie en prose & en trois actes, 1735.

En société avec M. Panard.

L'AMANT COMÉDIEN, *ou les* DÉPLACÉS, Comédie en un acte de prose & de vers, avec un Prologue, 1735.

Pour le Théatre Italien.

LA FAMILLE, Comédie en un acte & en prose, 1736.

En société avec M. Romagnesi.

LA FILLE ARBITRE, Comédie en 3 actes

& en profe, avec un divertissement, 1737.

L'Amour Censeur des Théatres, Comédie en profe & en vers, 1737.

A l'Opéra Comique.

Les effets du Hazard, un acte, 1735.
La Nimphe des Thuilleries, en un acte, 1735.
L'Amour imprévû, un acte, 1745.

En société avec M. Valois d'Orville.

La Nouvelle Sapho, un acte, 1735.
L'Illusion, un acte, 1736.
L'Épreuve amoureuse, un acte, 1737.
La Fête infernale, un acte, 1737.
L'Illustre Comédienne, un acte, 1737.
L'Abondance, un acte, 1737.
Le Revenant, un acte, 1737.
La Béquille, un acte, 1737.
L'Antiquaire, un acte, 1741.
La Fontaine de Sapience, un acte, 1743.

En société avec M. Panard.

Le Fleuve Scamandre, un acte, 1734.
Pygmalion, un acte, 1735.
Le Gage touché, un acte, 1736.

En société avec Messieurs Panard & Gallet.

Marotte, Parodie en un acte de la Tragédie de *Mérope*, 1743.

A lui seul au Jeu des Marionnettes.

Les Dieux, *ou* Les Nôces de Vénus, un acte, 1743.

„ LALANDE, (Michel-Richard de) né a
„ Paris le 15 Décembre 1657. Chevalier de
„ l'Ordre de S. Michel, Sur-Intendant de la
„ Musique du Roi, Maître de Musique de la
„ Chambre & de la Chapelle, mort à Versail-
„ les le Mardi 18 Juin 1726. âgé de 67 ans.

„ Son pere & sa mere, dont il étoit le quin-
„ ziéme enfant, le placérent Enfant de Chœur
„ à S. Germain de l'Auxerrois leur Paroisse. Il
„ avoit la voix très-belle, & on venoit l'enten-
„ dre avec empressement: l'étude faisoit dès lors
„ un de ses plus grands plaisirs, & il y passoit
„ les nuits, employant ses petits profits à avoir
„ de quoi s'éclairer. Il apprit la Musique, & à
„ jouer de toutes sortes d'instrumens, dont il
„ saisissoit tout d'un coup l'intelligence. Il perdit
„ sa voix à l'âge de puberté, comme il arrive
„ souvent; Chaperon son Maître fut fort fâché
„ de le perdre. L'Instrument auquel il s'attacha
„ le plus, fut le violon; il s'y adonnoit tout
„ entier, mais s'étant présenté à Lully pour
„ jouer à l'Opéra, & cette démarche n'ayant
„ pas réussi, il en fut si piqué, que de retour
„ chez lui il brisa l'instrument, & y renonça
„ pour toûjours. Il s'attacha avec beaucoup de
„ succès à l'orgue & au clavecin, & y fit tant
„ de progrès en peu de temps, qu'il fut désiré
„ dans plusieurs Paroisses, & qu'il se vit Orga-
„ niste tout à la fois des Eglises de S. Gervais,
„ de Saint Jean, des Jésuites & du petit Saint
„ Antoine.

„ Lalande obtint en 1683. la place de Maître
„ de Musique de la Chapelle du Roi, & suc-
„ cessivement il posséda les quatre charges,

» avec le titre de Sur-Intendant de la Musique
» du Roi.

« Outre ses motets, il a composé la Musique
» de *Mélicerte*, une partie de celle du Ballet de
» l'*Inconnu*, & de celui des *Elémens*, qu'il
» travailla avec M. *Destouches*, sur les paroles
» de M. *Roy* ». *Parnasse François*.

LALANDE, (Thérése) née à Paris, reçut assez jeune des leçons pour le Théatre, du Sieur Le Grand, Comédien François de la Troupe du Roi, & profitant de ses instructions, elle s'engagea dans une Troupe de Province. Au mois de Février 1719. la Demoiselle Lalande revint à Paris, & parut sur le Théatre François le 5 Mars suivant par le role de *Dorine* dans le *Tartuffe*, & celui de *Lisette*, dans les *Folies amoureuses*. N'ayant pas été reçue, elle retourna en Province, & ne revint à Paris qu'au commencement de l'année 1721. & elle débuta au Théatre Italien, sur celui du Fauxbourg S. Laurent où la Troupe jouoit alors. Ce fut dans la piéce intitulée *Danaé*, où elle fit le role de *Junon*. Elle fut agréée du Public & reçue, où elle continua de jouer des roles d'Amoureuses & de Soubrettes, jusqu'à sa mort qui arriva le Mardi 16 Décembre 1738. Elle étoit âgée de 47 ans. *Mémoires du temps.*

LALANDE, (Thérése) Actrice vivante & fille de la précédente, débuta au Théatre Italien le 10 Février 1738. & joua le principal role d'*Amoureuse* dans la Comédie de la *Surprise de la Haine*. Voici le compte que le Mercure rendit de ce début, *pag. 339. & 340. Février 1738.*

« Le dix Février, les Comédiens Italiens re-
» mirent au Théatre la Comédie de la *Surprise*
» *de la Haine*, dans laquelle la Demoiselle
» *Lalande*, jeune personne très-bien faite, fille
» de la Demoiselle Lalande, Actrice du même
» Théatre, débuta par le principal role de la
» piéce, qu'elle joua avec beaucoup d'intelli-
» gence ; on lui trouve beaucoup de disposi-
» tion à devenir un très-bon sujet ; il y a tout
» lieu de l'espérer, étant éléve de la Demoi-
» selle Silvia, si généralement connue par ses
» grands talens. La même Actrice a joué diffé-
» rends roles dans d'autres piéces, dans lesquel-
» les elle a été également applaudie ».

A Mlle Thérése Lalande, débutant à la Comédie
Italienne, dans la *Surprise de la Haine*.

Par la surprise de la haine,
En vain vous avez crû débuter en ce jour ;
Non, non, pour qui vous voit paroître sur la scéne,
C'est la surprise de l'Amour.

Mlle Lalande fut reçue peu de temps après son début, & elle continue de représenter au gré du public.

LALAUZE, (Philippe) Acteur Forain, entra au mois de Février 1701. dans la Troupe de la Veuve Maurice, associée avec Alard, pour danser dans les Ballets & remplir les roles d'Amoureux. A la Foire S. Laurent 1706. Alard ayant entrepris un Spectacle en son nom, Lalauze le suivit, & joua le role d'Arlequin, qu'il continua d'adopter, & dans lequel il fut extrêmement goûté du public ; au commencement de 1712. de gagiste il devint Associé d'Alard, qu'il quitta cependant l'année suivante, pour passer dans la Troupe d'Octave. Cet engagement eut lieu jusqu'à la fin de la Foire S. Germain 1716. Lalauze passa en Province, & revint à Paris au mois de Janvier 1720. Alors associé avec Restier, il entreprit un Spectacle Forain, qui n'étant autorisé d'aucun privilége, ne subsista que par tolérance: la Foire S. Laurent de cette année, & celle de S. Germain de la suivante se passérent de cette façon: Mais au mois de Juillet 1721. Lalauze conjointement avec Maillard & sa femme, Baxter, Alard, Saurin & la Demoiselle d'Aigremont, obtint le Privilége exclusif de l'Opéra Comique, & ouvrit son Théatre le 25 du même mois. La Troupe de Lalauze ne posséda ce privilége que peu de jours, car dès le 31 Juillet, celle de Francisque obtint le privilége de l'Opéra, & il fut accordé par grace, que la premiére ne continueroit à en joüir que pendant le cours de cette Foire seulement: Mais elle profita peu de cet avantage; obligés à représenter des anciennes piéces, & les nouvelles qu'ils donnérent n'ayant aucun succès, le défaut de recette rompit la Société de Lalauze & de ses Camarades avant la fin de cette Foire. Une partie d'entr'eux renonça au Théatre, & Lalauze après avoir quelques années couru encore la Province, a été obligé de suivre le même parti. Il est encore vivant.

LALAUZE, (Agathine-Antoni, femme de Philippe) étoit sœur du célébre Antoni, & portoit avant son mariage le nom de Demoiselle de *Sceaux*. Elle joua en 1700. dans la Troupe d'Alard, les roles de *Colombine*, dont elle s'acquittoit assez bien : elle étoit aussi applaudie dans sa danse sur la corde. Elle a suivi son mari dans toutes les Troupes où il s'étoit engagé, & est morte à Paris sur la Paroisse S. Laurent, le 29 Septembre 1721.

LAMBERT, (N.....) Auteur Dramatique, a composé pour la scéne Françoise :

LES SŒURS JALOUSES, ou L'ÉCHARPE ET LE BRACELET, Comédie en cinq actes & en vers, 1658.

LA MAGIE SANS MAGIE, Comédie en cinq actes & en vers, 1660.

LE BIEN PERDU RECOUVRÉ, Comédie non imprimée.

LES RAMONEURS, Comédie, non imp. *Hist. du Théatre Franç.* année 1658.

LANDON, (N.......) Auteur Dramatique aujourd'hui vivant, a composé pour la scéne Françoise :

LE TRIBUNAL DE L'AMOUR, Comédie en un acte & en vers libres, 1730. non imp.

LANTERNE (la) VÉRIDIQUE, Opéra Comique en un acte, avec un divertissement & un Vaudeville, Musique de M. *Gilliers*, par M. *Carolet*, représenté le Mardi 19 Août 1732. précédé du *Réveil de l'Opéra Comique*, Prologue.

Cette piéce est imprimée dans le Théatre de M. *Carolet*, intitulé T. IX. de celui de la Foire.

LANTIER, (Mlle) Danseuse de l'Opéra Comique, entra en 1716. dans la Troupe d'Octave, où elle figura dans les Ballets avec Mademoiselle de Lisle. Elle a continué jusqu'à la fin de la Foire Saint Laurent 1718.

LAODAMIE, Tragédie de Mlle *Bernard*, repréſentée le Vendredi 11 Février 1689. imp. T. VIII. du Recueil du Théatre François. *Hiſt. du Théatre Franç. année* 1689.

LAODAMIE ET PROTÉSILAS, c'eſt le ſujet de la IIᵉ Entrée du Ballet des *Sens*, de M. *Roy*, Muſique de M. *Mouret*, traitée ſous le titre du *Toucher*, & repréſentée en 1732. Voyez *Sens*. (*les*)

LAODICE, REINE DE CAPPADOCE, Tragédie de M. *Corneille de l'Iſle*, imp. dans ſes Œuvres Dramatiques, & repréſentée ſur le Théatre de l'Hôtel de Bourgogne, au commencement de Février 1668. *Hiſtoire du Th. Fr. année* 1668.

LAQUAIS, (le) Comédie en cinq actes & en proſe, de Pierre de la *Rivey*, repréſentée en 1578. & imp. dans le I. Recueil des Œuvres de cet Auteur. *Hiſtoire du Théatre François, année* 1578.

LAQUAIS (le) FILLE, Comédie en un acte, d'un Auteur *Anonyme*, non imp. repréſentée le Mercredi 30 Avril 1681. précédée de la Tragédie de *Nicoméde*. *Hiſt. du Th. Franç. année* 1681.

LARCHER, (Mlle) Actrice de l'Académie Royale de Muſique dans les Chœurs, depuis 1740. a débuté le Mardi 12 Juillet de cette année, par le role de *Clytie*, dans la première Entrée du Ballet des *Sens*, intitulée l'*Odorat*.

LARGILLIERE, (N......) fils du Peintre de ce nom, a été Conſeiller au Châtelet de Paris, & Commiſſaire des Guerres au département du *Neuf Briſac*, où il eſt mort vers la fin de l'année 1742. Il est Auteur des piéces suivantes.

Au Théatre de l'Opéra Comique.

L'AMANTE RETROUVÉE, piéce en un acte, 1727.

ALY ET ZÉMIRE, piéce en un acte, 1733.

Au Jeu des Marionnettes de Bienfait.

POLICHINELLE, COMTE DE PANFIER, Parodie de la Comédie du *Glorieux*, 1732.

LAUDUN, (Pierre de) Sieur d'Aigaliers, Languedocien, étoit fils de Raimond de Laudun, Juge du temporel de l'Evêque d'Usès il a composé pour le Théatre :

DIOCLÉTIAN, Tragédie, 1596.

HORACE, Tragédie, 1596.

Hist. du Th. Fr. année 1596.

LAVERNA, (l'Antre de) Opéra Comique en un acte, de Messieurs *Fuselier* & *d'Orneval*, représenté le Samedi 28 Août 1728. non imprimé.

Le Théatre représente une Forêt, au fond de laquelle on voit l'Antre de Laverna, Arlequin vient implorer le secours de la Déesse : il voit paroître un des Sacrificateurs qu'il reconnoît ; c'est Scaramouche son ancien camarade, qui pour certaines filouteries a été condamné aux Galeres. Cela, dit ce dernier, m'a valu mon poste de Sacrificateur chez la Déesse.

ARLEQUIN. (AIR. *de Joconde.*)

Vous n'arrivez pas à l'honneur
  Par des routes vulgaires :
  Vous voilà Sacrificateur,
  En sortant des Galeres :

Un rang plus haut vous étoit dû,
Vous l'obtiendrez peut-être,
Quand vous aurez été pendu,
L'on vous fera Grand-Prêtre.

La Déesse paroît, précédée de ses Suivantes, du Grand-Prêtre & des Sacrificateurs, tous Bas Normands, qui à la suite d'une marche, chantent cet hymne.

LE GRAND-PRETRE.

(AIR. *Je crois que toute la terre est à moi.*)

Le piffant Maître du tonnerre-an
Ne te yault pas ô cheu ma fey :
Laverna tu tiens sous ta ley
Tous les mortels de bonne terre-an
Ah ! que t'a de sujets, je crey
Que toute la terre est à tey, *bis.*

Laverna reçoit Arlequin très-favorablement, & lui donne l'emploi de Portier de son Antre. Ensuite elle donne audience à un Fermier Manceau, qui vient faire inscrire dans les archives de la Déesse un tour par lequel il s'est approprié la moitié d'un dépôt de 24 mille livres : Une Coquette se présente après, espérant trouver dans ces mêmes archives des ruses nouvelles.

LA COQUETTE.

(AIR. *Quand le péril est agréable.*)

Je voudrois quelque stratagême
Pour amuser douze galans.

LAVERNA.

Pourquoi ne pas en même temps,
Demander le treiziéme.

(AIR. *Du branle de Metz.*)

Sur mes regiftres, ma mie,
De grand nombre de fripons
Ont par de bonnes leçons
Rafiné la fourberie.

Ils n'ont jamais rien appris,
En fait de galanterie,
Ils n'ont jamais rien appris,
Aux coquettes de Paris.

LA COQUETTE.

» Hé bien, je tâcherai de trouver dans mon propre fonds
» ce que je cherche.

Suit une scéne où l'on explique tous les mysteres de la brocante des Marchands de Tableaux, qu'on nomme la *Grafagnade*. C'étoit *Raguenet*, Acteur Forain, & cy-devant Brocanteur, qui jouoit le role du Député de la Grafagnade, & avouoit qu'ayant vendu trop cher un Tableau à un Seigneur, sa fripponnerie avoit été découverte, & qu'il avoit été obligé de perdre le prix convenu. Ce trait regardoit un Prince très curieux de Tableaux, que Raguenet avoit effectivement trompé, & qui s'étoit contenté de la légére punition de forcer cet Acteur à se jouer lui-même dans cette scéne. A la suivante Arlequin remplissant exactement son office de Portier, vient annoncer les personnes qui se sont adressés.

ARLEQUIN. (Air........)

Mille Sergens, huit cent Greffiers,
Quatorze cent Cabaretiers,
Cinq cent quarante-trois Fripiers,
Et neuf cent vingt Meuniers,
Trois mille six cent deux Tailleurs,
Cent quatre-vingt-dix-neuf Tuteurs,
Cinq mille Procureurs,
Sept cent dix Imprimeurs,
Neuf mille quatre cens
Tant Commis qu'Intendans ;
Je n'ai pû compter les Marchands.

LAVERNA.

» Quoi cela te surprend, mon ami, ce sont-là mes plus
» petites chambrées.

Les scénes suivantes contiennent une espéce de critique du Ballet de la *Princesse d'Elide*, de M. l'Abbé *Pellegrin*, mis en Musique par M. de *Villeneuve*, & qu'on représentoit nouvellement sur le Théatre de l'Opéra. Les traits roulent sur l'inutilité du role de *Doris*, le ridicule des *Fêtes*, & sur-tout la foiblesse des stratagêmes d'*Amarillis* & de *Tersandre*. Leur éclaircissement se fait en présence de Laverna, qui conclut que cet hymen est digne d'être célébré dans sa caverne.

AMARILLIS. (AIR. de *Joconde*.)

J'y consens.

TERSANDRE.

Et Tersandre aussi.

LAVERNA.

Oui, votre mariage,
Mérite d'être fait ici.

TERSANDRE.

Achevez votre ouvrage.

LAVERNA.

Il faut hâter ces doux instans,
Car gênant vos tendresses,
Vous avez bien perdu du temps,
En mauvaises finesses.

Suit un divertissement, & le Vaudeville, dont voici un couplet.

Dans la nouvelle piéce,
Trouvez-vous la finesse,
Que vous cherchez par-tout?
Si vous y prenez goût,
Chez nous faites la presse.

Venez

LA

Venez doubler les rangs ici !
Car, Messieurs, c'est dans ce cas ey,
Que lure, lure,
Ton, relon ton ton,
Fin contre fin n'est pas bon
A faire doublure.

Extrait Manuscrit.

Cette piéce n'eut qu'une seule représentation.

LAUJON, (N.......) Auteur Dramatique aujourd'hui vivant, Sécretaire des commandemens de S. A. S. Monseigneur le Comte de Clermont, a composé pour le Théatre de l'Académie Royale de Musique.

DAPHNIS ET CHLOÉ, Pastorale en trois actes avec un Prologue, Musique de M. *Boismortier*, 1747.

ÆGLÉ, Ballet héroïque en un acte, Musique de M. *De la Garde*, 1751.

Pour le Théatre Italien, en société avec M. Parvi.

LA FEMME, LA FILLE ET LA VEUVE, Parodie en trois petits actes, du Ballet des *Fêtes de Thalie*, 1745.

Pour le Théatre de l'Opéra Comique, en société avec Messieurs Favar & La Garde.

L'ÉCOLE DES AMOURS GRIVOIS, un acte, 1744.

LE BAL DE STRASBOURG, un acte, 1744.
LES FÊTES PUBLIQUES, un acte, 1745.

LAUNAY, (N........) Auteur Dramatique, mort en 1751. a composé pour le Théatre François.

Tome III.   M

Le Paresseux, Comédie en trois actes & en vers, avec un Prologue, Paris, Prault fils, 1733.

Au Théatre Italien.

La Vérité fabuliste, Comédie Françoise en vers & en un acte, suivie d'un divertissement, 1731. Paris, Prault fils.

LAVOY, (Guillaume George Dumont de) Comédien François, débuta le Mardi 16 Mars 1694. par le role d'*Harpagon* dans l'*Avare*, & pour la seconde fois le Samedi 30 Avril 1695. dans le role du *Valet*, de la Comédie de la *Fille Capitaine*. Reçu dans la Troupe par ordre du 23 Décembre de la même année, mort le Lundi 2 Décembre 1726. âgé d'environ 73 ans. *Hist. du Th. Fr.* année 1730.

LAVOY, Anne-Françoise d'Orvay Dauvilliers, femme de Guillaume George Dumont de) Comédienne Françoise, débuta le Lundi 30 Juin 1705. par le role de *Camille* dans *Horace*, second début le premier Mai 1708. par *Clytemnestre* dans *Iphigénie*, troisiéme début le 7 Juin 1709. par *Agrippine* dans *Britannicus*. Elle n'a point été reçue, & est morte le Jeudi 12 Mars 1722. âgée de 35 ans. *Hist. du Th. Fr.* année 1730.

LAVOY, (Pauline Dumont de) fille des Sieur & Demoiselle Lavoy dont on vient de parler, & Comédienne Françoise, a débuté le Mercredi 19 Août 1739. dans la Tragédie d'*Andromaque*, reçue le Lundi 4 Janvier 1740. par ordre du Samedi précédent ; aujourd'hui vivante, & remplissant dans la Troupe les roles de grandes Confidentes tragiques, les Ridicules dans le Comique, &c. dans lesquels elle est applaudie. *Hist. du Th. Franç.* année 1739.

LAURE PERSÉCUTÉE, Tragi Comédie de M. *Rotrou*, représentée en 1637. & imp. tome I. du Recueil intitulé Théatre François, Paris 1737. par la Compagnie des Libraires, & précédemment in-4°. Quinet & Courbé 1639. in-12. Quinet 1646. *Hist. du Th. Fr.* année 1637.

LAURIERS. (Des) Voyez *Bruscambille*.

LÉANDRE ET HÉRO, Tragédie de M. *Gilbert*, non imp. représentée sur le Théatre de l'Hôtel de Bourgogne, vers le 14 Août 1667. suivie de l'*Infante Salicoque*, ou le *Héros des Romans*, piéce nouvelle de M. *Brécourt*. *Hist. du Th. Franç.* année 1667.

LÉANDRE ET HÉRO, Tragédie en cinq actes, avec un Prologue, de M. *Lefranc*, Musique de M. le Marquis de *Brassac*, représentée par l'Académie Royale de Musique, le Mardi 5 Mai 1750. in-4°. Paris, De Lormel.

Acteurs du Prologue.

Le Grand-Prêtre de Janus.	Le Sieur Le Page.
Minerve.	Mlle Romainville.
La Discorde.	Le Sieur Selle.

Ballet.

Romains & Romaines.	Le Sieur Vestris.
	Le Sieur Laval & Mlle Carville.

Acteurs de la Tragédie.

Athamas, Roi de Sestos.	Le Sieur Chassé.
Thermilis, Reine des Isles Eoliennes.	Mlle Chevalier.
Héro, Grande Prêtresse de Vénus.	Mlle Fel.
Léandre.	Le Sieur Jélyotte.

Arbate, Courtisan d'Athamas.	Le Sieur Albert.
L'Amour.	Mlle Le Mire.
La Jalousie.	Le Sieur Selle.
La Vengeance.	Le Sieur Person.

ACTEURS DU BALLET.

ACTE I. Berger & Bergéres.	Mlle Lyonnois.
	Le Sieur D. Dumoulin & Mlle Dallemand.
ACTE II. Passions malheureuses.	Les Sieurs Lyonnois & Devisse.
ACTE III. Chasseurs & Chasseresse.	Le Sieur Dupré.
	Le Sieur Lany & Mlle Lany.
ACTE IV. Matelot & Matelottes.	Mlle Camargo.
	Le Sieur Devisse & Mlle Labatte.
ACTE V. Une Prêtresse.	Mlle Puvignée.

LÉANDRE ET D'HÉRON, (les Amours infortunées de) Tragi-Comédie du Sieur de la Selve, 1633. imp. la même année. *Hist. du Th. Franç. année* 1633.

LÉGATAIRE (le) UNIVERSEL, Comédie en cinq actes & en vers, de M. *Regnard*, représentée le Lundi 9 Janvier 1708. & imp. dans ses Œuvres. *Histoire du Théatre François, année* 1708.

LÉGATAIRE, (la Critique du) Comédie en un acte & en prose, de M. *Regnard*, imp. dans les Œuvres de cet Auteur, & représentée à la suite de la précédente piéce, le Jeudi 19 Février 1709. *Hist. du Th. Franç. année* 1709.

LEGS, (le) Comédie en un acte & en prose, de M. de *Marivaux*, imp. chez Prault fils, & représentée le Lundi 11 Juin 1736. à la suite de la Tragédie d'*Hérode & Mariamne*. *Hist. du Th. Fr. année* 1736.

LÉLIO AMANT DISTRAIT. Voyez *Arlequin compétiteur de Lélio, Maître distrait.*

LÉLIO AMANT ÉTOURDI, (*Lelio inavertino,*) Canevas Italien en trois actes, repréfenté pour la premiére fois le Mercredi 1 Septembre 1717. (*Sans Extrait.*)

C'eft le même fujet de l'*Etourdi* de M. Moliere, & de l'*Amant indifcret* de M. *Quinault*. On ignore fi l'Italien a pris des Auteurs François, ou les François de l'Italien. *Nota*. La piéce Italienne fut reprife au mois de Mai 1728. fous le titre des *Contretems*, ou l'*Amant étourdi*. *Note Manufcrite*.

LÉLIO AMANT INCONSTANT, ET ARLEQUIN SOLDAT INSOLENT, (*l'Amante volubile*,) Canevas Italien en trois actes, repréfenté pour la premiére fois le Jeudi 25 Juin 1716. piéce ancienne. *Sans Extrait*.

LÉLIO DÉLIRANT PAR AMOUR, ET ARLEQUIN ÉCOLIER IGNORANT, (*l'hofpitale di pazzi,*) Canevas Italien en trois actes, repréfenté pour la premiére fois le Jeudi 24 Septembre 1716.

Par le titre Italien de cette Comédie on croiroit que c'eft le même fujet de l'*Hôpital des Foux*, Comédie de M. *Beys*; cependant rien n'y reffemble moins. Voici en peu de mots le fujet de la piéce Italienne de *Lélio délirant par Amour*.

Lélio aime avec paffion Flaminia, & s'attend de l'obtenir pour femme ; il apprend cependant qu'elle eft aimée de Pantalon, (pere de Lélio,) & qu'il la va époufer. Cette nouvelle plonge Lélio dans un fi grand chagrin, qu'il en perd la raifon. Pantalon touché des extravagances de fon fils, dont il apprend la caufe, dans un intervalle de sa folie, lui céde Flaminia, & cette heureuse condescendance de Pantalon pour son fils achéve de lui rendre son bon sens. *Extrait Manuscrit.*

Voilà précisément le sujet de la Comédie d'*Aspasie* de M. *Desmarest*, à quelques scénes différentes, entr'autres celle où Lélio se travestit en Chanteur de Chansons, &c.

LÉLIO ET ARLEQUIN RAVISSEURS INFORTUNÉS, (*Il violatore de Luso*,) Canevas Italien en trois actes, moderne & de la composition du *Boccabadati*, représenté pour la premiére fois le Vendredi 25 Septembre 1716. *Sans Extrait.*

LÉLIO ET ARLEQUIN RIVAUX, (*Il tradito*,) Canevas Italien en trois actes, représenté pour la premiére fois le Samedi 13 Juin 1716. Cette piéce est tirée en partie de l'*Aulularia* de Plaute, & on ajoûte que Moliere y a pris l'idée de la scéne *des beaux yeux de ma cassette*, de sa Comédie de l'*Avare*. *Sans Extrait.*

LÉLIO FOURBE INTRIGUANT, (*Il Cabalista*,) Canevas Italien en trois actes, représenté pour la premiére fois le Samedi 11 Juillet 1716.

« On voit dans cette Comédie le caractere
» d'un misérable, effronté & sçavant dans l'art
» de se faire passer pour un homme de consé-
» quence ; mais toute son adresse devient inuti-
» le, & après un grand nombre de fourberies
» découvertes, il a la honte de se voir moqué
» par deux femmes qu'il trompoit sous un dou-
» ble nom. Enfin il essuye la mortification de
» se laisser dépouiller de ses propres habits, &

» il ne lui reste pour récompenses de toutes ses
» souplesses, qu'une horrible confusion. Cette
» Comédie est remplie de sages maximes & de
» sentimens excellens pour les mœurs ». *Mercure Galant*, Juillet 1716. p. 273-275.

Cette piéce est tirée d'une Comédie Espagnole, qui a servi à Thomas Corneille pour composer le *Galant doublé*, Comédie, qui pour le dire en passant, en y supprimant quelques longueurs, qui sont des défauts du temps, feroit grand plaisir sur la scéne Françoise. Thomas Corneille y a annobli le caractere du personnage dominant de la piéce, & ce que l'Auteur Espagnol lui fait faire par bassesses de sentimens, l'Auteur François le met sur le compte de l'Amour. C'est un Galant qui en veut au cœur des Dames, & qui en a un capable d'en entretenir deux à la fois ; c'est ce qui produit des scénes & une intrigue fort amusante, & dont le dénouement est heureux & tiré du fond du sujet.

LÉLIO JOUET DE LA FORTUNE. Voyez *Arlequin crû Lélio*.

LÉLIO PRODIGUE, ET ARLEQUIN PRISONNIER PAR COMPLAISANCE, Canevas Italien en trois actes, représenté pour la premiére fois le Dimanche 21 Juin 1716. Cette piéce est intitulée en Italien *Lelio prodigo*, elle est moderne & dans les mœurs de Venise, de la composition du Docteur *Boccabadati*, mais M. Riccoboni le pere, en la donnant à Paris, y a fait beaucoup de changemens. *Sans Extrait*.

LENDEMAIN (le) DE NÔCES, Opéra Comique en un acte, de M. *Fuzelier*, non imprimé, représenté au Théatre de Dominique, à la Foire S. Germain 1716.

« Cette piéce eût alors assez de succès : on » en porta un jugement tout contraire lorsqu'el- » le fut représentée sur le Théatre du Palais » Royal ». *Mémoires sur les Spectacles de la Foire*, tome I. pag. 188.

On ne joint ici que le Fragment d'une scéne, qui fera juger du reste de l'ouvrage : c'est une conversation entre Pierrot & Marinette, qui sont mariés de la veille.

PIERROT. (AIR. *Du Confiteor.*)

Vous m'avez l'air tout endormi,
Je vous crois fatiguée & lasse.

MARINETTE.

Et de quoi donc, mon cher mari ?

PIERROT.

Dormez une heure ou deux, de grace ?

MARINETTE.

Songez qu'en nous mettant au lit,
Hier au soir vous m'avez dit.

(AIR. *Dormez Roulette.*)

Dormez Roulette,
Prenez bien votre repos :
Demain à la réveillette,
Nous vous en dirons deux mots.

PIERROT. (AIR. *Robin ture lure lure.*

Reposez-vous croyez-moi.

MARINETTE.

Je vous quitte, mais je jure,
Et j'en jure sur ma foi......

PIERROT.

Turelure.

MARINETTE.

Je soûtiendrai la gageure,
Robin turelure lure.

(AIR. *Dormez Roulette.*)

Dormez Roulette,
Prenez bien votre repos, &c.

PIERROT. (AIR. *Robin turelure lure.*)

Bien souvent le cœur dément,
Ce que la bouche nous jure,
Le dépit fait le serment,
Turelure,
Un regard fait le parjure,
Robin turelure lure.

Extrait Manuscrit.

Cette piéce a été retouchée par l'Auteur, & donnée au mois de Mars 1728. sous le titre du *Ravisseur de sa femme.* Voyez Ravisseur (le) *de sa femme.*

LEUCOTHOÉ, c'est le sujet de la premiére Entrée du Ballet des *Sens,* sous le titre de *l'Odorat,* par M. *Roy,* Musique de M. *Mouret,* représentée en 1732. Voyez Sens. (les)

L'HÉRITIER, (Nicolas) Seigneur de Nouvellon & de Villandon, d'une ancienne famille de Normandie, a été successivement, Mousquetaire de la Garde du Roi, Officier dans le Régiment des Gardes Françoises, & Trésorier du même Régiment, mort au mois d'Août 1680. a composé.

HERCULE FURIEUX, Tragédie, 1638.

LE GRAND CLOVIS, Ier ROI CHRÉTIEN, Tragi-Comédie, non représentée ni imp. *Hist. du Th. Fr. année* 1638.

LIBÉRAL (le) MALGRÉ LUI, Canevas Italien en trois actes, de M. *Riccoboni* le pere,

M v

représenté pour la premiére fois le Samedi 12 Décembre 1716. Il y a quelques scénes des *Vacances*, Comédie de M. *Dancourt*, employées dans cette piéce. (Canevas acte par acte, scéne par scéne du *Libéral malgré lui*, Paris, Briasson.)

LIBERTIN, (le) *ou* l'ENFANT GÂTÉ, (*la Madre compiacente*,) Canevas Italien en trois actes, représenté pour la premiére fois le Dimanche 28 Novembre 1717. Cette piéce est dans le goût des mœurs de Venise. M. Mario y joua excellemment le role de l'*Enfant gâté*.

LIGUE (la) DES FEMMES. Voyez *Colonie*. (*la Nouvelle*)

LINANT, (N......) Auteur Dramatique, mort en 1750. a composé pour la scéne Françoise :

ALZAÏDE, Tragédie, 1745.

VANDA, REINE DE POLOGNE, Tragédie, 1747.

Histoire du Théatre François, année 1650.

LISANDRE ET CALISTE, Tragi Comédie de M. *Du Ryer*, représentée en 1632. in-8°. Paris, David, 1636. *Hist. du Th. Fr.* année 1632.

LISIMÉNE, *ou la* JEUNE BERGÉRE, Pastorale en cinq actes & en vers, de M. l'Abbé *Boyer*, imp. Paris, Le Monnier, 1672. & représentée sur le Théatre du Marais. *Hist. du Th. Fr.* année 1672.

LISLE, (N...... de) Sieur de la Drevrétieres, Auteur vivant, a donné au Théatre Italien :

ARLEQUIN SAUVAGE, Comédie ne prose & en trois actes, 17 Juin 1721.

TIMON LE MISANTROPE, Comédie en prose & en trois actes, précédée d'un Prologue, 2 Janvier 1722.

ARLEQUIN AU BANQUET DES SEPT SAGES, Comédie en prose & en trois actes, précédée d'un Prologue, non imp. 15 Janvier 1723.

LE BANQUET RIDICULE, Comédie en un acte, partie en prose & partie en couplets. Critique du *Banquet des sept Sages*, non imp. 4 Février 1723.

LE FAUCON ET LES OYES DE BOCACE, Comédie en prose & en trois actes, précédée d'un Prologue, 6 Février 1725.

LE BERGER D'AMPHRISE, Comédie en trois actes, non imp. 20 Février 1727.

ARLEQUIN ASTROLOGUE, Comédie en prose & en trois actes, non imp. 13 Mai 1727.

DANAUS, Tragédie en trois actes & trois intermédes en vers libres, non imp. 21 Janvier 1732.

ARLEQUIN GRAND MOGOL, Comédie en prose & en trois actes, non imp. 14 Janvier 1734.

LE VALET AUTEUR, Comédie en vers libres & en trois actes, 2 Août 1738.

LES CAPRICES DU CŒUR ET DE L'ESPRIT, Comédie en prose & en trois actes, non imp. 25 Juin 1739.

LISLE, (Mlle de) célébre Actrice Foraine, pour les roles de Colombine & d'Olivette, « après avoir reçû mille applaudissemens sur » le Théatre de l'Opéra de Lyon, étoit venue

» en 1715. se présenter à celui de Paris, où je
» ne me souviens pas par quelle raison elle ne
» fut point reçue. Peu de temps après elle fut
» sollicitée d'entrer dans la Troupe Foraine ré-
» gie par la Dame de Baune, où elle parut avec
» un succès éclatant. Cette Actrice eût dès-lors
» une telle réputation, que j'ai vû plusieurs
» personnes assurer que les autres Spectacles de
» Paris pourroient à peine fournir une sembla-
» ble Actrice. Elle ne quitta la Dame de Baune
» qu'en 1718. & entra dans les Troupes de
» Province. Elle revint à Paris en 1721. & a
» suivi fidélement & aussi longtemps qu'elle a
» pû le Théatre de l'Opéra Comique, jus-
» qu'en 1741. » *Mémoires sur les Spectacles de la Foire, tome I. p.* 189 190.

Cet article a besoin d'être rectifié de la maniére qui suit.

Mlle de Lisle est née en 1684. à peine avoit-elle atteint douze ans, qu'elle fut engagée à l'Opéra de Lyon en 1696. par le Sieur Dugué, Directeur de ce Spectacle. Elle y joua avec applaudissement jusqu'en 1715. A la Foire Saint Germain 1716. elle débuta au Jeu de la Dame de Baune, par *Marinette* dans le *Lendemain de Nôces*, piéce de M. *Fuselier*, ensuite *Colombine* dans les *Deux Colombines* du même Auteur. Ce dernier ouvrage n'eut aucun succès, on peut en attribuer en partie la cause à la Demoiselle Maillard, qui étant en possession du role qui donne le nom à la piéce, fut sifflée dès que la Dlle de Lisle parut au Théatre. Cette derniére demeura avec la Dame de Baune jus-qu'en 1717. qu'elle se joignit à la Troupe de

Dominique, & l'année suivante dans celle des Sieur & Dame de S. Edme. A la fin de cette année elle passa à Bruxelles, avec les Sieurs Roger & Du Londel, Comédiens de campagne, & de-là fit un voyage en Angleterre. Revenue à Paris en 1721. elle joua dans la Troupe de Francisque pendant le cours de la Foire S. Laurent, au bout duquel temps l'Opéra Comique demeurant supprimé, Mlle de Lisle se retira à une Maison de campagne qu'elle avoit auprès de Paris. En 1725. le Sieur Honoré, nouvel Entrepreneur de l'Opéra Comique, n'oublia rien pour l'engager dans sa Troupe, dont elle fit le principal ornement. Elle a toûjours continué de briller à ce spectacle jusqu'à la Foire S. Germain 1740. que s'appercevant que son jeu ne plaisoit plus au public, elle renonça absolument au Théatre. Aujourd'hui vivante à Paris. *Mémoire Manuscrit.*

LIVRY, (N..... Gravet de) Comédienne Françoise, débuta le Lundi 24 Avril 1719. par les roles de *Jocaste* dans la Tragédie d'*Œdipe*, de M. de *Voltaire*, & celui de *Lisette* des *Folies amoureuses*. IIe début le Lundi 27 Octobre 1721. par *Dorine* dans la Comédie du *Tartuffe*. IIIe début le Vendredi 17 Avril 1722. par *Virginie* dans l'*Inconnu*. Retirée sans pension, le Jeudi 4 Juin de la même année. *Hist. du Th. Fr. année 1722.*

LIZIDOR, ou la COUR BERGERE, Tragi-Comédie de M. *Maréchal*, 1638. Paris, Quinet, 1640. *Histoire du Th. Franç. année 1638.*

LOMBARD, (Mlle) de Paris, & fille d'un Marchand de bois quarré, fit étant jeune connoiſſance avec le Sieur Legrand pere, qui lui croyant quelques talens pour le Théatre, la plaça dans une Troupe de Province, où cette Demoiſelle époufa le Sieur Lombard, Comédien de Campagne. Ils débutérent enſemble au Théatre de l'Opéra Comique à la Foire Saint Laurent 1735. La Dlle Lombard fut aſſez applaudie, mais ſon mari n'étant pas goûté, ne fut conſervé qu'à ſa conſidération. L'année ſuivante elle ſuivit ſon mari à Lyon, où elle eut encore un grand ſuccès: en 1737. elle s'engagea avec le Sieur Pontau, & ſuivit ſon Spectacle juſqu'à la fin de la Foire S. Germain 1738. Son mari l'emmena enſuite en Province, où elle demeura deux années. Elle revint à la Foire S. Laurent 1741. & s'engagea avec le Sieur Pontau, pour cette Foire & la ſuivante. Mais comme le public ne la goûta pas, le Sieur Pontau fut obligé de lui payer ſes appointemens ſans l'employer dans aucun role. Aujourd'hui vivante, & retirée du Théatre.

LONDEL, (Du) Acteur Forain, « Comé-
» dien François dans une Troupe de Province,
» jouoit les roles d'Amans, (dans la Troupe du
» Sieur S. Edme en 1714.) & ne s'en acquittoit
» pas mal, malgré un peu d'empêchement dans
» l'action de ſa langue. Il étoit d'une figure aſſez
» paſſable, & ſe piquoit d'eſprit, & de con-
» noître l'uſage du grand monde. Il paſſa dans
» la Troupe de la Dame de Baune, & y reſta
» juſqu'à la fin de la Foire S. Laurent 1716. &
» partit avec la Demoiſelle Maillard, pour

» aller jouer en Province. Il revint avec cette
» Actrice au commencement de l'année 1721.
» & joua dans sa Troupe à la Foire S. Laurent
» suivante, en qualité de Gagiste. Cette Foire
» fut malheureuse pour les Entrepreneurs, &
» Du Londel ayant perdu sa peine & son temps,
» retourna en Province. On ignore ce qu'il est
» devenu ». *Mémoire sur les Spectacles de la Foire*, tome I. p. 138.

LONGCHAMPS, (N...... Pitel de) sœur de Mademoiselle *Raisin*, Comédienne Françoise, a tenu pendant plusieurs années la piéce à la Comédie. Elle a composée une petite Comédie, non imprimée, & intitulée :

Le Voleur, ou Titapapouf, représentée en 1687.

Hist. du Th. Franç. année 1687.

LONGEPIERRE, (Hilaire-Bernard de Requelayne, Seigneur de) né à Dijon le 18 Octobre 1659. fut successivement Précepteur de M. le Comte de Toulouse, de M. le Duc de Chartres, depuis Duc d'Orléans, Régent du Royaume, Sécretaire des commandemens de M. le Duc de Berry, & enfin Gentilhomme ordinaire de M. le Duc d'Orléans : il est mort à Paris le 31 Mars 1721. & a composé pour la scéne Françoise :

Médée, Tragédie, 1694.

Sésostris, Tragédie non imp. 1695.

Electre, Tragédie, 1719.

Histoire du Th. Franç. année 1719.

LOPE (Don) DE CARDONNE, Tragi-Comédie de M. *Rotrou*, représentée en 1650. Paris, Sommaville, 1652. *Hist. du Th. Fr.* année 1650.

LOT (le) SUPPOSÉ. Voyez la *Coquette de Village.*

LOTTERIE, (la) Comédie en un acte & en prose, de M. *Dancourt*, imp. dans ses Œuvres, & représentée le Mardi 10 Juillet 1697. à la suite de la Tragédie d'*Andronic*. *Histoire du Théatre Franc.* année 1697.

LOURDAUT, (le) Comédie en un acte, de M. de *Brie*, non imp. représentée le Mercredi 8 Mai 1697. précédée de la Tragédie d'*Œdipe*... *Histoire du Th. Fr.* année 1697. Voyez le *Feint Lourdaut*.

LOURDAUT, (le feint) Comédie en un acte, d'un Auteur *Anonyme*, non imp. représentée le 13 Mai 1678. à la suite de *Pulcherie*, au Théatre de Guénégaud. *Histoire du Théatre François*, année 1678.

LOURDAUT (le) D'INCA, Opéra Comique en un acte & en prose en monologues, avec un divertissement & un vaudeville, par M. *Fuzelier*, non imprimé représenté par la Troupe de Lalauze & Restier, le Samedi 3 Février 1720. précédé du *Camp des Amours* & du *Chartier du Diable*, piéces d'un acte chacune, du même Auteur. Cet ouvrage n'eut aucun succès : le refrain du Vaudeville étoit,

Consultez Lourdaut d'Inca,
Il vous le dira, zeste,
Il vous le dira.

LOUVAIT, (N.......) Auteur Dramatique assez inconnu, a composé pour la scéne Françoise :

LA MORT D'ALÉXANDRE, Tragédie, non imp. 1684.

Histoire du Théatre François, année 1684.

LOYAUTÉ (la) TRAHIE. Voyez *Acoubar*.

LOYER, (Pierre le) né à Huillé, village d'Anjou, près la petite ville de Duretal, le 24 Novembre 1550. mort en 1634. âgé de 84 ans, a composé:

Le Muet insensé, Comédie en cinq actes & en vers de huit syllabes 1575. Paris, 1579. *Hist. du Th. Franç. année 1575.*

LUBIN, *ou le* SOT VENGÉ, Comédie en un acte & en vers de huit syllabes, de M. *Poisson (Raimond)* représentée sur le Théatre de l'Hôtel de Bourgogne, au mois de Février 1652. imp. dans le Recueil des piéces de cet Auteur. *Hist. du Th. Fr. année 1652.*

LUCAS ET PERRETTE, Comédie en un acte & en prose, de M. *Fagan*, non imp. représentée à la suite des *Bourgeoises à la mode*, le Mercredi 17 Novembre 1735. *Histoire du Théatre Franç. année 1735.*

LUCELLE, Comédie en cinq actes & en prose, de Louis *Le Jars*, représentée en 1576. Paris, Le Magnier, 1576. *Histoire du Théatre Franç. année 1576.*

Lucelle, Tragi Comédie en cinq actes, mise en vers par Jacques *Du Hamel*, 1604. imp. cette même année. *Hist. du Th. Fr. année 1604.*

LUCRECE, Tragédie de Nicolas *Filleul*, représentée au Château de Rouen, le 29 Septembre 1566. suivie des *Ombres*, Pastorale, Rouen, Loyselet. 1566. *Hist. du Th. Franç. année 1566.*

Lucrece, Tragédie de M. du *Ryer*, représentée en 1637. Paris, Sommaville, 1638. *Hist. du Théatre Franç.* année 1637.

Lucrece (la) Romaine, Tragédie de M. *Chevreau*, représentée en 1637. Paris, Quinet, 1638. *Histoire du Théatre François*, année 1637.

Lucrece, *ou l'*Adultére puni, Tragédie d'Alexandre *Hardy*, représentée en 1616. imp. tome VI. des Œuvres Dramatiques de cet Auteur. Paris, Targa, 1628. *Hist. du Th. Fr.* année 1616.

LUNETTES (les) MAGIQUES, Comédie Françoise en prose & en un acte, au Théatre Italien, par M. *Meunier*, représentée une seule fois le Samedi 18 Février 1719. *Sans Extrait.*

LUTIN (le) AMOUREUX, Canevas Italien en trois actes, mêlé de scénes Françoises, représenté pour la premiére fois le Vendredi 20 Novembre 1722. *Sans Extrait.*

C'est la derniére piéce que les anciens Comédiens Italiens firent paroître sur leur Théatre, & qui étoit intitulée, *Spinette Lutin amoureux.* (Voyez l'Hist. de l'ancien Th. Ital.) Paris, Lambert. Dans cette reprise on a traduit en François quelques scénes Italiennes, qui ont perdu de leurs graces & de leur jeu; mais cela fut réparé par la Dlle Flaminia, qui joua les trois quarts de la piéce avec feu & intelligence, & d'une maniere qui fut applaudie de tous les Spectateurs, sur tout la scéne de la *Tirade*, qui est prise de l'ancien Théatre donné par Ghérardi, de la Comédie de l'*Homme à bonnes fortunes*, de M. *Regnard*.

LYGDAMON ET LYDIAS, *ou la* RES-SEMBLANCE, Tragi-Comédie en cinq actes & en vers, de M. de *Scudery*, représentée en 1629. Paris, Targa, 1631. *Hist. du Th. Fr.* année 1629.

LYNCÉE, Tragédie de M. l'Abbé *Abeille*, représentée sur le Théatre de l'Hôtel de Bourgogne, le Vendredi 25 Février 1678. La Haye, Moëtiens, 1681. *Hist. du Th. Fr.* année 1678.

LYSANDRE ET CALISTE, Tragi-Comédie de M. du *Ryer*, représentée en 1632. Paris, in 8°. David, 1636. *Hist. du Th. Franç.* année 1632.

LYSIMACHUS, Tragédie posthume de M. de *Caux*, représentée le Vendredi 13 Décembre 1737. suivie de *Crispin Rival de son Maître*, & imp. in-12. Paris. *Histoire du Th. Fr.* année 1737.

M.

M A

MACHABÉE, (la) Tragédie du *Martyre des sept freres, & de Solomone leur mere*, de Jean du *Virey*, Sieur du Gravier, 1596. Rouen, du Petitval, 1599. *Hist. du Th. Fr. année 1596.*

MACHABÉES, (*Tragédie de la divine & heureuse victoire des*) *sur le Roi Antiochus*, de Jean du *Virey*, Sieur du Gravier, 1600. Rouen, du Petitval, 1600. *Hist. du Th. Fr année 1600.*

MACHABÉES, (les) Tragédie de M. de la *Motte*, imp. dans ses Œuvres, & représentée le Jeudi 6 Mars 1721. *Hist du Th. Fr. année 1721.*

MACHABÉES, (les) Voyez *Antiochus*, de M. l'Abbé *Nadal*.

MADONTE, (la) Tragi-Comédie du Sieur *Auvray*, 1630. Paris, Sommaville, 1632. *Histoire du Théatre Fr. année 1630.*

MAGASIN (le) DES CHOSES PERDUES, Opéra Comique en un acte, de M. *Fromaget*, non imp. & représenté le Dimanche 21 Septembre 1738.

Momus exilé par Jupiter, à cause de ses railleries piquantes, se trouve dans la nécessité d'accepter la place de Directeur du Magasin des choses perdues, que Mercure vient lui offrir.

MOMUS.

» Et en quoi consiste-t-il ?

MERCURE. (Air. *Le Cordon bleu.*)

On conserve dans ce magasin
Tout ce qui s'est perdu sur la terre,
La bonne foi d'un Marchand de vin,
La candeur d'un Conseiller Notaire :
La probité d'un Procureur :
L'air simple & novice
D'une jeune Actrice,
De tout Financier le bon cœur ;
Et de bien des maris la tendresse & l'ardeur.

Momus se charge de l'emploi ; mais soit malignité, soit ignorance, il trouve le secret de ne contenter personne, & quitte enfin le Magasin sans avoir fait aucune distribution, lorsque Mercure vient lui annoncer son rappel dans les Cieux. Comme la piéce est composée de scénes appellées à tiroir, par les Maîtres de l'art, on se contente de donner l'Extrait des deux plus plaisantes. Deux jeunes sœurs, Catin & Finette, viennent chercher au Magasin ce qu'elles ont perdu.

CATIN. (Air. *Ma sœur t'en a-t-on fait autant.*)

J'élevois un oiseau charmant ;
Que j'aimois son gazouillement !
Il étoit vif & carressant,
Il embellissoit en croissant,
Ah ! quel dommage !
Par malheur j'ouvris sa cage,
Il en sortit subitement.

» Ne seroit-il point envolé ici ?

(Air. *Rendez-le-moi, mes Dames.*)

L'oiseau que j'ai perdu,
Peut-il m'être rendu ?
J'en serois ravie,
Car il étoit privé,
Rendez-le-moi de grace, hélas ! si vous l'avez.

Momus lui répond qu'il n'y est point ; il ajoûte que le Magasin, tout ample qu'il est ; ne le seroit point assez pour contenir tous les oiseaux que ses pareilles laissent échapper par imprudence. L'Auteur a tiré du conte de *Marciole* dans le *Moyen de parvenir*, l'idée de l'autre scéne dont on va rendre compte. Guillot & Nicole sa femme ont ensemble une contestation assez vive : celle ci en revenant de Paris a apporté quantité de bijoux, & comme elle ne veut point dire où elle les a pris, son mari en conçoit une forte jalousie : enfin Nicole se résout à lui avouer qu'elle a porté un panier de prunes au Seigneur du Village ; que ce Seigneur ayant fait quelque difficulté de recevoir ce présent, elle avoit réïteré ses instances pour le lui faire accepter, & que pendant cette dispute, le panier ayant été renversé, les prunes se sont répandues sur le plancher. Elle ajoûte qu'elle s'étoit mis à pleurer, & que le Seigneur pour la consoler avoit tiré de son doigt un diamant, en lui disant :

(AIR. *Haye, haye, haye, fi, fi.*)

Ah ! ma chere,
Là consolez-vous,
Car ce bijou,
Peut vous plaire.
Acceptez-le donc,
Non,
Laire lan laire,
Je ne m'en soucie guère.

GUILLOT.

Oh, fatigué, bon celà ;
Quoi tu le plantis-là.

NICOLE.

Je voulois rendre
Cé qu'il mé faisoit prendre.

GUILLOT.
Oh morguenne, il avoit tort.
NICOLE.
Non, nenny, nenny, nenny.
GUILLOT.
Haye, haye, haye, fi, fi.
MOMUS.
» C'est-à dire que Nicole a pris le diamant ?
NICOLE.
» Oh ! que non.
GUILLOT.
» Tu fis bien.
NICOLE.
» Il m'obligit tant feulement d'en prendre la valiffance
» en argent : il me dit qu'il me le donnoit pour avoir bien
» de petits ajuftorions, & fi-tôt que je fus hors de chez ly,
» j'achetis tous ceux-là. Tiens Guillot, voilà le refte de
» l'argent.
GUILLOT.
» C'eft pardy de jaunets : ftapendant je craignons.
NICOLE.
» Et que crains-tu ?
GUILLOT.
» C'eft que vla très-bien d'argent, & pis il faut.

(AIR. *Des fraifes.*)

Se garder des gens de Cour,
Des vieux comme des jeunes :
Je crains quenque mauvais tour,
T'auroit-il donné çà pour
Des preunes, des preunes, des preunes ?

MOMUS.
» Cela fe peut : au refte, Monfieur Guillot, je vous con-
» feille de lui vendre à ce prix tout le fruit de votre Jardin.
GUILLOT.
» Vous avez raifon, & pifqu'il aime tant les preunes, je
» lui en baillerons tout le faoul.

(AIR. *De ton joli Jardinet.*)

Pour que dans notre ménage,
Tout puisse aller à souhait,
Het, het, het, het, het, het :
Faut, sans tarder davantage,
Portet à ce beau muguet,
Het, het, het, het, het, het :
Pisque ce sont ses délices,
De temps en temps les prémices
De ton joli, joliet,
De temps en temps les prémices,
De ton joli Jardinet.

Extrait manuscrit.

MAGASIN (le) DES MODERNES, Opéra Comique en un acte, par M. *Panard*, représenté le Vendredi 3 Février 1736. précédé d'un Prologue, & des *Epoux réunis*, piéce en un acte, repris sur le même Théatre, le Lundi 24 Septembre de la même année; le Dimanche 7 Avril 1737. le Dimanche 19 Mars 1741. & le Mardi 6 Mars 1742.

Les différentes reprises de cette piéce sont une preuve de son succès: elle a été imprimée en 1746. à la Haye, (Paris,) chez J. M. Husson, ainsi l'on n'en donne point d'extrait, on rapporte seulement les deux couplets suivans, qui ont été oubliés dans cette édition.

Dans la scéne seconde, la Nouveauté se plaint à Mercure que la Critique la désole aussitôt qu'elle paroît au Théatre.

(AIR. *des Trembleurs.*)

Par la rigueur qu'elle exerce,
Elle a contraint *Artaxerce*,
De s'en retourner en Perse,
Plus vite encore que *Téglis*.

Cette louange fatale,
Pire que n'eſt la cabale,
Fit que l'*Amitié rivale*,
Ne trouva que peu d'amis.

» A peine ajoûte-t-elle a-t-on fait grace aux *Amours*
» *anonymes* ».

MERCURE.

(AIR. *Quand je tiens de ce jus d'Octobre.*)

Lorſque tout Paris les approuve,
On rend juſtice à ce morceau :
Dans plus d'un endroît on y trouve,
Du beau, du grand beau, du très-beau.

MAGICIENS. (les) Voyez *Arlequin & Scapin, Magiciens par hazard.*

MAGIE (la) DE L'AMOUR, Paſtorale en un acte & en vers libres, de M. *Autreau*, Paris, Prault fils, & repréſentée le Lundi 9 Mai 1735. précédée de la Tragédie d'*Inès de Caſtro*. *Hiſtoire du Th. Franç. année* 1735.

MAGIE (la) SANS MAGIE, Comédie en cinq actes & en vers, de M. *Lambert*, repréſentée en 1660. ſur le Théatre de l'Hôtel de Bourgogne, Paris, Sercy, 1661. *Hiſt. du Th. Franç. année* 1660.

MAGNIFIQUE, (le) Comédie en deux actes & en proſe, de M. de *La Motte*, repréſentée le Vendredi 11 Mai 1731. précédée d'un Prologue, du *Taliſman*, piéce en un acte, & de *Minutolo*, piéce auſſi en un acte : ces trois piéces données enſemble ſous le titre de l'*Italie Galante* ; le *Magnifique* eſt demeuré au Théatre. Voyez *Italie (l') Galante.*

MAGNON ; (Jean) né à Tournus, petite ville du Maconnois, Avocat au Préſidial de Lyon, Auteur Dramatique, fut aſſaſſiné à Paris

fur le Pont neuf, le 18 ou le 20 Avril 1662.
Il a composé pour la scéne Françoise:

ARTAXERCE, Tragédie, 1645.

JOSAPHAT, Tragi Comédie, 1646.

SÉJANUS, Tragédie, 1646.

LE MARIAGE D'OROONDATE ET DE STATIRA, *ou la* CONCLUSION DE CASSANDRE, Tragi-Comédie, 1647

LE GRAND TAMERLAN ET BAJAZET, Tragédie, 1647.

JEANNE DE NAPLES, Tragédie, 1654.

ZÉNOBIE, REINE DE PALMYRE, Tragédie, 1659.

Hist. du Th. Franç. année 1645.

MAGOTIN; Opéra Comique en un acte de Messieurs *Le Sage* & *d'Orneval*, non imp, représenté à la Foire S. Germain 1721. par la Troupe de Francisque, précédé de l'*Ombre d'Alard*, Prologue, & suivi de *Robinson*, piéce d'un acte.

Le sujet de cette piéce est dans le goût des Contes de Fées, & a besoin du secours de la représentation & du Jeu des Acteurs. Magotin neveu de la Magicienne Bedra, a trouvé sur le chemin de Moussel le portrait d'une jeune personne, dont il est épris subitement: la violence de sa passion l'oblige à prier sa tante de lui faire connoître l'original. Bedra, par le moyen de ses charmes, découvre que ce portrait est celui de la Princesse de Moussel, & que cette Princesse doit le jour même épouser un Prince qu'elle aime: elle la fait enlever, & pour couvrir l'affreuse difformité de Magotin, elle lui donne un bouquet dont la vertu le fait paroître d'une beauté ravissante aux yeux de la Princesse, à qui on a eu la précaution de faire boire de l'eau d'oubli. Dans le moment qu'on est prêt à célébrer les nôces de Magorin & de la Princesse, le Génie Feridon paroît dans un char lumineux, détruit l'enchantement de Bedra, & emmène la Princesse, pour la rendre au Prince à qui elle est destinée. *Extrait Manuscrit.*

MAHOMET, Tragédie de M. de *Voltaire*, représentée le Jeudi 9 Août 1742. suivie du *Dédit*, imp. dans les Œuvres de l'Auteur. *Hist. du Th. Fr. année* 1742.

MAHOMET SECOND, Tragédie de M. *Chateaubrun*, représentée le Mardi 13 Novembre 1714. imp. tome XI. du Recueil intitulé Théatre François, Paris, 1737. par la Compagnie des Libraires, & précédemment in 12. Paris, Ribou, 1715.

MAHOMET SECOND, Tragédie de M. de *La Noue*, Paris, Prault fils, & représentée le Lundi 23 Février 1739. suivie de la *Comtesse d'Escarbagnas*. *Histoire du Théatre François, année* 1739.

MAILLARD, (Cavé dit) Acteur Forain, débuta à la Foire S. Germain 1711. dans la Troupe de Nivelon : il adopta le role de Scaramouche, & le jouoit passablement. En 1712. il passa dans la Troupe de la Dame de Baune, & continua jusqu'en 1716. qu'il courut les Troupes de Province. Il ne revint à Paris qu'en 1721. A la Foire S. Laurent de cette année, il s'associa avec Lalauze, Baxter, Alard & Saurin, pour le privilége de l'Opéra Comique. Cette entreprise ayant mal réussi, & la Demoiselle

Maillard étant morte sur la fin de cette même Foire, Maillard reprit le chemin de la Province, & n'a pas reparu à Paris depuis. On peut voir une avanture particuliere de cet Acteur, *tome I. des Mémoires sur les Spectacles de la Foire*, p. 122 & 123.

MAILLARD, (Mlle) Actrice Foraine, née à Paris, étoit fille d'un Officier de Cuisine de M. le Maréchal de Catinat : elle quitta le métier de raccommodeuse de dentelles, qu'elle exerçoit au Fauxbourg S. Germain, pour entrer chez Bertrand, Entrepreneur d'un Jeu de Marionnettes. Dolet qui lui reconnut des talens, l'engagea dans sa Troupe, où elle resta huit ans. Pendant un séjour de cette Troupe à Besançon, l'Actrice dont on parle y fit connoissance d'un jeune homme de cette ville, appellé *Cavé*, qui portoit alors le petit collet. La passion du jeune Cavé fut si prompte & si vive, que quittant l'Etat Ecclésiastique, il prit le nom de Maillard, sous lequel il épousa la jeune Actrice, avec laquelle il courut les Provinces dans diverses Troupes. En 1711. Maillard & la Demoiselle son Epouse s'engagérent dans la Troupe de Nivelon, qui avoit un Jeu à la Foire S. Germain. La Dlle Maillard, qui avoit pris depuis plusieurs années avec succès, le caractere des Colombines brillantes, s'attira d'autant plus d'applaudissemens, qu'avant elle aucune Actrice n'avoit si bien rempli ce role : ces mêmes applaudissemens l'accompagnérent, & augmentérent encore au Jeu de la Dame de Baune, où elle passa ensuite jusqu'en 1716, que la Dlle de Lisle parut. Le public donna hautement la pré-

férence à cette derniére : Mlle Maillard de dépit, quitta avant la fin de la Foire, & s'engagea dans une Troupe de campagne. « La Demoi-
» selle Maillard a été la meilleure Colombine
» qui ait paru sur le Théatre avant Mademoi-
» selle de Lisle. Au début de cette derniére,
» la Demoiselle Maillard quitta la Troupe de
» la Dame veuve Baron, & suivie de son mari,
» de Baxter & de Saurin, elle fut jouer en Pro-
» vince, & ne revint à Paris qu'en 1721. Le
» privilége de l'Opéra Comique, où elle étoit
» interressée avec son mari, ne lui procura ni
» profit, ni applaudissement. Son jeu n'étoit
» plus à la mode : elle voulut reprendre les
» piéces où elle avoit le plus brillé, & entr'au-
» tres celle de Colombine Arlequin, jouée
» dans sa nouveauté à la Foire S. Laurent 1715.
» & que M. Le Sage avoit composé pour elle ;
» comme elle étoit prête d'accoucher, elle se
» blessa en sautant d'un balcon sur le Théatre,
» on la porta chez elle, où elle mourut peu de
» jours après : ce fut dans le mois de Septembre
» de la même année 1721 ». *Mémoires sur les Spectacles de la Foire, tome I. p. 121.*

MAILLOT, cousin de la veuve Maurice, entra dans sa Troupe à la Foire S. Germain 1702. pour remplir le role de *Gille*, que Benville avoit joué jusqu'alors. Maillot a été un des meilleurs Gille qui ait paru à la Foire.

MAINBRAY, Anglois né à Londres, est inventeur & compositeur des Divertissemens Pantomimes suivans, qui ont été exécutés par la Troupe étrangere, à la Foire S. Germain, à Paris.

Les Dupes, *ou* Rien n'est difficile en Amour, 1740.

La Fête Angloise, *ou le* Triomphe de l'Hymen, 1740.

Arlequin et Colombine captifs, *ou* l'Heureux désespoir, 1741.

A Trompeur Trompeur et demi, 1742.

Le Diable boiteux, 1742.

Chacun a son tour, 1743.

MAINFRAY, (Pierre) de Rouen, Poëte Dramatique, a composé :

Cyrus triomphant, *ou* La fureur d'Astyages Roi des Médes, Tragédie en cinq actes, 1618.

La Rhodienne, *ou* La cruauté de Solyman, Tragédie en cinq actes 1620.

Les Forces incomparables et Amours du grand Hercule, Tragédie en quatre actes, non représentée.

La Chasse Royale, Comédie en quatre actes, non représentée.

Hist. du Théatre Fr. année 1620.

MAISON (la) DE CAMPAGNE, Comédie en un acte & en prose, de M. *Dancourt*, représentée à la suite de la Tragédie de *Bérénice*, le Vendredi 27 Août 1688. imp. dans les Œuvres de M. Dancourt. *Hist. du Th. Fr. année* 1688.

MAÎTRE (le) A DANSER, Canevas Italien en trois actes, joué une seule fois le Mercredi 15 Novembre 1719. *Sans Extrait.* Cette piéce est tirée d'une autre Espagnole.

MAÎTRE (le) DE MUSIQUE, (*Il Maestro di Musica,*) Intermède Italien en deux actes &

en Musique, représenté sur le Théatre de l'Opéra à la suite d'*Alphée & Aréthuse*, précédé d'un Prologue, le Mardi 3 Octobre 1752. in-12. Paris, De Lormel.

ACTEURS.

Lambert, *Maître de Musique.*   Le Sieur Joseph Cosmi.
Laurette Jardiniére, *son écoliére.*   La Dlle Anne Tonnelli.
Collagian, *Entrepreneur d'Opéra.*   Le Sieur Pierre Manelli.

MAÎTRE (le) ÉTOURDY. Voyez l'*Amant indiscret*.

MAÎTRE (le) VALET. Voyez *Jodelet*, ou le *Maître valet*.

MALADE (le) D'AMOUR. Voyez *Stratonice*, de *Brosse*.

MALADE (le) PAR COMPLAISANCE, Opéra Comique en trois actes, de M. *Fuzelier*, les couplets des Vaudevilles de M. *Panard*, non imp. représenté le Vendredi 3 Février 1730. à la suite d'une reprise de l'*Impromptu du Pontneuf*.

Léandre jeune Officier, vient sous l'habit d'un Arménien se promener devant la porte d'un Château, qui est le lieu de la scéne. On ignore quelle est la cause d'un déguisement qui ne sert à rien: mais on apprend que ce Cavalier est amoureux d'une personne qu'il a vû la veille au bal, & qu'il sçait que son inconnue demeure dans ce Château. Mais la difficulté est d'y pénétrer; Isabelle, (c'est le nom de l'Inconnue,) & Finette sa jeune sœur, sont sous la garde d'une Concierge très vigilante, appellée Madame Simone. Pendant que Léandre & son valet Pierrot cherchent ensemble des expédiens, Mᵉ Jean, Receveur du Village, vient sans y penser leur en fournir un : Léandre connoissant l'humeur charitable de Madame Simone, qui la porte à soigner les malades, engage Pierrot à se feindre tel, & pour le déterminer, il lui fait une peinture agréable de la façon dont il va être traité, vante sur-tout les mets succulens qu'on lui donnera pour le refaire. Pendant qu'ils vont se préparer pour jouer leurs roles, Madame Simone donne à Isabelle & à sa petite sœur un divertissement exécuté par des Moissonneurs. Ensuite Léandre paroît avec Pierrot; où ai-je mal? dit ce dernier à son Maître, où tu voudras, répond Léandre, sans faire attention aux conséquences. Pierrot feint une douleur extrême au pied. La bonne Simone émue de compassion, le fait entrer dans le Château avec son camarade.

Au second acte, Pierrot paroît au désespoir : comme goûteux, il est condamné par l'austére Gouvernante à ne boire que de l'eau, & à une abstinence très-scrupuleuse. Cette scéne est assez plaisante. Léandre qui espére trouver l'occasion de parler à sa Maîtresse, ne fait que rire des maux de son valet.

PIERROT.

» Riez donc tigre, riez donc léopard.

(Air. *M. de la Palisse.*)

La faim redouble ses coups,
Du tombeau je prends la route,
De quoi vous avisiez-vous,
De dire que j'ai la goutte?

Léandre a bien de la peine à l'obliger à continuer son role avec patience, & profite d'un moment qu'il voit Isabelle, pour lui déclarer sa passion, & connoître qu'elle n'est pas mal reçue. Lorsqu'il a quitté la scéne, Pierrot paroît poursuivi par Bistouri Chirurgien, & Laudanum Apotiquaire.

BISTOURI. (AIR. *Des Fraises.*)

Nous venons, Monsieur & moi
 Pour votre maladie,

PIERROT.

Messieurs je sçai votre emploi,
Voilà justement pourquoi
 Je crie, je crie, je crie.

Laudanum & Bistouri voulant éxécuter les ordres de Madame Simone, tâtent le poux du prétendu malade, & décident pour la saignée & les lavemens.

LAUDANUM. (AIR. *Et frou, frou, frou.*)

 Quoi vous froncez le sourcil ?
 Ce projet vous déplaît-il ?
  Et glou, glou, glou,
  Et frou, frou, frou,
 Prenez courage.

PIERROT.

Ah ! morbleu ! que je suis saoul.

LAUDANUM.

C'est cela qui dégage.

PIERROT.

Je créve.

BISTOURI.

Nous vous le disions bien, il faut évacuer.

PIERROT.

Eh ! que Diable voulez-vous évacuer, je n'ai rien dans le corps.

BISTOURI.

Tant mieux.

Pierrot impatienté de voir qu'ils répondent

tant mieux à chaque plainte qu'il fait de son état, les frappe : leurs cris appellent Olivette.

BISTOURI. (AIR. *Du monde renversé.*)

C'est votre malade.

OLIVETTE.

Hé bien !

LAUDANUM.

Qui veut au Chirurgien
Donner la mort pour salaire

BISTOURI.

Il veut, cet esprit blessé,
Tuer son Apotiquaire.

OLIVETTE.

C'est le monde renversé.

Pierrot resté seul avec cette derniére, lui fait confidence de l'amour de Léandre, du stratagême qu'il lui fait jouer, & la conjure de remédier à la faim qui le consume. Madame Simone vient gronder Pierrot, sur ce qu'il a maltraité le Chirurgien & l'Apotiquaire.

MADAME SIMONE. (AIR. *Pierre Bagnolet.*)

Mais j'ai tant fait par ma priere,
Que ces Messieurs s'appaiseront,
Pour vous traiter à l'ordinaire,
Dans une heure ils vous reverront,
Ils reviendront.

PIERROT.

Ils reviendront !

SIMONE.

Ils vous guériront, je l'espére.

PIERROT.

Ces bourreaux-là m'achéveront.

Pendant ce temps-là, Mᶜ Jean vient annoncer un Opérateur, qui veut entreprendre la guérison du malade. Madame Simone y consent ; l'Opérateur & sa suite forment un divertissement qui termine l'acte,

Couplet du Vaudeville.

Vous qui vous flattez d'agir prudemment,
En prenant pour femme un objet charmant,
Ho ! la sotte coûtume !
Vous croyez l'avoir pour vous seulement,
C'est ce qui vous enrhume.

L'arrivée de M. Orgon pere d'Isabelle, & d'un de ses amis, occupe tout le troisiéme acte. Madame Simone se trouve dans la nécessité de congédier brusquement Léandre & son camarade. Pendant qu'on raisonne sur cet incident, Me Jean vient annoncer l'ami d'Orgon, & Finette, après bien des Jeux de Théatre, remet à sa sœur une lettre de M. Orgon, adressée à la Concierge, par laquelle on apprend qu'il se prépare à marier Isabelle le lendemain. Dans ce moment de consternation, l'ami d'Orgon paroît ; c'est Géronte pere de Léandre, qui reconnoît son fils ; charmé de la bonne intelligence de ces amans, il leur déclare qu'Orgon & lui viennent exprès pour conclure leur mariage. La joye prend alors la place de la tristesse, Olivette épouse Pierrot, & l'on destine Me Jean pour époux de la bienfaisante Simone.

Extrait Manuscrit.

MALADE (le) IMAGINAIRE, Comédie Ballet en trois actes & en prose, avec un Prologue en vers libres, de M. *Moliere*. imp. dans ses Œuvres, & représentée sur le Théatre du Palais Royal, le Vendredi 10 Février 1673. *Hist. du Théatre Franç. année* 1673.

MALADE (la) SANS MALADIE, Comédie en cinq actes & en prose, de M. *Du Fresny*, imp. dans ses Œuvres, & représentée le Vendredi 27 Novembre 1699. *Hist. du Th. Fr. année 1699.*

MALADES (les) QUI SE PORTENT BIEN. Voyez *Désolation (la) des Filoux.*

MALHEURS (les) DOMESTIQUES DU GRAND CONSTANTIN, Tragédie. Voyez *Chrispe de Tristan,*

MANLIUS, c'est le sujet du premier acte de la Tragi-Comédie du *Triomphe des cinq Passions*, de M. *Gillet de la Tessonnerie.* Voyez *Triomphe (le) des cinq Passions.*

MANLIUS TORQUATUS, Tragi Comédie de Mlle *Des Jardins*, représentée sur le Théatre de l'Hôtel de Bourgogne, au commencement de Mai 1662. Paris, Quinet, 1662.

Ce sujet est le même qui avoit été traité par le Sieur Gillet de la Tessonnerie. On trouve encore une Tragédie sous le même titre, du Sieur *Faure*, Paris, Dupont, 1662. mais qui n'a jamais été représentée. *Hist. du Th. Franç. année 1662.*

MANLIUS CAPITOLINUS, Tragédie de M. *de la Fosse*, représentée le Samedi 18 Janvier 1698. & imp. dans les Œuvres de cet Auteur. *Histoire du Th. Fr. année 1698.*

MANTO LA FÉE, Opéra en cinq actes, avec un Prologue, de M. *Menesson.* Musique de M. *Batistin*, représenté le Jeudi 29 Janvier 1711. in 4º Ballard, & tome X. du Recueil général des Opéra.

M A 301

Acteurs du Prologue.

Merlin, Enchanteur.   Le Sieur Hardouin.
Mélisse, Fée.   Mlle Dun.
L'Amour.   Le Sieur Le Beau.

BALLET.

Fées de la suite de Mélisse.

Mlles Chaillou, Le Maire, Menès, Maugis & Haran.

Acteurs de la Tragédie.

Manto, Fée.   Mlle Desjardins.
Licarcis, Prince du sang des Rois de Syrie, aimé de Manto, & qui aime Ziriane.   Le Sieur Thévenard.
Ziriane, Princesse de Syrie, qui aime Iphis en secret.   Mlle Journet.
Iphis, fils de Manto, mais inconnu, & qui aime Ziriane en secret.   Le Sieur Cochereau.
Merlin, fameux Enchanteur, qui a enlevé Iphis à Manto, le jour de sa naissance, & l'a élevé.   Le Sieur Dun.
Isméne, Fée, amie de Manto.   Mlle d'Huqueville.

Acteurs du Ballet.

Acte II. Un Faune.   Mlle Prevost.
Paysans.   Les Sieurs F. & D. Dumoulin.
Acte IV. Les Graces.   Mlle Guyot.
Mlles Chaillou, Menès & Le Maire.
Acte V. Un Sauvage.   Le Sieur Blondy.

Cet Opéra n'a jamais été repris.

MARAIS, (Marin) né à Paris le 31 Mai 1656. a passé avec justice pour le plus habile joueur de viole de son temps, & celui qui a porté cet instrument à son plus haut degré de perfection. Il est le premier qui en ait fait connoître toute l'étendue & la beauté par le grand nombre d'excellentes piéces qu'il a composées, & la maniére admirable dont il les exécutoit. Il fut disciple de Sainte Colombe, mais au bout de six mois, le Maître s'étant apperçû que son éléve pouvoit bientôt le surpasser, le renvoya, en lui disant qu'il n'avoit plus rien à lui enseigner. Malgré cela, Sainte Colombe ne pouvoit s'empêcher de rendre justice au mérite de M. Marais: il y a, disoit il, des éléves qui peuvent surpasser leurs Maîtres, mais jamais le jeune Marais n'en trouvera qui le surpasse. On lui doit l'invention de faire filer en laiton les trois derniéres cordes des basses, pour rendre la viole plus sonore.

Trois ou quatre années avant sa mort, le Sieur Marais s'étoit retiré dans une maison rue de l'Oursine, Fauxbourg S. Marceau, où il s'amusoit à cultiver les plantes & les fleurs de son Jardin: il avoit cependant une Salle rue du Battoir, près Saint André, où trois fois la semaine il donnoit des leçons aux personnes qui souhaitoient se perfectionner dans la viole.

M. Marais épousa en 1675. Catherine d'Amicourt, avec laquelle il a été marié pendant 53 ans: il en a eu dix-neuf enfans, dont neuf lui ont survécu, sçavoir six fils & trois filles; l'aînée de celles-ci a épousé le Sieur Bernier, Maître de Musique de la Chapelle du Roi. À l'égard des garçons, trois d'entr'eux ont embrassé la profession de leur pere, ainsi qu'une de leurs sœurs. En 1709. le Sieur Marais eut l'honneur de présenter au Roi Louis XIV. quatre de ses fils: il éxécuta avec les trois premiers un petit concert de piéces de viole de sa façon; le plus jeune, qui portoit alors le petit collet, avoit le foin de ranger les livres fur les pupitres, & d'en tourner les feuillets. Le Roi entendit enfuite fes trois fils féparément, & lui dit, *Je fuis bien content de vos enfans, mais vous êtes toûjours Marais, & leur pere.*

M. Marais s'attacha à M. Lully, qui l'eftimoit beaucoup, & fe fervoit fouvent de lui pour battre la mefure dans l'éxécution de fes Opéra. Il a fuccédé dans cet emploi au Sieur Collaffe, à l'Académie Royale de Mufique, & s'en eft acquitté avec diftinction pendant plufieurs années. Outre un grand nombre de piéces de viole qu'il a compofé, & qu'il jouoit avec tout l'art & toute la délicateffe poffible, il eft Auteur de la Mufique des Opéra fuivans.

Avec le Sieur Louis Lully.

ALCIDE, Tragédie en cinq actes, avec un Prologue, de M. *Campiftron*, 1693.

A lui feul.

ARIADNE ET BACCHUS, Tragédie, cinq actes & un Prologue de M. Saint-*Jean*, 1696.

ALCYONE, Tragédie, cinq actes & un Prologue, de M. de *La Motte*, 1706.

SÉMÉLÉ, Tragédie, cinq actes & un Prologue, du *même*, 1709.

M. Marais étoit ordinaire de la Mufique de la Chambre du Roi pour la viole. Il eft mort le Dimanche 15 Août 1728. dans la 73ᵉ année de fon âge.

MARC, Gille de la Foire, joua dans la

Troupe d'Alard au commencement de l'année 1697. Il est le premier qui ait paru en France sous cet habit & ce caractere : il mourut peu de temps après avoir débuté.

MARCÉ, (Roland) Lieutenant Général en la Sénéchaussée, Siége & Ressort de Baugé en Anjou, a composé pour le Théatre François.

ACHAB, Tragédie, 1601.
Hist. du Th. Fr. année 1601.

MARCEL, Auteur Dramatique, a composé pour la scéne Françoise :

LE MARIAGE SANS MARIAGE, Comédie en cinq actes & en vers, 1671.
Hist. du Th. Fr. année 1671.

MARCEL, Acteur Forain pour les roles d'Amoureux, joua dans la Troupe des Sieur & Dame Saint Edme, à la Foire S. Germain 1718.

MARCHAND (le) RIDICULE, Piéce des Marionnettes, représentée par celles de Gillot à la Foire S. Germain 1708. Cette parade d'un Auteur *Anonyme*, n'a point été imprimée : comme le style en est plus sage que celui des autres, & qu'elle n'est point remplie d'ordures ni d'équivoques grossiéres, on la donne ici entiére pour faire connoître ce genre d'ouvrage.

ACTEURS.

M. LE MARQUIS.
POLICHINELLE, *valet du Marquis.*
LE BON HOMME JANBROCHE, *Marchand de Drap.*
MADEMOISELLE JANBROCHE, *fille de Janbroche.*

PIERROT, *valet de Janbroche.*
LE COMPERE.

SCÉNE I.

JANBROCHE, LE COMPERE.

JANBROCHE *au Compere.*

Monsieur, je suis votre serviteur. Pourriez-vous me faire un plaisir ?

LE COMPERE.

Quel plaisir voulez-vous de moi ?

JANBROCHE.

Je voudrois bien vous prier de garder ma boutique, & sur-tout ma fille.

LE COMPERE.

Monsieur, d'un tel embarras je ne me soucie point : mais vous avez votre domestique Pierrot, qui fera votre affaire.

JANBROCHE.

Vous êtes bien peu complaisant. Je vais donc appeller mon domestique. Pierrot, holà, Pierrot !

SCÉNE II.

JANBROCHE, PIERROT.

PIERROT.

Monsieur, qu'y a-t-il pour votre service ?

JANBROCHE.

Il faut que tu représentes ma personne, & que tu sois l'œconome de ma maison.

PIERROT.

Ma foi, Monsieur, je ne puis servir de colonne à votre bâtiment.

JANBROCHE.

C'est de garder ma boutique, & d'avoir soin sur-tout de ma fille.

PIERROT.

Ma foi, Monsieur, je veux bien me charger de garder votre boutique, & non pas votre fille, parce que c'est une marchandise qui est comme de l'eau de la Reine d'Hongrie; sitôt qu'on la laisse éventer, la saveur s'en va: Une fille est de même. Ainsi, Monsieur, vous pouvez bien la garder vous-même.

JANBROCHE.

Va, va, maraut que tu es: va dire à ma fille qu'elle vienne me parler.

PIERROT.

Monsieur, je m'en vais dans l'instant.

SCÉNE III.

JANBROCHE, Mlle JANBROCHE.

Mlle JANBROCHE.

Que souhaitez-vous mon cher pere?

JANBROCHE.

Ma fille, approchez quand je vous parle: je vais partir pour aller en marchandise chercher des draps qui me manquent, & je veux que dans ma boutique il ne soit rien vendu pendant mon absence.

Mlle JANBROCHE.

Cela paroîtra tout-à-fait ridicule.

JANBROCHE.

C'est à cause de cela que l'on m'appelle le *Marchand ridicule*.

Mlle JANBROCHE.

Mais mon cher pere, de quelle façon voulez-vous que je renvoye les Marchands.

JANBROCHE.

Ma fille, quand il viendra quelque Marchand vous demander du drap, & qui vous dira, Mademoiselle n'auriez-vous pas un beau drap d'Hollande à me vendre, il faut lui répondre, vraiment nenni, Monsieur. Par-là vous conserverez votre honneur & votre réputation.

Mlle JANBROCHE.

Cela suffit, mon cher Pere. je n'y manquerai pas.

JANBROCHE.

Adieu, ma petite fille.

Mlle JANBROCHE.

Adieu, mon cher Papa.

SCÉNE IV.

M. LE MARQUIS, POLICHINELLE.

M. LE MARQUIS.

Dis-moi, coquin, depuis le temps que je te cherche, d'où viens-tu?

POLICHINELLE.

Ma foi, Monsieur, j'étois à la garderobe à faire des vers.

M. LE MARQUIS.

Comment, impertinent, est-ce là une place pour faire des vers.

POLICHINELLE.

Mais, Monsieur, chacun se met où il peut. Que voulez-vous de moi ?

M. LE MARQUIS.

Il faut que tu t'en ailles tout à l'heure de ma part chez Monsieur Janbroche, mon Marchand ordinaire, me chercher tout l'équipage d'un Gentilhomme.

POLICHINELLE.

Mais, Monsieur, sans trop de curiosité, pour quelle occasion ?

M. LE MARQUIS.

C'est que je suis sur le point de me marier.

POLICHINELLE.

Mais, Monsieur, que ne vous mettez-vous sur la dentelle ? Cela est plus propre que le point.

M. LE MARQUIS.

Animal que tu es, ce n'est pas cela : je veux prendre une femme.

POLICHINELLE.

Ah ! Monsieur, je vous entens : c'est que comme vous sçavez que j'ai besoin de femme, vous en prenez pour moi & pour vous ?

M. LE MARQUIS.

Impertinent que tu es, sçache que si je prens une femme

que ce n'est pas pour un impertinent comme toi, & que c'est pour moi.

POLICHINELLE.

Eh bien, Monsieur, si en tout cas elle se perd, vous la pouvez chercher tout seul.

M. LE MARQUIS.

Ça, ça, point tant de verbiage : fais ma commission au plus vîte.

POLICHINELLE.

Mais, Monsieur, où demeure-t-il ?

M. LE MARQUIS.

Tiens, voilà sa porte, marche.

POLICHINELLE.

Cela est bon, Monsieur, j'y vais. (*au Compere.*) Va, va, Compere, je m'en vais bien ferrer la mule.

LE COMPERE.

Mais comment veux-tu ferrer la mule, on ne t'a pas donné de l'argent ?

POLICHINELLE.

Tu as encore raison, je m'en vais l'appeller.... (*Courant après son Maître.*) Monsieur, Monsieur, vous ne m'avez point donné de l'argent ?

M. LE MARQUIS.

Va, va, c'est mon Marchand ordinaire, je ne le paye qu'à l'année.

POLICHINELLE.

Bon ; nous voilà pas mal : je comptois ferrer la mule, & je ne ferrerai pas seulement le bourriquet. (*Il frappe à la porte de Janbroche.*)

SCÉNE V.

Mlle JANBROCHE, POLICHINELLE.

POLICHINELLE *saluant Mlle Janbroche.*

Monsieur Janbroche, je suis votre serviteur.

LE COMPERE.

Impertinent que tu es, ne vois-tu pas que c'est Mademoiselle sa fille ?

POLICHINELLE.

Eh bien ! j'embrasserai mieux la fille que le pere. Mademoiselle avez-vous du drap de Hollande ?

Mlle JANBROCHE.

Vraiment nenni, Monsieur.

Polichinelle continue à demander à Mlle Janbroche plusieurs sortes de draps, & elle continue à lui répondre, vraiment nenni, Monsieur.

POLICHINELLE *au Compere.*

Compere, il faut que je lui demande si elle a son pucelage ?

LE COMPERE.

Tais-toi, animal.

POLICHINELLE.

Va, va, laisse-moi faire. (*à Mlle Janbroche.*) Mademoiselle avez-vous votre pucelage ?

Mlle JANBROCHE.

Vraiment, nenni, Monsieur.

POLICHINELLE *au Compere.*

Eh bien Compere ! voilà la première fille qui ait avoué la vérité. (*à Mlle Janbroche.*) Y a-t'il longtemps que vous l'avez perdu ?

Mlle JANBROCHE.

Vraiment, nenni, Monsieur.

POLICHINELLE.

Bon, bon, tant mieux, voilà mon affaire.... Si un bon gros garçon comme moi, qui n'est pas mordu de puces, demandoit à coucher avec vous, le refuseriez-vous ?

Mlle JANBROCHE.

Vraiment, nenni, Monsieur.

Polichinelle prend Mlle Janbroche dans ses bras, entre dans la maison, & en ferme toutes les portes.

SCÉNE VI.

JANBROCHE, LE COMPERE.

Janbroche revient de son voyage, & demande au Compere ce qui s'est passé chez lui durant son absence.

LE COMPERE.
Ma foi, Monsieur, je n'en sçai rien, & de plus, vous pouvez appeller votre domestique Pierrot.
JANBROCHE.
Pierrot ?

SCÉNE VII.

JANBROCHE, PIERROT.

PIERROT.
Monsieur, depuis que je ne vous ai vû, il y a bien des nouvelles.
JANBROCHE.
Qu'est-ce que c'est que ces nouvelles ?
PIERROT.
C'est que les mâles couchent avec les femelles.
JANBROCHE.
Bête que tu es : de tout temps cela a été, & de tout temps cela sera.
PIERROT.
Hé bien, Monsieur, puisqu'il faut que cela soit, je vous dirai qu'il y a un bon gros garçon couché avec Mademoiselle votre fille.
JANBROCHE *voulant frapper Pierrot.*
Comment ! un garçon couché avec ma fille ? me voilà perdu d'honneur & de réputation.
PIERROT.
Mais Monsieur.... mais Monsieur, laissez divertir la jeunesse.

Janbroche entre dans sa maison, & en chasse Polichinelle, qui paroît en chemise.

SCÉNE VIII.

JANBROCHE, POLICHINELLE.

POLICHINELLE.
Mais, Monsieur, rendez-moi donc ma culotte.

JANBROCHE repoussant Polichinelle & lui donnnant des coups de bâton.

Tiens, voilà ta culotte.

SCÉNE IX. *& derniére.*

M. LE MARQUIS, POLICHINELLE.

M. LE MARQUIS *au Compere.*

Monsieur, dites-moi un peu, n'auriez-vous pas vû mon coquin de domestique !

POLICHINELLE.

Monsieur, me voilà.

Le Marquis voyant Polichinelle en chemise, tire son épée, & veut la lui passer à travers le corps.

POLICHINELLE *à genoux.*

Ah ! Monsieur, si vous allez crever le baril à la moutarde, elle va vous sauter aux yeux.

M. LE MARQUIS.

Malheureux ! dans quel équipage es-tu ?

POLICHINELLE.

En m'allant baigner, des petits fripons, Monsieur, m'ont volé ma culotte.

M. LE MARQUIS.

Maraut, si tu ne me dis la vérité, je te vais rouer de coups dans l'instant.

POLICHINELLE.

Monsieur, tenez, ne vous mettez pas en colere ; je vais vous dire la vérité ; comme la fille de M. Janbroche avoit peur, elle m'a prié d'aller coucher avec elle, & moi fort obligeant, je n'ai pû la refuser.

M. LE MARQUIS.

Va, va, tu es un malheureux, il faut que tu l'épouse.

POLICHINELLE.

Bon, bon, tant mieux, voilà bien mon affaire.

On rend les habits à Polichinelle, & des Danseurs & des Danseuses célébrent la nôce.

Copie Manuscrite.

MARE, (l'Abbé de la) Auteur lyrique, mort en 1736. a composé

ZAÏDE, REINE DE GRENADE, Ballet héroïque en trois actes, avec un Prologue, Musique de M. *Royer*, 1739.

MOMUS AMOUREUX, Ballet en un acte, Musique du *même*, 1739.

MARE, (le Febvre de Saint) Auteur vivant, a composé pour le Théatre de l'Académie Royale de Musique.

LE POUVOIR DE L'AMOUR, Ballet en trois actes, avec un Prologue, Musique de M. *Royer*, 1743.

MARÉCHAL, (Antoine) Avocat au Parlement de Paris, & Poëte Dramatique, a composé pour la scéne Françoise.

L'INCONSTANCE D'HYLAS, Pastorale en cinq actes & en vers, 1630.

LA SŒUR VALEUREUSE, *ou l'*AVEUGLE AMANTE, Tragi-Comédie en cinq actes & en vers, 1633.

LE RAILLEUR, *ou la* SATYRE DU TEMPS, Comédie en cinq actes & en vers, 1636.

LE VÉRITABLE CAPITAN MATAMORE, *ou* LE FANFARON, Comédie en cinq actes & en vers, 1637.

LISIDOR, *ou la* COUR BERGERE, Tragi-Comédie en cinq actes & en vers, 1638.

LE MAUSOLÉE, Tragi-Comédie en cinq actes & en vers, 1639.

LE JUGEMENT ÉQUITABLE DE CHARLES LE HARDY, DERNIER DUC DE BOURGOGNE, Tragédie, 1644.

Papyre, ou Le Dictateur Romain, Tragédie, 1645.

La Généreuse Allemande, ou le Triomphe de l'Amour, Tragi-Comédie en deux Journées, cinq actes chacune, 1631.

Cette dernière n'a point été représentée. *Hist du Th. Franç. année* 1630.

Maréchal (le) Médecin ; Comédie en un acte & en prose d'un Auteur *Anonyme*, non imp. représentée le Samedi 12 Mai 1696. précédée de la Tragédie de *Bérénice*.

Cette Comédie est aussi intitulée *Les Houssars*, & le *Médecin de Mante*. *Hist. du Th. Fr. année* 1696.

MARGEON ET KATIFÉ, ou le MUET PAR AMOUR, Opéra Comique en un acte, de M. *Boissy*, non imprimé, représenté le Jeudi 1 Septembre 1735. précédé de la *Répétition interrompue*, & terminé par le Ballet Pantomime intitulé, l'*Estaminette Flamande*.

Margeon jeune veuve, voulant éprouver la tendresse de Katifé son Amant, exige qu'il garde le silence pendant une année entière, & lui promet sa main à cette condition. Le fidéle Katifé observe cette loi très-exactement, quoi que puisse faire Margeon pour le faire succomber. Le jour de l'action de la piéce est le dernier de l'épreuve. Margeon employe un dernier stratagême, elle feint d'être malade, & déclare qu'elle renonce à la vie, si Katifé s'obstine encore à ne point parler. On vient ensuite annoncer à cet Amant que Margeon est expirée, mais rien ne peut ébranler sa résolution : un Rival secret qu'il a, profite de son silence pour le faire périr. Enfin l'heure sonne, Katifé reprend la parole, son innocence est reconnue ; Margeon consent à l'épouser, & ordonne au traître Rival de se retirer, pour ne pas troubler la fête par son odieuse présence. Le sujet de cette piéce est tiré d'un Ouvrage de M. Gueullette, intitulé *Les Sultanes de Guzarate*, ou *Les Songes des Hommes éveillés*, Contes Mogols en trois volumes in-12. L'Histoire de Margeon & de Katifé se trouve dans le second volume. Il s'en faut bien qu'elle ait fait autant de plaisir au Théâtre que dans le Roman : cependant l'Auteur des scénes du Ballet de la *Foire de Bezons*, n'a pas dédaigné de l'honorer en passant d'un petit trait critique. A la suite d'une peinture grotesque du Ballet des *Indes Galantes*, le Savoyard qui montre la Curiosité ajoûte :

« Nous voici présentement à l'Oupéra Comique, remarquez Katifé & Margeon qui s'en retournent au Mogol en demandant l'aumone. *Extrait Manuscrit*. Voyez Prix (le *du Silence* du même Auteur.

MARGOT, (Mlle) célébre Danseuse & Voltigeuse Foraine, & éléve de De Grave Gille, débuta dans la Troupe de Dolet & la Place, à la Foire S. Laurent 1709. On joua pendant le cours de cette Foire la Piéce Pantomime intitulée *Les Poussins de Léda*, l'Auteur par bienveillance pour la jeune Danseuse, qui avoit alors dix-huit ans, & étoit grande, bien faite, & très-jolie, lui fit don de ses honoraires. Mademoiselle Margot demeura trois Foires consécutives dans la Troupe de Dolet, & passa ensuite dans celle du Sieur S. Edme, où elle brilla beaucoup

Elle suivit depuis de Grave en Province : on ignore ce qu'elle est devenue.

MARGOT, (la Mie) Ballet en forme de Concerto Comique, précédé d'un Prologue, par Messieurs *Panard* & *Carolet*, non imprimé & représenté au Théatre de l'Opéra Comique, le Samedi 24 Septembre 1735. précédé des *Amours des Indes*.

Le Prologue est tout en prose, la première scéne est entre un violon de Village, pere de Margot, & la sœur du violon. Le pere voulant faire cesser les bruits qui courent sur le compte de sa fille, a résolu d'assembler tous ses Amans & de les faire danser avec elle, pour pouvoir décider de leur mérite. Les Amans s'assemblent, chacun d'eux à l'honneur de danser avec Mademoiselle Margot. Plusieurs veulent l'enlever, mais cet avantage est réservé à Léandre, jeune Gentilhomme aimé de la belle, & favorisé par la tante. Cet enlévement se fait malgré le pere, & n'empêche pas l'exécution du Ballet. *Extrait Manuscrit.*

MARGUERITE DE FRANCE, Tragi-Comédie en cinq actes & en vers de M. *Gilbert*, représentée en 1640. Paris, Courbé 1641. *Hist. du Th. Fr*, année 1640.

MARI (le) CONFONDU. Voyez *George Dandin*.

MARI (le) CURIEUX, Comédie en un acte & en prose, avec un divertissement, Musique de M. *Grandval*, par M. *d'Allainval*, représentée le Mardi 17 Juillet 1731. précédée du *Jaloux désabusé*. Paris, Briasson. *Hist. du Théatre François*, année 1731.

MARI (le) DUPÉ, (*le garre del matrimonio*) *Les débats du Mariage*, Canevas Italien, mis au Théatre par M. *Riccoboni* le pere, représenté pour la première fois le Jeudi 8 Octobre 1716. M. Riccoboni a tiré le sujet du *Mari dupé*, d'une piéce Italienne intitulée l'*Armida*, du Calderari, & ce dernier l'avoit pris de la *Cassina* de Plaute. *Sans Extrait*.

MARI (le) GARÇON, Comédie Françoise en vers & en trois actes, au Théatre Italien, par M. de *Boissy*, représentée pour la premiére fois le Samedi 10 Février 1742. *Extrait, Mercure de France, mois d'Avril* 1742. p. 789. Paris, Prault pere.

MARI (le) JOUEUR. Voyez *Serpilla è Bajocco*.

MARI (le) PRÉFÉRÉ, Opéra Comique en un acte, de M. *Le Sage*, représenté le Samedi 11 Août 1736, précédé d'un Prologue de la composition de M. *Panard*, imp. tome IX. du Théatre de la Foire.

MARI (le) RETROUVÉ, Comédie en un acte en prose, avec un divertissement, Musique de M. *Gilliers*, par M. *Dancourt*, imp. dans ses Œuvres, & représentée à la suite de l'*Ecole des Maris*, le Mercredi 29 Octobre 1698. *Hist. du Th. Franç.* année 1698.

MARI (le) SANS FEMME, Comédie en cinq actes & en vers, de M. *Montfleury*, imp. dans ses Œuvres, & représentée sur le Théatre de l'Hôtel de Bourgogne en 1663. *Hist. du Th. Fr.* année 1663.

MARI (le) SUPPOSÉ, Canevas Italien en trois actes, représenté une seule fois le Vendredi 7 Mai 1745. *Sans Extrait*.

Maris (les) sans Femmes, Canevas Italien en un acte, représenté une seule fois le Samedi 22 Décembre 1742. *Sans Extrait.*

MARIAGE (le) CLANDESTIN, (*l'innocente travagliata.*) Canevas Italien en cinq actes, représenté pour la premiére fois le Lundi 14 Février 1718.

ACTEURS.

Pantalon.
Lélio, *fils de Pantalon, ami de Mario.*
Le Docteur.
Mario, *fils du Docteur, ami de Lélio.*
Flaminia, *femme de Lélio.*
Silvia, *niéce du Docteur.*
Scaramouche, *amant de Silvia.*
Arlequin, *valet de Lélio.*
Scapin, *valet de Mario.*

La scéne est à Ferrare.

« Lélio est marié secrétement avec Flaminia;
» Pantalon, son pere, ne sçait à quoi attribuer
» l'absence de son fils, ne le voyant presque
» plus chez lui ; il lui en demande la cause un
» peu vivement, & lui donne même des coups
» de bâton, sur le prétendu déréglement de sa
» vie, car il ignore son mariage avec Flaminia.
» Lélio lui fait entendre qu'il ne doit pas s'étonner s'il ne le voit presque jamais chez lui,
» qu'il passe la plûpart du temps chez ses amis,
» & chez des Sçavans, pour étudier, & pour
» être en état de passer Docteur : qu'il y passe la
» plûpart des nuits à lire les livres qu'on lui

„ prête, n'ayant point d'argent pour en acheter.
„ Pantalon est si fort attendri du discours de
„ son fils, qu'il en pleure, & se repent amé-
„ rement de l'avoir frappé. Il lui donne deux
„ cens écus pour acheter des livres, & s'en
„ va le plus content du monde. Le reste de la
„ piéce est dénué de toute sorte d'intrigue. Tout
„ roule sur Lélio & Flaminia; celle ci croit que
„ Lélio a une Maîtresse, & Lélio croit de son
„ côté que sa femme a un amant; ce qui donne
„ lieu à cette croyance, c'est que Mario aime
„ effectivement Flaminia, & ne sçait comment
„ faire pour déclarer sa passion, & pour brouil-
„ ler Lélio avec sa femme. Il a recours à Scapin
„ son valet, qui par quelques fourberies assez
„ plattes, fait en sorte que Lélio parle d'amour
„ à Silvia, dans le temps que Flaminia est ca-
„ chée au coin du Théatre. Mario vient faire
„ la même chose à l'égard de Flaminia, & lui
„ déclare sa passion. Flaminia le rebute, & est
„ fort étonnée, dit-elle, que Mario lui parle
„ d'amour, étant si bon ami de son mari. La
„ scéne finit par l'arrivée de Lélio, qui trouve
„ Mario avec sa femme, ce qui le confirme dans
„ l'idée qu'il a qu'elle ne lui est pas fidéle.

„ Les voilà donc brouillés ensemble, & si
„ fort, que Flaminia quitte son mari, & sort
„ de chez lui. Elle se retire chez le Docteur,
„ attendu que celui ci étoit accouru au bruit,
„ dans le temps que Lélio querelloit sa femme.
„ Silvia, qui est niéce du Docteur, la reçoit
„ gracieusement en attendant qu'on fasse la paix.
„ Scaramouche n'est pas plus content que les
„ autres, parce qu'étant venu de Boulogne à

« Ferrare, pour épouser Silvia, il s'est trouvé
» présent lorsque Lélio parloit d'amour à Silvia,
» & par conséquent il croit qu'elle lui est in-
» fidéle.

» Le dénouement de la piéce n'est pas plus
» intéressant que le reste. Pantalon trouve Fla-
» minia seule, & ne la connoissant point, il est
» charmé d'avoir fait cette rencontre; il la ques-
» tionne, & lui demande qui elle est : Flami-
» nia lui dit qu'elle voudroit bien entrer en
» service dans quelque maison. Pantalon ne se
» fait pas prier longtemps pour conclure le
» marché, & dit, que puisqu'il ne voit presque
» plus son fils, & qu'il est seul dans sa maison,
» il va prendre cette fille, qui aura soin de lui,
» &c. Flaminia l'assure de son attention pour
» son service, & qu'elle le regardera toûjours
» comme son pere, &c. Ils rentrent. Lélio,
» qui est fort en peine de sçavoir où est sa fem-
» me, la voit sortir de chez Pantalon, qui est
» avec elle, il va aussitôt à elle, pour la faire
» passer de son côté ; Pantalon querelle son
» fils, & lui dit, qu'il est bien impudent d'en
» vouloir encore à une fille qu'il vient de pren-
» dre à son service. Mario arrive, qui éclaircit
» le mystere, & dit à Pantalon que c'est la fem-
» me de son fils; qu'il a été cause de la désu-
» nion qu'il y a eue entre eux deux, parce qu'ef-
» fectivement il l'avoit aimée, sans en avoir
» jamais été aimé, & qu'il est obligé de rendre
» ce témoignage à la vérité, & que Flaminia
» n'avoit jamais aimé que son mari, & que
» toutes les ruses dont Scapin s'étoit servi,
» avoient été inutiles pour la rendre infidéle,

O iv

» &c. Lélio se jette aux pieds de son pere, &
» lui demande pardon de lui avoir caché son
» mariage. Pantalon embrasse son fils & Flami-
» nia, & emméne le mari & la femme chez
» lui. Scaramouche épouse Silvia ». *Extrait Manuscrit.*

MARIAGE (le) D'ARLEQUIN, Divertissement à la muette & par Ecriteaux, en trois actes, avec un Prologue, d'un Auteur *Anonyme*, imp. & représenté le 16 Juillet 1711. par la Troupe de Dolet & La Place.

MARIAGE (le) D'ARLEQUIN. Voyez *Foire Galante*.

MARIAGE (le) D'ARLEQUIN AVEC COLOMBINE, PAR JUPITER, Pantomime représentée aux Marionnettes de Bienfait, Foire S. Germain, le Lundi 17 Février 1749. *Affiches de Boulet.*

MARIAGE (le) DE BACCHUS ET D'ARIADNE, Comédie héroïque en trois actes & en vers libres, avec des machines, un Prologue aussi en vers libres, & des divertissemens, Musique de M. *Moliere*, par M. *Devizé*, Paris, Le Monnier, 1672. & représentée le 7 Janvier de la même année sur le Théatre du Marais. En 1685. lorsque cette piéce a été remise au Théatre, l'Auteur y ajoûta de nouveaux divertissemens, dont le Sieur *Lalouette* fit la Musique. *Histoire du Th. Fr. année 1672.*

MARIAGE (le) DE MOMUS. Voyez *Vengeance de Tirésias*.

MARIAGE (le) DE RIEN, Comédie en un acte & en vers de huit syllabes, de M. *Montfleury*, imp. dans ses Œuvres, & représentée sur le Théatre de l'Hôtel de Bourgogne en 1660. *Hist. du Th. Franç.* année 1660.

MARIAGE (le) DU CAPRICE ET DE LA FOLIE. Voyez *Caprice*. (*le*)

MARIAGE (le) EN L'AIR, Parodie critique de la Tragédie lyrique de *Persée*, en un acte, par M. *Carolet*, non imp. représentée au Théatre de l'Opéra Comique, le Mercredi 13 Mars 1737.

L'Auteur a suivi autant qu'il lui a été possible l'ouvrage qu'il a parodié, & n'a point changé les noms des Acteurs. Céphée, Cassiope & Mérope paroissent dans une extrême consternation. Si Méduse, dit Céphée, fait encore un tour de mon Royaume, je serai ma foi bien avancé.

(AIR. *Quand le péril est agréable.*)

Moins encor qu'un Roi de Théatre,
A qui donnerai-je la loi ?
Je ne serai bientôt plus Roi,
Que d'un peuple de plâtre.

CASSIOPE. (AIR. *De tous les Capucins du monde.*)

Junon est ma foi bien bizarre,
Aimer son époux est si rare
Que loin de m'en vouloir du mal,
Elle me devroit son estime.

CÉPHÉE.

Cet amour me sera fatal,
Puisque l'on vous en fait un crime.

Cassiope fait confidence à Mérope qu'elle destine sa fille Androméde à Persée, & Mérope lui avoue naturellement qu'elle aime ce Héros : Il faut cependant l'oublier, dit la Reine, la chose est impossible, répond Mérope.

MÉROPE. (Air. *Des fraises.*)

Je me meurs lorsque j'en suis
Un moment délaissée,
Oüi, dans mon cruel ennui,
Par-tout je cherche & je suis,
Persée, Persée, Persée.

Suit un monologue de Mérope, & une scéne entre Phinée & Androméde. Ce Prince témoigne beaucoup de jalousie: la conversation est interrompue par une fête préparée pour appaiser la colere de Junon. A peine a t'elle commencé, qu'on vient annoncer l'approche de Méduse: Céphée entre en riant, & dit que Persée s'est engagé à les défaire de ce monstre. Le péril que Persée va courir, fait le sujet d'un entretien entre Mérope & Androméde; elles s'avouent mutuellement sans beaucoup de mystere, la passion qu'elles ont pour ce Prince. Il vient, & Mérope se retire par discrétion. Androméde le reçoit d'abord froidement, mais elle s'attendrit bientôt; elle sort cependant, & fait place à Mercure, qui déclare à Persée que les Divinités s'intéressent pour lui. Un Cyclope lui présente une épée que Vulcain a forgé lui-même: les Nymphes de Pallas apportent de la part de la Déesse un bouclier énorme, & enfin une Divinité infernale lui met sur la tête le fameux casque de Pluton, dont la vertu est de rendre invisible. En vous remerciant, dit Persée, je vais me battre à coup sûr: il faut avouer, ajoûte-t'il, que la postérité me fera bon marché de mon héroïsme.

La scéne change & représente l'antre des Gorgones: Mercure, avec sa baguette endort

Méduse. Persée armé comiquement, & après plusieurs lazzis, lui coupe la tête & la met dans un sac. Les Peuples d'Ethiopie chantent sa victoire. Dans le moment on apprend qu'Androméde est destinée à être la proye d'un monstre envoyé par Neptune.

Céphée & Cassiope paroissent au désespoir.

CASSIOPE. (AIR. *De la besogne.*)

On améne la pauvre enfant,
Ah ! que ce spectacle est touchant.

CÉPHÉE.

Pour appaiser votre colere,
Dieux que ne preniez-vous sa mere.

Androméde attachée au rocher, attend long-temps le secours de son Amant ; il arrive enfin, mais avant toutes choses, il veut que le pere & la mere conviennent avec lui des articles du mariage. On ne sçauroit, dit-il, prendre trop de précautions.

CHŒUR D'ÉTHIOPIENS.

(AIR. *Turlurette.*)

Le monstre avance à grands pas,

PERSÉE.

Je l'aurai bientôt mis bas.
Il combat le monstre.
Voilà votre affaire faite,
Turlurette,
Turlurette,
La tanturlurette.

Le Monstre défait, on ne songe plus qu'à se réjouir ; Phinée suivi d'une troupe de combattans, veut s'opposer au mariage d'Androméde. Persée répond qu'il n'est pas poli de se battre dans l'appartement d'un Roi, & sort pour terminer ce différend. Un moment après on voit revenir les combattans des deux partis. Persée ordonne aux siens d'aller jouer à cligne musette dans quelque coin, & se bandant les yeux avec un mouchoir, il tire ensuite la tête de Méduse du sac, & par cette vue pétrifie Phinée & sa suite.

PERSÉE.

(Fin de l'Air. *Comme vla qu'est fait.*)

Enfans quittez votre cachette,
Phinée a perdu son caquet,
Et vla qu'est fait, & vla qu'est fait.

Un Divertissement & un Vaudeville.

Couplet du Vaudeville.

Qu'une fille toûjours recluse,
S'échappe dans le Carnaval,
Et que sa maman qu'elle abuse,
La surprenne au milieu d'un bal,
Ah! que cet aspect est fatal!
C'est la tête de Méduse.

Extrait Manuscrit.

MARIAGE (le) ENTRE LES VIVANS ET LES MORTS, (*I matrimonii, i vivi è morti,*) Canevas Italien en trois actes, représenté pour la première fois le Vendredi 26 Janvier 1722. Cette piéce est moderne; on en ignore l'Auteur.

« Pantalon a depuis longtemps contracté le
» mariage de Lélio son fils, avec Flaminia,
» fille du Docteur. Lélio qui dans le commen-
» cement a paru content de cette union, de-
» vient dans la suite amoureux de Silvia, qui
» après la mort de son pere avoit passé dans la
» maison, & sous la tutelle de Pantalon. Celui-
» ci, épris des charmes de sa pupille, & ve-
» nant à s'appercevoir de la passion de son fils,

» écrit au Docteur qui est à Milan, & le prie
» de venir au plûtôt avec sa fille, terminer le
» mariage contracté.

» Il arrive que le jour même que le Docteur
» & Flaminia se rendent chez Pantalon, Mario
» arrive à Venise, & vient loger chez Lélio
» son ami : il apprend pour lors ce mariage,
» qui lui ôte une Maîtresse dont il est tendre-
» ment aimé. Ainsi les Amans se trouvent tous
» dans la même maison ; Lélio ordonne à Ar-
» lequin d'avertir Silvia de se rendre la nuit
» dans la salle, pour y pouvoir parler en liberté
» de leurs affaires. Arlequin découvre en buvant
» ce secret à Pantalon, qui pour surprendre
» son fils, & lui faire des reproches, se trouve
» au rendez-vous déguisé en femme. Lélio,
» Flaminia, Mario & Silvia viennent dans cette
» salle, & chacun d'eux prend Pantalon pour
» la personne qu'il cherche, & lui adresse,
» l'un des sentimens d'amour, & l'autre des re-
» proches. Sur ces entrefaites, Arlequin arrive
» par hazard avec de la lumière ; ils se recon-
» noissent tous, & se retirent surpris & confus.

» Pantalon pour venir à bout de ses desseins,
» confie Silvia à Scapin, & lui ordonne de la
» tenir enfermée avec sa femme, jusqu'à ce que
» Lélio ait épousé Flaminia ; & afin que Mario
» ne puisse apporter d'obstacle à ce mariage, il
» lui fait faire une insulte par Arlequin travesti
» en cavalier, & dans l'instant que pour se
» venger il met l'épée à la main, il le fait em-
» prisonner. Cela fait, il informe le Docteur de
» la passion de Flaminia, l'anime contre sa fille,
» & le presse de se servir contre elle de toute

» son autorité pour lui faire épouser Lélio, à
» qui elle est destinée. Ce dernier averti par
» Arlequin, tire de prison son ami Mario, &
» ils vont de compagnie chez Scapin: celui-ci
» intimidé des menaces de Lélio, lui promet de
» le servir dans ses amours. Pendant qu'avec
» Silvia ils concertent ce qu'ils doivent faire,
» Pantalon se fait entendre; ce qui oblige Sca-
» pin à chercher quelque invention pour les
» cacher; il fait mettre Lelio & Mario par terre,
» & s'y met aussi lui-même; ils étendent sur
» eux des tapisseries, de façon qu'on puisse pren-
» dre le tout pour un canapé. Pantalon entre
» dans la chambre, s'entretient avec Silvia, &
» s'assied sur le prétendu canapé. Dans ce mo-
» ment arrive Arlequin, qui dit que le Doc-
» teur est entré en une si grande colere de ce
» que sa fille ne vouloit pas lui obéïr, qu'il l'a
» tuée. A cette nouvelle, Mario se léve en
» fureur, fait tomber Pantalon, met l'épée à
» la main, en jurant qu'il va venger Flaminia.
» Pantalon épouvanté s'enfuit, & Arlequin
» finit l'acte par quelques lazzis, avec les débris
» du canapé.

» Au troisiéme acte, Arlequin fait peur au
» Docteur, & lui reproche d'avoir tué sa fille.
» Le Docteur s'en défend, dit qu'elle s'est tuée
» elle-même, & s'enfuit tout effrayé. Flaminia
» couverte d'un voile sort de la maison, & fait
» une plaisante scéne avec Arlequin, qui la
» prend pour une ombre; elle le laisse dans son
» erreur, & lui ordonne de dire à son pere &
» à Pantalon qu'elle les tourmentera éternel-
» lement, pour avoir été cause de sa mort. Sur

» ce que Flaminia a fait entendre à Arlequin,
» Scapin invente une fourberie; il fait croire à
» Pantalon que Silvia s'eſt jettée par la fenêtre,
» que ſon ombre lui eſt apparue, qu'elle lui a
» juré qu'elle ne ceſſera point de le tourmenter,
» Arlequin dit la même choſe au Docteur de
» celle de Flaminia. Les vieillards effrayés ont
» recours à Scapin, qui leur amène Arlequin
» déguiſé en Magicien. Celui-ci fait une con-
» juration, & il a grande peur en la pronon-
» çant; les ombres paroiſſent, & diſent qu'elles
» ceſſeront de tourmenter Pantalon & le Doc-
» teur, pourvû qu'ils conſentent par écrit que
» Lélio épouſe Silvia, & Mario Flaminia. Ce
» conſentement ſigné par les vieillards, les Om-
» bres prétendues ſe découvrent, & la piéce
» finit par ce double mariage ». *Mercure du mois de Février* 1722. p. 127-130.

MARIAGE (le) FAIT ET ROMPU, Comédie en trois actes & en vers, par M. *Du Freſny*, imp. dans ſes Œuvres, repréſentée le Vendredi 14 Février 1721. *Hiſtoire du Théatre Franç.* année 1721.

MARIAGE (le) FAIT ET ROMPU. Voyez *Parvenu.* (le)

MARIAGE (le) FAIT PAR CRAINTE, Comédie Françoiſe en proſe & en un acte, au Théatre Italien, par M. *Moraine*, repréſentée une ſeule fois le Mercredi 28 Juin 1730. *Sans Extrait.*

« Le 28 Juin (1730.) les Comédiéns Italiens
» donnérent la première repréſentation d'une
» petite piéce nouvelle en proſe & en un acte
» qui a pour titre. *Le Mariage fait par crainte,*

» que le public n'a pas goûtée. Elle n'a été
» jouée qu'une seule fois ». *Mercure de France*, mois de Juin II. vol. pag. 1402.

MARIAGE (le) FORCÉ, Comédie Ballet en trois actes & en prose, de M. *Moliere*, représentée au Louvre les 29 & 31 Janvier 1664. & sur le Théatre du Palais Royal, en un acte, avec quelques changemens, & sans divertissemens, le 15 Février de la même année, imp. de cette derniére maniére dans le Recueil des piéces de cet Auteur. *Hist. du Th. Franç.* année 1664.

MARIAGE (le) INFORTUNÉ. Voyez *Aristoclée*.

MARIAGE (le) PAR LETTRE DE CHANGE, Comédie en un acte & en vers, avec un divertissement, Musique de M. *Grandval*, par M. *Poisson*, (Philippe) Paris, Prault fils, & représentée le Mercredi 13 Juillet 1735. précédée de la Tragédie de *Rhadamiste*. *Hist. du Th. Fr.* année 1735.

MARIAGE (le) PAR LETTRE DE CHANGE, Comédie Françoise en prose & en un acte, au Theatre Italien, par M. *Dalençon*, représentée pour la premiére fois le Dimanche 28 Juillet 1720. (tombée & *sans Extrait*.) Le sujet de cette piéce est tiré d'une historiette du Mercure galant, sous le même titre.

MARIAGE (le) ROMPU PAR ARLEQUIN PROTÉGÉ, Pantomime représentée à la Foire S. Laurent, par la grande Troupe Italienne, le Dimanche 29 Juin 1749. *Affiches de Boudet*.

MARIAGE (le) SANS MARIAGE, Comédie en cinq actes & en vers, de M. *Marcel*, repréfentée fur le Théatre du Marais en 1671. imp. Paris, 1672. *Hift. du Th. Franç. année* 1671.

MARIAGE (le triple) Comédie en un acte & en profe, avec un Divertiffement, de M. *Deftouches*, imp. dans fes Œuvres, & repréfentée le Mardi 7 Juillet 1716. précédée de la Tragédie de *Bérénice*. *Hift. du Th. Fr. année* 1716.

MARIAGES (les) ASSORTIS, Comédie Françoife en vers & en trois actes, au Théatre Italien, par M. l'Abbé de *Voi*........ repréfentée pour la premiére fois le Lundi 10 Février 1744. Paris, Prault pere. *Extrait*, *Mercure de France, Avril* 1744. *p.* 795. *& fuivantes.*

MARIAGES (les) DE CANADA, Opéra Comique en un acte, de M. *Le Sage*, Mufique des divertiffemens par M. *Gilliers*, repréfenté au mois de Juillet 1734. précédé d'un Prologue intitulé *La premiére repréfentation*.

Cette piéce eft imprimée tome IX. du Théatre de la Foire.

MARIAGES (les) FAITS PAR SUPERCHERIE, Canevas Italien en trois actes, repréfenté une feule fois le Lundi 21 Juin 1745. *Sans Extrait.*

MARIAGES (les) MAL ASSORTIS, Canevas Italien en trois actes, repréfenté pour la premiére fois le Jeudi 4 Août 1740.

MARIAMNE, Tragédie d'Alexandre *Hardy*, repréfentée en 1610. fur le Théatre de l'Hôtel de Bourgogne, imp. tome III. des Œuvres Dramatiques de cet Auteur. Paris, Quefnel, 1625. *Hift. du Th. Fr. année* 1610.

MARIAMNE, (la) Tragédie de M. *Triftan*, repréfentée en 1636. fur le Théatre du Marais,

Paris, Courbé, 1637. derniére édition, Paris, Flahault, 1724.

Revue & corrigée par M. *Rousseau*, Paris, Didot, 1731. *Hist. du Th. Fr. année* 1736.

MARIAMNE, Tragédie de M. de *Voltaire*, représentée le Lundi 6 Mars 1724. suivie du *Deuil*, retouchée par l'Auteur, & donnée l'année suivante sous le titre d'*Hérode & Mariamne*. Voyez *Hérode & Mariamne*. *Hist. du Th. Fr. année* 1724.

MARIAMNE, Tragédie de M. l'Abbé *Nadal*, représentée le Jeudi 15 Février 1725. suivie de la Comédie du *Mariage forcé*, & imp. dans les Œuvres de M. *Nadal*. Paris, Briasson. *Hist. du Théatre François, année* 1723.

MARIAMNE. (Suite de) Voyez *Mort* (la) *des enfans d'Hérode*.

MARIANNE, Opéra Comique en un acte, avec un divertissement & un vaudeville, de Messieurs *Panard & Favart*, non imp. représenté le Dimanche 3 Février 1737. précédé du *Vaudeville*, Prologue, & de la *Piéce sans titre*, Opéra Comique en un acte.

Le sujet de cette Piéce est tiré du Roman que M. de Marivaux a donné sous le même titre, les principaux caracteres y sont conservés, & les Auteurs en le mettant en action, n'ont fait qu'ajoûter le dénouement. La scéne se passe chez Madame de Miran, mere de Valville, amant de Marianne: Madame Du Tour y vient voir cette fille, dont elle avoit eu soin. Sa dispute avec le Fiacre n'a point été oubliée, elle paroissoit trop bien placée au Théatre de l'Opéra Comique. Après quelques petits conseils,

Madame Du Tour quitte Marianne pour aller donner des instructions à M. Du Climal. Valville déguisé en Laquais, remet une lettre à sa belle. Marianne, après l'avoir lue, reconnoît son Amant, il se jette à ses pieds. Dans ce moment Du Climal les surprend : Marianne se retire. La scéne de l'oncle & du neveu rivaux est assez plaisante. Valville avoue son amour à Du Climal, & l'accuse de ressentir la même passion.

DU CLIMAL.

» Quoi parce que j'ai de l'amour...... de la pitié dis-je,
» pour une aimable enfant, que je veux par tendresse......
» je veux dire, par charité, lui meubler une petite chambre.

(AIR. *J'offre ici mon sçavoir faire.*)
On m'ose juger coupable,
De faire insulte à son honneur ?

VALVILLE.

Oh ! vraiment, il se peut, Monsieur,
Que vous n'en soyez pas capable.

L'hypocrisie de M. Du Climal se manifeste dans une autre scéne qu'il a avec Marianne, & il a la honte d'être raillé par Valville, qui entend une partie de sa conversation. Marianne y est, comme dans le Roman, reconnoissante & généreuse à l'excès : sa vertu est aussi dignement récompensée. A la fin de la piéce, M. Dorsin fils de Madame Dorsin arrive de la Rochelle, avec le Paysan à qui il avoit remis la fille que sa femme en mourant venoit de mettre au monde. Cette fille qui a été envoyée à Paris pour mettre en apprentissage, se trouve enfin être la jeune Marianne, qui est alors chez Madame de Miran, & dont Valville est si éperduement amoureux. Madame de Miran prie

M. Dorsin de consentir à l'union de ces deux amans.

VALVILLE.

» C'est l'unique bonheur où j'aspire.

(AIR. *La jeune Isabelle.*)

Agréez ma flamme,
Comblez tous mes vœux.

DORSIN.

De toute mon ame,
J'approuve vos feux.

MADAME DORSIN.

Terminons l'affaire.

MADAME MIRAN.

Et que ce jour-cy,
Qui lui donne un pere
Lui donne un mari.

Suit un divertissement & un Vaudeville, dont voici deux couplets.

Ne comptons point sur l'hommage
Qu'un jeune Officier nous rend,
Avec lui lorsqu'on s'engage,
Rarement le mariage
Se rencontre au dénouement.

L'amoureuse connoissance,
Se fait ici promptement,
Au spectacle elle commence ;
Une visite l'avance :
Chaillot fait le dénouement.

Extrait Manuscrit.

MARIE STUARD REINE D'ÉCOSSE, Tragédie de M. *Regnault*, représentée en 1639. Paris, Quinet, 1639. *Hist. du Théatre Franç.* année 1639.

Voyez l'*Ecossoise*, Tragédie de *Montchrestien.*

MA

MARIE STUARD REINE D'ÉCOSSE, Tragédie de M. *Boursault*, imp. dans ses Œuvres, & représentée le Vendredi 7 Décembre 1683. *Histoire du Th. Fr.* année 1683.

MARIE STUARD, Tragédie de M. *** imp. Paris, Prault fils, & représentée à l'ouverture du Théatre, le Lundi 3 Mai 1734. suivie du *Mari retrouvé*. *Hist. du Th. Fr.* année 1734.

MARIÉ (le) EGARÉ, Comédie en un acte & en prose, de M. *Odierne*, non imp. & représentée le Samedi 14 Novembre 1739. précédée de la *Suivante désintéressée*, & de la *Méprise*, piéces nouvelles d'un acte chacune. *Hist. du Th. Fr.* année 1739.

MARIÉ (le) SANS LE SÇAVOIR, Comédie en un acte & en prose, de M. *Fagan*, Paris, Prault fils, & représentée à Fontainebleau le Jeudi 22 Octobre 1739. précédée d'*Atrée & Thyeste*, & à Paris le Vendredi 8 Janvier 1740. à la suite de la Tragédie de *Bajazet*. *Histoire du Théatre François*, année 1740.

MARIGNIER, (N....... le) Auteur Forain, aujourd'hui vivant, a donné au Théatre de l'Opéra Comique:

LA PANTOUFLE, un acte, 1729.

CYDIPPE, un acte, avec un Prologue, 1731.

En société avec Messieurs Panard & Pontau.

ARGENIE, trois actes, 1729.

MARIS (les) INFIDELLES. Voyez *Apparences (les) trompeuses*, ou *Les Maris infidelles*.

MARIS (les) SANS FEMMES, Canevas Italien

en un acte, représenté une seule fois le Samedi 22 Décembre 1742. *Sans Extrait.*

MARIVAUX, (N... Carlet Chamblain de) de l'Académie Françoise, Auteur vivant, a composé pour le Théatre François :

LA MORT D'ANNIBAL, Tragédie, 1720.

LE DÉNOUEMENT IMPRÉVU, Comédie en prose & en un acte, suivie d'un divertissement, 1724.

LES PETITS HOMMES, OU L'ISLE DE LA RAISON, Comédie en prose & en trois actes, précédée d'un Prologue aussi en prose, & suivie d'un divertissement, 1727.

LA SURPRISE DE L'AMOUR, Comédie en prose & en trois actes, 1727.

LA RÉUNION DES AMOURS, Comédie en prose & en un acte, 1731. Cette piéce parut sous le nom du Sieur de la Cléde.

LES SERMENS-INDISCRETS, Comédie en prose & en cinq actes, 1732.

LE PETIT MAÎTRE CORRIGÉ, Comédie en prose & en trois actes, 1734.

LE LEGS, Comédie en prose & en un acte, 1736.

LA DISPUTE, Comédie en prose & en un acte, 1744.

LE PRÉJUGÉ VAINCU, Comédie en prose & en un acte, 1746.

Et au Théatre Italien.

L'AMOUR ET LA VÉRITÉ, Comédie en prose en trois actes, précédée d'un Prologue aussi en prose, non imp. 1720.

ARLEQUIN POLI PAR L'AMOUR, Comédie en prose & en un acte, 1720.

LA SURPRISE DE L'AMOUR, Comédie en prose & en trois actes, 1722.

LA DOUBLE INCONSTANCE, Comédie en prose & en trois actes, 1723.

LE PRINCE TRAVESTI, OU L'ILLUSTRE AVANTURIER, Comédie en prose & en trois actes : 1724.

LA FAUSSE SUIVANTE, OU LE FOURBE PUNI, Comédie en prose & en trois actes, 1724.

L'ISLE DES ESCLAVES, Comédie en prose & en un acte, 1725.

L'HÉRITIER DE VILLAGE, Comédie en prose & en un acte, 1725.

LE TRIOMPHE DE PLUTUS, Comédie en prose & en un acte, suivie d'un divertissement, 1728.

LA NOUVELLE COLONIE, OU LA LIGUE DES FEMMES, Comédie en prose & en trois actes, non imprimée ; 1729.

LE JEU DE L'AMOUR ET DU HAZARD, Comédie en prose & en trois actes, 1730.

LE TRIOMPHE DE L'AMOUR, Comédie en prose & en trois actes, 1732.

L'ÉCOLE DES MERES, Comédie en prose & en un acte, suivie d'un divertissement, 1732.

L'HEUREUX STRATAGÊME, Comédie en prose & en trois actes, 1733.

LA MÉPRISE, Comédie en prose & en un acte, 1734.

LA MERE CONFIDENTE, Comédie en prose & en trois actes, 1735.

Les Fausses Confidences, Comédie en prose & en trois actes, 1737.

La Joye imprévue, Comédie en prose & en un acte, 1738.

Les Sincéres, Comédie en prose & en un acte, 1739.

L'Épreuve, Comédie en prose & en un acte, 1740.

MARIUS, Tragédie de M. de *Caux*, représentée le Vendredi 15 Novembre 1715. imp. tome XL du Recueil intitulé Théatre François, Paris, 1737. par la Compagnie des Libraires. *Histoire du Th. Franç. année* 1715.

Marius, (le jeune) Tragédie de M. l'Abbé *Boyer*, représentée sur le Théatre de l'Hôtel de Bourgogne, vers la fin de Janvier 1669. Paris, Quinet, 1670. *Hist. du Th. Franç. année* 1669.

MARMONTEL, (N......) Poëte Dramatique, aujourd'hui vivant, a composé pour la scéne Françoise,

Denis le Tyran, Tragédie, 1748.

Aristomene, Tragédie, 1749.

Cléopatre, Tragédie, 1750.

Les Héraclides, Tragédie, 1752.

Au Théatre de l'Académie Royale de Musique.

La Guirlande, ou Les Fleurs enchantées, acte de Ballet, Musique de M. *Rameau*, 1751.

Acante et Céphise, ou La Sympathie, Pastorale héroïque, à l'occasion de la naissance de Monseigneur le Duc de Bourgogne, en trois actes,

actes, sans Prologue, Musique de M. *Rameau*, 1751.

MAROTTE BEAUPRÉ, Comédienne Françoise, niéce de la Dlle Beaupré, joua dans la Troupe du Marais jusqu'en 1669. qu'elle passa dans celle du Palais Royal. Retirée en 1672. on ignore le temps de sa mort. *Hist. du Th. Fr. année* 1673.

MAROTTE, Parodie en un acte de la Tragédie de *Mérope*, de M. de *Voltaire*, par Messieurs *Panard*, *Gallet* & *Pontau*, représentée au Théatre de l'Opéra Comique le Samedi 16 Mars 1743. & non imp.

En changeant les noms des personnages, leur état & le lieu de la scéne, les Auteurs ont suivi le plan de la Tragédie. Marotte, Dame d'un Château près de Suresne, est recherchée par Rudisonte, Prevôt de la Maréchaussée. L'aversion naturelle qu'elle sent pour cet Amant, est encore augmentée par l'inquiétude où la jette l'absence d'un fils unique dont elle ne reçoit aucune nouvelle. Simone sa suivante fait des efforts pour la consoler.

SIMONE, (AIR. *Simone ma Simone.*)

A quoi bon tant soupirer ?

MAROTTE.

Moi, je veux pleurer.

SIMONE.

Suivez un meilleur avis.

MAROTTE.

Simone, ma Simone,
Quand il s'agit de mon fils,
Je n'écoute personne.

Rudifonte vient interrompre ce triste entretien.

RUDIFONTE *déclamant.*

A mes vœux insensible, à vous même cruelle,
Vous semblez dédaigner,......

MAROTTE.

Tais toi, Jean de Nivelle,
Je prétens regretter mon époux, mes enfans,
Et les pleurer toûjours, quand je vivrois cent ans.

RUDIFONTE. (AIR. *Quand le péril.*)

Depuis que votre cœur se trouble,
Et que vos yeux les pleurent tant,
Vous auriez pû, certainement,
Les réparer au double.

MAROTTE.

Oses-tu me tenir un semblable langage.

RUDIFONTE.

Peut-être vos mépris sont causés par mon âge.

(AIR. *Des Fraises.*)

L'on sçait bien, Madame, que,
Vous êtes encore fraîche :
Et que moi si je veux de
Ma race, il faut que je me
Dépêche, dépêche, dépêche.

Dans la scéne suivante, Rudifonte avoue à Briquet son Confident, qu'il n'est point amoureux de la veuve, mais qu'il se marie par raison.

RUDIFONTE. (AIR. *Attendez-moi sous l'orme.*)

Lorsque dans sa jeunesse,
L'on a, comme j'ai fait,
De Maîtresse en Maîtresse,
Porté son feu coquet.
Il vient, quand on grisonne,
De certains accidens.

BRIQUET.

Où l'on paye en Automne
Les plaisirs du Printemps.

Bertrand, Concierge du Château, annonce à Marotte que l'on vient de prendre un jeune inconnu, accusé d'avoir tué un homme. Marotte veut le voir, & lui fait plusieurs questions. Cadet, (c'est le nom de l'inconnu,) raconte naïvement son avanture.

CADET.

« Ce matin, en passant sur le pont, un insolent chantoit
» des vers qui n'étoient pas à votre louange, son audace a
» excité ma colere,

MAROTTE.

» Que disoit-il ?

CADET.

Connoissez-vous Marotte,
Mignone, la femme à trétous.

MAROTTE à part.

» Qu'il est simple !

Cadet avoue qu'il a jetté cet insolent dans la riviére; Marotte, par un mouvement inconnu, se sent émue en faveur de ce jeune homme, & en attendant lui donne son Château pour prison. Pendant qu'elle fait des réflexions sur le sort de cet infortuné, Bertrand lui apporte un fusil, dont le criminel étoit armé. Marotte reconnoit le fusil pour le même qui a passé des mains de feu son mari, dans celles de son fils, & sur cette découverte, elle ne doute point que ce dernier n'ait été assassiné par l'Inconnu. Sa pitié se change en fureur, & elle sort pour hâter son supplice.

Barnabas nourricier du fils de Marotte, ne sçachant ce qu'est devenu son nourrisson, le cherche de tous côtés, Simone étourdie de ses cris, lui dit de parler plus bas, attendu que la Dame du Château est dans la tristesse.

SIMONE.

De trois fils qu'elle eut de son époux,
Un seul lui demeuroit.

BARNABAS.

Ah ! que me dites-vous ?

SIMONE. (Air. *A l'envers.*)

Ce fils si cher, si précieux....

BARNABAS.

Justes Dieux !

SIMONE.

Attaqué par un voleur....

BARNABAS.

O malheur !

SIMONE.

A fini son triste sort.

BARNABAS.

Je suis mort.

(Air. *des Pendus.*)

Après un si fatal revers,
Rien ne m'attache à l'Univers,
Soleil tu ne peux plus me plaire,
Et je vais pour fuir la lumiere,
Me cacher au fond d'un caveau,
Cela vaudra mieux qu'un tombeau.

SIMONE.

Suivons ce vieillard, il y a tant de filoux qui se cachent dans les maisons.

Après le départ de Barnabas, Marotte paroît, suivie de Cadet, qu'elle accable d'injures: celui-ci est très étonné de la différence du procédé de la Dame : Ouï, lui dit-elle, je serai ton bourreau, ma rage ne connoit plus rien, il faut que je t'étrangle avant que tu sois pendu : en même temps elle lui saute au collet, arrêtez, arrêtez, s'écrie Barnabas.

BARNABAS. (Air. *Amis sans regretter.*)

>Dans quel désordre vous seriez
>Par votre injuste haine ?
>Contre les régles vous auriez
>Enfanglanté la scéne.

La reconnoissance de Cadet pour fils de Marotte, est traitée très-comiquement; Barnabas emméne son nourrisson à l'arrivée de Rudifonte, & recommande le secret à Marotte. Mais le Prevôt, qui suivant les conseils de Briquet, soupçonne la veuve d'être amoureuse de l'Inconnu, déclare hautement qu'il veut en faire justice, Marotte ne sçachant par quel moyen le sauver, s'écrie que Cadet est son fils, Rudifonte est charmé de cette découverte; il veut s'en prévaloir pour obliger Marotte à lui donner la main. Cadet s'y oppose opiniâtrement, & n'épargne pas les injures : Rudifonte ne fait presque pas semblant de l'entendre. Si ce petit sot-là, dit-il à son confident, continue à me tenir tête, je sçai bien ce que je ferai chez le Notaire.

RUDIFONTE. (Air. *Robin turlure.*)

>Dans le moment pour signer,
>J'y vais avec la future.
>*à Cadet.* Viens, suis nous sans barguigner.

CADET.

Turelure.

RUDIFONTE.

J'y veux voir ta signature.

CADET.

Robin ture lure lure.

RUDIFONTE. (Air. *Que ne la baisez-vous.*)

Au nœud que je contracte,
Pense bien mon ami.
Nous n'avons pas besoin d'un cinquiéme acte,
Je ne reviendrai plus dans ce lieu ci.

Barnabas n'ignore pas qu'il seroit à propos d'accompagner Cadet, mais il ajoûte qu'il veut rester pour amuser la scéne, & attendre le récit que Bertrand vient faire.

BARNABAS. (Air. *Comme un coucou.*)

Ne tombez point dans ce délire,
Faut-il avec tant d'appareil,
Mettre un gros quart d'heure à nous dire,
Ce qui s'est fait en un clin d'œil.

BERTRAND. (Air. *De Bellerophon.*)

Ecoutez, soyez attentif,
Au ton plaintif,
D'un récit peu récréatif,
Notre escogrif,
Expectatif,
Méditif,
Impératif,
Rébarbatif,
Et morosif,
Du Contrat tient le fatal plumitif :
Il demande en un mot décisif,
Définitif :
Déja l'esprit craintif,
Plein d'un chagrin excessif,
Marotte est-là d'un air pensif.
A cet executif,
Cadet survient d'un pas hâtif,
Résolutif,
Expéditif,
Il saisit un canif,
Sans qu'on pénétre son motif,
Et du fer offensif,
Perçant le papier conjonctif,
Détruit tout le préparatif :
Maint coup de pied consécutif,
Vient seconder son bras actif :
Il frappe.

Rudifohtè fait le rétif,
Mais dans sa fureur il attrape,
Pouf, paf, & pif,
D'un poing massif,
L'apostrophant trois fois le rend plus mort que vif.

Le tyran, ajoûte Bertrand, est entre les mains d'un Médecin qui l'achévera.

Marotte revient avec Cadet; tout le monde se livre à la joye: on entend un bruit de tambour.

SIMONE. (AIR. *Frappez, ne vous lassez jamais.*)

Ce tambour vient parfaitement,
Pour imiter la tragédie:
Chez elle il tonne au dénouement,
Ce bruit en fait la parodie.

On voit paroître les personnages du divertissement, qui se sont assemblés pour tirer au Papegay. Ce mot qui n'est plus d'usage, sert à exprimer la figure d'un Perroquet de bois, servant de blanc aux tireurs de l'arquebuse.

Couplets du Vaudeville.

Un amant ressemble au renard,
En cachette il vient, il se coule,
Donnez-vous en de garde, car
Si-tôt qu'il a croqué la poule,
Haut le pied, zeste, & allons gai,
Comme il dérive,
Comme il s'esquive,
Haut le pied, zeste, & allons gay,
Faisons honneur au Papegay.

Raison tu n'es qu'un vain rempart,
Contre le Maître de Cythere,
Ce Dieu n'a besoin que d'un dard,
Pour te vaincre & te faire faire
Haut le pied, zeste, & allons gay,
Sois à la mode,
Rends-toi commode,
Haut le pied, zeste, & allons gay,
Faisons honneur au Papegay.

Extrait Manuscrit.

Les Comédiens François ayant repris la Tragédie de *Mérope*, le Lundi 2 Février 1744. L'Opéra Comique remit au Théatre cette Parodie, sous le nouveau titre de l'*Enfant retrouvé*, le Mercredi 26 du même mois.

MARQUIS (le) DE L'INDUSTRIE, Comédie en cinq actes, d'un Auteur *Anonyme*, non imprimée, représentée le Samedi 25 Janvier 1698. *Hist. du Th. Fr.* année 1696.

MARQUIS (le) PAYSAN. Voyez *Sot (le) toûjours sot*.

MARQUIS) le) RIDICULE, ou LA COMTESSE FAITE A LA HÂTE, Comédie en cinq actes & en vers, de M. *Scarron*, imp. dans ses Œuvres, & représentée en 1656. *Hist. du Th. Franç.* année 1656.

MARQUIS (les) FRIANDS. Voyez *Côteaux. (les)*

MARQUISE (la) IMAGINAIRE, Comédie en un acte d'un Auteur *Anonyme*, non imp. représentée le Mercredi 23 Septembre 1699. précédée de la Tragédie de *Nicoméde*. *Hist. du Th. Fr.* année 1699.

MARTHÉSIE REINE DES AMAZONES, Tragédie en cinq actes, avec un Prologue, de M. *De la Motte*, Musique de M. *Destouches*, représentée à Fontainebleau au mois d'Octobre 1699. & à Paris le Dimanche 29 Novembre de la même année, in-4°. Paris, Ballard, & tome VI. du Recueil des Opéra.

ACTEURS DU PROLOGUE.

Cybéle.	Mlle Maupin.
Jupiter.	Le Sieur Hardouin.
Junon.	Le Sieur Clément.
Neptune.	Le Sieur Guyart.

BALLET.

Dryades.	Mlles Tissard & Le Maire.
Un Triton.	Le Sieur Du Mirail.

ACTEURS DE LA TRAGÉDIE.

Marthésie.	Mlle Desmatins.
Talestris.	Mlle Moreau.
Mars.	Le Sieur Dun.
Argapise.	Le Sieur Thévenard.
La Grande Prêtresse du Soleil.	Mlle Maupin.

ACTEURS DU BALLET.

ACTE I.	Une Prêtresse.	Mlle Desplaces.
ACTE II.	Amazones.	Mlles Subligny, Dufort, Desplaces, Dangeville, Clément & Freville.
	Un Scythe.	Le Sieur Pécourt.
ACTE III.	Une Nymphe.	Mlle Du Fort.
	Un Dieu.	Le Sieur Balon.
ACTE IV.	Bohémiennes.	Mlle Subligny. Mlles Freville & Le Maire.
ACTE V.	Les Graces.	Mlles Subligny, Dufort & Desplaces.
	Un Plaisir.	Le Sieur Lestang.

MARTIN, (Saint) Comédien François de l'Hôtel de Bourgogne en 1634. On ignore sa vie, sa mort, & l'emploi qu'il avoit dans sa Troupe. *Histoire du Théatre François*, année 1634.

MARTIN BRAILLARD. Voyez *Trigaudin*.

MASCARADES (les) AMOUREUSES, Comédie Françoise en vers & en un acte, suivie d'un divertissement, au Théatre Italien, par M. *Guyot de Merville*, représentée pour la premiére fois le Samedi 4 Août 1736. Paris, Briasson. Extrait, *Mercure de France, mois de Septembre* 1736. p. 2112. & *suivantes*.

MASCRIER, (l'Abbé) Auteur vivant a composé *La Ressource & le Caprice*, Prologue en vers ajoûté à la *Sœur ridicule*, 1732. *Hist. du Théatre Franç. année* 1732.

MASQUES. (les) Voyez *Bal* (*le*) *de Passy*.

MASSIP, (N..........) Auteur lyrique, aujourd'hui vivant, a composé les paroles des *Fêtes nouvelles*, Ballet en trois Entrées, avec un Prologue, Musique de M. *Duplessis* le cadet, 1734.

MATAMORE, caractere d'un faux brave, qu'un Comédien François, dont on ignore le nom, adopta à l'Hôtel de Bourgogne, & sur le Théatre du Marais. Ce personnage a brillé jusqu'au milieu du siécle passé. *Hist. du Th. Fr. année* 1737.

MATAMORE, (le véritable Capitan) *ou le* FANFARON, Comédie imitée de Plaute, en cinq actes & en vers, de M. *Maréchal*, représentée en 1637. sur le Théatre Royal du Marais, Paris, Quinet, 1639. Voyez *Capitan.* (*le*) *Histoire du Th. Fr. année* 1639.

MATAMORE, (les boutades du Capitan) Comédie en un acte & en vers de huit syllabes, sur la seule rime en *ment*, par M. *Scarron*, imp. dans ses Œuvres, & représentée en 1646. *Hist. du Th. Fr. année* 1646.

MATERAZZI, (Francesco) Acteur de la nouvelle Troupe Italienne pour le personnage de *Docteur*, né à Milan, débuta à Paris le 18 Mai 1716. & continua de remplir son emploi au Théatre jusqu'à sa mort arrivée le Samedi 29 Novembre 1738. C'étoit un assez bon Acteur dans le genre qu'il avoit adopté, mais ce genre est ingrat, & sort peu aux yeux des Spectateurs. Le Mercure de France annonça la mort de cet Acteur de la façon suivante.

« Le 29 Novembre dernier, *Francesco Ma-
» térazzi*, Comédien Italien de l'Hôtel de
» Bourgogne, natif de *Milan*, mourut à Paris
» âgé de 86 ans. Il étoit en cette ville depuis
» le commencement de 1716. étant de la Trou-
» pe que le Duc d'Orléans, Régent, y avoit
» fait venir d'Italie ; il jouoit ordinairement le
» role de *Docteur*, dans les piéces Italiennes,
» & s'en acquittoit très bien, & dans le vrai
» goût de son pays ». *Mercure de France*, Décembre, *second volume*, p. 2888.

Voici encore quelques faits sur cet Acteur,
qui nous ont été communiqués par M. *Gueullette*, Substitut de M. le Procureur du Roi.

« Francesco Materazzi étoit un gros homme
» court, ayant de l'esprit. Il m'a dit que dans
» sa jeunesse il avoit joué les roles d'Arlequin ;
» c'étoit un très-honnête homme, vivant régu-
» liérement & fort charitable. Il avoit laissé sa
» femme très agée en Italie, (*) & il lui en-
» voyoit très-régulièrement une pension assez
» considérable. C'étoit à un Avocat de Ferrare
» à qui il adressoit ses lettres de change, &
» ce même Avocat, après la mort de la femme
» de Matérazzi, renvoya à ce dernier une
» somme de mille écus qu'il avoit reçue depuis
» peu. Après la mort de *Pietro Alborghetti*,
» (*Pantalon*,) il épousa sa veuve, dans la seule
» intention de lui faire du bien, en l'avantageant

(*) « La femme de Francesco Materazzi se nommoit
» *Angiola Isola*, elle jouoit en Italie les roles de premiéres
» amoureuses, sous le nom d'*Eléonora* ». (*Note de M. Gueullette.*)

» de tout le mobilier qu'il avoit en France ».

MATHO, (N...) Muficien de la Chapelle du Roi, a compofé la Mufique de la Tragédie lyrique d'*Arion*, par M. *Fuzelier*, repréfentée par l'Académie Royale de Mufique en 1714.

MATRONE (la) DE CHARENTON, Piéce en un acte, en vaudevilles & par écriteaux, de Meffieurs *Le Sage* & *d'Orneval*, non imp. & repréfentée à la Foire S. Laurent, 1724. précédée de la *Pudeur à la Foire*, Prologue, & fuivie des *Vendanges de la Foire*, piéce en un acte. Ces trois piéces furent exécutées au Jeu de Dolet & La Place.

Voici de quelle maniére les Auteurs ont travefti le fujet de la Matrone d'Ephéfe.

Arlequin & Scaramouche viennent à Charenton pour fe baigner. Ils s'amufent à chanter: dans ce moment Olivette, fuivante d'une veuve qui demeure dans une maifon voifine, vient les prier de ceffer, attendu que ces démonftrations de joye ne peuvent qu'aigrir la douleur de fa Maîtreffe, qui eft inconfolable. Sur ce récit, Arlequin conçoit le deffein bizarre de fe faire aimer de la veuve, & pour cet effet il endoffe un habit noir, avec des pleureufes, & fe met au bord de la riviére. Des perfonnes qui fe trouvent en cet endroit, croyant qu'Arlequin va fe noyer, le repêchent. La veuve qui fe trouve préfente à cette action, fe fent émue pour cet inconnu, & lui demande quel eft le fujet de fon défefpoir. Arlequin lui répond que la mort d'une époufe qu'il aimoit avec tendreffe, l'a déterminé à abréger fes jours. Quoique ceci ne foit qu'une feinte de la part d'Arlequin, la conformité que la veuve trouve de son état au sien, forme un commencement de liaison entre ces deux personnes : enfin l'Hymen dissipe leur tristesse, & l'on célébre leur nôce par des danses & un vaudeville, dont voici quelques couplets : ils sont tous sur l'air, *Suivons, suivons tour à tour*, &c.

OLIVETTE.

Lorsqu'à sa douleur mortelle,
La veuve se laisse aller,
Amans, pleurez avec elle,
Vous pourrez la consoler,
C'est avec cet hameçon,
Qu'on prend ce poisson.

UN PÉCHEUR.

Aujourd'hui bonne cuisine,
Sert un amoureux destin,
Pour l'amour de sa voisine,
On régale son voisin.
C'est avec, &c.

ARLEQUIN *au Parterre.*

Une piéce surannée
Pendant un mois se soûtient ;
On l'avoit abandonnée,
On y retourne, & d'où vient ?
Un Prologue est l'hameçon,
Paris le poisson.

Ce dernier couplet fait allusion à l'*Assemblée des Acteurs*, Prologue que M. *Procope* a composé pour la Comédie des *Trois Cousines*, en 1724. *Extrait Manuscrit.*

MATRONE (la) D'ÉPHESE, Comédie en un acte & en prose, de M. *De la Motte*, imp. dans ses Œuvres, & représentée le Samedi 23 Septembre 1702. précédée de la Tragédie de *Mithridate*. Voyez *Ephésienne* (l') de M. *Brinon*. *Hist. du Théatre Franç.* année 1702.

MATTHÉWS, (N.....) Entrepreneur d'une Troupe de Sauteurs, Danseurs de Corde & Acteurs de Pantomimes aux Foires S. Germain & Saint Laurent de l'année 1746.

MATTHIEU, (Pierre) né à Salins, ville de la Franche-Comté de Bourgogne, le 10 Décembre 1563. fut Principal du Collége de Verceil en Piémont, puis Avocat au Siége Présidial de Lyon, & enfin Historiographe de France, sous les Rois Henri le Grand & Louis XIII. il est mort à Toulouse le 12 Octobre 1621. âgé de 58 ans. Il a composé pour le Théatre François.

CLYTEMNESTRE, *ou l'*ADULTERE, Tragédie, 1580.

TRAGÉDIE DE L'HISTOIRE TRAGIQUE D'ESTHER, 1583.

VASTHI, Tragédie, 1587.

AMAN, Tragédie, 1587.

Histoire du Th. Fr. année 1580.

MAUGER, (N......) Garde du Corps de Sa Majesté, & Poëte Dramatique aujourd'hui vivant, a composé

AMESTRIS, Tragédie, 1747.

CORIOLAN, Tragédie, 1748.

COSROËS, Tragédie, 1752.

MAUPIN, (N..... d'Aubigny, femme du Sieur) Actrice de l'Académie Royale de Musique, naquit en 1673. Elle étoit fille du Sieur d'Aubigny, l'un des Sécretaires de feu M. le Comte d'Armagnac, & se maria étant encore très-jeune, avec le Sieur Maupin, de S. Germain en Laye, à qui elle fit donner une commission dans les Aydes en Province. Pendant l'abſence de ſon mari, Mlle Maupin qui avoit un goût naturel pour l'exercice des armes, fit connoiſſance du nommé Serane, Prevôt de Salle, avec lequel elle alla à Marſeille. La néceſſité obligea ces deux perſonnes à faire uſage des talens que la nature leur avoit donné: ils avoient l'un & l'autre la voix aſſez belle, ſurtout Mlle Maupin, qui poſſédoit un bas-deſſus le plus beau dont on eut ouï parler, & tel que depuis ſa mort on n'a point trouvé de fille qui en ait approché. Serane & Mlle Maupin n'eurent pas de peine à trouver place à l'Opéra de Marſeille. Une avanture particuliére, & qui n'a aucun rapport à notre ouvrage, fut cauſe que cette derniére quitta Marſeille au bout de quelques années. Elle vint à Paris, où reprenant le nom de ſon mari, (car elle avoit toûjours porté ſon nom de fille pendant ſon ſéjour à Marſeille,) elle fut reçue à l'Académie Royale de Muſique, & débuta par le role de *Pallas*, dans la Tragédie de *Cadmus*, en 1695. Elle eut tout lieu de ſe louer de l'accueil que lui fit le public: pour lui en marquer ſa reconnoiſſance, elle ſe leva debout dans ſa machine, & levant ſon caſque, elle ſalua l'Aſſemblée, qui répondit par de nouveaux applaudiſſemens, très capables d'encourager de plus en plus la nouvelle Actrice. Depuis, Mlle Maupin a continué à jouer avec ſuccès, dans le tendre, le furieux & le comique, & quoique de ſon temps l'Opéra fut aſſez fourni de bonnes Actrices, cependant celle-ci a rempli ſouvent les premiers roles. Un entr'autres où elle a excellé, au rapport même de Mlle Rochois, qui avouoit qu'elle n'auroit pas voulu l'entreprendre, c'est celui de *Médée* dans la Tragédie de *Médus*, de M. *De la Grange*, qui parut en 1702. & que Mlle Maupin joua d'original d'une maniére distinguée. Ce role de Magicienne est d'autant plus difficile, qu'elle paroit toûjours sans baguette, sans mouchoir & sans éventail.

Vers le milieu de l'année 1705. Mlle Maupin renonça au Théatre, & ayant rappellé son mari, elle passa dans une vie extrêmement retirée, ses derniéres années. Elle est morte sur la fin de 1707. âgée de trente-trois ans & quelques mois.

Mlle Maupin n'étoit pas d'une grande taille, mais elle étoit très jolie, elle avoit les cheveux chatains, tirans sur le blond & fort beaux, de grands yeux bleus, le nez aquilin, la bouche belle, la peau très-blanche & la gorge parfaite. On rapporte qu'elle ne sçavoit point de Musique, mais qu'elle réparoit ce défaut par une mémoire prodigieuse.

La passion que Mlle Maupin avoit pour les exercices des armes, & l'habitude fréquente où elle étoit de s'habiller en homme, ont donné lieu à plusieurs histoires vraies ou fausses qu'on raconte d'elle, mais comme elles sont la plûpart dans un goût romanesque, & peu nécessaires à notre sujet, nous ne jugeons pas à propos de les rapporter. *Mémoire Manuscrit.*

MAURICE VONDREBECK, Allemand de nation, & le plus habile des éléves d'Alard, joignit au talent de Sauteur, celui de danser sur la corde avec beaucoup de grace & de légéreté. Après son mariage il entreprit de former une Troupe sous son nom. Pour cet effet il loua des Missionnaires de Saint Lazare des places où il fit bâtir deux loges, la première fut destinée pour les exercices de danse de corde & de sauts, & la seconde pour y donner des combats de taureaux. L'acte en fut passé devant Aveline & Le Févre Notaires, le 20 Décembre 1696. Maurice ouvrit son Théatre à la Foire S. Germain 1697. & malgré la réputation d'Alard, il l'emporta par la quantité de sujets dont il avoit eu le bonheur de faire l'acquisition. Maurice continua ces spectacles jusqu'à la Foire S. Laurent 1699. temps auquel il est mort. Il a laissé de Jeanne Godefroi son épouse *Catherine Vondrebeck*, qui fut mariée à Etienne *Baron*, Comédien du Roi, & en secondes noces au Sieur *De Baune*, & *Anne Vondrebeck*, femme du Sieur de *Mouy*, Directeur de la Gabelle de Melun. *Mémoires sur les Spectacles de la Foire, Tome I.*

MAURICE (Jeanne-Godefroi, femme de) Vondrebeck, par son esprit réparoit ce que la naissance & l'éducation lui avoient refusé, elle soûtint après la mort de son mari ses engagemens, & ceux qu'elle fit depuis, avec une entente & une conduite supérieure. La société qu'elle contracta le 24 Décembre 1699. avec Alard, lui fut extrêmement avantageuse, tant pour les bons sujets qui passérent dans sa Troupe, que par les connoissances qu'Alard lui procura, qui devinrent ses plus zélés protecteurs. Cette société subsista jusques & comprise la Foire S. Germain 1706. Avant l'ouverture de la Foire S. Laurent suivante, elle s'associa avec Bettrand. Au commencement de 1708, la Dame Maurice prévoyant avec raison que les Comédiens François ne tarderoient pas à gagner leur procès contre les Entrepreneurs des Spectacles Forains, prit des arrangemens avec le Sieur Guyenet, alors Directeur général de l'Académie Royale de Musique, qui lui permit de faire usage sur son Théatre de changemens de décorations, de Chanteurs dans les divertissemens, & de Danseurs dans les Ballets. Outre cela, elle avoit sçû se faire des amis parmi les Comédiens ; avec ce secours, elle tint encore les Foires suivantes jusqu'à la fin de l'année 1709. qu'elle renonça à ses entreprises, & voici à quelle occasion.

Un Gentilhomme nommé M. de Martinengue, étant à la campagne dans un Château appartenant à son pere, se prit de querelle avec une fille qui gouvernoit la maison & l'esprit de M. de Martinengue le pere. Cette dispute devint si vive de part & d'autre, que M. de Martinengue le fils appliqua un soufflet à la Gouvernante, mais si malheureusement pour cette derniére, que le coup ayant porté sur sa tempe, elle en tomba morte dans l'instant. M. de Martinengue le pere, touché au-delà de toute expression de la mort de sa chere Gouvernante, voulut la venger par celle de son fils : il rendit plainte contre lui, & traita le coup fatal qu'il avoit donné de dessein prémédité. M. de Martinengue le fils, qui dès le moment de sa triste aventure, s'éroit sauvé de la maison de son pere, fut averti du sort qu'on lui préparoit, & ne croyant pas être en sûreté dans sa Province, il vint à Paris chercher un asyle & des moyens pour se justifier du crime qu'on lui imputoit. Comme il avoit eu quelques liaisons avec la veuve Maurice, ce fut chez elle qu'il se rendit, & à qui il fit part de son infortune. Madame Maurice non seulement mit M. de Martinengue à couvert des recherches qu'on pouvoit faire de sa personne, mais elle ajoûta à ce service celui d'employer tous ses soins, & ceux des protecteurs qu'elle avoit, pour faire connoître la fausseté de ce qu'on avançoit contre lui. L'affaire fut discutée avec soin, M. de Martinengue sentit en pere la noirceur de sa vengeance, & se désista de tout ce qu'il avoit avancé contre son fils. Ce témoignage joint à beaucoup d'autres preuves à la décharge de M. de Martinengue, mit les Juges en état de rendre un Arrêt qui le renvoya absous de l'accusation intentée contre lui. Peu de temps après, M. de Martinengue étant venu à mourir, son fils, possesseur d'un bien considérable, & vraiment reconnoissant du service que lui avoit rendu la veuve Maurice, offrit de lui donner la main. Le mariage se fit en peu de jours. Alors Madame de Martinengue ne songea plus qu'à vendre ses effets pour suivre son mari, qui vouloit vivre dans ses terres. Enfin par acte du 22 Octobre 1709. elle céda les baux qu'elle avoit fait pour sept années de diverses places, & vendit les bâtimens qu'elle y avoit fait construire, avec les machines, décorations, &c. à Jean Levesque, Sieur de Bellegarde, & Pierre-Eustache Desguerrois.

Madame de Martinengue n'eut pas le bonheur

de jouïr longtemps de sa fortune, car elle mourut à sa terre de Vineuf en 1710. très-regrettée de son mari, & de toutes les personnes de sa connoissance. *Mémoires sur les Spectacles de la Foire, tome I.* Paris, Briasson.

MAUVAIS (le) MARI, Canevas Italien en cinq actes, suivi d'un divertissement, joué sans succès une seule fois, le Mardi 13 Juin 1747. *Sans Extrait.*

MAUVAIS (le) MÉNAGE, Parodie en vers & en un acte de la Tragédie d'*Hérode & Mariamne*, de M. de *Voltaire*, au Théatre Italien, par Messieurs *Le Grand* & *Dominique*, représentée pour la premiére fois le Samedi 19 Mai 1725. Paris, Briasson. *Extrait, Mercure de France, mois de Juin, I. vol.* 1725. *page* 1201. *& suivantes.*

MAUX (les) SANS REMÉDES, Comédie d'un Auteur *Anonyme*, non imp. représentée sur le Théatre du Palais Royal, le Vendredi 11 Janvier 1669. *Hist. du Théatre François, année* 1669.

MAUZOLÉE, (le) Tragi-Comédie de M. *Maréchal*, représentée en 1639. au Théatre de l'Hôtel de Bourgogne, Paris, Quinet, 1642. *Histoire du Théatre Franç. année* 1639.

MAXIMIAN, Tragédie de M. *Corneille de Lisle*, imp. dans ses Œuvres, représentée au commencement du mois de Février 1662. *Hist. du Th. Franç. année* 1662.

MAXIMIEN, Tragédie de M. *De la Chaussée*, Paris, Prault fils, représentée le Vendredi 28 Février 1738. suivie de la *Metamorphose amoureuse. Hist. du Th. Fr. année* 1738.

MAXIMIEN, Parodie. Voyez *Grand-Vaurien.*

MAY, (Du) Comédien François, débuta au Théatre à Paris, par le role d'*Agamemnon* dans *Iphigénie*, le Lundi 12 Avril 1728. & n'a point été reçu. *Hift. du Th. Franç. année* 1728.

MAY, (Mlle Du) Comédienne Françoife, débuta à Paris le Mardi 5 Mai 1733. par le role d'*Hermione*, dans la Tragédie d'*Andromaque*, & n'a point été reçue. *Hift. du Th. Fr. année* 1733.

MAY, (le) Comédie Françoife en profe & en un acte, fuivie d'un divertiffement, au Théatre Italien, par M. *Fuzelier*, repréfentée pour la premiére fois le Dimanche 21 Mai 1719. *Sans Extrait.* Mais cette piéce paroîtra imprimée dans le Recueil des Œuvres de l'Auteur qui appartiennent à M. Favart.

MAYRET, (Jean de) Poëte Dramatique, né à Befançon le 4 Janvier 1604. du mariage de Jean de Mayret, & de Marie Clerget, fut Gentilhomme de M. le Duc de Montmorenci, & après la mort de ce Seigneur, il s'atracha à M. le Comte de Soiffons, & au Cardinal de la Valette. Il mourut à Befançon le 31 Janvier 1686. âgé de 82 ans & vingt-fept jours. Il a compofé pour la fcéne Françoife.

CHRISÉÏDE ET ARIMAND, Tragi-Comédie, 1620.

LA SILVIE, Tragi-Comédie Paftorale, 1621.

LA SILVANIRE, *ou la* MORTE VIVE, Tragi Comédie, 1625.

LES GALANTERIES DU DUC D'OSSONNE, Comédie en cinq actes, 1627.

LA VIRGINIE, Tragi Comédie, 1628.

La Sophonisbe, Tragédie, 1629.

Marc Antoine, ou la Cléopatre, Tragédie, 1630.

Le Grand et dernier Solyman, ou la Mort de Mustapha, Tragédie, 1630.

L'Athénaïs, Tragi-Comédie, 1635.

Le Roland furieux, Tragi-Comédie, 1636.

L'Illustre Corsaire, Tragi-Comédie, 1637.

Sidonie, Tragi-Comédie héroïque, 1637. *Hist. du Th. Fr.* année 1620.

MÉCHANT, (le) Comédie en cinq actes & en vers, de M. *Gresset*, Paris, Prault fils, & représentée le Samedi 15 Avril 1747, suivie de l'*Esprit de contradiction*. *Histoire du Théatre François*, année 1747.

MÉCHANTE (la) FEMME, Parodie en vers & en un acte de la Tragédie de *Médée*, de M. de *Longepierre*, au Théatre Italien, par Messieurs *Dominique* & *Riccoboni* le fils, représentée pour la première fois le Vendredi 29 Octobre 1728. Paris, Briasson. *Extrait*, *Mercure de France*, mois d'Octobre 1728. pag. 2284. & suivantes.

MÉCONTENS, (les) Comédie en trois actes & en vers libres, avec un Prologue & un divertissement, Musique de M. *Mouret*, par M. *La Bruere*, représentée le Mercredi 1 Décembre 1734 suivie de l'*Avocat Patelin*, réduite en un acte, avec un Prologue & un divertissement, le Mercredi 15 Décembre, Paris, Chaubert. *Histoire du Théatre Franç.* année 1734.

MÉCONTENS, (les) Opéra Comique en deux actes, avec un Prologue & des divertissemens, par M. *Thierry*, non imp. représenté le Mercredi 23 Juillet 1727. à l'ouverture du Théatre.

L'Auteur du Mercure s'est trompé en annonçant cette piéce en trois actes, mais cette erreur paroîtra excusable en considérant que le Prologue est tout-à fait lié à l'action des actes suivans. Momus rend compte à Jupiter des plaintes des Mortels contre l'Amour & la Fortune. Comme la défense de ces deux Divinités est assez triviale, Jupiter veut examiner par lui-même les raisons des mécontens. Il choisit pour la Sale d'audience celle du Théatre de la Foire, & charge Momus d'y présider. Ce Prologue est terminé par deux vaudevilles, dont le refrain du premier est,

<blockquote>C'est de la moutarde après dîné,</blockquote>

& le second,

<blockquote>Tant pis pour elle,
Tant pis pour lui.</blockquote>

On passera légérement sur cet ouvrage, qui ne contient que des lieux communs. Le divertissement du premier acte est en l'honneur de la nuit. Un mari mécontent se plaint de sa femme, par la seule raison qu'elle est sa femme. Le Vaudeville qui finit le premier acte est sans refr n.

A la premiére scéne du second acte, paroit une femme qui est dégoûtée de son mari, elle convient qu'il est aimable, mais elle ajoûte pour justifier sa conduite.

LA FEMME. (Air. *Ma raison s'en va beau train.*)

 N'avez-vous point vû des gens
 Las de mets fort excellens,
  Quitter Ortolans,
  Perdrix & Faisans,
 Pour de la grosse viande?

JUPITER.

 Ah? Madame, je vous entens,
 Vous n'êtes pas friande
  Lon la,
 Vous n'êtes pas friande.

Après avoir expédié les mortels mécontens, Jupiter fait passer en revûe les Dieux qui sont dans le même cas. Il se rend enfin justice à lui-même, & se raccommode avec Junon, qui avoit aussi des sujets de mécontentement. Le refrain du vaudeville est:

 Honni soit qui mal y pense.

Extrait Manuscrit.

MÉDECIN (le) DE L'ESPRIT, Comédie en un acte & en prose, de M. *Guyot de Merville*, représentée le Mercredi 19 Août 1739. précédée de l'*Ombre de Moliere*, Prologue, & de l'*Ecole du Monde*, piéce en un acte, & terminée par *Esope au Parnasse*, piéce aussi en un acte. *Hist. du Th. Fr. année* 1739.

MÉDECIN (le) DE MANTE. Voyez *Maréchal (le) Médecin.*

MÉDECIN (le) DE VILLAGE, Comédie en un acte d'un Auteur *Anonyme*, non imp. représentée le Mercredi 24 Septembre 1704. précédée du *Misantrope*. *Hist. du Th. Fr. année* 1704.

MÉDECIN (le) MALGRÉ LUI, Comédie en

trois actes & en prose, de M. *Moliere*, imp. dans ses Œuvres, représentée sur le Théatre du Palais Royal le 6 Août 1666. *Histoire du Théatre François*, année 1666.

MÉDECIN (le) MALGRÉ LUI, Piéce en trois actes & en vaudevilles, par M. *Carolet*, non imprimée, & représentée par les Marionnettes de Bertrand, à la Foire en 1715.

Cette piéce qui n'est qu'une espéce d'imitation de la précédente, & assez mal faite, est le premier ouvrage de cet Auteur.

MÉDECIN (le) PAR OCCASION, Comédie en cinq actes & en vers de M. *Boissy*, représentée le Vendredi 12 Mars 1745. suivie du *Retour imprévû*. *Hist. du Th. Fr.* année 1745.

MÉDECIN (le) VOLANT, Comédie en un acte & en vers de M. *Boursault*, imp. dans ses Œuvres, & représentée sur le Théatre de l'Hôtel de Bourgogne en 1661. *Hist. du Th. Fr.* année 1661.

MÉDÉE, Tragédie de Jean de la *Peruse*, représentée en 1553. imp. à Poitiers, & depuis à Paris, Bonfons, 1573. *Hist. du Th. Fr.* année 1553.

MÉDÉE, Tragédie de M. *Corneille*, représentée en 1635. au Théatre de l'Hôtel de Bourgogne, imp. dans les Œuvres de M. Corneille. *Hist. du Th. Fr.* année 1635.

MÉDÉE, Tragédie de M. de *Longepierre*, imp. dans le Tome VI. du Recueil intitulé Théatre François, Paris, par la Compagnie des Libraires, 1737. & représentée le Samedi 13 Février 1694. *Histoire du Théatre Franç.* année 1694.

Tome III. Q

MÉDÉE, Tragédie lyrique en cinq actes, avec un Prologue, de M. *Corneille de Lisle*, Musique de M. *Charpentier*, représentée par l'Académie Royale de Musique, au mois de Décembre 1693. in 4°. Paris, Ballard, & tome V. du Recueil général des Opéra.

Les roles de *Créon* & de *Jason* furent représentés par les Sieurs Dun & Du Mesny, & ceux de *Créuse* & de *Médée*, par les Demoiselles Moreau & Rochois.

Cet Opéra n'a point été repris.

MÉDÉE ET JASON, Tragédie lyrique en cinq actes, avec un Prologue, de M. l'Abbé *Pellegrin*, sous le nom de M. *De la Roque*, Musique de M. *Salomon*, représentée par l'Académie Royale de Musique, le Lundi 24 Avril 1713. in-4°. Paris, Ballard, & tome X. du Recueil général des Opéra. Extrait, *Mercure de France*, Juin, I. vol. 1727. p. 1194. *& suivantes*.

ACTEURS DU PROLOGUE.

L'Europe,	Mlle Poussin.
Apollon.	Le Sieur Hardouin.
Melpomène.	Mlle Antier.

BALLET.

Jeux & Arts.

Les Sieurs Dangeville L. Germain & Dumoulin L.
Mlles Menès, Le Maire & Le Roy.

Habitans des rives de la Seine.

Les Sieurs Javillier, Gaudrau & Pierret.
Mlles Haran, Isecq & Mangot.

ACTEURS DE LA TRAGÉDIE.

Médée, Princesse de Colchos.	Mlle Journet.
Jason, Prince de Thessalie.	Le Sieur Cochereau.

Créon, Roi de Corinthe.	Le Sieur Thévenard.
Créüse, fille de Créon.	Madame Pestel.
Nérine, confidente de Médée.	Mlle Dun.
Arcas, confident de Jason.	Le Sieur Dun.
Cléone, confidente de Créüse.	Mlle Antier.
Un Corinthien.	Le Sieur Buseau.
Une Corinthienne.	Mlle Limbourg.
Un Démon.	Le Sieur Dun.
Un Magicien & une Magicienne.	Le Sieur La Rosiere & Mlle La Roche.
Une Nymphe.	Mlle Mesnier.
Trois Matelots.	Les Sieurs Chopelet, Mantienne & Le Mire.
Un Matelot, un Corinthien & un Garde.	Le Sieur Buseau.
Les trois Furies.	Les Sieurs Dun, Gervais & Mantienne.

ACTEURS DU BALLET.

Acte I. *Guerriers.* Le Sieur P. Dumoulin.
Le Sieur Dumoulin L. & Mlle Menès.
Les Sieurs Ferrand, Blondy, Marcel, Gaudrau, Javillier & Pierret
Mlles Le Maire, Isecq, Le Roy & Nadal.

Acte II. *Magiciens.* Les Sieurs Dumoulin L. Marcel & Gaudrau.
Démons. Le Sieur Blondy.
Les Sieurs P. Dumoulin & Dangeville L.
Les Sieurs Dangeville C. Javilliers, Guyot & Pierret.

Acte III. *Amans contens.*
Les Sieurs F. Dumoulin, D. Dumoulin & Gaudrau.
Mlle Prevost.
Mlles Le Maire, Haran & Isecq.

Acte IV. *Fête Marine.* Le Sieur F. Dumoulin.
Les Sieurs P. Dumoulin, D. Dumoulin, Dangeville L. & Duval.
Mlle Prevost.
Mlles Haran, Isecq, Mangot & Corbière.
Les Sieurs Javilliers, Pierret, Guyot & Dangeville L.

ACTE V. *Corinthiens & Corinthiennes.*
Les Sieurs Marcel, Gaudrau, P. Dumoulin
& Dangeville L.
Mlles Le Maire, Le Roy, Nadal & Fleury.

La Tragédie de *Médée & Jason* fut remise au Théâtre avec des changemens & des augmentations, le Mardi 17 Octobre de la même année : l'Académie Royale de Musique fit aussi quelques changemens dans la distribution des rôles, & dans les Ballets, 2ᵉ édition, in-4°. Paris, Ribou.

ACTEURS DU PROLOGUE.

L'Europe.	Mlle Milon.

BALLET.

Jeux & Arts.	Le Sieur D. Dumoulin.

Les Sieurs Germain, Dangeville L. & Duval.
Mlles Le Maire, Le Roy & Dimanche L.

ACTEURS DE LA TRAGÉDIE.

Créüse.	Mlle Poussin.
Une Amazone.	Mlle Antier.
Trois Magiciens.	Les Sieurs Dun, Chopelet & Mantienne.
Une Nymphe.	Mlle Antier.
Autre Nymphe.	Mlle Dun.
Matelot & Matelotte.	Le Sieur Pélissier & Mlle Antier.
Un Matelot.	Le Sieur Pélissier.
Les trois Furies.	Les Sieurs Dun, Chopelet & Mantienne.

ACTEURS DU BALLET.

ACTE III. *Amante contente.*	Mlle Guyot.
ACTE IV. *Fête Marine.*	Le Sieur F. Dumoulin.

Les Sieurs P. Dumoulin & D. Dumoulin.
Les Sieurs Dangeville L. & Duval.
Les Sieurs Javillier & Pierret.
Mlle Prevost.
Mlles Isecq, Haran, Mangot & Corbiere.

ACTE V.   *Corinthiens & Corinthiennes.*
Les Sieurs Marcel ; Gaudrau , Javillier,
Pierret & P. Dumoulin.
Mlles Le Maire , Le Roy , Ifecq ,
Rameau & Dimanche L.

IIIᵉ Reprise de la Tragédie de *Médée & Jason*, le Jeudi 1 Mai 1727. 3ᵉ édition in-4°. Ribou.

ACTEURS DU PROLOGUE.

L'Europe.   Mlle Eremans.
Apollon.   Le Sieur Chassé.
Melpomène.   Mlle Antier.

BALLET.

Habitans de la Seine.   Le Sieur Dangeville.
Les Sieurs Maltaire C. Javillier , Pierret
& Tabary.
Mlles Petit , Thibert , Camargo & Binet.
Suite d'Apollon.   Mlle Menès.
Mlles La Martinière , De Lisle C. & Goblain.
Les Sieurs Bontems , Savar & Camargo.

ACTEURS DE LA TRAGÉDIE.

Médée.   Mlle Antier.
Jason.   Le Sieur Tribou.
Créon.   Le Sieur Thévenard.
Créuse.   Mlle Pélissier.
Nérine.   Mlle Minier.
Arcas.   Le Sieur Dun.
Cléone.   Mlle Souris.
Une Amazone, une
  Nymphe.   Mlle Eremans.
Une Corinthienne , une
  Matelotte.   Mlle Souris.
Un Corinthien , un Ma-
  telot.   Le Sieur Tribou.
Les trois Magiciens. } Les Sieurs Javillier,
Les trois Furies.   Tribou & Le Mire.

ACTEURS DU BALLET.

ACTE I. *Guerriers.*   Le Sieur Laval.
Les Sieurs Dumoulin L. Savar , Pierret
& Tabary.

Amazones.

Mlles Duval, Thibert, Le Maire & Verdun.
Le Sieur Maltaire C. & Mlle De Lisle L.

ACTE II.   *Magiciens.*

Les Sieurs Dumoulin L. Laval & Savar.
Démons.   Le Sieur Maltaire C.
Les Sieurs Dangeville, Maltaire L. Javillier
père & fils, Tabary & Pierret,
Camargo & Aubert.

ACTE III. *Amans heureux.*   Mlle Prevost.
Mlles De Lisle L. Duval, Thibert & Camargo.
Les Sieurs Dumoulin L. F. Dumoulin.
P. Dumoulin & Savar.

ACTE IV.   *Matelots & Matelottes.*

Les Sieurs Blondy, Laval & Maltaire C.
Le Sieur F. Dumoulin.
Les Sieurs Dangeville, Dumoulin L. Maltaire L.
Javillier F. Aubert, Maltaire C.
Mlle Camargo.
Mlles Binet, La Martiniere : De Lisle C.
Du Rocher, Goblain & Du Palais.

ACTE V.   *Corinthiens & Corinthiennes*

Le Sieur D. Dumoulin.
Les Sieurs P. Dumoulin, Dangeville, Savar,
Pierret, Tabary & Camargo.
Mlle De Lisle L.
Mlles Petit, Thibert, Le Maire, Verdun,
La Martiniere & Du Rocher.

IVe REPRISE de *Médée & Jason*, le Jeudi
22 Novembre 1736. 4e. édit. in-4°. Ballard.

ACTEURS DU PROLOGUE.

L'Europe.   Mlle Eremans.
Apollon.   Le Sieur Chassé.
Melpomene.   Mlle Julie.

BALLET.

Jeux & Arts.

Les Sieurs Javillier, Savar & Du May.
Mlles Du Rocher, S. Germain & Carville.

Habitante des rives de la Seine.

Mlle Le Breton.

ACTEURS DE LA TRAGÉDIE.

Médée.	Mlle Antier.
Jason.	Le Sieur Tribou.
Créon.	Le Sieur Chassé.
Créuse.	Mlle Pélissier.
Nérine.	Mlle Julie.
Arcas.	Le Sieur Dun.
Cléone.	Mlle Monville.
Une Corinthienne. Une Nymphe. Une Matelotte.	Mlle Fel.
Un Démon.	Le Sieur Dumast.
Un Matelot.	Le Sieur Cuvillier.
Magiciens.	Les Sieurs Fontenay & Cuvillier.
Les Furies.	Les Sieurs Albert, Cuvillier & Dumast.

BALLET.

ACTE I. *Guerriers.*   Le Sieur Dupré.
Les Sieurs Javillier C. Savar, Hamoche, Du May, Dumoulin & Dangeville.
Mlle Mariette.
Mlles Carville, Du Rocher, Thibert & Fremicourt.

ACTE II. *Magiciens & Magiciennes.*
Les Sieurs Matignon & Du May.
Mlles Le Breton, Fremicourt, Dallemand & Le Duc.
Démons.   Le Sieur Javillier L.
Les Sieurs Javillier C. Savar, Maltaire C. Hamoche, F. Dumoulin, Dangeville.

ACTE III. *Amans contens.*
Le Sieur D. Dumoulin & Mlle Sallé.
Les Sieurs F. Dumoulin, P. Dumoulin, Maltaire L. & Hamoche.
Mlles S. Germain, Fremicourt, Carville & Centuray.

ACTE IV. *Fête Marine.*
Le Sieur Maltaire 3. & Mlle Sallé.
Les Sieurs Maltaire C. & Matignon.
Mlles Dallemand, Fremicourt & Le Duc.
Les Sieurs Dangeville, P. Dumoulin, Maltaire L. & Hamoche.

Q iv

ME

Mlles S. Germain, Thibert, Carville
& Centuray.

ACTE V. *Corinthiens.*   Le Sieur D. Dumoulin.
Les Sieurs Javillier C. Savar, Du May,
Maltaire L. & Hamoche.
Mlles Carville, Du Rocher, Thibert,
S. Germain & Courcelle.

Ve REPRISE de l'Opéra de *Médée & Jason*, le Jeudi 22 Février 1749. 5e. édition in-4°. De Lormel.

ACTEURS DU PROLOGUE.

L'Europe.	Mlle Romainville.
Apollon.	Le Sieur Le Page.
Melpoméne.	Mlle Coupée.

BALLET.

Habitans des rives de la Seine.

Mlle Dourdet.
Les Sieurs Laurent, Mion, Bourgeois,
Mlles Amedée, Himblot & Parquet.

Jeux & Arts.	Le Sieur Teissier.

Les Sieurs Cayez, Laval & Le Liévre
Mlles Bellenot L. & C. & De Vaux.

ACTEURS DE LA TRAGÉDIE.

Jason.	Le Sieur Jélyotte.
Arcas.	Le Sieur Albert.
Créuse.	Mlle Fel.
Cléone.	Mlle Coupée.
Créon.	Le Sieur Chassé.
Médée.	Mlle Chevalier.
Nérine.	Mlle Jacquet.
Un Démon.	Le Sieur Poirier.
Deux Magiciens.	Les Sieurs Cuvillier & Person.
Une Nymphe.	Mlle Romainville.
Un Garde.	Le Sieur Cuvillier.
Matelot & Matelotte.	Le Sieur Albert & Mlle Boismenard.
Une Corinthienne.	Mlle Boismenard.
Les Furies.	Les Sieurs Poirier, Cuvillier & Person.

ACTEURS DU BALLET.

ACTE I. *Guerriers.*	Le Sieur Deville.

ME

Les Sieurs Du May, Matignon, Dupré, Laval, Le Lievre & Feuillade.

Amazones.

Mlles Minot, Thierry, Defiré, Dazenoncourt, Brifeval & Bellenot L.

Mlle Carville.

ACTE II. *Un Démon.*   Le Sieur Lyonnois.

Magiciens & Magiciennes.

Les Sieurs Dupré, Du May, La Feuillade & Cayez.

Mlles S. Germain, Courcelle, Minot & Thierry.

Les Sieurs Deville & Laval.

Mlle Lyonnois.

Les Sieurs Matignon, Hamoche, Laurent & Le Lievre.

ACTE III. *Démons transformés en Amours, Jeux & Plaifirs.*

Les Sieurs Hamoche, Le Lievre, Laval, Mion, Bourgeois & Feuiſaſe.

Mlles Amedée, Dazenoncourt, Brifeval, Humblot, Parquet & Minot.

Mlle Dallemand.

ACTE IV.   *Matelots & Matelottes.*

Les Sieurs Cayez, Feuillade, Laurent, Le Lievre, Mion & Laval.

Mlles S. Germain, Courcelle, Minot, Thierry, Beaufort & Defiré.

Mlles Camargo & Lany.

Le Sieur Teiffier.

ACTE V.   *Corinthiens & Corinthiennes.*

Les Sieurs Laurent, Laval, Le Lievre, Bourgeois & Mion.

Mlles Beaufort, Dazenoncourt, Defiré, Amedée & Bellenot C.

Le Sieur Dupré.

Mlle Lyonnois.

MÉDÉE ET JASON, Parodie en un acte & en vaudevilles de la Tragédie lyrique de *Médée & Jafon*, au Théatre Italien, par Meſſieurs *Dominique, Riccoboni fils, & Romagneſi*, repréſentée pour la premiére fois le Mercredi 28.

Mai 1727. Paris, Briasson. *Extrait, Mercure de France, Juin, I. volume* 1727, p. 1205. *& suivantes.*

MÉDÉE ET JASON, Parodie en un acte & en vaudevilles de la Tragédie lyrique de *Médée & Jason*, au Théatre Italien, par M. *Carolet*, représentée pour la première fois le Jeudi 13 Décembre 1736. Paris, veuve Dehors. *Extrait, Mercure de France, mois de Décembre, II. vol.* 1736. p. 2748. *& suivantes.*

MÉDISANT, (le) Comédie en cinq actes & en vers, de M. *Destouches*, imp. dans ses Œuvres, & représentée le Mercredi 20 Février 1715. *Histoire du Théatre François, année* 1715.

MÉDOR, Comédien François mort avant l'année 1673. *Hist. du Th. Fr. année* 1634.

MEDUS, Tragédie lyrique en cinq actes, avec un Prologue, de M. *Chancel de la Grange*, Musique de M. *Bouvard*, représentée par l'Académie Royale de Musique, le Dimanche 23 Juillet 1702. in 4°. Paris, Ballard, & tome VII. du Recueil général des Opéra.

ACTEURS DU PROLOGUE.

La Fortune.	Mlle Desmatins.
Un Matelot.	Le Sieur Desvoyes.
Un Berger.	Le Sieur Boutelou.
Un Guerrier.	Le Sieur Chopelet.
Une Françoise.	Mlle Clément C.

BALLET.

Bergers François.

Les Sieurs Fauveau, Dangeville L.
La Selle & Dangeville C.
Mlles Roze, Desmatins, Freville & Le Brun,
La petite Prevost & le petit Grandval.

Espagnols.
Les Sieurs Du Mirail, Boutteville
& Dumoulin C.
Le petit Dupré.

ACTEURS DE LA TRAGÉDIE.

Persès, Roi de la Tauride.	Le Sieur Hardouin.
Médée.	Mlle Maupin.
Médus, fils d'Egée & de Médée.	Le Sieur Thévenard.
Thomiris, fille de Persès.	Mlle Desmatins.
Thoas, Grand Prêtre.	Le Sieur Dun.
Ciane, confidente de Médée.	Mlle Lallemand.
Minerve.	Mlle Loignon.
Le Soleil.	Le Sieur Desvoyes.
Habitant d'Anticyre.	Le Sieur Cochereau.
Une Européenne.	Mlle Clément.

ACTEURS DU BALLET.

ACTE I. *Habitant d'Anticyre.* Le Sieur Balon.
Les Sieurs Ferrand, Blondy, Dumoulin L.
& Germain.
Mlles Dangeville, Victoire, Roze
& Desmatins.

ACTE II. *Sarmates.*
Les Sieurs Du Mirail, Germain, Boutteville,
& F. Dumoulin.
Suite de Thomiris. Mlle Subligny.
Mlles Victoire, Dangeville, Roze
& Desmatins.

ACTE III. *Conjurés.*
Les Sieurs Du Mirail, Germain, Boutteville,
Dumoulin L. Dangeville L. Fauveau, Du
May, Dangeville C. Roze & Javillier.

ACTE IV. *Suite de Thomiris.* Mlle Subligny.
Mlles Victoire, Dangeville, Roze, Desmatins,
Freville & Le Brun.

ACTE V. *Peuples de l'Europe & de l'Asie.*
Le Sieur Balon.
Les Sieurs Germain, Dumoulin L.
Blondy & Ferrand.
Mlles Dangeville, Victoire, Roze & Desmatins.

Cet Opéra n'a point été repris.

MÉDUS, Tragédie de M. *Deschamps*, Paris, Prault fils, & représentée le Lundi 12 Janvier 1739. suivie de la *Foire S. Laurent*. *Hist. du Th. Fr.* année 1739.

MÉDUSE, Tragédie lyrique en cinq actes, avec un Prologue, de M. l'Abbé *Boyer*, Musique de M. *Gervais*, représentée par l'Académie Royale de Musique, au commencement de l'année 1697. in-4°. Ballard, & tome V. du Recueil général des Opéra.

Cette Tragédie n'a point paru au Théatre depuis sa nouveauté.

MÉGARE, Tragédie de M. *Morand*, Paris, Jorry, & représentée le Samedi 19 Octobre 1748. suivie du *Florentin*. Voyez *Hercule furieux*. *Histoire du Théatre Franç.* année 1748.

MÉGÈRE (la) AMOUREUSE, petite Comédie en trois actes & en vers de huit syllabes, insérée dans celle du *Poëte Basque*, de M. *Raymond Poisson*. Voyez Poëte (le) Basque.

MÉLANCOLIQUE, (la) C'est le titre de la seconde Entrée du Ballet des *Graces*, de M. *Roy*, Musique de M. *Mouret*, représentée en 1735. Cette Entrée a été retouchée à la reprise de 1744. & donné sous le titre de la *Délicatesse*. Voyez *Graces*. (les)

MÉLANIDE, Piéce en cinq actes & en vers de M. *De la Chaussée*, Paris, Prault fils, & représentée le Vendredi 12 Mai 1741. suivie de la *Comédie des Vacances*. *Hist. du Th. Fr.* année 1741.

MÉLANIE DE LABALLE, Comédienne Françoise née à Paris, débuta le Jeudi 15 Septembre 1746. par le role d'*Agnès* dans la Comédie de l'*Ecole des femmes*, de M. *Moliere*, reçue le Lundi 12 Décembre suivant, pour les roles d'Amoureuses comiques, & les seconds tragiques.

Mlle Mélanie est morte de la petite vérole, le Samedi 16 Novembre 1748. elle étoit âgée d'environ 16 ans, & d'une figure très-aimable. *Histoire du Th. Franç. année 1746.*

MÉLÉAGRE, Tragédie de Pierre de *Boussy*, imp. à Caen 1582. *Histoire du Théatre Fr. année 1582.*

MÉLÉAGRE, Tragédie d'Alexandre *Hardy*, représentée en 1604. sur le Théatre de l'Hôtel de Bourgogne, imp. tome II. des Œuvres de ce Poëte, Paris, Quesnel, 1624. *Hist. du Th. Fr. année 1604.*

MÉLÉAGRE, Tragédie de *Boissin de Gallardon*. Voyez *Fatale*. (la)

MÉLÉAGRE, Tragédie de M. de *Benserade*, représentée en 1640. & imp. Paris, Sommaville, 1641. *Hist. du Th. Franç. année 1640.*

MÉLÉAGRE, Tragédie de M. *Chancel de la Grange*, imp. dans ses Œuvres, & représentée le Mercredi 28 Janvier 1699. *Hist. du Th. Fr. année 1699.*

MÉLÉAGRE, C'est le titre de la Tragédie lyrique d'un acte, qui forme la IIIe Entrée du Ballet des *Muses* de M. *Danchet*, mis en Musique par M. *Campra*, & représenté en 1703. Voyez *Muses*. (les)

MÉLÉAGRE, Tragédie en cinq actes, avec un Prologue de M. *Jolly*, Musique de M. *Batistin*, représentée par l'Académie Royale de Musique, le Vendredi 24 Mai 1709. in-4°. Ballard, &

tome X. du Recueil général des Opéra, avec les changemens faits par l'Auteur.

ACTEURS DU PROLOGUE.

L'Italie.	Mlle Milon.
Un Italien.	Le Sieur Cochereau.
La France.	Mlle Poussin.
Une Françoise.	Mlle Aubert.
Apollon.	Le Sieur Beaufort.

BALLET. I. ENTRE'E.

L'Italie.   Mlle Prevost.
Suite de l'Italie.
Les Sieurs Marcel L. Javillier & Gaudrau.
Mlles Chaillou, Du Fresne & Mangot.

II. ENTRE'E.

La France.   Mlle Guyot.
Suite de la France.
Les Sieurs P. Dumoulin, Dangeville L. & Cl
Mlles d'Ouville, Le Maire & Menès.

ACTEURS DE LA TRAGE'DIE.

Althée, Reine de Calydon.	Mlle Journet.
Atalante, Reine d'Arcadie.	Mlle Dun.
Méléagre, fils d'Althée.	Le Sieur Thevenard.
Plexipe, frere d'Althée.	Le Sieur Hardouin.
Céphise, suivante d'Atalante.	Mlle Poussin.
Cléone, confidente d'Althée.	
Idas, confident de Méléagre.	Le Sieur Beaufort.
Arcas, confident de Plexipe.	Le Sieur Buseau.
Une Prêtresse.	Mlle Du Jardin.
Un Caldonien & un Faune.	Le Sieur Cochereau.
Une Calydonienne & une Dryade.	Mlle Poussin.
Deuxième Calydonienne.	Mlle Aubert.
Diane.	Mlle Du Jardin.
Les Parques.	Les Sieurs Dun, Martinienne & Cretté.

M E

ACTEURS DU BALLET.

ACTE I. *Guerriers.* Le Sieur Dumoulin L.
Les Sieurs Marcel L. Javillier, Gaudrau
& Marcel C.
Prêtresses. Mlle Chaillou.
Mlles Le Maire, Menès, Du Fresne
& Rochecourt.

ACTE II. *Peuples.*
Les Sieurs Germain, Dumoulin L. Marcel L.
& Javillier.
Mlles Chaillou, Milot, Du Fresne & Mangot.
Bergers, Bergères.
Les Sieurs Dangeville L. Pecourt & François.
Mlle Guyot.
Mlles Le Maire, Menès & Rochecourt.

ACTE III. *Faunes & Dryades.* Le Sieur Balon.
Les Sieurs Blondy, Marcel, Pecourt
& Dangeville L.
Mlles Milot, La Croix, Menès & Le Maire.
Une Bergere. Mlle Prevost.
Pastres & Pastourelles.
Les Sieurs Du Breuil, Pierret & Pietre.
Mlles Du Fresne, Mangot & Rochecourt.

ACTE IV. *Euménides.*
Les Sieurs F. Dumoulin, P. Dumoulin
& D. Dumoulin.
Démons. Le Sieur Blondy.
Les Sieurs Germain, Dumoulin L. Javillier
Pecourt, Du Breuil & Marcel C.

ACTE V. *Peuples.*
Les Sieurs Germain, Dumoulin L. Ferrand,
Blondy, Marcel L. & Javillier.
Mlles Le Maire, La Croix, Menès, Mangot,
Du Fresne & Rochecourt.

Comme cette piéce n'eut qu'un médiocre succès, les Auteurs crurent devoir y faire quelques changemens & des corrections, & c'est ainsi qu'elle est imprimée : cependant on n'a point jugé à propos de la remettre au Théatre, à l'exception du Prologue, qui servit en 1726. au Ballet *Sans titre.* Voyez Ballet (le) *sans titre.*

MÉLICERTE, Paſtorale héroïque en deux actes & en vers, de M. *Moliere*, imp. dans ſes Œuvres, & repréſentée à S. Germain en Laye devant le Roi, le 2 Décembre 1666. pour quatriéme Entrée du Ballet des *Muſes*. Voyez *Muſes*, & *Myrtil & Mélicerte*. *Hiſt. du Th. Fr.* année 1666.

MÉLIGLOSSE. Voyez *Bauter*.

MÉLITE, *ou* LES FAUSSES LETTRES, Comédie en cinq actes & en vers, de M. *Corneille*, imp. dans ſes Œuvres, & repréſentée au Théatre de l'Hôtel de Bourgogne en 1629. *Hiſt. du Théatre Franç.* année 1629.

MÉLIZE, (la) *ou* LES PRINCES RECONNUS, Paſtorale comique en cinq actes & en vers, de R. M. *Du Rocher*, repréſentée en 1633. Paris, Corrozet, 1634. *Hiſt. du Th. Fr.* année 1633.

MELPOMENE ET LINUS, C'eſt le titre de la IIIe Entrée du Ballet des *Amours des Déeſſes*, de M. *Fuzelier*, miſe en Muſique par M. *Quinault*, & repréſentée en 1729. Voyez *Amours* (les) *des Déeſſes*.

MELPOMENE VENGÉE, Parodie en un acte en proſe mêlée de Vaudevilles, du Ballet des *Amours des Déeſſes*, & de la Comédie des *Trois Spectacles*, au Théatre Italien, par M. de *Boiſſi*, repréſentée pour la premiére fois le Samedi 3 Septembre 1729. non imprimée.

« Les Comédiens Italiens donnérent le 3 Sep-
» tembre (1729,) la premiére repréſentation
» d'une petite piéce qui a pour titre : *Melpo-*
» *méne vengée*. M. de *Boiſſi* qui en eſt l'Au-
» teur, l'ayant retirée pour y faire quelques

» changemens, nous ne pouvons en donner
» qu'un extrait imparfait, tel qu'on le peut fai-
» re d'une piéce qu'on n'a encore vû qu'une
» fois.

» Le Théatre repréfente le Mont Parnaffe,
» au pied duquel Melpoméne eft endormie,
« quelques cris que cette Mufe de la Tragédie
» entend dans le facré Vallon, l'éveillent en
» furfaut. Elle eft toute étonnée de voir qu'on
» a raccourci fa robe pendant fon fommeil ;
» elle jure de tirer raifon de cet outrage, fi elle
» peut en connoître l'Auteur. Un Cavalier,
» qui fe dit de Bayonne, vient plaifanter fur fa
» robe transformée en *Pet-en-l'air*. Il lui parle
» en homme qui connoit la main d'où le coup
» de cifeau eft parti ; comme cette feconde fcé-
» ne ne nous a pas paru bien claire, nous nous
» difpenferons d'en dire davantage. A la troifié-
» me fcéne, Diane vient. Elle annonce à Mel-
» poméne un nouvel affront qu'on lui a fait à
» l'Opéra, où l'on vient de repréfenter fes
» amours avec *Linus*, inventeur de l'Elégie. La
» Déeffe des Bois ajoûte qu'elles ont été toutes
» deux également infultées dans le Ballet des
» *Amours des Déeffes*, puifque malgré le ref-
» pect que le nom de la chafte Diane doit im-
» pofer, on la fait courir après Endimion, &
» qu'on la montre fortant des Enfers, dans le
» char de Pluton, qui veut bien la conduire
» près de fon rival ; après beaucoup de traits
» lancés contre l'Auteur de ce Ballet, on paffe
» à une autre fcéne, dont les perfonnages font
» l'Opéra, la Comédie Françoife, la Comédie
» Italienne & l'Opéra Comique ; ils parlent

» d'abord tous quatre à la fois ; ils se plaignent
» les uns des autres, & plaident leur cause de-
» vant Melpoméne. Cette scéne fait une image
» du dérangement que l'Auteur trouve sur tous
» les Théatres, ou, à ce qu'il dit, on ne joue
» rien moins que ce qu'on y devroit jouer ; on
» reproche à l'Opéra d'admettre les Bouffons
» d'Italie sur son Théatre ; à la Comédie Fran-
» çoise, de faire chanter des Pastorales par des
» Acteurs qui ne devroient que déclamer ; à la
» Comédie Italienne de vouloir représenter des
» Tragédies, & à l'Opéra Comique de donner
» dans le sérieux, & même dans le pathétique.
» Melpoméne ordonne que chacun s'en tienne
» à ce qui lui convient. La derniére scéne vient
» enfin, & avec elle l'action principale. C'est
» une espéce de monstre à trois têtes, qui s'ap-
» pelle les *Trois Spectacles*. L'Acteur qui repré-
» sente ce nouveau Cerbere, ou cette triple
» Hécate, a un casque sur la tête, une houlette
» à la main, un brodequin à ses pieds & une
» affiche de la Comédie sur la poitrine. Melpo-
» méne, pour le punir de l'avoir mise en pet en
» l'air, le fait dégrader. Par son ordre on lui
» ôte le casque, la houlette, & même le bro-
» dequin ; on ne lui laisse que l'affiche de la
» Comédie. Cette réduction de trois attributs à
» un seul, signifie, selon l'esprit de l'Auteur,
» que dans la piéce qui avoit pour titre les *Trois*
» *Spectacles*, rien n'a réussi que la Comédie de
» l'*Avare amoureux*. Après cette condamna-
» tion qui répond au titre de la piéce, on danse
» un ballet de la composition de M. *Mouret*;
» la piéce finit par le Vaudeville en couplets »

Mercure de France, mois de Septembre, t. 1. 1729, pag. 2014-2017.

MÉLUSINE, Comédie Françoise en prose & en trois actes, avec des divertissemens, au Théatre Italien, par M. *Fuzelier*, représentée pour la premiére fois le Dimanche 31 Décembre 1719. non imprimée.

Acte I.

La célébre Mélusine dit à son valet Trivelin, qu'elle est amoureuse d'un aimable Cavalier, qui passoit sur sa terre de Lusignan, & que la force des enchantemens qu'elle y a répandus y fait rester. Dans l'instant un Lutin vient l'avertir qu'une jeune Demoiselle & sa nourrice sont sur sa terre & qu'ils ne peuvent en sortir sans sa permission. Voila l'exposition, qui se continue par l'arrivée du Marquis de Sainte Fleur, & de Scapin son valet, qui font la prétendue Demoiselle & la nourrice. On apprend que le Marquis de Sainte Fleur, est promis en mariage avec une jeune personne nommée Silvie, mais que ne la connoissant pas, il a voulu voir par lui-même si elle étoit aussi aimable qu'on le publioit, & que profitant d'un bal qu'on donnoit chez cette belle Silvie, il s'étoit déguisé en femme, & son valet en nourrice pour s'y trouver, & que malheureusement en chemin il s'étoit égaré, & qu'il étoit tombé dans l'enchantement de Mélusine. Silvie, en homme paroît, qui blâme son imprudente partie de chasse qui l'a fait travestir en homme, & se perdre dans la Forêt enchantée du Château de

Lufignan. La conversation se lie entre le Marquis de Sainte Fleur & Silvie. Ils se demandent mutuellement leur nom. Le Marquis prend celui de Silvie, & celle-ci celui du Marquis, ce qui les étonne également. Dans cette scéne le sexe de Silvie est reconnu par l'indiscrétion d'Arlequin, valet de Silvie, ce qui cause une extrême joye au Marquis de Sainte Fleur, qui en devient amoureux. L'acte finit par les scénes suivantes; c'est Trivelin qui par ordre de Mélusine transporte Silvie dans l'Isle Perdue, pour s'y regarder dans une glace, qui au lieu d'y représenter la personne qui s'y mire, présente la figure de celle qu'elle aime.

SCÉNE X.

SILVIE, TRIVELIN.

SILVIE.

O ciel! où m'a-t'on transporté? où suis-je?

TRIVELIN.

Vous êtes dans l'Isle Perdue, cette Isle célébre, que d'éternels enchantemens cachent aux regards curieux de tous les mortels. C'est dans cette Isle qu'est transférée depuis deux siécles, par la sçavante Fée Pressine, ce rare magasin, qui étoit autrefois dans la Lune, ainsi que vous avez pû lire, dans la véritable chronique de l'Ariofte. Le voilà cet ample magasin, où se trouve tout ce qui se perd sur la terre.

SILVIE.

Mais à quoi bon m'amener ici?

TRIVELIN.

C'est ce que je ne vous dirai pas. Mélusine qui craint de vous ennuyer, m'a ordonné de vous divertir par la vûe des curiosités qui sont ici. Tenez, voyez-vous ces deux grosses fioles, là bas dans ce coin? c'est-là qu'on a renfermé la bonne foi Gauloise, & la fidélité conjugale.

SILVIE.

Cela est fort ancien.

TRIVELIN.

Je le crois bien ; il y a longtemps que la bonne foi Gauloise & la fidélité conjugale moisissent dans le Magasin : cette époque-là est plus ancienne que celle des Vertugadins, qu'on a si élégamment renouvellé de nos jours sous le joli nom de paniers.

SILVIE.

Et ces vases de Porphire ?

TRIVELIN.

Tu Dieu, c'est dans ce canton-là qu'étoit le philtre qui renfermoit la raison de Roland ; cet endroit-là n'est réservé que pour les illustres distingués par le mérite personnel : Héros, Poëtes, Philosophes, Musiciens, Peintres, chacune de ces bouteilles renferme la raison de quelque homme célébre.

SILVIE.

Et ces urnes scellées hermétiquement, qui paroissent habiter ce magasin depuis le commencement du monde ?

TRIVELIN.

C'est dans ces urnes que sont enterrées pour jamais la parole des Normands, & la pudeur des Gascons.

SILVIE.

Et que met-on dans ces phioles qui sont si petites ?

TRIVELIN.

Elles renferment de très-petites choses. La science d'un Médecin, la modestie d'un Auteur, la probité d'un Procureur, & l'honneur d'un Huissier.

SILVIE.

Ce Magasin est rempli de merveilles.

TRIVELIN.

Cela n'est pas étonnant, on y serre tout ce qui se perd sur la terre pour n'y plus reparoître, & vous n'avez pas vû la centiéme partie de nos curiosités ; nous avons ici les moules tant regrettés du récitatif de Lully & des vers de Quinault ; on pourroit aussi vous y faire voir la noblesse du tragique & le plaisant de la Comédie qui sont perdus depuis dix ans. Je veux vous montrer une piéce assez rare. Holà, Geanta,

Concierge de ce superbe Magasin, apportez-moi le bouclier de cristal de votre défunt confrere le Géant de la Roche Brillante.

SCÉNE XI.

Silvie, Trivelin, des Lutins.

TRIVELIN.

Tenez, regardez-vous dans ce bouclier aussi clair qu'une glace de Venise..... (*à part.*) Observons un peu la figure de la Maîtresse qui va paroître au lieu de la sienne.

SILVIE.

O ciel ! quel enchantement ! je vois dans ce bouclier l'aimable fille que j'ai rencontrée tantôt, si près du Château de Lusignan.

TRIVELIN *à part.*

Ohimé ! la Maîtresse de ce petit fripon-là à toute l'encolure du Marquis de Sainte Fleur, mon dernier Maître, que j'ai un peu volé.

SILVIE.

Voila un bouclier miraculeux, je ne me lasse point de le voir.

UN LUTIN.

Il nous est défendu par la loi de l'enchantement de vous le laisser davantage.

SCÉNE XII.

Silvie, Trivelin.

TRIVELIN.

Apparemment vous connoissez la personne que vous avez vûe dans ce bouclier ?

SILVIE.

Non ; je l'ai rencontrée dans le bois de Mélusine ; nous avons été séparés par des Lutins, dans le moment que nous allions mutuellement nous confier notre sort.

TRIVELIN *à part.*

La rivale de Mélusine passera mal son temps, puisqu'elle est sur ses terres, dont elle ne peut sortir sans son congé,

SILVIE.

La Fée prétend-elle m'enfermer dans ce magasin pour le reste de mes jours ?

TRIVELIN.

Non, c'est dans son appartement qu'elle vous enmagasinera.

SILVIE.

Fi. Avant de partir, dites-moi tout ce qu'il y a dans ce tonneau.

TRIVELIN.

Toutes les bassetailles qui se perdent dans le vin.

SILVIE.

Et dans ces Urnes antiques ?

L'UNE *chante.*

Qu'il est doux d'aimer constamment !

SILVIE.

Oh, oh, l'Urne chante, qu'il est doux d'aimer constamment ? ces maximes-là ne sont pas à la mode.

TRIVELIN.

Ainsi que les nipes renfermées dans ces urnes ; c'est un échantillon de chevalerie errante, que la Fée Presine a voulu garder dans ce magasin, pour conserver du moins la memoire du siécle des Amadis. Tenez, ces deux Urnes-là sont habitées par deux Paladins de la Cour de Perion de Gaule ; ces deux-ci par deux Princesses, & celle qui a chanté est l'étui de Maître Elisabeth, ce discret Frater des loyaux Chevaliers.

SILVIE.

Quoi, vous avez ici cet habile Maître Elisabeth, cet adroit Chirurgien des Amadis ?

TRIVELIN.

Oui, avez-vous besoin de ses petits talens ?

SILVIE.

Non, mais je souhaiterois fort voir ces preux du temps passé, qui étoient dit-on si constants.

TRIVELIN.

Je vous pardonne de vouloir voir des cœurs fidéles, on n'en voit plus que sur le Théâtre, encore cela ne passe-t'il pas les coulisses.

SILVIE.

Pouvez-vous me montrer vos curiosités Gauloises ?

TRIVELIN.

Oui-da, vous n'avez qu'à toucher une seconde fois l'Urne qui a chanté, aussitôt les Chevaliers errants, leurs Dames & Maître Elisabeth sortiront de leur coque ; cela est ainsi réglé par la Fée qui a construit ce magasin.

SILVIE.

Puisqu'il ne tient qu'à toucher l'Urne, voyons à achever cet enchantement.

TRIVELIN.

Voulez-vous entendre Maître Elisabeth, il chante aussi proprement qu'il raze.

MAITRE ELISABETH *chante*.

Vous ne regnez plus Amadis :
Sur les rivages de la Seine :
Ces bords charmans sont interdits,
Au Chevalier constant, à l'infante inhumaine ;
Les timides Amours ont cédé leur domaine,
Aux amours étourdis,
Vous ne régnez plus Amadis,
Sur les rivages de la Seine.

Vaudeville.

Vous, qui de votre ardeur fidelle,
Entretenez une cruelle,
Vous parlez Gaulois.
Vous qui proposez à la belle,
D'aller au moulin de Javelle,
Vous parlez François.

Amans, qui n'offrez que vos larmes,
Vos soupirs, vos soins, vos allarmes,
Vous parlez Gaulois.
Vous qui présentez la finance,
Vous possédez mieux l'éloquence,
Vous parlez François.

ACTE II.

Mélusine apprend par Trivelin qu'elle a une rivale

rivale, mais que cette rivale est en son pouvoir. La Fée qui a rendu Silvie invisible pour tout le monde, fait usage d'une ceinture qui la fait paroître telle qu'elle veut. Elle aborde Silvie sous la figure d'une vieille.

SCÉNE VI.

Silvie, Mélusine.

MÉLUSINE *à part.*

Grace à ma ceinture magique, il ne me connoîtra pas, & je vais paroître à ses yeux sous la figure d'une vieille Fée. Il ignore aussi qu'il n'est visible que pour moi. Je compte que dans un moment je serai instruite de ses plus secrettes pensées. (*haut.*) Bon jour, mon aimable & solitaire cavalier.

SILVIE.

O ciel! elle me voit. C'est une vieille Fée, gare la déclaration.

MÉLUSINE.

Pourquoi marquez-vous cet étonnement à mon abord ?

SILVIE.

C'est que vous êtes la première personne qui m'ait apperçue depuis une heure que je me suis offerte aux regards de bien des gens. Il faut que quelque enchantement m'ait rendu invisible; c'est une méchanceté de Mélusine..... Mais je parle peut-être à une Fée de ses amies.

MÉLUSINE.

Parlez hardiment, c'est une récréation à nous autres Fées, que d'entendre médire de nos compagnes.

SILVIE.

Ah, bonne Fée, prêtez-moi votre secours !

MÉLUSINE,

Vous ne pouviez pas mieux tomber, je suis la Fée Complaisante.

SILVIE.

La Fée Complaisante ! votre nom annonce votre caractere bienfaisant.

MÉLUSINE.

Je vous en réponds. C'est moi qui inspire toutes les complaisances qu'on a dans le monde ; je suis la patrone de tous les flatteurs, tant en prose qu'en vers, & le modéle de toutes les beautés complaisantes.

SILVIE.

Est-il bien vrai, grande Fée que vous m'accordez votre protection contre la fatigante Mélusine.

MÉLUSINE à part.

La fatigante Mélusine ! le petit impertinent ! je vais essuyer une confidence qui ne me divertira pas. (*haut.*) Achevez, charmant Cavalier, achevez, vous me touchez infiniment.

SILVIE à part.

Cette vieille Fée voudroit-elle devenir la rivale de Mélusine ? je ne serois pas mal lottie.

MÉLUSINE.

Quel est votre embarras, vous défiez-vous de ma puissance ? Sçachez que je fais de Mélusine tout ce que je veux ; qu'elle ne peut rien opérer sans mon aveu, & qu'il ne tient qu'à moi de détruire dans un moment tout ce que sa furie a fait dans un siécle.

SILVIE.

Eh bien, puissante Fée, délivrez-moi des importunités de Mélusine, & puisque vous la connoissez vous concevez bien que je ne puis pas l'aimer, moi.

MÉLUSINE.

Je ne conçois pas bien cela : il me semble que Mélusine peut être aimée.

SILVIE.

On voit bien que vous êtes la Fée Complaisante, puisque vous flattez jusqu'à Mélusine. Non, il m'est impossible de la voir plus longtemps.

MÉLUSINE à part.

Le petit traître !

SILVIE.

De plus. Il faut que je vous avoue la vérité de mon aventure ; vous êtes trop sincere avec moi, pour que je vous puisse dissimuler plus longtemps que je suis fille.

MÉLUSINE.

Vous êtes fille ! ah, je suis au désespoir.

SILVIE.

Qu'y a-t-il de chagrinant pour vous ?

MÉLUSINE.

Vous êtes fille ! cela est bien cruel.

SILVIE.

Est-ce que vous ne protégez que les garçons.... (*Mélusine ôte sa ceinture.*) Ah ! c'est Mélusine !

MÉLUSINE.

Ouï, perfide. C'est moi, tremble après ce que je viens d'apprendre. La honte qui saisissoit mon cœur, en voyant mes feux rebutés, redouble en apprenant qu'une fille les a inspirés ; j'ai eu la foiblesse de lui déclarer ma passion, ne tardons pas à nous en venger ; détruisons son invisibilité : je veux que tout le monde soit témoin de l'exemple que j'en vais faire.

On a oublié de dire que précédemment à cette scéne, le Marquis de Sainte Fleur, qui a reconnu Trivelin pour le valet qui lui a volé sa montre & sa tabatiere, lui pardonne sa friponnerie en faveur des services qu'il promet de lui rendre auprès de l'inconnue Silvie dont il est amoureux, & Silvie a entendu cette conversation. Le Marquis survient accompagné de Trivelin, dans le moment que Mélusine est dans la plus grande colere contre Silvie.

SCÉNE VII.

MÉLUSINE, SILVIE, LE MARQUIS, TRIVELIN.

TRIVELIN *au Marquis.*

Ouf ! voici la Fée, & nous n'avons pas encore arrangé ce que nous lui dirons.

LE MARQUIS *à Trivelin.*

Déclarons-lui que je suis un homme, elle ne sera plus jalouse de moi.

MÉLUSINE.

Ah, Trivelin, te voilà. Tu me vois dans une colere affreuse.... Qui est cette fille ?

TRIVELIN.

C'est cette fille que j'ai vû dans le bouclier de cristal..... Mais quand vous sçaurez........

MÉLUSINE.

Je ne veux rien sçavoir davantage.

TRIVELIN.

Mais cette fille n'est pas si fille que vous pensez.

MÉLUSINE.

Qu'elle soit fille ou femme, je ne m'en embarrasse pas ; il suffit qu'elle soit l'amie de cette insolente-là, elle mérite ma haine.

TRIVELIN *bas au Marquis.*

Gardons-nous bien à présent de dire que vous êtes un garçon, la Fée a perdu la partie avec son inconnu féminin, elle voudroit peut-être prendre sa revanche avec vous.

MÉLUSINE.

Lutins accourez, & enfermez-moi ces deux filles-là ensemble, sans autre compagnie.

LE MARQUIS *à part.*

Ah, quelle félicité, on va m'enfermer avec celle que j'aime !

SILVIE *à part.*

O ciel, que va-t-elle faire ! m'enfermer seule avec un Amant aimable, quel péril pour ma sagesse ! (*haut.*) Ah de grace, Madame, ne me faites point enfermer avec cette personne-là.

MÉLUSINE.

Eh pourquoi ce dégoût ?

SILVIE.

Madame, c'est l'unique grace que je vous demande.

MÉLUSINE.

Puisque vous haïssez cette personne-là, je suis charmée de cette antipathie ; votre haine sera votre supplice · vous allez être enfermés ensemble, & dans ce moment même encore. Lutins qu'on les emméne.

TRIVELIN *bas à Silvie & au Marquis.*

Je penserai à vous ; allez, puisque la Fée vous prend pour deux filles, il sera plus aisé de l'appaiser & de vous tirer de ses mains. (*haut à Mélusine.*) Vous les avez assorties à merveille, vous entendez parfaitement bien à les punir. Je crois qu'elles ne seront guères tranquilles dans la prison où vous les envoyez. Les y laisserez-vous longtemps ?

MÉLUSINE.

Eh, mais non. Un demi siécle seulement.

TRIVELIN.

Ma foi, ils s'y ennuieront à la fin.

MÉLUSINE.

Et vous Lutins qui me servez de Pages, je vous abandonne pour vos menus plaisirs le valet de cette inconnue. Vous, Trivelin, suivez moi.

TRIVELIN *seul.*

Suivons-là, & cherchons les moyens de délivrer mon Maître d'une captivité si terrible. Quoi être enfermé cinquante ans avec une jolie femme ! cela est lassant.

L'acte est terminé par différentes scénes de Lutins, qui profitant de la permission de Mélusine, jouent plusieurs tours comiques à Arlequin valet de Silvie.

Acte III

Ce dernier acte ouvre par une scéne entre Silvie & le Marquis. Ce dernier sans se découvrir parle de sa passion à Silvie, & celle-ci paroit fort agitée des sentimens que lui exprime son Amant. Survient Trivelin, qui par ordre de Mélusine emméne le Marquis. Après un monologue où il se plaint d'être séparée de sa charmante Silvie, paroît Mélusine.

SCÈNE V.

MÉLUSINE, LE MARQUIS.

MÉLUSINE à part.

L'heure de ma métamorphose va bientôt arriver, je devrois déja être retirée dans mon appartement secret ; mais je ne puis résister à la curiosité qui m'agite au sujet de mes deux prisonnieres, j'ai des soupçons que je veux éclaircir présentement : pourquoi cette trompeuse habillée en Cavalier a-t-elle apperçu dans le bouclier de cristal, la jeune personne qui m'a été présentée ici par Trivelin ? ce n'est pas-là ce que devoit opérer le changement. Je crois deviner ce que c'est ; voyons si je m'abuse : mettons ma ceinture magique, & paroissons aux regards de celle-ci sous la figure & l'habit de chasse de la petite impertinente, que je ne croyois pas fille.

LE MARQUIS sans voir Mélusine.

Quoi charmante personne je ne vous verrai plus ? .... Ah la voila ; ô ciel, quel heureux retour !

MÉLUSINE à part.

Que je le punirai cruellement si......

LE MARQUIS.

Par quel miracle vous revois-je, dans l'instant même qui sembloit nous séparer pour jamais ! Mélusine......

MÉLUSINE.

Mélusine a changé de sentiment, & je vous jure que je suis ravie de son inconstance, elle me renvoye auprès de ce qui m'est le plus cher au monde.

LE MARQUIS.

Que dites-vous ? quoi, vous m'aimiez ? est-il possible !

MÉLUSINE.

Quel est donc ce transport ?

LE MARQUIS.

Ah, je ne puis plus vous taire que je suis ce tendre amant que j'ai voulu tantôt vous faire voir.

MÉLUSINE à part.

Qu'entens-je ! quelle surprise ; & je les avois enfermé ensemble.

LE MARQUIS.

Ces habits ont-ils pû vous tromper si longtemps ? le feu de mes regards, la tendresse de mes expressions, tout ne vous disoit-il pas que c'étoit l'amour qui vous parloit, & non pas l'amitié.

MÉLUSINE *à part*.

Elle ignoroit son sexe, je respire.

LE MARQUIS *à part*.

Elle est offensée de l'aveu que je viens de faire.

MÉLUSINE *à part*.

Ce n'est point-là une fille ! quoi serai-je toujours la dupe des habits ? mais, quel transport nouveau m'agite ! que ce Cavalier est aimable sous ce déguisement.

LE MARQUIS *à part*.

Elle est très-chagrine de trouver un homme où elle voyoit une femme. (*haut.*) Ah, Mademoiselle, pardonnez-moi un déguisement qui me procure le bonheur de me voir seul avec vous. Quel doux moment ! hélas, si vous plaignez seulement un peu le plus tendre & le plus sincere amant du monde, que j'aurois de graces à rendre à Mélusine, quelle félicité égaleroit le supplice qu'elle m'impose.

MÉLUSINE.

Croyez-moi, cessez de m'offrir un cœur qui m'embarrasseroit : presentez-le plûtôt à Mélusine.

LE MARQUIS.

A Mélusine ! fi donc.

MÉLUSINE.

Fi donc. Et pourquoi fi donc, s'il vous plaît ?

LE MARQUIS.

Eh fi, Mademoiselle ; pouvez-vous me railler si impitoyablement ! Vous me proposez d'aimer Mélusine, après vous avoir vû ? La proposition est-elle faisable ?

MÉLUSINE.

Je la trouve très-faisable, moi, & vous n'avez pas de goût ; vous êtes un petit écervelé. Je me sentois du penchant pour vous.

LE MARQUIS.

Vous vous sentez du penchant pour moi, & vous me

conseillez d'aimer Mélusine ? comment cela s'accordera-t-il ? Non, Mademoiselle, non, ne me parlez plus de Mélusine, est-elle faite pour être aimée ?

MÉLUSINE à part.

Oh, je n'y puis plus tenir : montrons-lui Mélusine, ôtons cette maudite ceinture, qui ne m'attire que des scènes désagréables. (haut.) Mélusine est-elle faite pour être aimée ? Oh que je vais me venger de toi & de la perfide qui me dérobe ton cœur ; attens les supplices les plus rigoureux que puisse inventer la colere d'une Fée puissante.

LE MARQUIS à part.

O ciel ! que je crains pour celle que j'aime. Quel prodige ! Mélusine me paroissoit cette charmante personne ; elle a surpris mon cœur, hélas !

MÉLUSINE.

C'en est fait, vengeons-nous avant ma métamorphose, & vengeons-nous de la maniere la plus barbare..... Mais ô ciel ! il n'est plus temps.

Mélusine est métamorphosée en un serpent effroyable qui disparoit. Le Marquis marque sa surprise. Trivelin vient dire qu'il a trouvé la baguette de la Fée, & qu'on ne doit plus craindre sa puissance. Silvie & le Marquis s'expliquent & se reconnoissent pour être destinés l'un à l'autre par leurs parens. Ensuite ils vont consulter l'*Horloge de Vérité d'Amour*.

L'HORLOGER à *Silvie & au Marquis.*

Jeunes Amans, ne craignez plus Mélusine ; dès qu'on a pû voir l'*Horloge de Vérité d'Amour*, on n'est plus soumis au pouvoir de ses enchantemens ; de plus la Fée est aujourd'hui métamorphosée en serpent, & ne peut empêcher votre retraite.

La piéce finit par un divertissement des Horlogers & des Carillonneurs de l'Horloge de Vérité d'Amour. Voici deux couplets du Vaudeville.

O le beau réveille matin,
Qu'une cloche au son argentin !
Voulez-vous plaire à votre belle ?
Faites souvent sonner pour elle,
   Din, din, din, don,
Cet admirable carillon.

Au Parterre.

Messieurs, vous sçavez sans façon,
Carillonner sur plus d'un ton ;
Régalez-nous, je vous en prie,
De votre bonne sonnerie,
   Din, din, din, don,
O l'agréable carillon.

Extrait Manuscrit.

MÉNECHMES, (les) Comédie en cinq actes & en vers de M. *Rotrou*, représentée en 1632. & imp. Paris, Courbé. *Hist. du Th. Fr.* année 1632.

MÉNECHMES, (les) *ou* LES JUMEAUX, Comédie en cinq actes & en vers, précédée d'un Prologue en vers libres, de M. *Regnard*, imp. dans ses Œuvres, & représentée le Vendredi 4 Décembre 1705 *Hist. du Th. Franç.* année 1705.

MENSONGE (le) VÉRITABLE, Farce qui compose la seconde partie du premier acte de l'*Histoire de l'Opéra Comique*, ou les *Métamorphoses de la Foire*, de M. *Le Sage*, représentée le Mercredi 27 Juin 1736. non imp.

Le Docteur Balouard a promis sa fille Isabelle au Seigneur Polichinelle, riche Négociant de Marseille ; mais il retire sa parole, parce qu'il a appris que son gendre futur a perdu tout son bien par un naufrage. Polichinelle au désespoir, va trouver Mézétin, & lui remet la moitié de la dot d'Isabelle, s'il peut réussir à la

R v.

lui faire obtenir en mariage. Mézétin fait travestir Pierrot en Courier, & lui ordonne d'aller dire au Docteur que les vaisseaux de Polichinelle sont arrivés à bon port, & qu'ils sont chargés jusqu'à fond de cale de diamans & de poudre d'or. Cette fourberie fait effet. Le Docteur renoue avec Polichinelle ; heureusement ce mensonge se trouve véritable. Le Capitaine du Vaisseau arrive, & confirme le récit de Pierrot. Dans le temps qu'on est occupé à célébrer les nôces de Polichinelle, un Huissier vient signifier aux Acteurs Forains l'Arrêt qui ne leur permet de jouer qu'en monologues. Les Forains, pour s'y conformer, continuent par *Pierrot valet de Magicien*. Voyez *Histoire de l'Opéra Comique*.
Extrait Manuscrit.

MENTEUR, (le) Comédie en cinq actes & en vers, de M. *Corneille*, imp. dans ses Œuvres, & représentée au Théatre de l'Hôtel de Bourgogne en 1642. *Hist. du Th. Fr. année* 1642.

MENTEUR, (la suite du) Comédie en cinq actes & en vers, de M. *Corneille*, imp. dans ses Œuvres, & représentée sur le même Théatre que la précédente, en 1643. *Hist. du Th. Fr. année* 1643.

MENTEURS (les) EMBARRASSÉS, Canevas Italien en trois actes, intitulé en cette langue : *La buggia imbroglia il buggiardo*, représenté pour la première fois le Mercredi 15 Mai 1720. Cette piéce tirée de l'Espagnol est du Docteur Boccabadati. *Sans Extrait.* M. Romagnési s'est servi du sujet & d'une grande partie de cette Comédie pour en composer une en vers libres & en trois actes, sous le titre de la *Feinte inutile*, représentée le 22 Août 1735.

MENTEURS (les) QUI NE MENTENT POINT. Voyez *Freres (les) Gemeaux*.

MENZICOF. Voyez PHANAZAR.

MÉPRISE, (la) Comédie en un acte & en prose, d'un Auteur *Anonyme*, non imp. représentée le Samedi 14 Novembre 1739. précédée de la *Suivante désintéressée*, & suivie du *Marié égaré*, piéces en un acte chacune *Hist. du Th. Fr. année* 1739.

MÉPRISE, (la) Comédie Françoise en prose & en un acte, au Théatre Italien, par M. de *Marivaux*, représentée pour la premiére fois le Lundi 16 Août 1734. Paris, Prault pere. *Mercure de France*, Août 1734. p. 1846.

MÉPRISE (la) DE L'AMOUR, Parodie en un acte de la Tragédie lyrique de *Tancrede*, par M. *Fuzelier*, non imp. représentée au Théatre de l'Opéra Comique le Jeudi 10 Mars 1729. sous le titre de *Pierrot Tancrede*.

« Cette piéce fut très goûtée du public, jus-
» qu'à la clôture du Théatre, & contient une
» critique juste & censée de l'Opéra parodié....
» On a suivi la premiére édition de cet Opéra,
» & il s'y trouve des traits qui n'ont rapport
» qu'à cette premiére édition ». *Mercure de France*, Mars 1729. p. 556. & *Avril* p. 779.

Le Théatre représente la tente d'un Vivandier de l'armée des Sarrazins. On voit au milieu une table chargée d'un gros baril de brandevin, entouré de faisceaux de pipes, & de rouleaux de tabac.

Argant prêt à tenir conseil sur les mesures les plus efficaces pour accabler Tancrede, s'apperçoit de l'amour qu'Herminie ressent pour cet ennemi redoutable.

ARGANT. (Air. *De l'Opéra.*)

Vous l'aimez, Ciel ! est-il possible,
Eh ! quoi, ne vous souvient-t'il pas,
D'avoir vû vos cousins dévoués au trépas,
Par l'effort de son bras terrible.

HERMINIE.

C'est en les égorgeant qu'il me rendit sensible.

Après quelques légers reproches sur une passion aussi déplacée, Argant lui conseille de se retirer. Ismenor vient offrir le pouvoir de ses charmes magiques, & l'on voit entrer la Troupe des Grenadiers, à qui le Magicien fait faire serment d'immoler Tancrede.

ISMENOR. (Air. *Branle de Metz.*)

Jurez d'assommer ce drille,
Jurez le sabre à la main,
Et de ce bon brandevin,
Vous aurez une roquille.

CHŒUR DE GUERRIERS *le sabre à la main,*
d'un air niais.

Morbleu, si je le tenois,
Com' je l'étrille, je l'étrille, je l'étrille,
Morbleu, si je le tenois,
Comme je l'étrillerois.

ARGANT.

« Eh ! ventrebleu ! quelle contenance pour des Grenadiers ».

Ismenor voulant leur inspirer un peu de hardiesse, appelle ses sorciers, & fait avec eux plusieurs lazzis magiques. On entend gronder le tonnerre : la frayeur s'empare des esprits ;

Ifmenor, les Magiciens & les Guerriers tombent & renverfent l'équipage. Ils fe relévent lorfque l'orage ceffe, & promettent de faire mieux une autre fois.

ARGANT *riant.* (Air. *Allons à la Guinguette.*)

» Allez.
Très-loin de nous
Faire un fi bel ouvrage,
Relevez-vous,
Enfans prenez courage,
Pour des exploits nouveaux,
Allez, allez, allez réguifer vos couteaux.

CHŒUR DE GUERRIERS *tremblans, & éclopés.*
Allons, allons, allons réguifer nos couteaux.

Le Théatre change & repréfente la Forêt enchantée. Argant & Herminie s'apprennent réciproquement la paffion mutuelle de Clorinde & de Tancrede, & fe retirent pour faire place à ce dernier, qui paroit avoir l'efprit agité de crainte. Des fantômes traverfent le Théatre, & lui rappellent les vieux contes de fa défunte nourrice. Il fe raffure ne voyant plus perfonne, & prend bravement le parti d'aller avec fon épée fendre les arbres de la forêt, mais il eft interrompu par une troupe de Sergens qui l'emménent. La fcéne fuivante fe paffe entre Herminie & Clorinde. Herminie dit à fa Rivale que Tancrede eft mort. Ce ftratagême réuffit ; Clorinde croyant n'avoir plus rien à ménager, fait connoître par fes regrets l'amour qu'elle a pour Tancrede. C'eft pour me moquer de vous, dit alors Herminie.

HERMINIE. (Air. *Sois complaifant.*)
Tu ne rens pas fon affaire meilleure,
Tancrede encor dans ce monde demeure,

Mais,
Il en fort dans un quart-d'heure ;
Pour n'y revenir jamais.

Clorinde fort éplorée : Tancrede arrive, & voulant commencer le monologue, *Sombres Forêts*, il fait réflexion qu'il doit s'occuper d'affaires plus preſſantes. Le nouveau refus que reçoit Herminie, lui fait accepter avec joye le ſervice d'Iſmenor. Ce Magicien évoque la vengeance, qui ſortant des Enfers lui apporte un poignard. Tancréde préſent à cette opération, trouve qu'elle étoit peu néceſſaire, & que le moindre couteau eſt ſuffiſant. Iſmenor piqué de la plaiſanterie, s'avance pour lui enfoncer le poignard dans le ſein. Herminie l'arrête, & avoue qu'elle aime Tancrede. Iſmenor & le Prince la regardent avec étonnement.

TANCREDE.
(AIR. *Je ſuis la fleur des garçons du Village.*)
Ce petit cœur brule comme une forge,
De ſes ſoupirs il m'entretient,
Et quand.... quand j'ai le couteau ſous la gorge
Qu'un ennemi, qu'un jaloux tient.

Effectivement dit Iſmenor, voilà des aveux bien placés. Il veut une ſeconde fois frapper Tancrede, qui pare le coup avec ſon chapeau. Dans le moment Clorinde arrive : Iſmenor pour ſe venger d'Herminie, au lieu de pourſuivre la vie de Tancréde, le livre à ſon Amante.

HERMINIE.
Ciel, ils vont reſter tête à tête :
Je devois le laiſſer périr.

La converſation des deux Amans eſt aſſez

tendre, Tancréde croit être au comble de son bonheur.

CLORINDE.

Votre sort en doit être encor plus triste, hélas! Craignez.

TANCREDE.

Vous partagez ma flamme,
Que pourrois-je craindre?

CLORINDE.

Mes rats,

(AIR. *Je suis un bon Jardinier.*)

Mes rats sont de batailler,
D'attaquer, de féraille,
D'inspirer l'effroi,
De tuer.

TANCREDE.

Pourquoi
Ce grand goût pour la guerre,
Etes-vous faite, dites-moi,
Pour dépeupler la terre,
Lon la,
Pour dépeupler la terre?

Après la triste séparation de Tancréde & de sa Maîtresse, le Théatre change, on voit un Camp & une ville dans le lointain, Herminie en sort pour fredonner, dit elle, un air dans les champs, tandis qu'on va livrer bataille. Tancréde en revient, suivi d'un nombre de soldats. *Ah! vous voilà encore*, dit-il à Herminie, *que diantre venez-vous chercher ici.* Je viens, répond t'elle, sçavoir comment vous vous portez. *De grace ne soupirez plus*, replique Tancréde, *mais écoutez le récit de la déroute de votre Armée, cela vous divertira.* A peine a-t-il achevé, qu'on lui apporte les dépouilles de l'ennemi qu'il a tué, & il reconnoit que ce sont les armes d'Argant. Herminie revient.

TANCREDE *la voyant un mouchoir à la main.*

(AIR. *Et toûjours Catherine qui file.*)

Et toûjours Herminie est en larmes,
Et toûjours Herminie est par-tout.

HERMINIE. (AIR. *Des fraises.*)

Ne craignez plus mon amour.

TANCREDE.

Est-il si nécessaire
De vous revoir dans ce jour?

HERMINIE.

Oüi, car j'arrive exprès pour
Me taire, me taire, me taire.

On voit paroître Argant expirant porté sur un brancard par des soldats; il a le Juste au-corps de Clorinde, & le chapeau de cette Princesse par-dessus une perruque & un bonnet de nuit.

TANCREDE.

Quelle apparition! Argant est-il ressuscité?

ARGANT. (AIR. *Quand le péril est agréable.*)

Je vais redoubler ta surprise,
Pauvre Tancrede, sans détour,
Je te dirai que ton amour
A fait une méprise.
En croyant m'arracher la vie, tu l'as ôté à Clorinde.

(AIR. *Joconde.*)

Clorinde dans la nuit......

TANCREDE.

Eh bien?

ARGANT.

Sans trop y prendre garde,
A mis mon habit pour le sien....

ME

TANCREDE.
La méprise est gaillarde,
J'en augure mal pour mes feux,
Oüi, ce troc m'épouvante.....
Vous dormiez donc alors tous deux,
Sous une même tente.

ARGANT. (Air. *Des Feuillantines.*)
Va t'en voir près de ces lieux
Les beaux yeux
De Clorinde.....

TANCREDE.
Justes Dieux !

ARGANT.
Tu la perds.

TANCREDE.
Quelle avanture.

ARGANT.
Et je meurs . . . . & je meurs, & je meurs.
Dans sa doublure.

Les soldats de Tancréde craignant sa fureur, sautent sur lui pour l'empêcher de se tuer, mais il leur proteste qu'il est bien éloigné d'avoir ce dessein, & que guéri entiérement de l'amour de Clorinde, il veut bien prendre part au divertissement que les Peuples de la Palestine lui ont destiné.

Dans la suite des représentations de cette piéce, l'Auteur retrancha ce dernier divertissement, & substitua à la place une scéne entre Tancréde, l'Amour & la Nécessité. Cette scéne étoit suivie d'un Ballet, & contenoit une critique de la *Boëte de Pandore*, Comédie du Sieur Poisson, qui paroissoit alors nouvellement au Théatre François. Voyez *Amour* (l') & *la Nécessité*.

MERCURE (le) GALANT, *ou la* CO-MÉDIE SANS TITRE, Comédie en cinq actes & en vers, de M *Bourfault*, imp. dans fes Œuvres, & repréfentée le Vendredi 5 Mars 1683. *Hift du Th. Fr. année* 1683.

MERE (la) CONFIDENTE, Comédie Françoife en profe & en trois actes, au Théatre Italien, par M de *Marivaux*, repréfentée pour la premiére fois le Lundi 9 Mai 1735. Paris, Prault pere. *Extrait, Mercure de France, Juin I. volume* 1735. *p.* 1187. *& fuivantes.*

MERE (la) CONTREDISANTE, Canevas Italien moderne en trois actes, fuivi d'un divertiffement de chants & de danfes, repréfenté pour la première fois le Jeudi 3 Février 1718. & fans fuccès. *Sans Extrait.*

MERE (la) COQUETTE, *ou* LES AMANS BROUILLÉS, Comédie en cinq actes & en vers, de M. *Quinault*, imp dans fes Œuvres, & repréfentée fur le Théatre de l'Hôtel de Bourgogne vers le 15 ou le 18 Octobre 1665. *Hiftoire du Théatre Fr. année* 1665.

MERE (la) COQUETTE, *ou* LES AMANS BROUILLÉS, Comédie en trois actes & en vers, de M. *Devizé*, repréfentée fur le Théatre du Palais Royal, le 24 Octobre 1665. imp. tome VIII. du Recueil intitulé Théatre François, Paris, 1737. par la Compagnie des Libraires, & précédemment in 12. Paris, Girard, 1666. *Hift. du Th. Fr. année* 1665.

MERE (la) EMBARRASSÉE, Opéra Comique en un acte, avec un divertiffement & un vaudeville, par M. *Panard*, non imp. repréfenté le Samedi 26 Juin 1734. précédé d'un

Prologue, & suivi de *l'Absence*, piéce en un acte.

PROLOGUE.

Isméne jeune fille, (ce role étoit représenté par la petite tante, alors âgée de dix ans) Isméne, dis je, pour obéïr aux ordres de la Fée sa protectrice, va dans un bois, où sans qu'on sçache comment, elle a le bonheur de désenchanter un Génie, qui par reconnoissance lui fait présent d'une baguette, qui a la vertu de faire connoître l'avenir, & afin qu'Isméne puisse aisément en faire usage, le Génie la transporte près de Paris. Isméne ne tarde pas à voir des personnes qui viennent la consulter. La premiére est Climéne, jeune Amante de Mirtil, qu'Isméne reconcilie avec lui. Le vieux Orgon apprend que son neveu à qui il destinoit son bien, & sa Gouvernante qu'il vouloit épouser, n'auront pour lui que de l'ingratitude. Isméne en annonce autant à la vieille Aminthe, qui est éprise pour un jeune Avocat, & conseille à Lisandre de ne pas entreprendre un procès contre un Gentilhomme de ses voisins. Madame Argante a une fille qui est recherchée par un Marquis : Isméne connoit par le pouvoir de sa baguette que cette fille sera trompée. Elle dit à Doriméne, qui est courtisée par trois Amans, que celui qu'elle épousera est un sot.

DORIMENE. (AIR. *Donnez-moi cher voisin.*)
Ce terme a de quoi m'offenser.

ISMENE.
N'en prenez point d'allarmes,
C'est un sot de tant balancer
Quand il voit tant de charmes.

Doriméne est la seule personne qui soit satisfaite de la réponse d'Isméne. Mlle De Lisle, Actrice de l'Opéra Comique se présente à la derniére scéne, pour s'informer du sort de deux piéces que ses camarades préparent au public. C'est ici que la baguette du Génie se trouve en défaut, & Isméne ne veut rien décider qu'elle n'en ait vû la représentation. C'est ainsi que finit le Prologue.

La Mere embarrassée.

Le Marquis de Rosemond est promis à Lucile fille de Madame Desroches. Par une raison, dont l'Auteur a oublié de nous instruire, ce Cavalier se travestit en valet, & se présente à titre de laquais à sa prétendue belle mere. Le hazard veut que Robert, fils d'un riche Commerçant de Lyon, & Rapin, fils d'un célebre Avocat de la même ville, Amans de Lucile, conçoivent le même dessein, & entrent dans la maison de Madame Desroches, le premier en qualité de Concierge de son Château, & l'autre de son Intendant. Guillot, Jardinier de la maison, s'apperçoit de la manigance des trois Amans, il communique ses soupçons à Madame Desroches, qui d'abord n'en veut rien croire, par l'idée qu'elle a de l'extrême sagesse de sa fille.

GUILLOT.

» Je me connois en fille, moi.

(AIR. *Bouchez, Nayades vos Fontaines.*)

Tenez, Madame, alles sont faites
A peu près comme les noisettes,

Sans que rian foit à découvart,
Au cœur plus d'une eft antichée,
Et l'on ne s'apperçoit du var,
Que quand la coquille eft caflée.

Madame Defroches profite de l'avis de Guillot, & lui ordonne de prendre le temps que ces Amans feront enfemble, pour annoncer que Lucile fe trouve mal. Guillot éxécute cet ordre, les trois prétendus Domeftiques courent auffitôt pour fecourir leur Maîtreffe. Cette épreuve ne paroiffant pas affez claire à Madame Defroches, elle en tente une feconde, qui eft de feindre qu'elle va marier Lucile. Robert à qui elle ordonne de préparer l'appartement de l'époux futur, fe retire en difant qu'il fe trouve mal. Frontin, (c'eft le nom que le Marquis de Rofemond s'eft donné en entrant en fervice,) fait femblant d'être bleffé, de peur d'être obligé d'exécuter la commiffion qu'on lui veut donner, d'aller au devant du prétendu, & Rapin pour s'excufer d'écrire une lettre, déclare qu'un rhume très-violent l'empêche de tenir la plume. Dans le moment, Madame Defroches reçoit une lettre du Marquis de Rofemond, par laquelle il lui marque que ne fçachant ce qu'eft devenu fon fils, il la difpenfe de fa parole, & qu'elle peut fonger à marier Lucile à qui elle voudra. Madame Defroches plus embarraffée que jamais, prend le parti de faire expliquer les trois prétendus Domeftiques, qu'elle foupçonne être autres qu'ils paroiffent, & de choifir pour fa fille celui qui fera le plus convenable. Robert & Rapin avouent leur naiffance, & le fujet de leur déguifement.

Lorsqu'ils sont rassemblés avec le prétendu Frontin, Madame Desroches dit à sa fille de faire un choix entre ces Cavaliers.

LUCILE.

Je vais obéir.

(AIR. *Comme un Coucou*.)

à Robert.   Je crois, Monsieur, fort estimable.

ROBERT.

Grands Dieux! quel plaisir je ressens?

LUCILE.

à Rapin.   Monsieur me paroit fort aimable.
Au Marquis.   Mais voilà celui que je prens.

Rapin & Robert sont fort surpris du choix de Lucile, mais le soi disant Frontin le justifie en découvrant qu'il est le Marquis de Rosemond, qui a été autrefois promis à cette belle. Les deux Rivaux se retirent, & le Marquis fait exécuter un divertissement de Jardiniers. On chante un Vaudeville dont voici deux couplets.

Une fleur ne me fait d'envie,
Que dans sa première saison
Plusieurs l'aiment épanouie,
Moi, je ne l'aime qu'en bouton.

Cessez, Iris, de me reprendre,
Si j'en conte à plus d'un objet,
Ne sçavez-vous pas qu'il faut prendre
Plus d'une fleur pour un bouquet.

Extrait Manuscrit.

MERE (la) JALOUSE, Opéra Comique en un acte, avec un divertissement & un vaudeville, Musique de M. *Gilliers*, par M. *Carolet*, imp. dans son Théatre, intitulé tome IX. du Théatre de la Foire, & représenté le Vendredi 19 Septembre 1732.

MERE (la) RIDICULE, petite Comédie en un acte, d'un Auteur *Anonyme*, non imp. & représentée le Lundi 8 Mai 1684 précédée de la Tragédie de *Bellerophon*. *Histoire du Th. Fr.* année 1684.

MERE (la) RIVALE, Comédie Françoise en prose & en trois actes, au Théatre Italien, par M. de *Beauchamps*, représentée pour la premiére fois le Lundi 31 Janvier 1729. Paris, Briasson. *Extrait*, *Mercure de France*, Février 1729. p. 356. & *suivantes*.

MÉRIDIENNE, (la) Comédie Françoise en prose, mêlée de scénes Italiennes, en un acte, au Théatre Italien, par M. *Fuzelier*, représentée pour la premiére fois le Dimanche 21 Mai 1719. non imprimée.

Dans une scéne entre Claudine & Trivelin, on apprend que *Silvia*, fille du Signor *Commodo* Vénitien, & établi à Paris, est aimée du Chevalier de la Girouette, que cet amour a été réciproque de la part de Silvia, & que le Signor Commodo y a donné son consentement, mais que ce dernier étant mort d'apoplexie, Pantalon frere du défunt, est arrivé à Paris pour être le Tuteur de Silvia, & qu'il a amené avec lui un autre Italien nommé Lélio, pour lui faire épouser sa niéce. En attendant le départ de Paris, Pantalon a fait fermer toutes les issues de la maison, & ne quitte point sa niéce, & par-dessus toutes ces précautions, il employe tous ses domestiques à veiller exactement pour que personne ne s'introduise dans la maison. Voilà où la scéne ouvre. Trivelin, valet du Chevalier de la Girouette, cherche des expédiens avec Claudine, Femme de Chambre de Silvia, pour que son Maître puisse voir Silvia; Claudine, malgré la vigilance de Pantalon, fait entrer le Chevalier dans la maison, & le cache dans une grande armoire d'une salle de compagnie. Le dessein de Claudine est de profiter de la Méridienne que les Italiens font après leur repas. Ce projet s'éxécute. Pantalon & Lélio viennent pour dormir dans la salle où est enfermé le Chevalier, mais Pantalon averti par Violette sa servante du tour qu'on lui veut jouer, fait semblant de dormir; Lélio par des soupçons naturels à sa nation employe la même feinte. Les Amans croyans les Argus endormis, s'entretiennent de leur amour; enfin Silvia inquiéte & craignant que son oncle se réveille, dit absolument au Chevalier de sortir.

LE CHEVALIER.

Non, je ne puis vous quitter, non charmante Silvia.....

PANTALON, *qui s'est levé de dessus son siége, se mettant entre Silvia & le Chevalier.*

Vous pouvez rester tant qu'il vous plaira ; j'ai fait fermer la porte de la rue, & personne ne sortira d'ici sans mon congé.

SILVIA.

O ciel !

LE CHEVALIER.

Quel contretemps pour mon amour !

PANTALON *à part en Italien.*

Comment cacher ceci au Seigneur Lélio ? il faut le réveiller & sous quelque prétexte le renvoyer dans sa chambre..... Mais le voila debout ; eh bien, mon neveu, avez-vous bien dormi ?

LÉLIO

LÉLIO *en Italien.*

Plus de neveu, Seigneur Pantalon, plus de neveu; j'ai fait dans ce fauteuil un songe qui m'a dégoûté du mariage. J'ai rêvé que la Signora Silvia entroit dans cette salle, avec un jeune Cavalier, & qu'ils tenoient chacun d'un côté un long bois de cerf, qu'ils ont posé doucement sur mon front..... Le Cavalier étoit vêtu de rouge..... & tenez, le voilà lui-même, ou son portrait. Adieu, plus de neveu. (*il sort.*)

PANTALON *en Italien.*

Il a tout entendu, il ne dormoit pas sans doute. Ah! canailles maudites, voilà ce que vous me causez.

CLAUDINE *accourt brusquement.*

Allons donc, M. le Chevalier, vous ne finissez pas; vous ferez tant que vous éveillerez notre bourru de Maître....

PANTALON *en Italien.*

Bourru, bourru, oh! Madame la coquine, vous êtes donc d'intelligence pour me trahir, avec ce maraud de Trivelin, & ce fripon d'Arlequin? (*Arlequin fait semblant de ronfler.*) Attendez, attendez, je vous ferai ronfler sur un autre ton.

ARLEQUIN.

Moi! je ne suis pas de la fourberie; je dors, vous le voyez bien. Bon soir Seigneur Pantalon, & toute la compagnie.

PANTALON *le battant.*

Bon soir, M. Arlequin, bon soir.

ARLEQUIN *feignant de se réveiller.*

On ne sçauroit dormir en paix dans cette chienne de maison-ci.

PANTALON *en Italien.*

Oh, quelle légion de fourbes! patience, patience, j'attens un Commissaire & des Archers. Je veux faire pendre tout ce que je vois ici.

TRIVELIN.

Seigneur Pantalon, M. le Chevalier de la Girouette, mon Maître, n'est point un homme à pendre; si vous parliez de le faire décoler, encore on vous écouteroit. Sçachez qu'il aime Mademoiselle Silvia, avec la permission du défunt Signor Commodo, son pere, & si vous en doutez, vous pouvez prendre le chemin de l'autre monde, & vous alles

Tome III. S

informer de ce fait à cet homme trépassé, qui ne me démentira pas.

PANTALON *en Italien*.

Que dit-il ?

CLAUDINE *en Italien*.

Il dit, que feu le Seigneur Commodo avoit intention de marier sa fille à M. le Chevalier, & j'en suis témoin, moi.

PANTALON *en Italien*.

Bon témoin...... Non, je ne prétens pas que ma niéce épouse un François.

LE CHEVALIER *en Italien*.

Eh bien, Seigneur Pantalon, je suis Italien, & de Venise comme vous, & fils du Seigneur Fabio.....

PANTALON *en Italien*.

Vous êtes ce fils du Seigneur Fabio, qu'il fait chercher depuis si longtemps ? (*d'un ton ferme* ,) Oh, je ne vous lâcherai pas, je prétens vous remener à votre pere, qui est mon meilleur ami, & afin que vous ne m'échapiez pas, (*d'un air gai*) je veux que vous épousiez ici ma niéce.

LE CHEVALIER.

Ah, Seigneur Pantalon, vous me rendez la vie, en m'accordant Silvia.

SILVIA.

Ah, mon oncle, que je vous aime !

TRIVELIN.

Voilà ce qui s'appelle un amour naissant.

CLAUDINE.

Quoi, M. le Chevalier de la Girouette, vous êtes Italien ?

LE CHEVALIER.

Silvia paroissoit si prévenu pour la France, que j'ai crû devoir lui cacher ma patrie.

TRIVELIN.

Le petit dissimulé ! il ne m'en avoit rien dit. O ça, Monsieur, vous avez été amant François, ne vous avisez pas d'être mari Italien.

Extrait manuscrit.

M E

MÉRINVILLE, (Mlle) Danseuse Foraine, étoit en 1713. dans la Troupe des Sieur & Dame de S. Edme. Mlle Mérinville parut avec succès sous le titre de *la Comtesse de Tripaillon*.

MERLIN DÉSERTEUR, Comédie en un acte, de M. *Dancourt*, non imp. représentée à la suite de *Polyeucte*, Tragedie, le Mardi 8 Août 1690. *Hist. du Th. Franç. année* 1690.

MERLIN DRAGON, Comédie en un acte & en prose, de M. *Desmarres*, représentée à la suite de la Tragédie du *Cid*, le Vendredi 26 Août 1686. & imp. tome VIII. du Recueil intitulé Théatre François, Paris, 1737. par la Compagnie des Libraires. *Hist. du Th. Fr. année* 1686.

MERLIN GASCON, Comédie en un acte & en prose, de M. *Raisin* l'aîné, non imp. & représentée le Samedi 7 Octobre 1690. à la suite de la Tragédie d'*Andromaque*. *Hist. du Th. Franç. année* 1690.

MERLIN PEINTRE, Comédie en un acte, de M. de la *Tuillerie*, non imp. & représentée le Dimanche 20 Juillet 1687. précédée de la Tragédie d'*Andromaque*. *Histoire du Th. Fr. année* 1687.

MERMET, (Claude) Notaire Ducal, & Ecrivain de S. Rambert en Savoye, vint s'établir à Lyon, où il fit imprimer une Tragédie de sa composition, intitulée :

SOPHONISBE, REINE DE NUMIDIE, 1583. *Hist. du Th. Fr. année* 1583.

MÉROPE, Tragédie de M. de *Voltaire*, Paris, Prault fils, & représentée le Mercredi

20 Février 1743. suivie de *George Dandin*. Cette Tragédie a été parodiée sur le Théatre de l'Opéra Comique, sous le titre de *Marotte*, & de l'*Enfant retrouvé*, & au Jeu des Marionnettes sous celui de *Javotte*. Voyez *Philoclée & Téléphonte* de M. Gilbert, & *Téléphonte* de M. de la *Chapelle*. *Histoire du Théatre François*, *année* 1743.

MÉROPE, (*la Mérope.*) Tragédie en cinq actes en vers & en Italien, de M. le Marquis M_affei, représentée gratis, mais sur des billets sur lesquels étoient imprimés ces mots, (*per chi l'entende*,) *pour ceux qui l'entendent*. Ensuite elle parut pour le public, le Mardi 11 Mai 1717, imprimée en Italien, & la traduction à côté, Paris, Briasson.

,, Les Comédiens Italiens, ayant voulu faire
,, l'essai d'une piéce purement héroïque sans
,, l'Arlequin, représentérent avec applaudisse-
,, ment ces jours passés, la Tragédie de *Mérope*,
,, qu'ils donnérent gratis. Comme cette Troupe
,, se propose de la jouer cet hyver, je me conten-
,, terai d'en exposer simplement la fable, dé-
,, gagée de toutes réfléxions critiques, les réser-
,, vant pour ce temps-là.

,, Le sujet de la Tragédie de Mérope est tiré
,, d'Apollodore, mais les situations sont l'ou-
,, vrage du Marquis Scipion Maffei.

,, Chresphonte, de la race des Héraclides,
,, étoit Roi de Messene dans l'Achaye. Il avoit
,, eu trois fils de Mérope. Poliphonne, un de
,, ses sujets conspira contre lui, le détrôna, &
,, fit impitoyablement massacrer après lui deux
,, de ses enfans. Le troisiéme, à qui l'Auteur

» donne le nom de Chrefphonte, & qu'Apo-
» lodore appelle Ægyptus, fut dérobé à la fu-
» reur du Tyran par les foins de Mérope, qui
» le remit entre les mains d'un vieux ferviteur,
» dont la fidélité lui étoit connue. Quinze ans
» fe paffèrent avant que ce jeune Prince, qui
» n'en avoit que trois, lorfqu'il échappa à la
» cruauté de Poliphonte, pût demander raifon
» du meurtre de fon pere & de fes freres, &
» de l'ufurpation de fes Etats. C'eft ici l'époque
» de l'action théatrale. Poliphonte voyant que
» les peuples de Meffene, capitale du Royaume,
» faifoient tous les jours des conjurations contre
» lui, forma le deffein d'époufer Mérope, pour
» s'acquérir un droit au thrône ufurpé. L'infor-
» tunée veuve de Chrefphonte frémit à cette
» propofition, & éclate en fanglans reproches.
» Pendant une fi aigre converfation, Adrafte,
» entiérement dévoué au Tyran, lui amena un
» jeune payfan, accufé d'avoir tué un homme
» auprès de Meffène, & de l'avoir jetté dans le
» fleuve, pour dérober la connoiffance de fon
» crime. Le jeune payfan confeffa le meurtre,
» mais il tâcha de juftifier fon intention, en
» difant qu'il n'avoit fait que défendre fa vie
» contre un brigand qui l'avoit attaqué. L'accu-
» fateur qui avoit intérêt à le faire périr, parce
» qu'il avoit trouvé fur lui une bague d'un grand
» prix, qui flattoit fon avarice, n'oublia rien
» pour irriter le tyran contre lui : mais Mérope
» attendrie par un fecret preffentiment, deman-
» da fa grace, & l'obtint de Poliphonne. Cepen-
» dant, comme le fouvenir de fon fils l'occu-
» poit fans ceffe, & la tenoit dans une agitation

» continuelle, elle s'imagina que le prétendu
» brigand, que le paysan avoit peint à peu près
» de son âge, qui convenoit au jeune Chres-
» phonte, & armé d'une massue, armes ordi-
» naires des descendans d'Hercule, elle s'ima-
» gina, dis-je, que ce pouvoit bien être son fils
» qui avoit été tué & jetté dans le fleuve : elle
» n'eut point de repos qu'elle ne fut éclaircie.
» Eurise attachée à ses intérêts, lui promit d'in-
» terroger Adraste qui étoit de ses amis. Cela
» fut éxécuté si heureusement, ou plûtôt si
» malheureusement pour Mérope, qu'Eurise
» lui apporta la bague qu'Adraste avoit trouvée
» sur Egiste, (c'étoit le nom du jeune paysan ;)
» à la vûe de cette fatale bague, Mérope fré-
» mit, elle la reconnoît pour la même qu'elle
» avoit donnée autrefois au vieux Polidore, &
» qui devoit servir un jour à lui faire recon-
» noître son cher Chresphonte. Elle ne douta
» point que le meurtrier ne l'eut dérobée pour
» prix de son crime. Elle en jura la vengeance,
» & s'étant fait amener le malheureux & inno-
» cent Egiste, elle le fit garotter à ses yeux,
» & se fit donner une lance pour lui percer le
» cœur. A ces funestes apprêts, Egiste témoigna
» son étonnement, ne pouvant fléchir la Reine
» irritée, prêt à recevoir le coup mortel, il lui
» échappa quelques plaintes, qui suspendirent
» la vengeance de Mérope, sur-tout le nom de
» Polidore, sorti de sa bouche, lui fut d'un
» grand secours. La Reine en fut frappée, &
» quelques momens qu'elle perdit en éclaircis-
» semens, furent cause que Poliphonte survint
» à cette terrible éxécution, & l'empêcha, ou

» du moins la fit remettre à une autre fois. Les
» plaintes qu'Egiste fait au Tyran de l'injustice
» de Mérope, qui fait périr ceux à qui il fait
» grace; la colere du Tyran sur cet attentat,
» & la protection qu'il accorde ouvertement au
» prétendu criminel, persuadent à la Reine une
» intelligence dont elle commençoit à se dou-
» ter. Un nouveau desir de vengeance s'allume
» dans son sein, & le sort lui fournit bientôt
» une occasion de la consommer. Egiste ayant
» tout à craindre d'une Reine irritée, & ne se
» sentant coupable d'aucun crime, cherche à se
» justifier dans son esprit. Il s'adressa à sa Con-
» fidente, qui pour mieux l'attirer dans le piége,
» lui dit que Mérope n'est plus si irritée contre
» lui; elle lui promet de lui en dire davantage,
» dès qu'elle se sera débarrassée d'un soin pres-
» sant qui l'appelle ailleurs, & le prie de l'at-
» tendre. Egiste lui jure de ne point sortir de cet
» appartement, dût-il y passer la nuit; accablé
» de lassitude de ses derniers travaux, il s'en-
» dort. Pendant son sommeil, Polidore vient,
» introduit dans le Palais par Eurise, qu'il prie
» de le laisser seul. Il découvre un homme en-
» dormi, dont les habits lui font naître la cu-
» riosité d'examiner les traits de son visage; il
» approche, mais entendant venir quelqu'un,
» il se retire. A peine s'est-il retiré, qu'Eurise
» trouvant Egiste endormi, appelle la Reine,
» en lui disant que tout favorise sa vengeance.
» Mérope vient un poignard à la main; mais
» prête à frapper Egiste, elle se sent arrêtée
» par un homme, qui par le cri qu'il fait, éveille
» Egiste, & lui donne le temps de se sauver de

» la fureur de son ennemie. Mérope au déses-
» poir d'avoir manqué son coup, le veut faire
» retomber sur celui qui l'a suspendu ; mais
» cette nouvelle victime de sa vengeance se fait
» connoître à elle pour ce même Polidore à qui
» elle commit autrefois le soin de son cher
» Chresphonte, & lui apprend en même temps
» que c'étoit Chresphonte même qu'elle alloit
» immoler. La surprise, la terreur, la joye se
» succédent tour à tour dans le cœur de Méro-
» pe : le premier mouvement de la nature la
» porte à aller embrasser son fils ; mais Polidore
» lui représente sagement que ce seroit l'étouf-
» fer en l'embrassant, & que le moindre éclat
» mettroit la vie de son fils dans un danger
» évident. Mérope se rend à ses raisons. Poli-
» dore lui promet d'éclaircir au jeune Chres-
» phonte le mystere de sa naissance. Il accom-
» plit sa promesse un moment après ; Chres-
» phonte, qui avoit toûjours crû que Polidore
» fut son pere, sent couler le sang d'Hercule
» dans ses veines, à mesure qu'il apprend son
» véritable sort ; il veut courir à la vengeance
» de son pere & de ses freres égorgés par le
» Tyran ; mais Polidore se jettant à ses pieds,
» le fait consentir à suivre les conseils que son
» âge & son expérience lui inspirent. Poliphon-
» ne persiste dans le dessein d'épouser Mérope,
» & lui fait ordonner par Adraste, son cruel
» émissaire, d'aller au Temple, sous peine de
» voir périr à ses yeux toutes les personnes qui
» lui sont les plus chéres. Mérope se livre à ses
» volontés, comme une victime qu'on entraîne
» à l'Autel, résolue de se donner la mort,

» plûtôt que d'épouser le meurtrier de son
» époux & de ses enfans. Elle n'en est pas
» pourtant réduite à cette fatale extrémité. Le
» jeune Chresphonte son fils, trouve le moyen
» de se soustraire aux yeux de Polidore, en le
» faisant consentir au desir curieux qu'il a d'al-
» ler voir la pompe qui se prépare au Temple.
» A peine y eut-il entré, qu'il voit Mérope sa
» mere approcher de l'Autel, avec une pâleur
» qui lui perce l'ame. Il court lui-même à cet
» Autel, où elle est prête de s'immoler, & se
» saisissant du couteau sacré, il en frappe le
» Tyran & Adraste. Mérope déclare aux Peu-
» ples assemblés, que celui qui vient de les tirer
» d'un esclavage qu'ils ne supportoient qu'à
» regret, est leur véritable Roi, fils du bon
» Chresphonte, dont la mémoire leur est si
» chere ; il n'en faut pas davantage pour lui
» attirer tous les cœurs, il est proclamé Roi,
» & le Tyran détesté après sa mort, comme il
» l'avoit été pendant sa vie ». *Le nouveau Mercure*, *Avril* 1717. *p.* 114-122. Voyez à l'article de *Mérope* de M. de Voltaire, les jugemens qu'on a donnés sur cette piéce.

MÉROUÉE, Tragédie de Billard de *Courgenay*, représentée en 1607. imp. dans le Recueil des piéces de Théatre de cet Auteur, Paris, Langlois, 1610. *Hist. du Théatre Franç. année* 1607.

MERVILLE, (N...... Guyot de) Auteur vivant a donné au Théatre François :

ACHILLE DANS L'ISLE DE SCYROS, Comédie héroïque en vers & en trois actes, 1737.

S v

LE CONSENTEMENT FORCÉ, Comédie en profe & en un acte, 1738.

LES ÉPOUX RÉUNIS, Comédie en vers & en trois actes, 1738.

LE MÉDECIN DE L'ESPRIT, Comédie en profe & en un acte, non imp. 1739.

Au Théatre Italien.

LES MASCARADES AMOUREUSES, Comédie en vers libres & en un acte, 1736.

LES AMANS ASSORTIS SANS LE SÇAVOIR, Comédie en vers & en trois actes, 1736.

LES VIEILLARDS INTÉRESSÉS, Comédie en vers & en un acte, 1742.

LES DIEUX TRAVESTIS, Comédie en vers & en un acte, 1742.

L'APPARENCE TROMPEUSE, Comédie en profe & en un acte, 1744.

LES TALENS DÉPLACÉS, Comédie en vers & en un acte, 1744.

Au même Théatre, en société avec M. Procope Coutaux.

LES DEUX BASILES, ou LE ROMAN, Comédie en vers & en trois actes, 1743.

MESNARDIERE, (Hippolyte Jules Pilet de la) Poëte Dramatique François, né à Loudun, fut fucceſſivement Maître d'Hôtel & Lecteur de la Chambre du Roi, reçu à l'Académie Françoife en 1655. mourut le 4 Juin 1663. a compofé.

ALINDE, Tragédie, 1642.
Hiſtoire du Th. Franç. année 1642.

MESNIL, (Marie Du) Comédienne Françoise, a débuté le Mardi 6 Août 1737. par le role de *Clytemneſtre* dans *Iphigénie*, reçue le Mardi 8 Octobre suivant, pour les roles de Reines, dans lesquels elle est extrêmement applaudie, aujourd'hui vivante; Comédienne de la Troupe du Roi. *Hiſt. du Théatre Fr. année* 1737.

MÉTAMORPHOSE (la) AMOUREUSE, Comédie en un acte & en prose de M. *Le Grand*, imp. dans ses Œuvres, & représentée le Samedi 6 Août 1712. précédée de la Tragédie de *Britannicus*. *Hiſtoire du Th. Fr. année* 1712.

MÉTAMORPHOSES, (les) *ou* LES AMANS PARFAITS, Comédie Françoise en quatre actes, & des Divertissemens, au Théatre Italien, par M. de *Saintfoix*, représentée pour la première fois le Jeudi 25 Avril 1748 Paris, Duchesne.

MÉTAMORPHOSES, (les) Feu d'Artifice exécuté au Théatre Italien, le Dimanche 15 Décembre 1746.

MÉTAMORPHOSES (les) D'ARLEQUIN, Canevas Italien en trois actes, représenté pour la première fois le Jeudi 3 Décembre 1739. *Sans Extrait.*

« Le 3 Décembre (1739.) les Comédiens
» Italiens donnérent une piéce nouvelle Ita-
» lienne en trois actes, intitulée *Les Métamor-*
» *phoſes d'Arlequin*, dans laquelle le nouvel
» Arlequin, (Constantini) joua le principal
» rôle avec beaucoup d'applaudissement; ces
» sortes de piéces sont appellées en Italie *Come-*
» *dia di fatica*, (Comédie de fatigues,) &

» très-convenable pour faire briller un premier
» Acteur comique, en lui donnant beaucoup de
» travail, étant obligé d'occuper presque toute
» la scène. Effectivement le nouvel Acteur joue
» lui seul les trois quarts de la piéce, par un
» continuel Jeu de Théatre, en lazzis & en dif-
» férens déguisemens, qui ont fait beaucoup
» de plaisir ». (*Mercure de France*, Décembre
1739. *I. vol. p.* 2905.

MÉTAMORPHOSES (les) D'ARLEQUIN, Canevas Italien en trois actes, représenté pour la premiére fois le Mercredi 3 Août 1747. *Sans Extrait.*

MÉTAMORPHOSES (les) DE LA FOIRE. Voyez *Histoire* (*l'*) *de l'Opéra Comique.*

MÉTAMORPHOSES (les) DE POLICHINELLE, Piéce en un acte en vaudevilles, mêlés de prose, par un Auteur *Anonyme*, représentée au Jeu des Marionnettes de Bienfait, à la Foire Saint Germain 1740. non imp.

Cet ouvrage a été fait pour censurer l'Arlequin de la Comédie Italienne, (*Constantini*,.) qui s'étoit avisé d'imiter le Polichinelle. Ce dernier croit qu'il lui est permis, par représailles, de se travestir en Arlequin. Ils paroissent tous deux sur le Théatre sous la figure de Polichinelle : le Compere ne pouvant distinguer le véritable, les questionne l'un & l'autre, ils soutiennent quelque temps ce caractere, mais enfin Arlequin avoue de bonne foi qui il est : Je suis, dit-il, le meilleur Arlequin de Milan, de Génes, de Rome, de Florence ; & moi, répond son Rival, le meilleur Polichinelle de Paris, de S. Denis, d'Auteuil & des Porcherons : j'ai voyagé par terre & par mer, ajoûte Arlequin: oui, réplique l'autre, je t'ai vû partir de Paris le premier jour de Mai. Cette contestation finit par un accommodement entre les deux Acteurs, qui se permettent mutuellement de troquer de caractere, sans changer de Théatre.

Polichinelle sent bien qu'il ne peut représenter l'Arlequin avec grace, que par le secours de la Fée Bienfaisante; il l'invoque, & obtient sa demande. C'est sous ce travestissement qu'il donne audience à un Marchand, qui soupçonne la fidélité de sa femme; à une grosse Paysanne qui vient à Paris chercher fortune, & à un yvrogne, qui croit être à la Comédie Italienne. La derniére personne est une Danseuse de l'Opéra: Polichinelle lui demande si elle n'a jamais fait de faux pas, car, ajoûte t-il:

POLICHINELLE.

(AIR. *Que je chéris mon cher voisin.*)

Quand une Actrice fait cela,
Cette Actrice s'oublie.

LA DANSEUSE.

Des Danseuses de l'Opéra,
C'est la Chorégraphie.

Comme elle cherche à faire une fortune rapide & brillante, elle prie Polichinelle de la métamorphoser en Arlequin: c'est le moyen le plus sûr, dit-elle, de me faire connoître. Polichinelle y consent, & par reconnoissance la Danseuse éxécute un petit divertissement avec ses camarades.

Couplets du divertissement.

Dans chaque état, dans chaque âge,
On croit tous les hommes trompeurs :
Ils font tous à double visage,
Mauvais amis, & bons flatteurs
De celui qui tout bas vous glose,
Tout haut vous vous voyez flatté :
Tout n'est en vérité
Qu'une métamorphose.

Un Amant flatte sa Maîtresse,
La belle flatte son Amant :
Ils font serment que leur tendresse,
Va durer éternellement :
Si-tôt que l'hymen en dispose,
La belle prend un favori,
Que devient le mari ?
C'est la métamorphose.

Extrait Manuscrit.

MÉTAMORPHOSES (les) DE SCARAMOUCHE, Canevas Italien en trois actes, représenté pour la premiére fois le Jeudi 23 Septembre 1745. *Sans Extrait.*

MÉTEMPSYCOSE, (la) *ou* LES DIEUX COMEDIENS, Comédie en trois actes & en vers, avec un Prologue & un divertissement, par M. *Dancourt*, imp. dans ses Œuvres, & représentée le Vendredi 17 Décembre 1717. *Hist. du Théatre Franç. année* 1717.

MÉTEMPSYCOSE, (la) Comédie en trois actes, en vers libres, avec un Prologue, de M. *Yon*, représentée le Mardi 16 Mai 1752. suivie du *François à Londres*, réduite en un acte & sans Prologue, le Samedi 20 du même mois. *Histoire du Th. Fr. année* 1752.

M E

MÉTEMPSICOSE (la) D'ARLEQUIN, Canevas Italien en un acte, suivi d'un divertissement, mêlé de scénes Françoises, le Canevas des scénes Italiennes de M. *Riccoboni* le pere, & les scénes Françoises de M. *Dominique*, représenté pour la premiére fois le Mercredi 19 Janvier 1718.

« Flaminia ne veut point absolument épou-
» ser Mario, que son pere lui propose, lui di-
» sant que la mémoire d'Adonis, dont elle a lû
» l'histoire, lui est trop chere pour en aimer
» un autre : elle ajoûte que quoiqu'Adonis soit
» mort, elle ne doute point que suivant la
» doctrine de Pythagore, dont elle est entié-
» rement convaincue, son ame ne soit passée
» dans un autre corps, & qu'il est certain qu'elle
» sera dans celui d'un Chasseur, par rapport
» au plaisir qu'il goûtoit à la chasse ; qu'à l'exem-
» ple de son Amant, elle veut s'y livrer toute
» entiére, dans l'espérance de trouver un jour
» l'aimable Chasseur où l'ame d'Adonis est ren-
» fermée, & que de plus, elle en veut faire son
» époux. Pantalon dont le désespoir est égal à
» celui de Mario, qui aime tendrement Flami-
» nia, de concert avec lui, implore le secours
» de Scapin qui profite de l'ignorance d'Arle-
» quin, auquel il fait croire sans peine que
» l'ame d'Adonis est passée dans son corps ; il
» le présente à Flaminia sous l'habit d'un Chas-
» seur, ne doutant point que la difformité de
» son visage ne détruise son opinion chiméri-
» que : mais cette fourberie, bien loin de pro-
» duire cet effet, entretient Flaminia dans son
» idée ; & malgré la laideur d'Arlequin, elle

» forme le deffein de l'aimer, étant perfuadée
» que l'ame d'Adonis eft renfermée dans le
» corps de ce Chaffeur : ce qui donne occafion
» à Scapin, fondé fur la fauffe prévention de
» Flaminia, & fur la crédulité d'Arlequin,
» d'affurer que Mars fenfible aux prieres de
» Mario, a métamorphofé Arlequin ; que ce
» Dieu veut abfolument que Mario époufe Fla-
» minia, promettant qu'il feroit paffer l'ame
» d'Adonis dans le corps du premier enfant
» qui naîtroit de ce mariage. Flaminia époufe
» Mario. Le Théatre s'ouvre, on voit des pay-
» fannes & des payfans qui repréfentent Nar-
» cyffe, Hyacinthe, Daphné, Clitie métamor-
» phofés, & la piéce finit par des danfes &
des chanfons. *Sujet imprimé.*

MÉTROMANIE, (la) Comédie en cinq actes & en vers, de M. *Piron*, Paris, Prault fils, & repréfentée le Vendredi 10 Janvier 1738. fuivie de l'*Efprit de Contradiction*. *Hift. du Th. Franç. année* 1738.

MEUNIER, (N.....) fils d'un Bourgeois de Paris, il avoit été attaché au dernier Duc d'Eftrées. Il eft mort vers 1735. il a donné au Théatre Italien :

LES LUNETTES MAGIQUES, Comédie Françoife en profe & en un acte, mêlée de fcénes Italiennes, 1718. non imp.

MEUNIÈRE (la) DE QUALITÉ, Opéra Comique en un acte, avec un Divertiffement & un Vaudeville, par le Sieur *Drouin*, non imp. & repréfenté le Lundi 24 Septembre 1742. précédé de la *Foire de Cythére*, & des *Acteurs Juges*.

Valere, amant de Colette, fille d'une Meuniére, se travestit en Meunier avec son valet Pasquin, & sous le nom de Colinet va se présenter au service de la Meuniére. Il est accepté sans peine. Dès le moment qu'il se trouve seul avec Colette, il lui fait sa déclaration amoureuse, & la termine en lui proposant de l'enlever, Colette n'y veut point consentir. Sur ces entrefaites le Magister du Village, amant de la Meuniére, vient sans façon s'offrir pour l'épouser, & pour que tout le monde soit dans la joye, il conseille de marier Colette avec Colinet, & Mathurine, niéce de la Meuniére, avec Charlot, c'est le nom que Pasquin a pris en se déguisant. La Meuniére consent à tout ce que l'on veut ; mais dans le temps qu'on se prépare à célébrer ces trois mariages, le hazard de la chasse conduit dans ce lieu le Marquis pere de Valere. On peut juger de la surprise de ce jeune Cavalier : le Marquis en est encore plus frappé, voyant son fils prêt à épouser une petite paysanne. Il menace beaucoup, Valere & Colette tâchent à l'appaiser par leurs supplications. Enfin le Magister présente un papier par lequel le Marquis reconnoît que Colette est fille du vieux Damis, le meilleur de ses amis. Le dénouement n'est pas difficile à imaginer. Le Marquis ne s'oppose plus à la passion de son fils, & la piéce finit par les trois mariages. Le divertissement & le Vaudeville ne méritent aucune attention.

Couplet du Vaudeville.

Un Auteur se rend estimable
Quand il saisit le spectateur,
Le systême est incontestable,
Que son travail lui fait honneur

Que sans conteste il entend dire,
Tontaine, tonton,
Cet Auteur nous plaît & fait rire,
Par le petit échantillon.

Extrait Manuscrit.

MÉZIÉRES, (Marie Laboras de) née à Paris, & femme du Sieur Riccoboni le fils, débuta au Théatre Italien le Lundi 23 Août 1734. Voici le compte que le Mercure de France rendit de ce début.

« Le 23 Août (1734.) les Comédiens Italiens représentérent la Comédie de la *Surprise de la Haine*, dans laquelle la Demoiselle Riccoboni, (Marie Laboras de Méziéres,) épouse du Sieur Riccoboni le fils, joua pour la premiére fois le role de *Lucille*, qui est le principal personnage de la piéce, avec toute l'intelligence possible; elle est fort applaudie du public, qui lui trouve beaucoup de talens. Elle est jeune, bien faite & fort gracieuse; elle joua ensuite en homme, dans la petite Comédie des *Enfans trouvés*, ou *Le Sultan poli par l'Amour*, (Parodie de Zaïre,) un role de Gascon, & ne fut pas moins applaudie que dans la premiére piéce ». *Mercure de France*, Août 1734. p. 1846-1847.

« La Demoiselle Riccoboni fut reçue au mois de Décembre de la même année 1734. pour les roles d'Amoureuses, & a continué depuis; actuellement dans la Troupe ».

MÉZETIN. Voyez *Constantini*. (*Angelo*)

MICCO (Don) ET LESBINA, intermede comique Italien, représenté sur le Théatre de l'Académie Royale de Musique, le Mardi 14 Juin 1729. in-4°.

ACTEURS.

Lesbina. La Signora Rosa Ungarelli.
Don Micco. Il Signor Antonio-Maria Ristorini.

Voyez *Serpilla & Bajocco.*

MICCO (Don) ET LESBINA, Parodie en vaudevilles d'un interméde Italien sous le même titre, représenté sur le Théatre de l'Académie Royale de Musique, par Messieurs *Dominique & Romagnési*, représenté pour la premiére fois le Mercredi 17 Août 1729. Paris, Briasson. Extrait, *Mercure de France*, Août 1729. p. 1842. *& suivantes.*

MIGNARD, célèbre Sauteur Forain, qui éxécuta à la Foire S. Laurent 1727. plusieurs tours de force & d'équilibre si extraordinaires, que la Loge étoit toûjours garnie d'une nombreuse & brillante assemblée. Pendant le cours de cette Foire, son Jeu fut celui qui fit le plus de plaisir. Il a continué quelques Foires suivantes.

MINET (N....) fils, de Paris, a donné au Théatre Italien :

LA NÔCE DE VILLAGE, Comédie Françoise en prose & en un acte, suivie d'un divertissement, 1744. non imp.

Au même Théatre, en société avec M. Parvi.

LE GÉNIE DE LA FRANCE, Comédie Françoise en prose & en un acte, 1744. non imp.

MINUTOLO, c'est le titre du second acte

de l'*Italie Galante*, de M. *De la Motte*, représentée en 1731. Voyez *Italie (l') Galante*.

MIRAIL, (N...... Du) Comédien François, a débuté le Jeudi 31 Mai 1708. par *Jodelet*, dans le *Geolier de soi-même*. Second début dans le même role, le Mardi 29 Décembre 1711. reçû le 27 Juin 1712. retiré avant Pâques 1718. Nouveau début le Mardi 21 Mars 1724. par le role de *Mithridate* dans la Tragédie de ce nom. Reçû pour la seconde fois à la fin de cette année. Retiré du Théatre le Mercredi 11 Janvier 1730. avec une pension de 1000 livres dont il jouit, aujourd'hui vivant.

MIRAME, Tragi-Comédie, ouverture du Théatre de la Grande Salle du Palais Cardinal, par M. *Desmarests*, Paris, Le Gras, 1639. *Hist. du Th. Franç.* année 1639.

MIROIR, (le) Comédie Françoise en vers libres & en un acte, suivie d'un divertissement, au Théatre Italien, par M***. représentée pour la premiére fois le Lundi 28 Août 1747. Paris, Duchesne.

MIROIR. (le) Voyez *Amant (l') supposé*.

MIROIR (le) VÉRIDIQUE, Opéra Comique en un acte, représenté le Mercredi 7 Avril 1734. suivi du *Testament de la Foire*, & des *Audiences de Thalie*, qui en faisoit le Prologue. Le *Miroir véridique* n'est autre chose que la *Statue merveilleuse*, piéce en trois actes de M. *Le Sage*, & réduite en un acte par le Sieur *Pittenec*. Voyez *Statue (la) merveilleuse*.

MIRLITON, (le) Opéra Comique. Voyez *Mot (le) universel*.

MISANTROPE, (le) Comédie en cinq

actes & en vers, de M. *Moliere*, imp. dans les Œuvres, & représentée sur le Théatre du Palais Royal, le Vendredi 4 Juin 1664. *Hist. du Th. Fr. année* 1666.

MITHRIDATE, (la Mort de) Tragédie de M. de *La Calprenede*, représentée en 1635. sur le Théatre de l'Hôtel de Bourgogne, Paris, Sommaville, 1637. *Hist. du Th. Fr. année* 1635.

MITHRIDATE, Tragédie de M. *Racine*, imp. dans ses Œuvres, & représentée au Théatre de l'Hôtel de Bourgogne, vers le 10 ou le 12 Janvier 1673. *Hist. du Théatre Franç. année* 1673. Voyez *Hipsycratée*.

MŒURS (les) DU TEMPS, Comédie d'un Auteur *Anonyme*, non imp. représentée le Lundi 29 Novembre 1694. suivie du *Triomphe de l'Hyver*, piéce nouvelle. *Histoire du Théatre François, année* 1694.

MŒURS (les) DU TEMPS, Voyez *Façons (les) du Temps*.

MODE, (la) Comédie Françoise en prose & en un acte, suivie d'un divertissement, au Théatre Italien, par M. *Fuzelier*, représentée pour la premiére fois le Dimanche 21 Mai 1719. non imprimée.

Avant de donner l'extrait de cette piéce, il est nécessaire de rappeller au Lecteur qu'elle avoit déja paru en partie & sous le même titre, mais en forme de prologue pour la piéce de *l'Amour Maître de Langue*, Comédie en trois actes du même Auteur, dont nous avons rendu compte. M. Fuzelier crut trouver dans le Prologue de *La Mode* un fond assez étendu pour une piéce épisodique en un acte, & suivant cette idée, il joignit de nouvelles scénes à ce Prologue, composa deux nouveaux actes, chacun d'un sujet différend, & joignant à cela une espéce de Prologue dont nous allons parler plus bas, les Comédiens Italiens représentérent le Dimanche 21 Mai 1719. *La Mode*, la *Méridienne* & le *May*, piéces chacune en un acte, précédée d'un Prologue. Nous allons employer l'extrait que le Mercure donna de cette piéce de *La Mode*, & du Prologue qui la précéda.

Prologue.

« Les Comédiens Italiens, qui font tout leur
» possible pour satisfaire le public, & ramener
» l'affluence à leur Théatre, viennent de don-
» ner une nouvelle espéce de spectacle. Ce sont
» trois petites piéces d'un acte chacune, ornées
» de Musique & de Danses, & précédées d'un
» *Prologue*. Ce Prologue est une scéne entre
» Silvia & Trivelin, dans laquelle on instruit
» le Spectateur du genre de piéces qu'on va lui
» présenter, & on l'invite à ne point s'en rap-
» porter pour ses jugemens à certains oysillons,
» appellés *Friquets du Parnasse*, qui se sont
» érigés en Controlleurs bannaux des piéces
» nouvelles, & qui ont tant d'envie de s'y
» connoître, que dès qu'il se trouve quelque
» portrait dans une piéce, on les entend aussi-
» tôt s'écrier du parterre: *c'est moi!* quoique
» dans le fond l'Auteur n'ait eu en vûe qu'un
» caractere en général & non en particulier.
» Comme les fables sont à la mode, Trivelin

» en récite une, dans laquelle il dit, qu'un
» *Chasseur* qui passoit son chemin, ayant par
» hazard tiré sur des friquets, qui apprenoient
» à chanter sous un canard sauvage; ceux ci
» irrités de cette prétendue hardiesse, en allé-
» rent porter leurs plaintes aux Aigles, pour
» les soûlever contre ce Chasseur, en leur di-
» sant que,

Sur leurs petits incessamment il tire,
Mais rapport de Friquets, ne s'écoute aujourd'hui,
Et les Aigles n'en font que rire.

» Ils sçavent bien que les Chasseurs respectent
» l'oiseau qui porte le tonnerre, & que la ja-
» lousie des friquets est la seule cause de leurs
» criailleries. Les friquets honteux retournent
» dans leur retraite immonde; mais se taisent-
» ils pour cela? non, ils ont fait vœu de crier
» jusqu'à la fin du monde. Ainsi, dit Trivelin,
» ce n'est point à ces *Poëtereaux* qu'il faut nous
» en rapporter, c'est au Parterre qui est le vrai
» *Thermométre* des Comédiens. Quand on lui
» donne des piéces froides, gare la gelée; le
» Thermométre baisse considérablement du
» jour au lendemain; mais au contraire, lors-
» que les piéces sont vives, saillantes, le Ther-
» mométre des Connoisseurs hausse à propor-
» tion. Cela étant, Messieurs, *dit Silvia*, *en
» s'adressant au Parterre*, quand vous viendrez
» à nos piéces, ne vous en rapportez point, je
» vous en supplie, à ces oiseaux de mauvaise
» augure, qui ne nous promettent jamais rien
» de bon dans leurs almanachs.

LA MODE.

SCÉNE I.

„ La scéne repréſente une des Salles du Palais
„ à Paris. La Déeſſe de la Mode, revêtue d'un
„ habit de papier, dont les jupes paroiſſent soû-
„ tenues par un panier, qu'on pourroit appeller
„ à plus juſte titre un vertugadin, & ayant un
„ moulin à vent ſur l'oreille, arrive dans cette
„ Salle, à deſſein d'y donner audience à tout le
„ monde. Elle appelle *Pariſien* ſon valet, à qui
„ elle donne ſes ordres. Pariſien lui dit qu'il y a
„ déja bien du monde qui attend le moment
„ d'entrer.

SCÉNE II.

„ En effet, on voit arriver preſque dans le
„ moment, un homme en manteau noir, en
„ rabat, perruque carrée & chapeau plat. La
„ Mode qui le prenoit d'abord pour un Maga-
„ ſinier d'étoffes de ſoye, apprend qu'au lieu
„ de vendre des étoffes, il vend de l'*Eſprit*;
„ qu'il eſt Marchand Libraire de la Place Sor-
„ bonne, & que *Brochure* eſt ſon nom. Il vient
„ la ſupplier de le mettre à la mode, en donnant
„ la vogue à quelques livres qu'il veut impri-
„ mer, & dont les Auteurs lui ont laiſſé en gage
„ les Manuſcrits: entr'autres, *dit-il*, j'ai un Re-
„ cueil de *Madrigaux Picards*, que l'on m'a
„ envoyé d'*Amiens*; c'eſt l'ouvrage le plus pi-
„ quant...... On auroit mieux fait de vous en-
„ voyer un pâté de canards, *lui dit la Mode.*
„ Mais voyons les titres de vos Manuſcrits.
„ M. Brochure

» M. Brochure lit. *Nouvel Itinéraire de l'Isle*
» *d'Amour, accourci & mis en usage par Mes-*
» *sieurs de la Douanne, ou Chemin court & fa-*
» *cile pour arriver promptement à la Ville capi-*
» *tale des faveurs, sans passer par les tristes*
» *bicoques d'assiduité & de complaisance,* &c. Il
» continue : *Anecdotes de l'Empire de Vulcain,*
» *ouvrage utile & moral, divisé en dix mille*
» *décades, chaque décade en mille parties, &*
» *chaque partie en dix mille volumes in folio,*
» *grand papier & fort petit caractere.* Je vous
» conseille, *dit la Mode,* d'imprimer celui ci,
» & de le dédier aux Maris complaisans. S'il
» falloit, *dit M. Brochure,* leur en donner à
» chacun un exemplaire, je courrois risque
» d'en tirer beaucoup & de n'en vendre aucun.
» (*Il sort.*)

SCÈNE III.

» Dans le même temps, Parisien vient dire
» à la Mode, que la Faculté de Médecine de-
» mande à lui parler. Elle appelle son Sécre-
» taire, qui lui répond dedans l'antichambre,
» qu'il est après à essayer une perruque de crin,
» qu'un barbier Limosin veut lui donner pour
» avoir sa protection.

SCÈNE IV.

» Il vient enfin : elle lui ordonne de donner
» audience pour elle, tandis qu'elle ira rece-
» voir la Faculté de Médecine dans son cabi-
» net, & régler ensemble le régime que l'on
» prendra pour guérir les fièvres de l'hyver
» prochain.

Tome III. T.

SCÉNE V.

» Trivelin se voyant seul, tire de sa poche
» des placets qu'il a reçu pour la Mode, & lit:
» *A très-haute & très-puissante Dame la Mode,*
» *réformatrice perpétuelle des tabatiéres, fal-*
» *bulats, fichus, coëffures, & même des phi-*
» *sionnomies, Présidente des bonnes tables, &*
» *Directrice générale des finances du Royaume*
» *Féminin.* Supplie humblement, *Barbe Bien-*
» *cousue, Maîtresse Couturiére,* disant qu'elle
» a inventé de nouveaux paniers à ressort, qui
» augmentent à mesure qu'une fille prend sur
» son compte la rondeur de sa taille. Privilége
» exclusif que demande *Gilles César, Anspesade*
» *dans le Régiment nocturne de la bonne Ville*
» *de Paris, & Maître Boutonnier dans les*
» *Fauxbourgs d'icelles;* disant que comme ce
» n'est plus la mode de faire de gros boutons, il
» a trouvé le secret d'en faire de si petits, qu'on
» ne peut se boutonner qu'avec un microscope.
» *Demoiselle Mousseline, Lingere du Palais,*
» disant que les Dames s'étant bien trouvés l'été
» dernier des *habits de papier*, elle a pour leur
» commodité fait faire des chemises de la même
» espéce. Oh! pour cela, dit le Sécretaire, il
» n'y a point là tant de commodité. Il faudroit
» donc ne les pas mouiller.

SCÉNE VI.

» Il est interrompu par un Vielleux aveugle,
» conduit par sa femme. Ce bon homme vient
» prier Madame la Mode de mettre son instru-
» ment en crédit chez les Dames, & pour

» donner un échantillon de son mérite, il ait
» à sa femme *Perrette* de chanter un air à
» boire.

PERRETTE *chante.*

Morgué, trinquons à tasse pleine,
Rien n'est si bon pour délasser,
Des travaux que le jour améne,
Et que la nuit a fait cesser.
Trinquons. Mais j'apperçois Claudeine,
Si Bacchus nous endort, l'amour va nous bercer.

TRIVELIN.

On sert de la Musique à douze francs par tête, qui ne vaut pas celle-là.

LE VIELLEUX.

Vous n'êtes pas tant sot qu'on diroit bien. Perrette flageole nous ce vaudeville tout frais pondu, que nous a baillé cet enfant de chœur de la Villette. Je vais t'accompagner.

PERRETTE *chante,* & *le* VIELLEUX *l'accompagne.*

L'autre jour près d'Annette,
Un gros Berger joufflu,
Lurelu,
La rencontrant seulette,
En dansant l'aborda,
Larela :
Lurelu, larela, lurette,
Ah! quel drôle voilà!

La jeune Bachelette,
Guigna le mamelu,
Lurelu,
Qui lui contant fleurette,
En dansant l'embrassa,
Larela :
Lurelu, larela, lurette,
Ah! quel drôle voilà!

La friande poulette,
S'écria le goulu,
Lurelu,

Amour, fais-moi l'emplette,
De ce petit cœur-là,
    Larela,
Lurelu, larela, lurette,
Ah! quel drôle voilà!

Le marché sur l'herbette,
A l'écart fut conclu,
    Lurelu,
La novice fillette,
Longtemps ne marchanda,
    Larela,
Lurelu, larela, lurette,
Ah! quel drôle voilà!

Pour toucher la fillette,
Vive un gros résolu,
    Lurelu,
Qui tout à la franquette,
Et sans façon y va,
    Larela,
Lurelu, larela, lurette,
Ah! quel drôle voilà!

LE VIELLEUX *à Trivelin qui veut embrasser Perrette.*

Il vous faut des fauvettes,
Qui sçachent becqueter,
    Lérelé,
Après les chansonnettes
Vous torcher le grouin,
    Lérelin,
Lérelé, lérelin, lurette,
Levez-vous plus matin. (*Le Vielleux & sa femme sortent.*)

SCÉNE VII.

  » A peine sont-ils sortis, qu'un homme vêtu
» en Cabaretier, tenant une bouteille à sa main,
» entre d'un air pensif, & sans regarder ni à
» droite ni à gauche, il prie Madame la Mode

» de mettre son vin en crédit, & d'avoir pitié
» du pauvre *Polycarpe l'entonnoir*, Marchand
» de vin. Trivelin lui dit qu'il n'est que le Sé-
» cretaire de la Déesse. Ah! Monsieur je vous
» demande pardon, dit le Cabaretier; le déran-
» gement de mes affaires a presque dérangé ma
» cervelle; & comment, dit Trivelin, vous
» êtes vous ruiné ? bon, répond le bon homme,
» je suis ruiné de pere en fils. Depuis plus de
» cent ans, il n'y a pas un sol dans notre famille.
» Voilà dit Trivelin, une conduite qui n'est
» guère roturiére. Oh ça! continue-t-il, il faut
» commencer par avoir une jolie Cabaretiére,
» quand l'Hôtesse est jolie, le tonneau baisse à
» vûe d'œil; & la coëffure du Cabaretier, dit
» le bon homme, hausse à proportion. Ensuite,
» ajoûte Trivelin, vous louerez quelque maison
» avenante près de Paris, dans laquelle il y ait
» deux ou trois escaliers bien obscurs, afin que
» quand le mari monte par un côté, l'Amant
» descende par l'autre. Voilà, dit le Cabaretier,
» une bouteille d'excellent vin que j'apportois
» à Madame la Mode. Eh bien, dit Trivelin:
» donnez-la moi, je verrai ce que c'est volon-
» tiers; mais elle est vuide, dit Polycarpe. Je
» l'ai bû en venant : quand je suis triste il faut
» que je boive; & quand vous êtes gay, dit
» Trivelin; il faut que je boive, répond Poly-
» carpe. Mais j'ai laissé là-bas à la porte mon
» garçon, avec une autre bouteille d'un pomar
» excellent. Eh bien, dit Trivelin, allons la
» boire. En même temps il prend le Cabaretier
» par le bras, & ils sortent en chantant & en
» dansant.

T iij

Scéne VIII.

„ La Mode arrive au bruit, & dans le même
„ inſtant elle voit paroître une jeune perſonne
„ qui vient trouver la Déeſſe, pour la prier de
„ la mettre à la mode. Elle lui apprend qu'elle
„ eſt fille d'un vieux Notaire qui la tient ren-
„ fermée, & qui ne lui laiſſe voir les plaiſirs
„ qu'en perſpective. Il me prend, je croi, dit-
„ elle, pour une *minute*. Un pere qui en agit
„ ainſi, péche directement contre la coûtume
„ de Paris. Malgré cela, ajoûte-t-elle peu après,
„ je n'ai l'imagination remplie que des plaiſirs.
„ Quand je dors, il me ſemble être au Bal, à la
„ Comédie, au Cours, & ſur la brune un
„ Amant me jure, en me baiſant cent fois les
„ mains, la fidélité la plus conſtante & la plus
„ reſpectueuſe. Mais hélas! ce ne ſont là que
„ des ſonges, & je ne veux point paſſer ma vie
„ à rêver. La Déeſſe lui ayant promis ſa pro-
„ tection, Angélique, (c'eſt le nom de la jeune
„ perſonne,) dit après l'avoir remerciée, que
„ mon pere ſera bien étonné, quand il me
„ verra ſur toutes les cheminées de la ville &
„ ſur les écrans, ornée de petits vers galans! je
„ veux qu'on me repréſente ſous la figure de
„ *Diane* dans les bains. Elle ſort en ſautant &
„ en ſe réjouiſſant du ſuccès de ſa viſite.

Scéne IX.

„ Elle eſt remplacée par un homme, vêtu
„ approchant du bel air, & que la Mode con-
„ noît aiſément à ſes révérences, pour être un

„ Maître à danſer. M. de l'*Entrechat*, (car
„ c'eſt ainſi qu'il s'appelle,) vient prier la Déeſ-
„ ſe de le mettre en réputation, & ſur ce qu'elle
„ lui demande s'il ne travaille pas pour quelque
„ Opéra de campagne, il prend occaſion de
„ déclamer contre les Opéra, & en particulier
„ contre celui des *Ages*, dont il blâme la Mu-
„ ſique & les paroles. J'en ai fait, dit-il, la cri-
„ tique dans un Ballet de ma façon, qui a été
„ éxécuté avant les vacances au Collége des
„ *Graſſins*, pour qui j'ai l'honneur de travailler.
„ Diable ! il faut de la ſcience dans ces endroits-
„ là. Premiérement, *continue-t-il*, je fais paroî-
„ tre l'*Age d'or*, & pour le déſigner, j'ai com-
„ poſé *un pas de cinq*, que je fais éxécuter par
„ des gens en veſte de drap d'or & une large
„ cravate, pour ſignifier les *cinq groſſes Fermes*.
„ C'eſt une Entrée grave, peſante, veloutée,
„ qu'un gouteux pourroit exécuter en pantoufle.
„ Enſuite je fais venir l'*Age d'argent*, métail
„ ſubalterne, perſonnes ſubalternes; auſſi ai-je
„ choiſi pour mes danſeurs des Agens de Chan-
„ ge auxquels je joins quatre hotteurs, chargés
„ de ſacs de mille livres. Voilà un riche pas que
„ ce pas-là ! enfin, je finis mon entrée par un
„ petit cotillon que je fais danſer à mes Agens de
„ change, avec les Néréïdes du Port à l'Anglois.
„ A l'égard de la troiſiéme entrée, qui eſt l'*Age*
„ *d'airain*, j'ai pris pour Acteurs des *Chaudron-*
„ *niers* & des *Vendeuſes de châtaigne*, c'eſt là
„ que je diſtribue les entrechats au litron. A
„ l'égard de la quatriéme Entrée, qui eſt l'*Age*
„ *de fer*, je la réſerve pour la faire éxécuter
„ devant vous, & vous donner par-là un

T iv

» échantillon de ma capacité. En même temps
» la mode ordonne que l'on ferme les portes,
» & M. de l'Entrechat fait avancer ses Dan-
» seurs, qui sont *quatre Serruriers*. On danse
» deux entrées entrecoupées par l'air suivant,
» exécuté par le Chanteur :

LE CHANTEUR.

Battez le fer quand il est chaud.
Amans que l'espoir appelle ;
Gardez-vous d'être en défaut,
Battez le fer quand il est chaud.
Gardez-vous de laisser réfroidir une belle :
Prenez tout le temps qu'il vous faut,
Ce n'est souvent qu'une étincelle :
Battez le fer quand il est chaud.

Après cet air, tous les Acteurs se rassemblent pour chanter le Vaudeville suivant, ce qui termine la piéce.

Quoique le cœur d'une coquette,
Ne soit jamais bien vérouillé,
Un vieux galant, s'il ne l'achette,
N'en peut jamais trouver la clé.

A présent, on voit chez les belles,
Entrer plus d'un écervelé,
Il est peu de ces cœurs fidèles,
Dont un amant seul à la clé.

Si vous voulez une clé sûre,
Faites-la d'or, elle ouvre tout,
Plutus crochette une serrure,
Dont l'amour ne vient pas à bout.

En vain une beauté sévére,
Sçait s'enfermer à double tour,
Non, la serrure ne tient guère,
Contre l'adresse de l'amour.

Que sert-il que l'on garde à vûe,
La clé d'un cœur qu'on veut sauver ?
Maris, quand vous l'avez perdue,
L'amour sçait bien la retrouver.

Faites boire à grande mesure,
Beauté rebelle à son Amant,
Quand Bacchus mêle la serrure,
L'amour l'ouvre plus aisément.

Le nouveau Mercure, mois de Mai 1719. pag. 166-176.

MOLIERE, (Jean-Baptiste Pocquelin de) Poëte Dramatique & Comédien François, né à Paris en 1620. étoit fils & petit-fils de Valets de Chambre Tapissiers du Roi, charge dont il a été ensuite pourvû, & qu'il a exercé jusqu'à sa mort. Joua la Comédie dans une Société Bourgeoise à Paris dès l'année 1645. & ensuite passa dans différentes Troupes en Province, jusqu'au 24 Octobre 1658. qu'il débuta avec celle dont il étoit le chef, dans la Salle des Gardes au Louvre, devant toute la Cour. Continua sur le Théatre du Petit Bourbon, le 3 Novembre de la même année, sous le titre de la Troupe de Monsieur, frere unique du Roi. Passa au Théatre du Palais Royal à la fin de l'année 1660. Au mois d'Août 1665. le Roi prit à son service M. Moliere & sa Troupe, qui porta dès-lors le nom de *Troupe du Roi*, M. Moliere mourut le Vendredi 17 Février 1673. à dix heures du soir. Il a composé pour la scéne Françoise :

L'ÉTOURDI, *ou* LES CONTRETEMPS, Comédie en cinq actes & en vers, 1658.

Le Dépit amoureux, Comédie en cinq actes & en vers, 1658.

Les Précieuses ridicules, Comédie en un acte & en profe, 1659.

Sganarelle, *ou* Le Cocu imaginaire, Comédie en un acte & en vers, 1660.

Dom Garcie de Navarre, *ou* Le Prince Jaloux, Comédie héroïque en cinq actes & en vers, 1661.

L'École des Maris, Comédie en trois actes & en vers, 1661.

Les Fâcheux, Comédie Ballet en trois actes & en vers, 1661.

L'École des Femmes, Comédie en cinq actes & en vers, 1662.

La Critique de l'École des Femmes, Comédie en un acte & en profe, 1663.

L'Impromptu de Versailles, Comédie en un acte & en profe, 1663.

La Princesse d'Élide, Comédie Ballet en cinq actes, le premier & la première scéne du deuxième en vers, le reste en profe, 1664.

Le Mariage forcé, Comédie Ballet en un acte & en profe, 1664.

Dom Juan, *ou* Le Festin de Pierre, Comédie en cinq actes & en profe, 1665.

L'Amour Médecin, Comédie en trois actes & en profe, avec un Prologue, 1665.

Le Misantrope, Comédie en cinq actes & en vers 1666.

Le Médecin malgré lui, Comédie en trois actes & en profe, 1666.

Mélicerte, Pastorale héroïque en deux actes & en vers 1666.

Fragment d'une Pastorale Comique, 1666.

Le Sicilien, *ou* l'Amour Peintre, Comédie Ballet en un acte & en prose, 1666.

Tartuffe, *ou* l'Imposteur, Comédie en cinq actes & en vers, 1667.

Amphitryon, Comédie en trois actes & en vers libres, avec un Prologue, aussi en vers libres, 1668.

L'Avare, Comédie en cinq actes & en prose, 1668.

George Dandin, *ou* Le Mari confondu, Comédie en trois actes & en prose, 1668.

Monsieur de Pourceaugnac, Comédie Ballet en trois actes & en prose, 1669.

Les Amans magnifiques, Comédie Ballet en cinq actes & en prose, 1670.

Le Bourgeois Gentilhomme, Comédie Ballet en cinq actes & en prose, 1670.

Les Fourberies de Scapin, Comédie en trois actes & en prose, 1671.

Psyché, Tragédie Ballet en cinq actes & en vers 1670. M. *Moliere* n'a composé que le premier acte, la première scène du deuxième, & la première scène du troisième acte de cette piéce. Le surplus est de M. *Corneille*, à la reserve des paroles chantantes du Prologue & des Intermédes, qui sont de M. *Quinault*.

Les Femmes Sçavantes, Comédie en cinq actes & en vers, 1672.

La Comtesse d'Escarbagnas, Comédie Ballet en un acte & en prose, 1672.

Le Malade imaginaire, Comédie Ballet

en trois actes & en prose, avec un Prologue, 1673.

Ces piéces sont imprimées sous le titre des Œuvres de M. *Moliere*, in-12. 8 vol. Paris, par la Compagnie des Libraires.

Comédies du même Auteur, non imprimées, & jouées en Province.

LE DOCTEUR AMOUREUX, représenté à Paris en 1658.
LES TROIS DOCTEURS RIVAUX.
LE MAÎTRE D'ÉCOLE.
LE MÉDECIN VOLANT.
LA JALOUSIE DE BARBOUILLÉ.

Piéces représentées à Paris sans nom d'Auteur, & qu'on peut conjecturer être de M. *Moliere*.

LE DOCTEUR PÉDANT, 1663.
LA JALOUSIE DU GROS RENÉ, 1663.
GORGIBUS DANS LE SAC, 1663.
LE FAGOTEUX, 1663.
LE GRAND BENÊT DE FILS, 1664.
GROS RENÉ PETIT ENFANT, 1664.
LA CASAQUE, 1664.

Hist. du Th. Fr. année 1666.

MOLIERE, (Armande-Gresinde Claire-Elisabeth Béjart, femme de Jean Baptiste Pocquelin de) Comédienne Françoise, étoit fille de N..... Béjart, & du Sieur de Modéne : elle épousa le Sieur Moliere en 1662. & joua dans sa Troupe avec beaucoup d'intelligence les roles que son mari a composé pour elle, ceux des Coquettes, ou Satyriques, & les seconds roles

Tragiques. Après la mort de M. Moliere, elle passa en 1673. dans la Troupe de Guénégaud; elle épousa en 1677. ou 1678. le Sieur Guérin d'Estriché, Comédien de la même Troupe. Mlle Guérin fut conservée à la réunion en 1680. retirée du Théatre le 14 Octobre 1694. avec une pension de 1000 livres, dont elle a joui jusqu'à sa mort, arrivée le 3 Novembre 1700. *Histoire du Théatre François*, année 1673.

MOLIERE, (l'Ombre de) Comédie en un acte & en prose, précédée d'un Prologue de M. *Brécourt*, représentée sur le Théatre de l'Hôtel de Bourgogne, le............1674. Paris, Barbin, 1674. *Hist. du Théatre Franç.* année 1674.

MOLIERE, (l'Ombre de) Prologue en vers libres, d'un Auteur *Anonyme*, représenté le Mercredi 19 Août 1739. suivi de l'*Ecole du Monde*, du *Médecin de l'Esprit*, & d'*Esope au Parnasse*, piéces d'un acte chacune. *Histoire du Th. Fr.* année 1739.

MOLIERE, (le Retour de l'Ombre de) Comédie critique en vers libres, d'un Auteur *Anonyme*, Paris, Prault fils, & représentée le Samedi 21 Novembre 1739. précédée de *Démocrite*. *Hist. du Th. Fr.* année 1739.

MOMUS, (les Amours de) Ballet lyrique. Voyez *Amours (les) de Momus*.

MOMUS AMOUREUX, Ballet en un acte de M. l'Abbé de *La Mare*, mis en Musique par M. *Royer*, représenté le Mardi 27 Octobre 1739. à la suite du Ballet héroïque de *Zaïde, Reine de Grenade*, des mêmes Auteurs, in-4°.

ACTEURS.

Momus.	Le Sieur Tribou.
Licidas.	Le Sieur Albert.
Philis.	Mlle Fel.

BALLET.

Bouffons de Cour.	Mlle Barbarinne & le Sieur Rinaldi dit Fauſſan.

Ce Ballet n'a paru au Théatre que dans ſa nouveauté.

MOMUS A PARIS, Opéra Comique en un acte, de Meſſieurs *Panard & Boiſſy*, non imp. repréſenté dans le mois de Février 1732.

Momus ayant formé le deſſein d'établir à Paris un Hôtel & demeure fixe, où tous ſes ſujets pourront recourir ſuivant leurs beſoins, en fait d'abord la propoſition, qui eſt généralement approuvée. La Girouette ſon Architecte, lui préſente un plan de cet Hôtel, & Momus après l'avoir examiné, avoue qu'il lui plaît.

MOMUS.

Comment donc ? ce projet ſurpaſſe mon attente,
Il eſt ſçavament deſſiné,
Bien conduit, bien imaginé :
La conſtruction eſt charmante,
Une échelle fait l'eſcalier,
Des trapes ſervent de paſſage,
Les manſardes ſont au premier,
Et l'entreſol eſt au troiſiéme étage.

Il ne s'agit plus que de choiſir le quartier où l'on doit par préférence faire cet établiſſement. Momus incline beaucoup pour le Fauxbourg S. Germain, & l'avanture ſuivante, dont il eſt témoin oculaire, ſembleroit devoir le déterminer.

Adraste, jeune homme de famille, emprunte à cent pour cent une somme de deux mille livres, dont il a besoin pour terminer une affaire d'honneur. Pendant que Frontin son valet va chercher le créancier, Marton suivante de Doris, Comédienne, vient raconter à Adraste que sa Maîtresse est au désespoir d'un vol que son laquais lui a fait. Pour réparer cette perte, notre jeune étourdi remet à Marton les deux cent pistoles. Ainsi hors d'etat de pouvoir satisfaire ses créanciers, il a encore la douleur d'apprendre que l'infidelle Doris a sacrifié à son Amant favori la somme dont il vient de lui faire présent.

Pendant que Momus & son Architecte s'abandonnent aux réflexions, ils apperçoivent dans la rue S. Jacques M Brochure Libraire, escorté d'Armidon & de Barocco, Auteurs, le premier de Cantates en prose, & l'autre de harangues en vers. La dureté & l'insolence du Libraire, & le désespoir des Auteurs causent une sensible joye au Dieu de la raillerie. Il tourne la téte vers le Marais, & apperçoit M. & Madame Bobinet, habitans de ce quartier, rentrer chez eux très-piqués des impolitesses qu'ils ont reçû au Fauxbourg S. Germain.

Momus satisfait, veut faire un tour au Bal de l'Opéra. Il n'est pas encore commencé; l'Orchestre est au Cabaret, mais en attendant une foule de Masques s'assemblent. Une femme jalouse, déguisée en Egyptienne, vient exprès épier son mari, qui est amant d'une fille de Théatre. Un Conseiller vêtu en Chauve-souris, & un Procureur en Coureur. Après eux un gros Financier habillé en Turc, méne par la main une jolie perſonne, qui lui demande un emploi pour ſon mari. Un Epoux ſéxagénaire conduit au Bal par une jeune épouſe, n'a pas l'eſprit d'appercevoir que cette tendre moitié n'a tant de complaiſance que dans l'eſpoir d'être plûtôt veuve. Enſuite paroît un Chymiſte ruiné, qui vient au Bal pour deux raiſons.

MOMUS. (AIR. *Du Prevôt des Marchands.*)

Primò, c'eſt que pluſieurs Marchands
Ont mis après lui les Sergens,
Il craint le jour qu'on ne le gobbe,
S'il prend l'eſſor : & *ſecundò*,
C'eſt que toute ſa garderobbe
Eſt réduite à ſon *Domino*.

Tous ces derniers perſonnages ſont autant de figures, qui de même que celles d'un Tableau mouvant paſſent en revûe devant Momus, & le jettent dans une telle perpléxité, que ſans abandonner ſon deſſein, il en remet l'éxécution à une autre ſéance.

Extrait Manuſcrit.

MOMUS CORRIGÉ. Voyez *Apologie* (l') *du Siécle.*

MOMUS EXILÉ, *ou* LES TERREURS PANI-QUES, Comédie Françoiſe en proſe & en un acte, au Théatre Italien, par M. *Fuzelier*, repréſentée pour la premiére fois le Lundi 25 Juin 1725. non imprimée & *ſans Extrait.*

« Les Comédiens Italiens ont joué le 25
» Juin (1725.) une petite piéce nouvelle en
» un acte, intitulée *Momus exilé*, ou *Les Ter-*
» *reurs paniques*, c'eſt une critique ou Parodie
» du Ballet des *Elémens*, qu'on joue actuelle-
» ment à l'Opéra. Cette petite piéce n'a pas

»fait fortune ». *Mercure de France*, Juin 1725. *II. vol. p* 1417.

MOMUS FABULISTE, ou LES NÔCES DE VULCAIN, Comédie en un acte & en prose, de M. *Fuzelier*, imp. tome XII. du Recueil intitulé Théatre François, 1737. par la Compagnie des Libraires, & représentée le Mardi 16 Septembre 1719. à la suite de la Tragédie d'*Andromaque*. *Hist. du Th. Fr. année* 1719.

MOMUS OCULISTE, Opéra Comique en un acte, avec un divertissement & un Vaudeville, par M. *Carolet*, non imp. & représenté le Samedi 13 Juillet 1737. précédé de l'*Amour Paysan*, & de la *Fée Brochure*, piéces en un acte chacune, du même Auteur.

Momus, pour le soulagement des Dieux & des humains, s'est fait Médecin Oculiste. Il a entrepris de guérir les trois plus célébres Aveugles de l'Univers, Plutus, la Fortune & l'Amour : une mere lui améne sa fille, que la vanité a tellement aveuglée, qu'elle méconnoît son pere, parce qu'il n'est que simple Bourgeois. Momus la renvoye aux Incurables, avec un Poëte qui a fait l'épitaphe d'un chien mort de la rage. Arrive ensuite une Dame âgée, qui par aveuglement a épousé un jeune homme dont elle n'essuye que des froideurs.

LA DAME. (AIR. *Je suis un Précepteur d'Amour.*)

    Il n'oppose que des mépris
    A la flamme la plus sincere,
    Et quand je l'appelle mon fils,
    Le frippon m'appelle sa mere.

Momus ne peut lui conseiller autre chose que de prendre patience. Dans le moment on voit entrer Plutus, qui depuis qu'il a recouvré la vûe, ne cesse de se repentir de la plûpart de ses bienfaits. La Fortune qui est pareillement guérie, pense à peu près de même. Enfin l'Amour qui n'est plus aveugle, & qui s'est reconcilié avec l'Hymen, vient donner par reconnoissance une Fête à son Médecin Momus : c'est par ce divertissement que la piéce est terminée.

Couplets du Vaudeville.

Si vous prenez en mariage
Fille qu'on vous garantit sage,
Soyez content de votre sort,
Qui s'informe trop à grand tort,
A tout curieux il en coûte,
Plus d'un mari vous le dira,
   Dans ces matieres-là,
Il est bon de ne voir goûte.

Dans une beauté de Théatre,
On prend la céruse & le plâtre,
Pour de véritables attraits,
Mais quand on la voit de près,
Elle met les cœurs en déroute,
On s'aveugle sur tout cela,
   Dans ces visages-là,
L'œil le plus fin ne voit goûte.

Fanchon vous paroît innocente,
Son air de prude vous enchante,
Le mot d'amour la fait rougir,
Fanchon a l'art de vous ravir,
Mais à Cythere elle a fait route,
Auriez-vous jamais crû cela ?
   Dans ces sagesses-là,
L'œil le plus fin ne voit goûte.

Extrait Manuscrit.

MONTCHRÉTIEN, (Antoine de) ou MONTCRÉTIEN, Sieur de Vasteville, fils d'un Apotiquaire de Falaife, ville de la Baſſe-Normandie, & Poëte Dramatique, a compofé

SOPHONISBE, *ou* LA CARTHAGINOISE, *ou* LA LIBERTÉ, Tragédie, 1596.

LES LACENES, *ou* LA CONSTANCE, Tragédie, 1599.

DAVID, *ou* l'ADULTERE, Tragédie, 1600.
AMAN, *ou* LA VANITÉ, Tragédie, 1601.
HECTOR, Tragédie, 1603.
BERGERIE, en cinq actes & en profe, 1603.
L'ÉCOSSOISE, *ou* LE DÉSASTRE, Tragédie, 1605.

Monchrétien après diverfes avantures, s'étant jetté dans le parti des Religionnaires, fut tué au Bourg de Tourailles près de Domfront, le 9 ou 10 Octobre 1621. *Hift. du Th. Fr. année 1596.*

MONCRIF, (François Auguftin Paradis de) de l'Académie Françoife, où il a été reçû le Mardi 29 Décembre 1733. Lecteur de la Reine, de l'Académie Royale des Sciences & Belles Lettres de Berlin, aujourd'hui vivant, a compofé pour la fcéne Françoife :

LES ABDÉRITES, Comédie en un acte & en vers libres, avec un Prologue & un divertiffement, 1732.

Pour le Théatre de l'Académie Royale de Mufique.

L'EMPIRE DE L'AMOUR, Ballet héroïque en trois actes, avec un Prologue, Mufique de M. le Marquis de *Braſſac*. 1733.

LE POUVOIR DE L'AMOUR SUR LES DEMI-

Dieux, IVᵉ Entrée ajoûtée au Ballet précédent, Musique du même, 1741.

Zélindor Roi des Sylphes, Ballet en un acte, avec un Prologue, Musique de Messieurs *Rebel* & *Francœur*, 1745.

Almasis, Ballet en un acte, Musique de M. *Royer*, 1750.

Isméne, Pastorale héroïque en un acte, Musique de Messieurs *Rebel* & *Francœur*, 1750.

Les Génies tutelaires, Divertissement composé à l'occasion de la Naissance de Monseigneur le Duc de Bourgogne, Musique de Messieurs *Rebel* & *Francœur*, 1751.

Au Théatre Italien.

La Fausse Magie, Comédie Françoise en prose, mêlée de scénes Italiennes, & des divertissemens, 4 Mai 1719. non imprimée.

Ces piéces se trouvent imprimées dans le Recueil des Œuvres mêlées de l'Auteur, Paris, Brunet 1743. in 12. 2ᵉ édition, 3 vol. 1752.

Monde (le) Renversé, Opéra Comique en un acte, avec un divertissement & un Vaudeville, Musique de M. *Gilliers*, par Messieurs *Le Sage* & *d'Orneval*, sur le plan de M. de *La Font*, représenté à la Foire Saint Laurent 1718. suivi des *Amours de Nanterre*, & ensuite sur le Théatre du Palais Royal, par ordre de Madame.

Ces deux piéces furent représentées avec un Prologue, où Arlequin & Pierrot représentoient certains endroits de la Tragédie d'*Iphigénie*, de M. Racine d'une maniere comique:

cette scéne ridicule fit dans le temps d'autant plus de plaisir, qu'elle rappelloit une circonstance arrivée au Théatre François, & dont le public venoit d'être témoin.

La piéce du *Monde renversé* eut dans sa nouveauté tout le succès qu'elle méritoit. Elle a été reprise le Mardi 25 Septembre 1725. précédée des *Funérailles de la Foire*, & de son *Rappel à la vie*, & le Samedi 7 Juillet 1731. suivie de deux actes de la *France Galante*. On n'en dira rien de plus, attendu qu'elle est imp. tome III. du Théatre de la Foire, Paris, Ganeau, 1721.

MONDONVILLE, (N........) Maître de Musique de la Chapelle du Roi, aujourd'hui vivant, a composé la Musique des piéces suivantes:

IsBÉ, Pastorale héroïque en cinq actes, avec un Prologue, paroles de M. de *La R.....* 1742.

LE CARNAVAL DU PARNASSE, Ballet héroïque en trois actes, avec un Prologue, paroles de M. *Fuzelier*, 1740.

TITON ET L'AURORE, Pastorale héroïque en trois actes, paroles de M. l'Abbé *De la Mare*, avec un Prologue, paroles de M. *De la Motte*, 1753.

MONDORY, célébre Comédien François, de la Troupe du Marais, dont il étoit l'Orateur & le Chef, nâquit à Orléans. Il remplissoit avec tout l'applaudissement possible les premiers roles, mais le trop d'ardeur qu'il avoit dans la représentation avança ses jours; en jouant le role d'*Hérode* dans la Tragédie de *Mariamne* de M. Tristan, qui parut en 1636. il fit de tels efforts, que surpris d'une espéce d'apoplexie, il fut obligé de quitter le Théatre. Il se retira dans une maison qu'il avoit auprès de la ville de sa naissance. On ignore le temps de sa mort. *Histoire du Th. Fr. année 1634.*

MONLÉON, (N........) Auteur Dramatique, a composé pour la scène Françoise:

L'AMPHITRITE, Poëme Dramatique en cinq actes & en vers, 1630.

THYESTE, Tragédie, 1633.
Histoire du Théatre François, année 1630.

MONTADOR, (N..... Neuville de) a donné au Théatre Italien:

LA COMÉDIENNE, Comédie en prose & en un acte, 3 Septembre 1740. non imp.

MONTAUBAN, (Jacques Poussier Sieur de) ancien Avocat au Parlement de Paris, Echevin de la même ville, & Poëte Dramatique, mort le 16 Janvier 1685, est Auteur des piéces suivantes:

ZÉNOBIE, REINE D'ARMÉNIE, Tragédie 1650.

LES CHARMES DE FÉLICIE, Pastorale, 1651.

SÉLEUCUS, Tragi Comédie héroïque, 1652.

LE COMTE DE HOLLANDE, Tragi Comédie, 1653.

INDEGONDE, Tragédie, 1653.

PANURGE, Comédie, 1674. Cette derniere n'est point imprimée.
Histoire du Théatre François, année 1650.

MONTÉCLAIR, (Michel) Musicien, nâquit à Chaumont en Bassigny en 1666. Dès sa jeunesse ses parens le placérent Enfant de

Chœur de l'Eglise Cathédrale de Langres, où il apprit la Musique & le goût pour cet art sous le Sieur Moreau, Maître de Musique de cette ville. M. Montéclair vint ensuite à Paris, & se fit connoître vers l'an 1700. qu'il entra à l'Orchestre de l'Opéra, où il fut le premier qui y joua de la contrebasse, instrument qui fait un grand effet dans les chœurs, & les airs dont le mouvement est violent. Non content de s'être distingué dans cette partie, M. Montéclair a donné des preuves de sa science & de ses talens pour la composition, par les deux Opéra suivants, dont il est Auteur de la Musique.

LES FÊTES DE L'ÉTÉ, Ballet en trois Entrées avec un Prologue, de M. l'Abbé *Pellegrin*, sous le nom de Mlle *Barbier*, 1716.

LES NUITS D'ÉTÉ, IVe Entrée ajoûtée au Ballet précédent, par le *même*, 1716.

JEPHTE', Tragédie tirée de l'Ecriture Sainte, en cinq actes, avec un Prologue, de M. l'Abbé Pellegrin, 1731.

M. du Tillet, *Supplément du Parnasse François*, p. 696. assure que M. Montéclair est mort au mois de Septembre 1737. âgé de 71 ans, à une maison de campagne proche S. Denis en France, & selon l'Auteur du *Mercure de France*, Mars 1738. p. 566. il étoit décédé le 24 Mars précédent.

MONTÉZUME, Tragédie de M. *Ferrier*, non imprimée, représentée le Mardi 14 Février 1702. *Hist. du Th. Fr.* année 1702.

MONTFLEURY, (Zacharie-Jacob dit) célébre Comédien François, & Auteur Dramatique, naquit en Anjou vers la fin du seiziéme siécle, ou au commencement du dix septiéme, d'une famille noble. Il fut d'abord Page chez M. le Duc de Guise, mais le goût de la Comédie lui fit abandonner cet état pour s'engager dans une Troupe de Province, où il prit le nom de Montfleury; entra dans celle de l'Hôtel de Bourgogne avant 1637. & y a rempli les premiers roles avec succès, sur tout ceux de Rois dans le Tragique, de Paysan dans le Comique, &c. jusqu'au mois de Décembre 1667. qu'il mourut. Il est Auteur de la Tragédie intitulée :

LA MORT D'ASDRUBAL, 1647. imp. dans le Théatre de Messieurs Montfleury, Paris, par la Compagnie des Libraires, 1739. *Histoire du Théatre François*, année 1647.

MONTFLEURY, (Jeanne de la Chalpe, veuve en premiéres nôces de Pierre Rousseau Sieur Duclos, Comédien du Roi, & en secondes de Zacharie Jacob, dit) Comédienne de la Troupe de l'Hôtel de Bourgogne, retirée en 1667. avec une pension de 1000 livres dont elle a joui jusqu'au Lundi 1 Mars 1683. qu'elle décéda à Paris. *Histoire du Théatre Franç.* année 1647.

MONTFLEURY, (Antoine-Jacob dit) fils du précédent, & Poëte Dramatique, naquit à Paris en 1640. Il fut reçu Avocat au Parlement en 1660. mais il ne suivit point cette profession. Sur la fin de sa vie il prit le parti de la finance; M. Colbert content de sa conduite, lui avoit même destiné une place dans les Fermes générales en 1684. M. Montfleury mourut

mourut d'hydropisie à Aix en Provence, le 11 Octobre 1685. il a composé pour le Théatre François.

LE MARIAGE DE RIEN, Comédie en un acte & en vers de huit syllabes, 1660.

LES BÊTES RAISONNABLES, Comédie en un acte & en vers, 1661.

LE MARY SANS FEMME, Comédie en cinq actes & en vers, 1663.

L'IMPROMPTU DE L'HÔTEL DE CONDÉ, Comédie en un acte & en vers, 1663.

TRASIBULE, Tragi-Comédie, 1663.

L'ÉCOLE DES JALOUX, ou LE COCU VOLONTAIRE, Comédie en trois actes & en vers, 1664.

L'ÉCOLE DES FILLES, Comédie en cinq actes & en vers, 1666.

LA FEMME JUGE ET PARTIE, Comédie en cinq actes & en vers, 1669.

LE PROCÈS DE LA FEMME JUGE ET PARTIE, Comédie en un acte & en vers, 1669.

LE GENTILHOMME DE BEAUCE, Comédie en cinq actes & en vers, 1670.

LA FILLE CAPITAINE, Comédie en cinq actes & en vers, 1672.

L'AMBIGU COMIQUE, ou LES AMOURS DE DIDON ET D'ÉNÉE, Tragédie en trois actes en vers, mêlée de trois intermédes comiques, 1673.

LE COMÉDIEN POËTE, Comédie en cinq actes & en vers, 1673. *de moitié avec M. Corneille de Lisle.*

TRIGAUDIN, ou MARTIN BRAILLARD, Comédie en cinq actes & en vers, 1674.

CRISPIN GENTILHOMME, Comédie en cinq actes & en vers, 1677.

LA DAME MÉDECIN, Comédie en cinq actes & en vers, 1678.

LA DUPE DE SOI-MÊME, Comédie en vers, en cinq actes, *sans date, & peut-être non représentée.*

Les Œuvres de Messieurs Montfleury pere & fils, imp. Paris, 1739. par la Compagnie des Libraires, *Hist. du Th. Fr.* année 1663.

MONTIGNI, (Mlle) Italienne, débuta dans la *Serva Padronna*, le Mardi 4 Octobre 1746, & mourut quelque temps après.

MONTMENY, (Louis André le Sage-de) Comédien François, fils d'Alain René *Le Sage*, Poëte Dramatique & Forain, débuta le Mercredi 8 Mai 1726, par le role de *Mascarille* dans la Comédie de l'*Etourdi*, retourna en Province, Second début le Lundi 24 Mai 1728. par le role de *Dave*, dans la Comédie de l'*Andrienne*, reçû le Lundi 7 Juin suivant pour les roles Comiques & les roles à Manteau, qu'il remplissoit avec beaucoup d'applaudissemens. M. Montmeny est mort subitement au Village de la Villette près Paris, le Dimanche 8 Septembre 1743. *Histoire du Th. Fr.* année 1737.

MONTPELLIER, c'est le titre du troisiéme acte de la *France Galante*, Opéra Comique de M. Boiffi, représenté le 28 Juin 1731. Voyez *France (la) Galante.*

MONTREUX, (Nicolas de) Gentilhomme de la Province du Maine, connu sous le nom d'OLENIX DE MONT SACRÉ, qui est l'anagramme du sien, Poëte Dramatique, naquit vers l'an 1561. mort vers 1608. a composé :

ATHLETTE PASTOURELLE, ou FABLE BOC-CAGERE, en trois actes & en vers, 1585.
LA FABLE DE DIANE, Pastourelle, 1593.
LA TRAGÉDIE D'ISABELLE, 1594.
CLÉOPATRE, Tragédie, 1594.
L'ARIMENE, Pastorale, 1597.
SOPHONISBE, Tragédie, 1601.

Piéces non imprimées.

LE JEUNE CYRUS, Tragédie, 1581.
LA JOYEUSE, Comédie, 1581.
HANNIBAL, Tragédie.
CAMMA, Tragédie.
PARIS ET ŒNONE.
LA DECEVANTE, Comédie.

Hist. du Th. Fr. année 1585.

MORAINE, (N.......) Auteur vivant, a donné au Théatre Italien :

LE MARIAGE FAIT PAR CRAINTE, Comédie Françoise en prose & en un acte, 28 Juin 1730. non imprimée.

MORANCOURT, (Louise Octavie Eléonore d'Arceville de) Comédienne Françoise, débuta le Mardi 13 Janvier 1711. par le role de *Cléopatre* dans la Tragédie de *Rodogune*. Nouveau début le 3 Juillet 1712. par le même role, reçue le Lundi 1 Août 1712. pour les roles de Confidentes & les Amoureuses comiques: Retirée du Théatre le 20 Octobre 1715. avec une pension de 500 livres, augmentée à 1000 livres par ordre du 8 Octobre 1722. aujourd'hui vivante. *Hist du Th. Fr. année 1730.*

MORAND, (Pierre de) Gentilhomme

d'Ailes, Auteur vivant, a donné au Théatre François :

  Teglis, Tragédie, 1735.
  Childéric, Tragédie, 1736.
  Mégare, Tragédie, 1748.

Au Théatre Italien.

L'Esprit de Divorce, Comédie Françoise en prose & en un acte, suivie d'un divertissement, 27 Février 1738.

Les Muses, piéce Dramatique en quatre parties, &c. 12 Décembre 1738. *Œuvres de l'Auteur*, Paris, Jorry.

MORANDET, (N......) Auteur Dramatique aujourd'hui vivant, a composé :

Le Quiproquo, Comédie en trois actes & en vers, 1743.

MOREL, Comédien Allemand de nation, de Berlin, ville capitale du Marquisat de Brandebourg, obtint le 16 Octobre 1708, un ordre pour jouer les roles de Rois : il ne débuta cependant que le Vendredi 19 Juillet 1709. par celui de *Gros René* dans la Comédie du *Dépit amoureux*, & n'a point été reçû. Le Sieur Morel étoit pere de la Dlle Joly, Actrice Foraine, *Hist. du Th. Fr.* année 1712.

MORFONDU, (le) Comédie en cinq actes & en prose, de Pierre de *La Rivey*, représentée en 1578. imp. dans le premier Recueil des piéces de cet Auteur, Paris, 1597. *Histoire du Th. Fr.* année 1578.

MORT (le) AMOUREUX. Voyez l'*Hypocondriaque*.

Mort (le) vivant, Comédie en trois actes

& en vers de M. *Boursault*, représentée en 1662. sur le Théatre de l'Hôtel de Bourgogne, imprimée dans les Œuvres de cet Auteur. *Histoire du Théatre François*, année 1662.

MORTE (la) VIVE. Voyez *Silvanire* (*la*) de M. *Mayret*.

MORTELS, (le Pouvoir de l'Amour sur les) c'est le titre de la premiére Entrée du Ballet héroïque de l'*Empire de l'Amour*, de M. de *Moncrif*, Musique de M. le Chevalier de *Brassac*, représentée en 1733. Voyez *Empire* (*l'*) *de l'Amour*.

MORTS (les) VIVANS, Farce *Anonyme*, non imp. représentée en 1573. *Hist. du Th. Franç.* année 1573.

Morts (les) vivans, Comédie en cinq actes & en vers de M. *d'Ouville*, représentée en 1645. Paris, Quinet, 1646. *Hist. du Th. Fr.* année 1645.

MOSCOVITES, (les Faux) Comédie en un acte & en vers, de M. *Poisson*, (Raymond) imp. dans ses Œuvres, & représentée sur le Théatre de l'Hôtel de Bourgogne au commencement d'Octobre 1668. *Histoire du Théatre Franç.* année 1668.

MOT (le) UNIVERSEL, ou LE MIRLITON, piéce en un acte de M. *Piron*, non imp. & représentée le Vendredi 27 Août 1723 par la Troupe de Dolet & Restier. Cette piéce, est un Vaudeville du temps, qui cependant n'eut aucun succès.

MOTS (les) A LA MODE, Comédie en un acte & en vers, de M. *Boursault*, imp. dans ses Œuvres, & représentée le Jeudi 19 Août

V iij

1694. à la suite de la Tragédie de *Mithridate*, *Histoire du Théatre Franç. année* 1694.

MOTTE, (Antoine Houdart de la) Poëte Dramatique & Lyrique, naquit à Paris le 17 Janvier 1672. Après avoir fait ses humanités, il étudia en droit, mais bientôt dégoûté de cette profession, il prit l'habit Ecclésiastique, & aspirant même à la plus haute dévotion, il se retira dans le Monastere de la Trappe. Cette vie trop austere pour son tempérament, ne lui permit pas d'y faire un long séjour. M. de la Motte revint à Paris, & cédant à la passion qu'il avoit dès sa plus tendre jeunesse pour les Spectacles, il quitta le petit collet, & travailla pour le Théatre. La réputation qu'il s'acquit par ce genre de poësie, & plusieurs autres qu'il entreprit avec succès, lui mérita une place à l'Académie Françoise, où il prit séance le 8 Janvier 1710. M. de la Motte est mort à Paris le Mercredi 26 Décembre 1731. entre six & sept heures du matin, il étoit alors dans la 60e année de son âge.

Piéces de M. de la Motte au Théatre François.

LA MATRONE D'ÉPHÉSE, Comédie en un acte & en prose, 1702.

LES MACHABÉES, Tragédie, 1721.

ROMULUS, Tragédie, 1722.

INÈS DE CASTRO, Tragédie, 1723.

ŒDIPE, Tragédie, 1726.

LE TALISMAN, Comédie en un acte & en prose, 1726.

RICHARD MINUTOLO, Comédie en un acte & en prose.

Le Magnifique, Comédie en deux actes & en prose. *Ces deux derniéres piéces, avec celles du Talisman, représentée en 1731. sous le titre de l'Italie Galante, ou les Contes.*

En société avec M. Boindin.

Les trois Gascons, Comédie en prose en un acte, 1702.

Le Port de Mer, Comédie en un acte & en prose, 1704.
Hist. du Th. Franç. année 1723.

Au Théatre de l'Académie Royale de Musique.

L'Europe Galante, Ballet en quatre Entrées avec un Prologue, Musique de M. *Campra*, 1697.

Issé, Pastorale héroïque, trois actes & un Prologue, Musique de M. *Destouches*, 1697.

Amadis de Grece, Tragédie, cinq actes & un Prologue, Musique du *même*, 1679.

Marthésie, Reine des Amazones, Tragédie, cinq actes & un Prologue, Musique du *même*, 1699.

Le Triomphe des Arts, Ballet en cinq Entrées, Musique de M. *De la Barre*, 1700.

Canente, Tragédie, cinq actes & un Prologue, Musique de M. *Collasse*, 1700.

Omphale, Tragédie, cinq actes & un Prologue, Musique de M. *Destouches*, 1701.

Le Carnaval et la Folie, Comédie Ballet, quatre actes & un Prologue, Musique du *même*, 1703.

La Vénitienne, Comédie Ballet en trois

actes avec un Prologue, Musique de M. *De la Barre*, 1785.

ALCYONE, Tragédie, cinq actes & un Prologue, Musique de M. *Marais*, 1706.

ISSÉ, Pastorale héroïque remise en cinq actes, avec un Prologue, Musique de M. *Destouches*, 1708.

SÉMÉLÉ, Tragédie, cinq actes & un Prologue, Musique de M. *Marais*, 1709.

SCANDERBERG, Tragédie en cinq actes & un Prologue, Musique des Sieurs *Rebel* fils & *Francœur* le cadet, 1735.

L'Auteur du Mercure ajoûte LES AGES, Ballet qui devoit être joué après Pâques 1732. & qui ne l'a point été.

Et au Théatre Italien.

L'AMANTE DIFFICILE, Comédie Françoise en prose & en cinq actes, avec des divertissemens, 23 Août 1731.

MOTTE, (Marie-Anne De Fresne la) Comédienne Françoise, a débuté le Jeudi 1 Octobre 1722. par le role de *Cléopatre*, dans la Tragédie de *Rodogune*, reçue le Samedi 21 Novembre de la même année, aujourd'hui vivante Comédienne de la Troupe du Roi, où elle remplit avec applaudissement les roles de Meres, de Ridicules, & autres comiques. *Hist. du Th. Fr.* année 1730.

MOULIER, (N......) de Moissi, Auteur vivant, a donné au Théatre François.

LE VALET MAÎTRE, Comédie en vers & en trois actes, 1751.

Au Théatre Italien.

LE PROVINCIAL A PARIS, Comédie Françoise en vers & en trois actes, 4 Mai 1750. Paris, Duchesne.

LES FAUSSES INCONSTANCES, Comédie Françoise en un acte & en prose, 2 Septembre 1750. non imprimée.

MOULIN (le) DE JAVELLE, Comédie en un acte & en prose, avec un divertissement, Musique de M. *Gilliers*, par M. *Michaut*, accommodée au Théatre par M. *Dancourt*, imp. dans les Œuvres de ce dernier, & représentée le Samedi 7 Juillet 1696. à la suite de la Tragédie de *Britannicus*. *Hist. du Th. Fr. année* 1696.

MOULINET PREMIER, Parodie en un acte & en vaudevilles, de *Mahomet II*. Tragédie de M. *De la Noue*, par M. *Favart*, représentée le Dimanche 15 Mars 1739.

L'Auteur a suivi la route la plus commune & la plus aisée de ce nouveau genre de Poësie : il n'a fait que travestir burlesquement ses personnages, sans rien changer au fond de l'action. Comme la piéce est imprimée Paris, *veuve Allouel*, on n'entre ici dans aucun détail, il suffit d'observer que l'Auteur de la Parodie en cherchant à plaire, a sçû éviter les traits de malignité avec assez de soin, pour ne point craindre de dédier son ouvrage à l'Auteur même de la Tragédie. Cette Parodie eut un grand succès, & termina glorieusement cette Foire le Samedi 21 Mars, jour de la clôture du Théatre de l'Opéra Comique. M. Favart y joignit le compliment de sa composition : le Sieur Drouillon qui avoit représenté le role de Moulinet, s'avança vers le parterre, & chanta sur l'air *des Pendus.*

  Avant d'abandonner ces lieux,
  Moulinet vous fait ses adieux,
  Ce départ ne vous touche guère,
  Bientôt vous allez voir mon frere,
  Sur le Théatre Italien,
  Peut-être n'y perdrez vous rien.

Et ensuite sur l'Air. (*Ah! si j'avois connu M. de Catinat.*)

  Nous avons essayé d'en effleurer le miel,
  Un autre plus mordant peut en tirer le fiel,
  Pour peu que mon cadet se livre à mon penchant,
  Si je suis plus mauvais, il sera plus méchant.

MOURET, (Jean-Joseph) Musicien, naquit à Avignon en 1682. Son pere, Marchand de Soye de cette ville, ne négligea rien pour son éducation, & voyant que son inclination le portoit à la Musique, loin de le contraindre, il lui fournit tous les moyens de se perfectionner dans cet Art. Le jeune Mouret qui avoit des talens naturels, fit en peu de temps de très-grands progrès, & dès l'âge de vingt ans il fut en état de composer différens morceaux de Musique, qui lui acquirent de la réputation dans son pays. L'envie de se faire connoître d'avantage, l'engagea à venir à Paris, où il s'établit en 1707. M. Mouret n'eut pas beaucoup de peine à s'y faire des amis & des protecteurs. Il avoit une figure prévenante, le visage toûjours gay & riant, la conversation spirituelle & plaisante, animée de saillies de son pays, dont l'accent augmentoit encore l'agrément; ajoûtez une voix assez belle, chose rare dans un Compositeur, & quelque talent pour la Poësie. Madame la Duchesse du Maine en ayant entendu parler favorablement, le chargea de la Musique des magnifiques Spectacles qu'elle donna pendant plusieurs années dans son Château de Sceaux. M. Mouret s'en acquitta avec tant de succès, qu'il hazarda d'entreprendre de composer pour l'Académie Royale de Musique. Les applaudissemens dont son premier ouvrage fut honoré, ont presque toûjours accompagné ceux qu'il a donné depuis; on lui a rendu la justice qu'il étoit sçavant dans son art, & qu'il plaisoit sur-tout par l'agrément & la gayeté de sa Musique vocale & instrumentale.

Peu de temps après que M. Mouret eut fixé son séjour à Paris, il épousa la Demoiselle Promt de Saint Mars, fille de l'Argentier de M. le Duc du Maine, dont il a laissé une fille unique. Les diverses infortunes qu'il éprouva environ deux ans avant sa mort, altérérent considérablement sa santé, & encore plus son esprit, par le désespoir de n'être plus en état de vivre dans son aisance ordinaire, & de pouvoir établir sa fille aussi avantageusement qu'il l'avoit projetté. En moins d'un an il venoit de perdre quatre ou cinq mille livres de revenu, que lui rapportoient la direction du Concert spirituel, l'Intendance de la Musique de Madame la Duchesse du Maine, & la place de Compositeur de la Comédie Italienne. On fut contraint de le mettre chez les Peres de la Charité à Charenton, où les remédes n'ayant fait aucun effet, il mourut peu de mois après y être entré, le Lundi 22 Décembre 1738. âgé de 56 ans.

Opéra dont M. Mouret a composé la Musique.

Les Fêtes de Thalie, Ballet, trois actes & un Prologue, paroles de M. *De la Font*, 1714.

La Critique des Fêtes de Thalie, Ballet en un acte du *même*, 1714.

Ariadne, Tragédie en cinq actes & un Prologue, de Messieurs *La Grange & Roy*, 1717.

La Provençale, acte ajoûté au Ballet des *Fêtes de Thalie*, par M. *De la Font*, 1722.

Pirithoüs, Tragédie en cinq actes & un Prologue, de M. *Séguinault*, 1723.

Les Amours des Dieux, Ballet héroïque en quatre actes & un Prologue, de M. *Fuzelier*, 1727.

Les Sens, Ballet en cinq actes, avec un Prologue, de M. *Roy*, 1732.

Les Graces, Ballet en trois actes, avec un Prologue, du *même*, 1735.

Les Amours de Ragondé, Comédie lyrique en trois actes, de M. *Destouches*, 1742.

Au Théatre François.

Pan et Doris, Pastorale en un acte, de M. d'*Ayguebere*, représentée en 1729.

Muet, (le) Comédie en prose & en cinq actes, de Messieurs l'Abbé *Brueys & Palaprat*, imp. dans les Œuvres du premier, & représentée le Vendredi 22 Juin 1691. *Histoire du Théatre François*, année 1691.

Muet (le) insensé, Comédie en cinq actes & en vers de huit syllabes, de Pierre *Le Loyer*, représentée en 1575. Paris, Poupy, 1579. *Hist. du Th. Franç.* année 1575.

Muet (le) par Amour. Voyez *Margéon & Katifé*.

MUSE (la) PANTOMIME, Opéra Comique en un acte, avec un divertissement & un vaudeville, par M. *Panard*, non imprimé, représenté le Samedi 14 Septembre 1737. à la suite du *Revenant*, piéce en un acte, & suivi du *Pere Barnabas*, Concerto en Ballet Pantomime.

Cette piéce eut du succès, elle a été reprise le Jeudi 28 Août 1738. Nous nous sommes déja expliqués au sujet des piéces à scénes épisodiques, telles que celles-ci : il suffit de les rappeller, & de donner l'Extrait du morceau qui a paru faire le plus de plaisir.

La Muse Pantomime donne audience au Chevalier de la Minaudiere, Petit Maître, à un Paysan qui veut se pousser dans le beau monde, à un Acteur François, qui se vante du talent d'ajoûter des graces Pantomimes à la déclamation, & enfin à un Musicien qui chante une Cantate ridicule. Voici la scéne du Paysan, qu'on rapporte comme assez singuliere.

PIERROT.

Sarviteur, Madame la Pantolmie, je m'appelle Pierrot, je suis original de Saint Oüin.

LA MUSE.

Monsieur l'original de Saint Oüin, que souhaitez-vous de moi ?

PIERROT.

Je voudrois bian, sur votre respect, avoir une petite circonférence avec vous.

LA MUSE.

Volontiers, Monsieur Pierrot.

PIERROT.

Tel que vous me voyez, j'ons eu de l'inducation, (l'éducation) & quelque chose de mieux ; des écus.

(AIR. *Ton himeur est Catheraine.*)

J'ay du beau bled dans ma cave,
Du bon vin dans mon grenier,
Les Dimanches je fis brave,
Presqu'autant qu'un Maltotier.

LA MUSE.

Ce que tu me fais entendre,
Me semble un peu singulier.

PIERROT.

Cela doit peu vous surprendre,
Feu mon pere étoit Meunier.

LA MUSE.

C'est-à-dire que ton pere connoissoit les poids & les mesures ?

PIERROT.

Il y a eu le bonheur d'avoir le vent en croupe ; c'est ce qui fait qui m'a acheté de bonnes rentes voyageres, & une grosse terre qui a des droits de dos & de vents. Oh ! dame, dame, j'avons champignons sur rue.

LA MUSE.

Tant mieux pour toi.

PIERROT. (AIR. *Réveillez-vous belle endormie.*)

Comme je sommes fort au large,
Je voudrois bian pour me pourvoir,
Sur ma tête mettre une charge.

LA MUSE.

Tu n'est que trop sûr de l'avoir.

Comment, Monsieur Pierrot, est-ce que vous êtes las du villlage ?

PIERROT.

Pensez qu'oüi. Tous mes parens sont Bourgeois de Paris. Je voulons l'être itou.

LA MUSE.

Que sont-ils tes parens ?

PIERROT.

Que sçai-je moy ? mon oncle stici joue de l'Ogre. Mon

cousin a tué assassiné les Plaideurs aux Consuls. J'en ai un qui a étudié, & s'est fait passer Maître Lezard. Un autre est Jureur de sa Communauté. Ma cousine Margot est Tourriere dans un Couvent, & ma niéce Caro a épousé un cent de Suisses de chez le Roi.

Couplets du Vaudeville du Divertissement.

A vingt ans on prend
Ce train en marchant,
C'est ainsi qu'on chemine à trente,
Tel est notre pas à quarante,
C'est ainsi qu'à cinquante on va,
A soixante cahin caha,
A soixante & dix c'est celà,
A quatre-vingt dans ce goût-là.
Turelure, lure,
Flon, flon, flon,
Chacun a son ton,
Son allure.

Les objets charmans,
Qui font nos tourmens,
Aux discours que l'on vient leur faire,
Répondent suivant leur caractere,
L'Agnès répond innocemment,
Une coquette en soûriant,
La précieuse en s'éloignant,
Et la rustique en souffletant,
Turelure, lure, &c.

Paris a souvent,
De l'amusement,
Quatre Théatres d'ordinaire,
Y font voir chacun leur caractere,
Melpoméne dit noblement,
Les Italiens joliment,
L'Opéra sur un ton brillant,
Ici sur un refrain plaisant,
Turelure, lure, &c.

Extrait Manuscrit.

MUSES, (le Ballet des) en treize Entrées, avec des divertissemens, Musique de M. *Lully*, de la composition de M. *Benserade*, dansé par

Sa Majefté fur le Théatre du Château de Saint Germain en Laye le 2 Décembre 1666.

Ire Entrée. *Uranie* & les *Sept Planétes.*

IIe Entrée. *Melpoméne*, Mufe de la Tragédie. *Pyrame & Thisbé*, Tragédie de *Théophile.*

IIIe Entrée. *Thalie*, Mufe de la Comédie.
Une Paftorale Comique de la compofition de M. *Moliere.*

IVe Entrée. *Euterpe*, Mufe de la Paftorale.
Mélicerte, Paftorale en vers & en deux actes, de M. *Moliere.*

Ve Entrée. *Clio*, Mufe de l'Hiftoire.
Un Ballet guerrier.

VIe Entrée. *Calliope*, Mufe des beaux vers.
Les *Poëtes*, Comédie en un acte & en vers, d'un Auteur *Anonyme.*

VIIe Entrée. *Orphée.*

VIIIe Entrée. *Erato*, Mufe qu'on invoque particuliérement en Amour.

IXe Entrée. *Polymnie*, Mufe de l'Eloquence.
Une difpute entre trois Philofophes Grecs, & trois Orateurs Latins.

Xe Entrée, *Terpfichore*, Mufe de la Danfe.
Un Ballet champêtre.

XIe Entrée. *Les neuf Mufes* & *les Filles de Piérus.*

XIIe Entrée. *Jugement des Mufes & des Piérides, par trois Nymphes.*

XIIIe & derniére Entrée. *Métamorphofe des Piérides.*

Hift. du Th. Franç. année 1666.

MUSES, (les) Ballet en quatre Entrées, avec un Prologue, de M. *Danchet*, Mufique de M. *Campra*, repréfenté le Dimanche 28

Octobre 1703. in-4°. Paris, Ballard, & tome VIII. du Recueil général des Opéra.

ACTEURS DU PROLOGUE.

Momus. — Le Sieur Dun.
Bacchus. — Le Sieur Thévenard.
Cérès. — Mlle Desmatins.
Apollon. — Le Sieur Chopelet.

BALLET.

Suite de Bacchus.

Les Sieurs Germain, Boutteville, l'Evêque, Ferrand, Dumoulin L. Du Mirail.

Suite de Cérès.

Mlles Dangeville, Rose, La Ferriere, Guillet, Tiffard & Noisy.

I. ENTRÉE. *La Pastorale.*

Palemon, Berger aimé de Silvie. — Le Sieur Cochereau.
Arcas, Prince d'Arcadie. — Le Sieur Hardouin.
Silvie. — Mlle Desmatins.
Une Bergere. — Mlle Bataille.

BALLET.

Bergers.

Les Sieurs Germain, Dumoulin L. Levesque, Dangeville L.

Bergéres.

Mlle Subligny.
Mlles Dangeville, Rose, La Ferriere & Guillet.

Pastres.

Les Sieurs Fauveau & Dangeville.

Pastourelles.

Mlles Noisy & Tiffard.

II. ENTRE'E. *La Satyre.*

Diogéne. — Le Sieur Dun.
Aristippe. — Le Sieur Chopelet.
Alcippe. — Le Sieur Poussin.
Laïs. — Mlle Vincent.
Deux Grecques. — Mlles Loignon & Clément.

M U

Grecs & Grecques.
Les Sieurs Boutteville, Germain, Ferrand, Dumoulin L. Dumoulin C. & Dangeville.
Mlles Dangeville, Rose, Bertin, Tissard, La Ferriere & Prevost.

III. ENTRE'E. *La Tragédie.*

Althée, Reine de Calydon.	Mlle Desmatins.
Plexippe, frere d'Althée.	Le Sieur Plein.
Méléagre, fils d'Althée.	Le Sieur Thévenard.
Atalante.	Mlle Sallé.
Deux Calydoniennes.	Mlles Batailles & Duperay.
Un Calydonien.	Le Sieur Bonnel.

BALLET.

Calydoniens & Calydoniennes.
Les Sieurs Germain, Dumoulin L. Levesque & Dangeville.
Mlles La Ferriere, Guillet, Noisy & Tissard.

IV. ENTRE'E. *L'Amour Médecin*, Comédie.

Géronte.	Le Sieur Desvoyes.
Eraste, fils de Géronte.	Le Sieur Cochereau.
Ericine, Amante d'Eraste.	Mlle Maupin.
Dircé.	Mlle Cochereau.
Athéniennes.	Mlles Loignon, Bataille & Vincent.

BALLET.

Le pere de la Mariée.	Le Sieur Ferrand.
La mere de la Mariée.	Mlle Rose.
Parens du Marié & de la Mariée.	
Le Sieur Dumoulin L.	& Mlle Dangeville.
Le Sieur Dumoulin C.	Mlle Noisy.
Le Sieur Fauveau.	Mlle Guillet.
Le Sieur Levesque.	Mlle Duplessis.
Le Sieur Du Mirail.	Mlle Tissard.
Conducteur des petits freres de la Mariée.	Le petit La Porte.
Les deux petits Garçons.	Les petits Dupré & Pierrot.
Gouvernante des Cousines du Marié.	La petite Carré.
Les deux petites filles.	Mlles La Ferriere & Prevost.

Domestiques.

Les Sieurs Dangeville C. Levesque, Javillier, Rose & Marcel.

Dans la suite des représentations, les Auteurs substituérent à la Pastorale cy-dessus la suivante.

AMARYLLIS, Pastorale.

Mirtil, fils de Montan, aimé d'Amaryllis.   Le Sieur Chopelet.
Montan, Sacrificateur de Diane.   Le Sieur Dun.
Amaryllis, Bergére.   Mlle Desmatins.

Ce Ballet n'a jamais reparu au Théatre, on a seulement repris la premiére Pastorale, qui a formé la premiére Entrée des Nouveaux Fragmens représentés en 1711. En 1729. cette même Pastorale composoit la IIe Entrée des Fragmens que l'Académie Royale de Musique donna cette année. Voyez *Fragmens* de 1711. & de 1729.

L'*Amour Médecin* n'a été remis qu'une seule fois pendant le Carnaval de l'année 1717. Voyez *Fragmens* de 1717.

Muses, (les) Piéce dramatique en quatre parties, sçavoir :

Les Muses, Prologue en prose.

Phanazar, Tragédie en un acte.

Agathine, Pastorale en prose & en un acte.

Orphée, Ballet Pantomime.

Au Théatre Italien, par M. de *Morand*, excepté le Ballet d'*Orphée*, qui est de la composition de M. *Riccoboni* le fils, représentée pour la premiére fois le Mercredi 12 Décembre 1738. (Dans les Œuvres de l'Auteur, Paris, Jorry.)

Quoique cet Ouvrage soit imprimé, on croit faire plaisir au Lecteur de lui faire part du fragment d'une lettre que M. de Morand nous a écrite au sujet de ses Œuvres, où il raconte l'histoire de la piéce des *Muses*. Voici ses termes.

« Je formai dans ce temps (1738.) le dessein de travailler pour le Théatre Italien, & de faire un Spectacle composé d'une Tragédie, d'une Pastorale, & d'une Comédie, le tout lié par un Prologue critique. Le sujet de la Tragédie fut bientôt trouvé, j'avois celui de *Menzikof* sous la main, & je n'eus que la peine de le réduire en un acte : je ne tardai pas à imaginer la Pastorale, celui de la Comédie m'embarrassoit le plus....... (Ici est le récit de la Comédie de l'*Esprit du Divorce*, que nous avons donné à l'article de cette piéce, & M. de Morand le poursuit ainsi.)

» Les Comédiens Italiens songérent à donner les *Muses* : j'étois convenu avec eux qu'au lieu d'une Comédie, on mettroit un Ballet pantomime héroïque, ce qui ne me coûta que quelques mots à changer au Prologue. Tout étoit disposé pour la représentation, les Comédiens avoient fait une grande dépense en habits & en décorations ; le Manuscrit étoit revenu de la Police approuvé ; elle étoit annoncée & affichée pour le Mercredi 10 Décembre, lorsque le Mardi au soir, M. Hérault, Lieutenant de Police, envoya ordre aux Comédiens de suspendre la piéce jusqu'à nouvel ordre. Le sujet de cette suspension étoit occasionné par l'Ambassadeur de la

» Czarine, (le Prince Cantimir,) qui pouvoit
» trouver mauvais que les Italiens jouaſſent une
» Tragédie où l'on introduiſoit le fameux Czar
» *Pierre le Grand* ſur la ſcéne. L'Ambaſſadeur,
» homme de goût & de lettres, avoit pourtant
» été prévenu ; j'avois eu l'honneur de lui lire
» la Tragédie de *Menzikof*, avec l'Epître dédi-
» catoire, que je deſtinois à l'Impératrice de
» Ruſſie ; il n'avoit rien trouvé de blâmable
» dans la piéce, que quelques mots que j'avois
» corrigé ſur le champ, & il m'avoit promis
» d'envoyer l'Epître. Je courus auſſitôt à Ver-
» ſailles, avec le Sieur Riccoboni le fils, pour
» parler à Monſeigneur le Cardinal de Fleuri,
» dont j'avois l'honneur d'être connu, & à qui
» M. Hérault avoit porté la piéce. M. le Car-
» dinal me dit qu'il l'examineroit, & qu'il en
» parleroit au Prince *Cantimir*. Cette réponſe
» nous renvoyoit trop loin, ainſi je conclus
» avec le Sieur Riccoboni que ſans attendre de
» déciſion là-deſſus, nous changerions les noms
» de la Tragédie : nous nous renfermâmes dans
» ſon cabinet au retour de Verſailles, nous prî-
» mes des Cartes de Géographie anciennes, &
» dans moins de deux heures, elle fut ſous le
» nom de *Phanazar*. Il n'y eut plus d'obſtacle
» de la part du Lieutenant de Police, & les
» *Muſes* furent enfin jouées pour la première
» fois le 12 Décembre 1738. Le *Prologue* quoi-
» que très-ingénieux & rempli d'une critique
» fine, ne prit point : je le retirai ſur le champ.
» La *Paſtorale* fut jouée ſi froidement, qu'elle
» ennuya tout le monde ; on ne ſentit rien du
» ſentiment & de la délicateſſe qui y regne ; je

» ne la reconnus pas moi-même, & je la retirai
» à la troisième représentation. Pour la Tragé-
» die, quoiqu'elle eut beaucoup perdu par le
» changement des noms & de la scéne, elle
» passa à la faveur des beaux vers & de l'intérêt
» qu'on y trouva : elle fut jouée longtemps avec
» le *Ballet d'Orphée*, qui étoit admirable, &
» allérent ensemble jusqu'à 17 ou 18 représen-
» tations au moins ». (Fragment d'une lettre de
M. de Morand aux Auteurs de l'Histoire du
Théatre François.)

MUSES (les) RIVALES, Ballet Pantomime exécuté à la suite de la Comédie des *Talens à la mode*, au Théatre Italien, le Jeudi 17 Septembre 1739.

LES MUSES RIVALES.

Ballet Pantomime dont les Acteurs représentent, Melpoméne, Erato, Terpsicore, un Génie, *& leur suite.*

« Le Théatre s'ouvre & fait voir un Palais
» magnifique. Melpoméne y paroît endormie.
» Les songes funestes viennent à plusieurs repri-
» ses autour d'elle troubler son sommeil. Le
» Génie paroit, & veut s'approcher de Melpo-
» méne; elle s'éveille, & dans un grand trouble
» elle court après le Génie, qui de son côté la
» cherche avec empressement, mais les songes
» viennent toûjours les séparer. Enfin Melpo-
» méne arme de son poignard le Génie, les
» Songes effrayés prennent la fuite. La Muse
» de la Tragédie & le Génie restent seuls. Ce
» dernier exprime par ses pas & par ses gestes

» une déclaration d'amour dans le genre tragi-
» que, &c. Ils cédent la place à Erato & à sa
» suite.

» Le Génie assis auprès de Melpoméne, la
» quitte, malgré les efforts que la Muse tragi-
» que fait pour le retenir, & suit Erato, qui le
» conduit sur un lit de gazon ; elle lui présente
» une flute dont elle l'oblige de jouer, & les
» sons mélodieux qu'il en tire réellement, pa-
» roissent accompagnés par la Muse avec sa
» lyre. Ce même morceau joué en écho par
» l'Orchestre, est dansé par les suivans d'Erato.

» Terpsicore paroit avec sa suite ; aussitôt
» le Génie quitte Erato pour aller joindre la
» Muse de la Danse. Erato prend la fuite,
» comme avoit fait Melpoméne ; le Génie &
» Terpsicore expriment leur union par plusieurs
» danses de divers caracteres, & une contre-
» danse finit cet ingénieux Ballet, dont la Musi-
» que est de M. *Blaise*, Basson de la Comédie
» Italienne, & les pas de la composition de
» M. *Riccoboni* le fils, qui a la meilleure part
» avec la Demoiselle *Silvia* à l'éxécution bril-
» lante du Ballet. C'est lui qui remplit le per-
» sonnage du Génie, après avoir rempli dans la
» piéce ceux de *Poète*, de *Musicien* & de *Dan-*
» *seur* ». *Mercure de France*, *Octobre* 1739.
p. 2466-2468.

MUSIQUE, (la) c'est le titre de la troisiéme
Entrée du Ballet du *Triomphe des Arts*, de M.
De la Motte, Musique de M. *De la Barre*,
sous lequel les Auteurs ont traité la Fable d'*Am-
phion & de Niobe*. Voyez *Arts*. (*le Triomphe
des*)

MUSIQUE, (la) IIe Entrée du Ballet des *Fêtes d'Hébé*, ou les *Talens lyriques*, repréſentée en 1739. & mis en Muſique par M. *Rameau*. Voyez *Talens* (*les*) *lyriques*.

MUSIQUE (la) DU CARNAVAL, *ou* LES BOUFFONS, Prologue de M. *Panard*, repréſenté au Théatre de l'Opéra Comique, le Samedi 23 Février 1743. ſuivi du *Bal Bourgeois*, & du *Vaudeville*, piéces d'un acte chacune. Ce Prologue n'eſt point imprimé.

Julie & Céphiſe, Actrices de l'Opéra Comique, ſe trouvent dans un grand embarras, un Acteur de leur Troupe vient de ſe trouver mal, & celui qui doit le remplacer a beſoin d'un bon quart d'heure pour ſe mettre au fait du role : cependant il faut amuſer les Spectateurs. Elles veulent engager Marinette, jeune Actrice nouvellement reçue, à ſe charger de faire un compliment au Parterre ; elle s'en défend, & propoſe un Muſicien un peu extravagant & original, mais qui par ſes boutades, pourra remplir l'intervalle du ſpectacle. Je tremble, dit Céphiſe, que la propoſition ne ſoit pas bien reçue.

MARINETTE.

Vous me faites mourir avec vos frayeurs.

(AIR. *C'eſt une excuſe.*)

De la liberté des jours gras,
Pourquoi donc n'uſerions-nous pas,
Lorſqu'ailleurs on en uſe ?
L'on peut être ici poliſſon,
Quand l'Opéra devient bouffon,
C'eſt notre excuſe.

Bécare, c'eſt le nom de ce Muſicien extraordinaire, paroît avec ſa femme : Marinette demande

demande à celle-ci si elle a pour la Musique autant de goût que son mari.

MADAME BÉCARE. (Air. *L'Amour pour me.*)

J'y suis accoûtumée,
Dès mes plus tendres ans,
Et votre servante est née,
Parmi les instrumens.

» Je suis venue au monde chez un Lutier.

BÉCARE.

» Madame Bécare est un enfant de la balle.

MADAME BÉCARE.

» Oh pour cela oüi.

(Air. *Le seul flageolet.*)

Ma mere autrefois promenoit
L'orgue de Barbarie,
Feu mon pere aux Serains montroit
Des airs de Canarie,
Mon frere aîné depuis vingt ans,
Est à la tête des Serpens :
Et l'on aime fort le cadet,
A cause de son flageolet.

Ces deux personnes exécutent un Dialogue comique en Musique, intitulé *La Rupture.* Ce morceau ridicule est ainsi terminé.

BÉCARE *représentant l'Amant.*

C'est toi, beauté sévere.

MADAME BÉCARE *représentant l'Amante.*

C'est toi, cruel Amant.

BÉCARE.

C'est toi qui me trahis indubitablement.

MADAME BÉCARE.

Après m'avoir promis un éternel hommage.

BÉCARE.

Après avoir donné ton cœur à ton Berger.

Duo.

As-tu pu, volage,
As-tu pu te dégager ?
As-tu pu, j'enrage,
As-tu pu sitôt changer !

Extrait Manuscrit.

MUSTAPHA ET ZÉANGIR, Tragédie de M. *Bélin*, représentée le Mardi 20 Janvier 1705. imp. la même année in 12. Paris, Ribou, & tome IX. du Recueil intitulé Théatre François, Paris, 1737. par la Compagnie des Libraires. *Histoire du Théatre Franç. année 1705.*

MUSTAPHA, (la mort de) Tragédie. Voyez *Solyman* de M. *Mairet*.

Gabriel Bounyn a traité aussi le même sujet, sous le titre de *Soltane*.

MYON, (N.......) Musicien, aujourd'hui vivant, a composé la Musique des Opéra suivans.

NITETIS, Tragédie en cinq actes, avec un Prologue, 1741.

L'ANNÉE GALANTE, Ballet héroïque en quatre actes, avec un Prologue, paroles de M. *Roy*, 1747.

MYRTIL ET MÉLICERTE, Pastorale héroïque en trois actes & en vers libres, avec trois intermédes, précédée d'un Prologue aussi en vers libres, par M. *Guérin* le fils, représentée le Samedi 10 Janvier 1699. imp. la même année in 12. Paris, Trabouillet. *Hist. du Th. Fr. année 1699.*

Voyez *Mélicerte*.

N.

N A

ADAL, (Augustin) né à Poitiers, après avoir fait ses études, se destina à l'Etat Ecclésiastique, il fut de l'Académie des Inscriptions & Belles Lettres; mort à Poitiers au commencement du mois d'Août 1741. âgé de 82 ans. *Hist. du Th. Fr. année* 1722. Il a donné au Théatre François.

SAÜL, Tragédie, 1705.

HÉRODE, Tragédie, 1709.

ANTIOCHUS, *ou* LES MACHABÉES, Tragédie, 1722.

MARIAMNE, Tragédie, 1725.

Au Théatre Italien.

ARLEQUIN AU PARNASSE, *ou* LA FOLIE DE MELPOMÉNE, Parodie en prose & en un acte, suivie d'un divertissement, de la Tragédie de Zaïre, 4 Décembre 1732. imp. dans les Œuvres de l'Auteur, Paris, Briasson.

NAÏS, Opéra pour la Paix, en trois actes, avec un Prologue, de M. *Cahusac*, Musique de M. *Rameau*, représenté par l'Académie Royale de Musique, le Mardi 22 Avril 1749. in-4°. Paris, De Lormel.

L'ACCORD DES DIEUX. PROLOGUE.

Jupiter.	Le Sieur Le Page.
Neptune.	Le Sieur La Tour.
Pluton.	Le Sieur Person.
Flore.	Mlle Coupée.

BALLET.

Pan.	Le Sieur Lyonnois.
Pomone.	Mlle Carville.
Vertumne.	Le Sieur Laval.
Zéphyre.	Le Sieur Teiſſier.

Quadrilles des Peuples de la Terre.

Européens.	Les Sieurs La Feuillade & Béat.
	Mlles Déſiré & Devaux.
Afriquains.	Les Sieurs Aubry & Laurent.
	Mlles Puvignée mere & Amedée.
Aſiatiques.	Les Sieurs Bourgeois & Mion.
	Mlles Himblot & Parquet.
Amériquains.	Les Sieurs Cayés & Le Liévre.
	Mlles Bellenot L. & C.

ACTEURS DE LA PIÉCE.

Naïs, Nymphe du Sang de Tiréſie.	Mlle Fel.
Neptune.	Le Sieur Jélyotte.
Palémon.	Le Sieur Person.
Télénus, Chef des Peuples de Corinthe, Amant de Naïs.	Le Sieur Chaſſé.
Aſterion, Chef des Paſteurs de l'Iſthme, Amant de Naïs.	Le Sieur Poirier.
Tireſie.	Le Sieur Le Page.
Une Bergére.	Mlle Coupée.
Bergére chantante & danſante.	Mlle Puvignée.

ACTEURS DU BALLET.

ACTE I. *Athlétes pour la Lutte.* Le Sieur Dupré.
Les Sieurs Dumay, Marignon, Dupré, Laval,
Le Lievre & La Feuillade.
Athlétes pour le Ceſte.
Les Sieurs Deviſſe & Lyonnois.
Pour le Jeu de la Courſe.
Mlles Germain, Courcelle, Minot, Thierry,
Dazenoncourt & Sauvage.

II. DIVERTISSEMENT.

Divinités des Mers, déguisées en Matelots.

Mlle Camargo.
Le Sieur Mion, Mlle Lany, le Sieur Beat.
Les Sieurs Cayez, Laurent,
Aubry, & Bourgeois.
Mlles Amedée, Devaux, Défiré,
Briseval, Bellenot L. & C.

Acte II. *Bergers & Bergéres.*
Le Sieur Dumoulin & Mlle Puvignée.
Les Sieurs Hamoche, Bourgeois, Aubry,
Le Lievre, Feuillade & Cayez.
Mlles Amedée, Bellenot L. & C. Himblot,
Parquet & Puvignée mere.
Pastres. Le Sieur Lany & Mlle Lyonnois.
Les Sieurs Mion, Laurent & Beat.
Mlles Dazenoncourt, Briseval & Sauvage.

Acte III. *Basques & autres Habitans des Côtes maritimes.*
Le Sieur Lany.
Mlles Dallemand & Lany.
Le Sieur Aubry, Mlle Lyonnois, le Sieur Le Lievre,
Les Sieurs Marignon, Hamoche, Dupré,
Dumay, Laval, Laurent, Mion & Beat.
Mlles S. Germain, Courcelle, Minot, Thierry,
Défiré, Dazenoncourt, Sauvage & Bellenot L.

NAISSANCE (la) D'ARLEQUIN, Pantomime éxécutée par la Troupe des Enfans Hollandois, (Troupe de Bienfait,) à la Foire S. Germain, le Jeudi 3 Février 1746. *Affiches de Boudet.*

NAISSANCE (la) DE VÉNUS, Opéra en cinq actes, avec un Prologue, de M. l'Abbé *Pic*, mis en Musique par M. *Collasse*, imp. in-4° Ballard, & tome V. du Recueil général des Opéra, représenté le Mardi 1 Mai 1696.

Cet Opéra n'a jamais été repris.

NAÏVETÉS (les) CHAMPÊTRES. Voyez *Nôces (les) de Vaugirard.*

NANINE, Comédie en trois actes & en

vers de dix syllabes, par M. de *Voltaire*, Paris, Le Mercier & Lambert, 1749. & représentée le Lundi 16 Juin 1749. suivie de *La Nouveauté*. *Hist. du Th. Fr. année* 1749.

NARNI (la Dlle) DUPÉRIER, fille d'un Italien, débuta au Théatre de l'Hôtel de Bourgogne, le Mardi 25 Avril 1730. dans la Comédie des *Deux Arlequins*, piece de l'ancien Théatre, par le role de *Colombine*, & un autre role dans la petite Comédie du *Fleuve d'Oubli*, mais sans succès.

NAUFRAGE, (le) *ou* LA POMPE FUNÈBRE DE CRISPIN, Comédie en un acte & en vers, avec un divertissement, par M. *De la Font*, imp. dans le Théatre de cet Auteur, & représentée le Samedi 14 Juin 1710. précédée de la Tragédie de *Cinna*. *Histoire du Th. Franç. année* 1710.

NAUFRAGE, (le) Comédie Françoise en prose & en cinq actes, au Théatre Italien, par Madame *Riccoboni*, (Flaminia) représentée pour la premiére fois le Jeudi 14 Février 1726. Paris, Briasson, *Extrait*, *Mercure de France*, Mars 1726. p. 551 & *suivantes*.

NAUFRAGE (le) AU PORT A L'ANGLOIS, Comédie Françoise en prose & en trois actes, suivie d'un divertissement, & précédée d'un Prologue aussi en prose, au Théatre Italien, par M. *Autreau*, représentée pour la premiére fois le Lundi 25 Avril 1718. Œuvres de l'Auteur, Paris, Briasson. *Extrait*, *Mercure du mois de Mai* 1718. p. 98 & *suivantes*.

M. Pesselier, dans son avertissement sur les Œuvres de M. Autreau, 4 vol. Paris, Briasson, rend le compte suivant de la Comédie qui fait le sujet de cet article.

« *Le Port à l'Anglois*, ou *Les Nouvelles
» débarquées*, est le premier Ouvrage Drama-
» tique de M. Autreau. Cette Comédie fut
» représentée par les Comédiens ordinaires
» du Roi, le 25 Avril 1718. C'est la première
» piéce Françoise qui ait été jouée sur le nou-
» veau Théatre Italien. Elle eut, par son suc-
» cès, la gloire de fixer à Paris ces Comédiens,
» qui méditoient alors leur retraite en Italie.
» (Ce fait est très douteux, & ces Comédiens
» pensoient seulement à faire un voyage en An-
» gleterre.) Le Prologue de cette piéce en fait
» l'histoire, & peint fort bien l'appréhension
» de l'Auteur & des Comédiens, sur une nou-
» veauté, dont la réussite devoit être fort in-
» certaine. Le goût de l'ancien Théatre n'étoit
» pas encore effacé, & c'est ce qui fit que pour
» se prêter à l'habitude, & tirer parti des Ac-
» teurs, qui pour la plûpart parloient mal notre
» langue, & dont quelques-uns même l'igno-
» roient entiérement, l'Auteur composa sa piè-
» ce de scénes écrites Françoises & de simples
» Canevas Italiens. Le sujet de cette piéce est
» bien simple. Lélio, Négociant ci-devant éta-
» bli à Rome, vient fixer à Paris sa demeure:
» il y améne ses deux filles Flaminia & Silvia,
» Ils abordent par le Port à l'Anglois, où deux
» Amans, l'un Allemand & l'autre Provençal,
» sçavent si bien mettre dans leurs intérêts les
» domestiques de Lélio, & Lélio lui même,
» qu'ils épousent ses filles, après quelques lé-
» géres intrigues, conduite par une fille d'Opéra

» de campagne, & par l'Hôte du Port à l'An-
» glois. Cette piéce est remplie de plaisante-
» ries fort agréables, mais un peu décousues,
» telles qu'il les falloit alors, pour se conformer
» au goût du Théatre Italien. Les divertisse-
» mens dont cette piéce est ornée, & qu'on
» revoit toûjours avec plaisir, dûrent aussi con-
» tribuer à sa réussite. La Musique étoit de feu
» M. *Mouret*, dont les talens sont si connus,
» & que l'on pourroit appeller le Musicien des
» graces & de la gaieté.

NAUFRAGE (le) D'ARLEQUIN, Canevas Italien en trois actes, avec trois divertissemens, représenté pour la premiére fois le Samedi 11 Juin 1740.

Cette piéce est la même donnée sur le même Théatre sous le titre de l'*Arcadie enchantée*, avec cette différence dans celle-ci d'une décoration très-singuliére. C'est une montagne qui change en un appartement, au moment qu'Arlequin, pour avoir profané le Temple des Dieux, va avoir la tête tranchée. *Note Manuscrite.*

« Pantalon, Marchand Vénitien, avoit un
» fils & un neveu, tous deux fort jeunes, qui
» lui furent enlevés à Venise par le Docteur,
» qui étoit son plus grand ennemi. Ce Docteur,
» qui se piquoit d'Astrologie judiciaire, & mê-
» me de Magie, conduisit le fils & le neveu de
» Pantalon en Arcadie; il remplit le pays de
» Lutins & d'Esprits follets, pour se donner
» un passe-temps aux dépens de ceux qui y
» aborderoient. Cependant Pantalon étant toû-
» jours fort en peine de son fils & de son neveu,

» prend la résolution de les aller chercher dans
» le Levant, où il avoit eu dessein de les en-
» voyer. Il est accompagné de deux domesti-
» ques, Scapin & Arlequin. Après quelques
» jours de navigation, le vaisseau fait naufrage
» sur les côtes d'Arcadie. Echappés du naufrage
» & pressés par les besoins de la vie, ils vont
» chercher du secours ; ils sont d'abord épou-
» ventés par plusieurs aventures effrayantes,
» opérées par la Magie du Docteur, lequel est
» ravi d'exercer la patience de Pantalon & de
» ses valets. Ces trois personnes ne pouvant
» plus endurer la faim, apprennent par les gens
» du pays, que les Bergers des environs doi-
» vent venir au Temple présenter des offran-
» des aux Divinités de ce pays ; ils entrent dans
» le Temple, ils renversent les Idoles qu'ils y
» trouvent, & se mettent à leur place. Scapin
» occupe la niche où est la figure de *Jupiter*,
» Pantalon, en femme, occupe celle de *Vénus*,
» & Arlequin celle de *Cupidon*. Les Bergers &
» les Bergéres arrivent en grande pompe, pour
» présenter leurs offrandes, qui consistent en
» fleurs, en fruits, en fromage de Milan, en
» saucissons de Boulogne, &c. Ils rendent des
» oracles burlesques sous les noms des Divinités
» dont ils occupent la place ; mais les Bergers
» s'apperçoivent que ces Divinités ne sont pas
» les mêmes qu'ils ont accoutumé de voir,
» quoiqu'ils voyent les mêmes habits & les mê-
» mes attributs, ils ne sont pas longtemps à
» être convaincus de la fourberie. Les fausses
» Divinités commencent à avoir peur & pren-
» nent la fuite, on les poursuit. Le Grand-Prê-

» tre, qui survient au bruit des Bergers, arrête
» Arlequin, & ordonne qu'on lui coupe la
» tête, pour avoir profané le Temple; au mo-
» ment de l'éxécution, le Docteur arrive avec
» sa baguette, de laquelle il touche le bras qui
» devoit trancher la tête à Arlequin : tout l'ap-
» pareil disparoît, & Arlequin se trouve dans
» le même moment, par le changement d'une
» décoration très-ingénieuse, assis à une table
» couverte des mets les plus exquis.

» Le fils & le neveu de Pantalon surviennent
» avec deux niéces du Docteur, qui se trouvent-
» là, (on ne sçait comment.) Pantalon se pré-
» sente aussi, il reconnoit son fils & son neveu,
» dont il étoit si fort en peine. Le Docteur lui
» avoue les avoir enlevé à Venise, & se recon-
» cilie avec Pantalon, dont le fils & le neveu
» épousent les deux niéces du Docteur, lequel
» promet de renoncer à l'Art Magique, à l'As-
» trologie, &c. & la piéce finit par un très-joli
» divertissement, pour célébrer ce double ma-
» riage. Cette piéce avoit déja été représentée
» sur le même Théatre le 13 Février 1717. sous
» le titre de l'*Arcadie enchantée* ». *Mercure
de Fr. Juin* 1740. *II. vol. p.* 1425-1426.

NÉGLIGENT, (le) Comédie en trois actes
& en prose, avec un Prologue, par M. *Du
Fresny*, imp. dans ses Œuvres, & représentée
le Mercredi 27 Février 1692. *Hist. du Th. Fr.
année* 1692.

NÉGLIGENT, (le) Canevas Italien en un
acte, mêlé de scénes Françoises, & suivi d'un
divertissement. Le Canevas de la piéce de M.
Riccoboni le pere, & les scénes Françoises de

M. *Dominique*, représenté le Jeudi 24 Avril 1721. *Sans Extrait.*

NÉRÉE. (l'Exil de) Voyez *Policrite*, de M. *Gillet de la Teſſonnerie.*

NÉRON, (la Mort de) Tragédie de M. *Péchantrès*, représentée le Mercredi 21 Février 1703. imp. dans le tome IX. du Recueil intitulé Théatre François, Paris, 1737. par la Compagnie des Libraires. *Hiſt. du Th. Franç.* année 1703.

NESLE, (Hugues de) Officier de la Louveterie du Roi, & Comédien François, a débuté le Samedi 23 Juin 1708. par le role de *Dioclétien*, dans la Tragédie de *Gabinie*, & n'a point été reçû, mort à Paris, vers le mois de May 1733. *Hſt. du Th. Fr.* année 1732.

NESLE, (Françoiſe Quinault, femme d'Hugues de.) Comedienne Françoiſe, sœur ainée des Sieurs & Demoiſelles Quinault, naquit en 1688. a débuté le Mardi 24 Janvier 1708. par le role de *Monime*, dans la Tragédie de *Mithridate*, reçûe par ordre de Monſeigneur, du 5 du même mois. Mlle de Neſle n'a rempli qu'en ſecond les premiers roles Tragiques & Comiques, elle mourut le Vendredi 22 Décembre 1713. âgée de vingt cinq ans, & très regrettée du public, qui fondoit de grandes eſpérances ſur les talens de cette aimable Actrice. *Hiſt. du Th. Fr.* année 1730.

NESMOND, (Mlle de) Comédienne Françoiſe, a débuté le Samedi 22 Janvier 1724. par le role de *Liſette*, dans la Comédie des *Folies Amoureuſes*, & n'a point été reçûe. *Hiſt. du Théatre Franç.* année 1730.

X vj

NEVEU (le) SUPPOSÉ, Opéra Comique en un acte, avec un divertissement & un vaudeville, par Messieurs *Le Sage* & *Fr.....* non imp. représenté le Samedi 6 Septembre 1738. suivi de la *Bazoche du Parnasse*, & du Ballet Pantomime des *Rivaux de Village*.

Clitandre, fils de M. Oronte, est amoureux d'Agathe, qui est crue fille de Madame Olivier, Concierge du Château du Comte d'Orimont. Pour voir sa Maîtresse avec plus de facilité, il se dit le neveu du Bailly du Village, & Du Bois son valet, qui passe pour son camarade, fait en même temps l'amour à Julie, véritable niéce de Madame Olivier. Cette intrigue assez bizarre se dénoue le plus heureusement qu'il soit possible. Agathe est reconnue pour fille du Comte d'Orimont, & comme ce dernier s'est engagé de paroles avec M. Oronte, de la donner en mariage à Clitandre; cette union se termine à l'arrivée des deux peres. Dubois obtient Julie, & ces deux nôces forment le divertissement.

NIAIS (le) DE SOLOGNE, Comédie en un acte, de M. *Raisin* l'aîné, non imp. représentée le Lundi 3 Juin 1686. précédée de la Tragédie d'*Héraclius*. *Hist. du Th. Fr.* année 1686.

NIAIS (le) DE SOLOGNE, Opéra Comique. Voyez *Niais.* (*le faux*)

NICAISE, Pantomime représentée sur le Théatre du nouveau Spectacle Pantomime, à la Foire S. Laurent, au mois de Septembre 1746.

NICOMÉDE, Tragédie de M. *Corneille*,

imp. dans ſes Œuvres, & repréſentée au Théatre de l'Hôtel de Bourgogne en 1652. *Hiſt. du Théatre Franç. année* 1652.

NIÉCE (la) VENGÉE, *ou la* DOUBLE SURPRISE, Opéra Comique en un acte, de M. *Fagan*, avec un Prologue, un Epilogue & des Divertiſſemens, par M. *Panard*, Muſique de M. *Gilliers*, non imp. repréſenté le Lundi 27 Août 1731.

Prologue.

La Rancune, Comédien de campagne, arrive dans un Château où il eſt attendu avec ſa Troupe, pour y donner une repréſentation d'*Iphigénie*. Cet Acteur paroit, le bras en écharpe, & l'œil couvert d'une emplâtre : il raconte en vers pompeux le malheur arrivé à ſes Camarades, que leur voiture a jetté dans une orniere, où ils ont été tous fracaſſés. Il faut, dit-il, trépaner Iphigénie, Agamemnon a le corps briſé, Achille porte une large emplâtre, Ulyſſe a le bras caſſé, & Clytemneſtre le nez écraſé par un inſtrument de l'Orcheſtre.

Pour réparer ce triſte accident, la Rancune offre une petite Troupe compoſée de ſa famille, qui donnera une piéce faite exprès pour ces Acteurs, & intitulée *La Niéce vengée*, ou la *Double Surpriſe*. L'aſſemblée accepte ſa propoſition, & la Rancune, (c'étoit le Sieur Drouin qui jouoit ce role,) s'adreſſe au Parterre, & lui demande ſon indulgence en faveur des petits Comédiens. Il finit en chantant.

(AIR. *Pour passer doucement la vie.*)

S'ils n'ont pas l'honneur de vous plaire,
Epargnez-les, c'est moi, Messieurs,
Qui dois porter votre colere,
J'ai fait la piéce & les Acteurs.

La Niéce vengée, ou la *Double Surprise*.

Crispin, valet de Clitandre, pour favoriser l'amour de son Maître & de Lisette niéce de Madame Argante, s'est présenté à cette derniére à titre de Domestique, & s'y fait passer ensuite sous celui du Chevalier de Plumoison. Madame Argante donne dans ce paneau, prend du goût pour le prétendu Chevalier, & consent non-seulement à l'épouser, mais encore à ne plus s'opposer au mariage de Clitandre & de Lisette. Au dénouement, Crispin se fait connoître. La Tante au désespoir, après quelques plaintes, s'adresse au Parterre, & dit:

« MESSIEURS,

» Si quelqu'un de vous veut épouser une petite veuve, je
» suis à lui, & je vous assure qu'il trouvera mieux qu'il ne
» croit.

(AIR. *L'Amour est un voleur.*)

J'ai sous des cheveux gris,
L'humeur assez jolie :
Sans trop de flaterie,
Je vaux encor mon prix :
Vive, fringante & preste,
On me trouve encor des appas,
Et zeste, zeste, zeste,
Bien de jeunes filles n'ont pas
Un si beau reste.

Les différens roles de cette piéce étoient tous remplis par des enfans, dont le plus âgé n'avoit pas alors treize ans. Ils ne manquérent pas aussi d'être fort applaudis

EPILOGUE.

La Rancune vient recevoir les complimens qu'on fait à ses petits Acteurs, & pour rendre le spectacle complet, il fait exécuter par ces mêmes Acteurs un très-joli Ballet. On voyoit dans ce divertissement un enfant de quatre ans qui dansoit & parodioit avec une justesse & une grace infinie la danse du Sabotier, éxécutée aux précédentes Foires par Nivelon, fameux Danseur pour ces sortes d'éxercices.

Couplet du Vaudeville.

De la bravoure du soldat,
La taille ne décide pas,
Bien souvent lorsque la trompette
Appelle au feu les combattans,
Les petits tourelourirette,
Valent bien les grands.

Couplet du petit Boudet en Sabotier.

Quoique je ne sois qu'un nabot,
Je sçai m'escrimer du sabot ;
Ma danse est encore imparfaite,
Mais j'espére qu'en peu de temps,
Mes petons, tourelourirette,
Vaudront bien les grands.

Extrait Manuscrit.

NIÉCES. (les deux) Voyez *Confidente (la) d'elle-même.*

NIEIL, Musicien vivant, a composé la Musique des piéces suivantes.

LES ROMANS, Ballet héroïque en 3 actes, avec un Prologue, paroles de M. de *Bonneval*, 1736.

LE ROMAN MERVEILLEUX, nouvelle Entrée ajoûtée au Ballet précédent, paroles du *même*, 1736.

L'École des Amans, Ballet en trois actes, avec un Prologue, paroles de M. *Fuzelier*, 1744.

Les Sujets indociles, IV.e Entrée ajoûtée au Ballet précédent, paroles du même, 1745.

NINNA, Pantomime Italienne, (prétendue Parodie de *Nanine*,) repréſentée par la Troupe du Spectacle Pantomime, à la Foire S. Laurent, ſur le Théatre de l'Opéra Comique, le Mercredi 28 Juin 1747.

Scène I.

Le Théatre repréſente une Place publique.

« Le Docteur promet en mariage Ninna à
» Gros Jean, il lui ordonne de ne laiſſer entrer
» perſonne dans ſa maiſon pendant ſon abſence;
» Jean fait entendre qu'il a vû Arlequin parler
» à Ninna, & qu'il craint fort qu'elle ne ſoit
» amoureuſe de lui: le Docteur court fermer
» la porte de ſa maiſon, & donne la clef à
» Jean, en lui recommandant d'avoir l'œil au
» guet, & de le venir avertir s'il voit roder
» Arlequin autour de ſa maiſon.

Scène II.

» Arlequin vient devant la maiſon du Doc-
» teur, où il voit ſa Maîtreſſe à la fenêtre.
» Ninna fait figne à Arlequin que ſon pere eſt
» ſorti, qu'il l'a enfermée à la clef, & qu'il l'a
» donnée à Jean. Après qu'Arlequin a rêvé un
» moment, il implore une Magicienne, & la
» prie de le favoriſer dans ſes amours.

Scène III.

» Une Fée deſcend du ciel, ſur un char, a-

» compagnée de Zéphirs & de Plaisirs. Après
» plusieurs danses, la Fée donne à Arlequin
» une plume couleur de rose, qui a la vertu de
» rendre invisible. Arlequin la remercie, & se
» réjouit fort du présent qu'elle lui a fait.

Scène IV.

» Gros Jean vient tenant à sa main la clef
» de la maison du Docteur, qu'Arlequin esca-
» mote, courant aussi tôt ouvrir la porte pour
» enlever Ninna. Jean étonné, cherche de tous
» côtés le voleur qui lui a pû prendre sa clef;
» mais sa surprise est encore bien plus grande,
» quand il voit Ninna se sauver de la maison
» du Docteur, qu'il croyoit bien fermée : il
» court arrêter Ninna, qu'Arlequin lui fait
» quitter en lui donnant des coups de bâton,
» Jean se met à crier, & le Docteur vient.

Scène V.

» Gros Jean fait entendre au Docteur qu'un
» esprit invisible lui a volé la clef qu'il tenoit à
» sa main; que Ninna s'est sauvée toute seule;
» que malgré sa valeur & sa résistance, il a été
» enfin obligé de céder aux coups de bâton que
» l'Esprit follet donne d'une force terrible. Le
» Docteur lui fait signe de le suivre pour aller
» chercher Ninna; Jean le suit d'une maniere
» tremblante.

Scène VI.

Le Théatre change & représente une Campagne.

Ninna croyant être seule, (*Arlequin est invi-*
» *sible*,) fait connoître l'embarras où elle est de
» ne point voir Arlequin, & que ce ne peut

» etre qu'avec lui que l'on trouve les jours
» courts. Jean vient d'un air brusque pour
» l'embrasser, en lui déclarant son amour; Nin-
» na en voulant se sauver dans un petit bois
» voisin, fait un faux pas, Arlequin fait tomber
» Jean, qui court pour donner la main à Nin-
» na. Elle se moque de Jean, qui vient pour lui
» présenter un bouquet; Arlequin prend le
» bouquet, & fait prendre la fuite à Jean, en-
» suite il se fait voir à Ninna, qui le prie de
» ne plus se rendre invisible à ses yeux, qu'elle
» ne peut vivre sans voir son cher Arlequin.

Scéne VII.

» Plusieurs Marchands Forains s'assemblent
» & forment un Ballet. Arlequin achette pour
» Ninna beaucoup d'étoffes en or & en argent,
» & tous les bijoux qu'on lui présente; il se fait
» apporter des liqueurs dont il boit tout son
» saoul, les Marchands viennent demander de
» l'argent à Arlequin, qui les paye en mettant
» la plume enchantée à son chapeau. Jean vient
» avec le Docteur, à qui il fait entendre que
» c'est-là l'endroit où il a vû Ninna avec l'E-
» prit follet, qui la suit par-tout, en donnant
» des coups de bâton à tout le monde. Le Doc-
» teur voyant les Marchands courir de tous
» côtés, leur demande s'ils n'ont point vû le Ra-
» visseur de Ninna; les Marchands lui font
» signe de les suivre, qu'Arlequin n'est pas
» loin; Arlequin vient avec une longue corde,
» & les entoure tous ensemble, ensuite s'évade
» avec Ninna.

Scéne VIII.

Le Théatre représente une plaine où il y a plusieurs moulins.

„ Arlequin & Ninna viennent pour se repo-
„ ser au bord d'un ruisseau. Leur repos est in-
„ terrompu par l'arrivée du Docteur & de
„ Jean; Arlequin met son chapeau sur la tête
„ de Ninna, & se cache dessous son tablier, &
„ à force de se tourmenter pour n'être pas ap-
„ perçû, fait tomber son chapeau par terre, ce
„ qui le fait voir à nos jaloux, qui le pour-
„ suivent jusqu'à la porte d'un moulin, où le
„ Docteur s'accroche à une aîle; Gros Jean
„ demande du secours au Meunier, qui rit
„ comme un fou de l'aventure; la femme du
„ Meunier plus charitable, lui fait donner du
„ secours, ce qui donne le temps à Arlequin de
„ ramasser son chapeau & d'emmener Ninna
„ avec lui. Le Docteur les poursuit, quoi qu'es-
„ tropié. Le Meunier & la Meuniere dansent
„ ensemble.

Scéne IX.

Le Théatre représente une Forêt.

„ Comme Arlequin & Ninna passent dans
„ une Forêt, ils entendent un bruit de chasse
„ qui annonce l'arrivée de plusieurs Chasseurs,
„ avec des Dames habillées en Amazones, qui
„ viennent faire alte. Un Chasseur devient
„ amoureux de Ninna, lui exprime sa passion
„ en dansant, une des Amazones en devient

» jalouse, & danse avec eux. Pendant le pa
» de trois, le Docteur & Jean viennent se ca
» cher dans le bois, pour surprendre Ninna ;
» Arlequin qui est toûjours invisible, tire un
» coup de fusil, qui effraye toutes les Ama-
» zones, & lui donne le temps de s'en aller
» avec Ninna ; les Chasseurs qui ont entendu
» tirer, croyent que c'est un de leurs compa-
» gnons qui poursuit quelque sanglier, & se
» mettent tous en embuscade ; le Docteur qui
» a peur de son côté, sort de l'endroit où il est
» caché ; les Chasseurs le poursuivent, le pre-
» nant pour une bête sauve ; Jean a beau crier,
» ils ne l'écoutent point.

Scène X.

Le Théatre représente un Port de Mer, où plusieurs vaisseaux sont prêts de mettre à la voile.

» Arlequin & Ninna viennent pour s'embar-
» quer ; ils font prix avec un Capitaine de
» Vaisseau ; a peine mettent-ils à la voile qu'un
» Corsaire paroît sur la mer, qui les salue d'une
» bordée de canon, & va à l'abordage ; le com-
» bat est vif de part & d'autre, & dans le temps
» que le Corsaire se rend Maître du Vaisseau,
» une tempête s'éléve, le Ciel s'obscurcit, les
» éclairs brillent, le tonnerre gronde, & le
» vaisseau échoue contre un rocher ; le Cor-
» saire emméne Ninna enchaînée, & Arlequin
» se sauve à la nâge sur un cochon. Pendant le
» combat naval, le Docteur & Jean sur le riva-
» ge, sont tout tremblans de voir Ninna entre

» les mains d'un écumeur de Mer, craignent
» eux-mêmes d'être pris; ils traitent avec le
» Corfaire pour la rançon de Ninna; le Doc-
» teur donne une bourfe à Arlequin invifible,
» croyant la donner au Corfaire; celui-ci ne
» recevant rien, fait des fignes menaçans au
» Docteur, qui lui donne non-feulement une
» boëte de diamans, mais il lui fait encore des
» lettres de change, qu'Arlequin prend toû-
» jours, de forte que le Corfaire irrité, fait
» mettre les fers aux pieds du Docteur. Arle-
» quin paroît fans la plume enchantée, il vient
» offrir au Docteur de payer la rançon de Nin-
» na, s'il veut la lui donner en mariage. Le
» Docteur pour fe tirer du mauvais pas où il
» eft, confent à tout. Arlequin paye le Corfai-
» re avec l'argent du Docteur.

SCÈNE DERNIERE.

» La Fée paroît, Arlequin court la remer-
» cier, & la prie de fes nôces. La Fée d'un air
» affable lui fait entendre qu'elle le veut com-
» bler de bienfaits. Après plufieurs fignes caba-
» liftiques, elle touche de fa baguette Jean, qui
» s'envole en l'air métamorphofé en homme
» riche; enfuite elle fait trouver toute l'affem-
» blée dans un fuperbe Palais, où l'on célèbre
» les nôces d'Arlequin & de Ninna avec pompe.
» La Pantomime eft terminée par un Ballet
» général ». *Sujet imprimé*, in-8°. Paris, Ballard.

NIOBÉ, c'eft le titre de la IIᵉ Entrée du
Ballet héroïque des *Amours des Dieux*, de

M. *Fuzelier*, mis en Musique par M. *Mouret*, & représentée en 1727. Voyez *Amours (les) des Dieux*.

NIRÉE, c'est le titre d'une Entrée ajoûtée le Mardi 22 Juillet 1738. au Ballet de la *Paix*, de M. *Roy*, Musique de Messieurs *Rebel* & *Francœur*, Voyez *Ballet (le) de la Paix*.

NITÉTIS, Tragédie de Mlle *Des Jardins*, représentée sur le Théatre de l'Hôtel de Bourgogne, le Samedi 27 Avril 1663. Paris, Quinet, 1664. *Histoire du Th. Fr.* année 1663.

NITÉTIS, Tragédie de M. *Danchet*, Paris, Huet, & représentée le Jeudi 11 Février 1724. suivie de la *Comtesse d'Escarbagnas*. *Hist. du Th. Fr.* année 1724.

NITÉTIS, Tragédie lyrique en cinq actes, avec un Prologue de M.......... Musique de M. *Myon*, représentée le Mardi 14 Avril 1741. in 4°. Ballard. *Extrait, Mercure de France, Mai* 1741. pag. 1001-1009.

Acteurs du Prologue.

La Tyrannie.　　　Le Sieur Cuvillier.
Thémis.　　　　　Mlle Fel.

Ballet.

Suite de la Tyrannie.　Les Sieurs Matignon, Savar, La Croix & Dupré.
Suite de Thémis.　Mlle Le Breton.
　Les Sieurs Du May, Javillier 3.
　　　Tessier & Hamoche.
　Mlles Carville, Erny, Maupin & Davy.

Acteurs de la Tragédie.

Amasis, usurpateur du
　trône d'Egypte.　　Le Sieur Le Page.
Nitétis, fille d'Apriès,
　dernier Roi légitime.　Mlle Pélissier.

Araſtis, Grande Prêtreſſe
   d'Iſis.   Mlle Eremans.
Phanès, Seigneur Egyp-
   tien, favori d'Apriès. Le Sieur Albert.
Cambyſe, fils de Cyrus,
   ſous le nom d'Agénor, Le Sieur Jélyotte.
Un Moiſſonneur.   Le Sieur Dun.
Une Bergére.   Mlle Bourbonnois.
Un Matelot.   Le Sieur Bérard.
Une perſonne de la Fête. Mlle Fel.
Une autre.   Le Sieur Bérard.

    Eſprits Elémentaires.

Sylphe.   Mlle Fel.
Salamandre.   Le Sieur Bérard.
Ondain.   Le Sieur Cuvillier.
Gnome.   Le Sieur Dun.

    ACTEURS DU BALLET.

ACTE I.   *Matelots.*

Le Sieur Dumoulin. Mlle Dallemand L.
Les Sieurs F. & P. Dumoulin, Dangeville
      & Maltaire L.
Mlles Le Duc, S. Germain, Courcelle
      & Dazenoncourt.

    Egyptiens.

Les Sieurs Dupré & Javillier L.
Les Sieurs Dumay & Javillier 2.
Mlles Erny & Carville.

ACTE II. *Prêtres & Prêtreſſes d'Iſis.* Le Sieur Dupré.

Les Sieurs Du May, Javillier 2.
    Savar & La Croix.
Mlles Le Duc, S. Germain, Carville & Erny.

ACTE III.   *Peuples tributaires d'Egypte.*
      Le Sieur D. Dumoulin.
      Mlle Mariette.
Le Sieur Dangeville.   Mlle Courcelle.
Le Sieur F. Dumoulin. Mlle Thierry.
Le Sieur P. Dumoulin. Mlle Dazenoncourt.
Le Sieur Maltaire L.   Mlle Fremicourt.

ACTE IV.   *Génies Elémentaires.*
Sylphes.   Le Sieur Hamoche &
                    Mlle Carville.
Salamandres.   Le Sieur Lany.
   Le Sieur Matignon & Mlle S. Germain.

Gnomes.	Le Sieur Maltaire C. & Mlle Le Duc.
Ondains.	Le Sieur Tessier & Mlle Le Breton.
Acte V. Persans.	Le Sieur Javillier L.

Les Sieurs Dupré, La Croix, Maltaire C. & Matignon.
Mlles Fremicourt, Thierry, Dazenoncourt & Le Breton.

Cet Opéra n'a point été remis au Théatre.

NITOCRIS, REINE DE BABYLONE, Tragi-Comédie de M. *Du Ryer*, représentée en 1649. Paris, Sommaville, 1650. *Hist. du Th. Franç.* année 1649.

NITOCRIS, Tragédie d'un Auteur *Anonyme*, non imp. représentée le Mercredi 10 Mars 1683. *Histoire du Théatre Franç.* année 1683.

NIVELON, Danseur du premier ordre pour la Pantomime, & qui avoit eu l'honneur de paroître plusieurs fois à la Cour devant le Roi & Monseigneur, pour éxécuter la Danse de Suisse, dans laquelle il étoit original & excellent, après diverses avantures, forma le dessein de devenir Entrepreneur de Troupe aux Foires S. Germain & S. Laurent ; mais comme ses finances étoient peu considérables, il trouva le moyen d'engager dans son entreprise le Sieur Cerveau l'aîné, Maître Paulmier, qui demeuroit sur les Fossés de l'Estrapade. Cet arrangement pris, le Sieur Nivelon qui avoit rassemblé une Troupe de bons Acteurs & Danseurs, entre lesquels étoient les Sieurs Baxter, *Arlequin*, Saurin, pour les roles de *Mézétin*, de *Sultan* & de *Pere*, Maillard, *Scaramouche*, Génois, *Gille*, & Evince, *Sauteur*, & la Demoiselle Maillard qui jouoit les *Colombines*,

&

& Le Bel aînée & cadette pour les *Amoureuses*; le Sieur Nivelon, dis je, fit construire une loge au bout de la rue de Tournon, à côté de la porte de la Foire, & ouvrit son spectacle le 3 Février 1711. mais malgré ses soins & ceux des personnes qui s'étoient unis à son entreprise, il fut obligé de l'abandonner à la fin de la Foire S. Laurent de la même année, & d'oublier beaucoup de Créanciers, dont il ne put remplir les espérances. Ses effets furent vendus, & passérent avec sa Troupe à la Dame Baron. Depuis ce temps-là le Sieur Nivelon s'est retiré en Province; on ignore en quel temps il est mort. *Mémoires sur les Spectacles de la Foire, Tome I.*

NIVELON, fils du Danseur dont on vient de parler, & héritier de ses talens, après avoir brillé en différentes troupes de Province, & dans les pays étrangers, par différentes danses de caracteres, vint à Paris à la Foire S. Laurent 1728. & exécuta dans la piéce d'*Achmet* & *Almanzine*, une Entrée de Paysan en sabots, avec une adresse admirable, toute la légéreté & la justesse possible, & dans les attitudes les plus burlesques & les plus contortionnées. Bien loin de faire paroître aucun effort, il sembloit qu'il mettoit de la grace par tout. L'air de violon qu'il dansa étoit de sa composition. Le Sieur Nivelon a continué encore les Foires suivantes, jusqu'à la fin de celle de S. Laurent 1729.

NOBLE (le) IMAGINAIRE. Voyez *Riche (le) mécontent*.

NOBLES (les) DE PROVINCE, Comédie en cinq actes & en vers, par M. de *Hauteroche*, représentée sur le Théatre de l'Hôtel de Bourgogne, vers la fin de Janvier 1678. imp. dans les Œuvres dramatiques de cet Auteur. *Hist. du Th. Fr. année* 1678.

NÔCE (la) ANGLOISE, Ballet Pantomime représenté le Mardi 16 Août 1729. sur le Théatre de l'Opéra Comique, & éxécuté par les Sieurs Nivelon, Sallé, Roger, Renton & Boudet, & Mlle Rabon. En voici le sujet.

« Un Fermier de Village veut marier sa fille
» à un paysan qu'elle n'aime pas: elle aime &
» est aimée d'un joli berger, qui apprenant la
» résolution du pere, veut se donner la mort.
» Dans ce moment une Sorciere favorable sort
» à propos des Enfers, & lui arrête le bras en
» chantant.

    Qu'allois-tu faire ?
Amant infortuné, tu veux trancher tes jours,
Un Rival paysan t'enléve ta Bergére.
Elle t'aime, tu n'est rebuté que du pere,
Est-ce au poignard qu'il faut avoir recours ?
    L'Amour sensé jamais ne céde,
    Au désespoir qui le posséde.
    Il faut s'aider quand on le peut :
    La mort est le dernier reméde,
    On l'a toûjours quand on le veut.
Repose-toi sur nous du soin de tes affaires ;
Je vais m'associer de fameuses sorciéres,
    Pour qui ce n'est qu'un jeu,
    De mettre l'Univers en feu :
Embrâser des forêts, renverser les montagnes,
Obscurcir le Soleil, inonder les campagnes,
    Faire une Isle d'un Continent ;
    Par moi comme par mes compagnes,
    Le tout se fait en badinant.

« A ces mots la Sorciere appelle ses Camara-
» des, qui viennent la seconder, & former
» avec elle de nouveaux enchantemens. Elles

» donnent à l'Amant aimé la figure du Payſan
» ſon Rival, & chantent en lui préſentant une
» baguette magique.

> Par un enchantement, au Rival qui te bleſſe,
> Notre art te fait aujourd'hui reſſembler :
> Sous cette image obtiens le prix de ta tendreſſe,
> Tu ſeras ſeulement connu de ta Maîtreſſe,
> Sois ſûr de ton bonheur, rien ne peut le troubler,
> Quand nous daignons nous en mêler.
> Tu pourras lutiner avec cette baguette,
> Tout ce qui te déplaît, tout ce qui t'inquiéte,
> Calculons ſes vertus...... Eh qui peut les compter ?
> Elle ſçait arrêter
> La rapide fureur des flammes,
> Celle des ondes & des vents,
> Les procès des Normands,
> Et le caquet des femmes,
> Quand même elles en ſont ſur leurs ajuſtemens.

» L'Amant métamorphoſé & muni de cette
» puiſſante baguette, après différentes ſcénes co-
» miques opérées par ſes enchantemens, epou-
» ſe enfin ſa Maîtreſſe, & le Ballet finit par un
» cotillon très-vif, où tous ces excellens Dan-
» ſeurs raſſemblent tout ce qu'il y a de plus
» brillant pour l'art des pas, & pour leur éxé-
» cution. La figure du Sieur Roger en payſan
» a été trouvée très-originale, & a fait autant
» de plaiſir qu'il en a déja fait en Matelot Hol-
» landois, dans le Ballet de l'*Amour & la Ja-
» louſie* ». *Mercure de France*, Août 1729.
p. 1844-1846.

NÔCE (la) DE VILLAGE, Comédie en un
acte & en vers de M. *Brécourt*, repréſentée
ſur le Théatre de l'Hôtel de Bourgogne en
1666. imprimée tome VIII. du Recueil intitulé
Théatre François, Paris, 1737. par la Compagnie des Libraires. *Hiſt. du Th. Fr. année* 1666.

Nôce (la) interrompue, Comédie en un acte & en prose de M. *Du Fresny*, imp. dans le Recueil de ses Œuvres, & représentée le Mercredi 19 Août 1699. précédée des *Horaces. Hist. du Th. Franç.* année 1699.

Nôce (la) interrompue, Piéce de M. *Carolet*, non imp. & représentée par les Marionnettes de Bertrand, à la Foire S. Germain 1717.

Nôces (les) de Polichinelle et de la Veuve Barnabas, Piéce d'un Auteur *Anonyme*, non imp. & représentée par les Marionnettes de Bienfait, à la Foire S. Germain 1738. Vénus ne sçachant que faire, inspire à la Veuve Barnabas de l'amour pour Polichinelle. Le marché est bientôt conclu entre ces deux personnes.

LA VEUVE.

« Allons, marions-nous, sans façon, & au plus vîte.

POLICHINELLE.

» C'est bien dit, il faut prendre une femme comme une
» Médecine, sans réfléxion.

Couplet du Vaudeville.

Un mari jaloux a beau faire,
L'Amant est toûjours bien reçû :
Il sçait tromper la garde austere,
Du bon homme qu'il fait cocu ;
A lui le pere.

Extrait Manuscrit.

Nôces (les) de Proserpine, Opéra Comique en un acte, avec un divertissement, par Messieurs *Le Sage* & d'*Orneval*, non imp. & représenté le Lundi 31 Mars 1727. précédé de l'*Isle des Amazones*, & d'un Prologue intitulé *Les Débris de la Foire S. Germain.*

Cette piéce est une espéce de Parodie de l'Opéra de *Proserpine*, qu'on venoit de reprendre au Théatre de l'Académie Royale de Musique. L'action se passe entiérement dans les Champs Elysées : Pluton qui vient d'enlever Proserpine, lui dit qu'il sçait que Cérès est allé se plaindre à Jupiter, mais il ajoûte que si l'Arrêt qu'elle obtiendra est contraire à la tendresse qu'il ressent, il ne laissera pas de garder Proserpine, & que pour cet effet, il va disposer ses sujets à une vigoureuse défense. En attendant, Pluton envoye à Proserpine, pour la désennuyer, les ombres nouvellement débarquées. La Déesse les interroge l'une après l'autre. *Pyrame*, Héros moderne de l'Opéra paroît le premier. Il est vêtu en Général d'Armée.

PROSERPINE.

Et où donc avez-vous commandé des Troupes ?

PYRAME. (AIR. *Du haut-en-bas.*)

A l'Opéra,
J'ai fait une riche campagne,
A l'Opéra,
Et longtemps on en parlera.

PROSERPINE.

Oh ! sans Thisbé votre compagne,
Vous n'auriez pas trouvé Cocagne
A l'Opéra.

(AIR. *Du Bois de Boulogne.*)

Pyrame, la commune voix,
Dit que vous devez vos exploits,
Et le succès de vos affaires
A vos troupes auxiliaires.

Alceste & Adméte viennent ensuite, se tenant par-dessous le bras, comme de bons Bourgeois.

PROSERPINE.

» Les bonnes gens! je sçai votre histoire du Fauxbourg
» S. Germain, on ne vous a pas laissé tranquilles plus de
» quatre jours.

(AIR. *du Confiteor.*)

Dans ce Fauxbourg, pauvres Epoux,
Sans bruit vous auriez pû paroître,
On n'auroit pas pris garde à vous.
Sans les maudissons d'un Grand-Prêtre.

ALCESTE.

Le mauvais Sacrificateur!
Hélas! c'étoit un grand jureur.

La scéne suivante est celle d'une Procureuse morte d'un coup de sifflet. Ensuite vient le *Berger d'Amphrise* habillé en simple Berger, quoiqu'il ait des diamans sur sa jaquette de paysan & sur ses sabots. Outre cela, il parle si grossiérement contre les Dames, qu'on le reconnoît aisément à son impolitesse. Il raconte naturellement qu'il a été assez mal mené par le Parterre, il falloit, dit-il, entendre ces enragés.

(AIR. *Réveillez-vous belle endormie.*)

Ils flageolloient outre nature,
Quand je parus le premier soir,
On n'a jamais, je vous assure,
Tant sifflé dans un abreuvoir.

Proserpine lui reproche sa rusticité pour le beau sexe, elle ajoûte qu'il a dû être bien trompé avec son beau Château doré & doublé de lampions. Les deux derniéres ombres sont celles d'un Poëte & d'un Musicien, qui se sont cassé la tête en même temps dans un Caffé, où ils difputoient avec chaleur fur le mérite de deux Actrices, l'une appellée Fanchon & l'autre Tonton: le Poëte tient le parti de la premiére, & le Muficien de l'autre. A peine font-ils fortis, que Mercure vient annoncer que l'Arrêt de Jupiter eft que Proferpine demeurera fix mois avec fon mari, & fix mois avec fa mere. Suit un divertiffement compofé d'Ombres heureufes, & un vaudeville.

Couplets.

Un Petit Maître en débutant,
Vante fon feu tendre & conftant,
Et fait plus de bruit qu'un Orcheftre,
Mais eft-il fûr qu'on l'aime ? hélas !
Près d'une belle il ne fert pas,
La moitié du quart d'un femeftre.

Le jeune Officier fans détour,
Se rend en pofte chez l'amour,
Et laiffe l'Hymén à feneftre,
Mais fi l'on veut il conclura,
Un mariage d'Opéra,
On en fait un cent par femeftre.

Couplet au Public.

C'eft trop que de vous contenter,
Puiffions-nous ne pas rebuter,
L'Auditeur en char, & pedeftre.
Et puiffions-nous, ces fix jours-cy,
Compter autant de monde ici
Qu'il en viendroit dans un femeftre.

Pour bien entendre le fens de ce couplet, il faut fçavoir que l'Opéra Comique ne donna cette Foire fon fpectacle que pendant les fix jours de la Semaine de la Paffion, fur le Théatre du Palais Royal. Voyez *Débris* (*les*) *de la Foire S. Germain*, où cette histoire est rapportée. *Extrait Manuscrit.*

Nôces (les) de Vénus. Voyez *Dieux.* (*les*)

Nôces (les) de Vulcain. Voyez *Momus Fabuliste.*

Nôces (les) de Vaugirard, *ou les* Naïvetés champêtres, Pastorale en cinq actes & en vers, dédiée à ceux qui veulent rire, par L. C. D. Paris, Guignard, 1638. *Hist. du Th. Fr. année* 1638.

Nœuds, (les) Opéra Comique en un acte, de M. *Fuselier*, non imp. & représenté le Mardi 25 Juillet 1724. précédé du Prologue intitulé *Le Déménagement du Théâtre, ci-devant occupé par les Comédiens Italiens, & à présent réuni au Domaine de la Foire*, & suivi du *Quadrille des Théatres*, piéce en un acte. Cet ouvrage ne mérite aucun Extrait.

Noir, (le) Comédien François de la Troupe du Marais, jusqu'en 1634. qu'il fut joint à celle de l'Hôtel de Bourgogne. On ignore quel étoit son emploi, ainsi que le temps de sa mort. *Hist. du Th. Franç. année* 1634.

Noir, (Mlle le) Comédienne Françoise du Théatre du Marais, passa en 1634. avec son mari dans la Troupe de l'Hôtel de Bourgogne. On ignore le temps de sa mort. *Histoire du Th. Fr. année* 1634.

Noir (le) de la Thorilliere.
Noir (Pierre le) de la Thorilliere.
Noir (Anne-Maurice le) de la Thorilliere.
} Voyez *Thorilliere.* (*la*)

Noir, (Charlotte le) femme de Michel Baron. Voyez *Baron*.

Noir, (Thérése le) femme du Sieur Dancourt. Voyez *Dancourt*.

NOISY, (le Prince de) Comédie héroïque en trois actes & en prose, avec un Prologue & trois Intermédes, par M. *d'Ayguebere*, non imp. représentée le Samedi 4 Novembre 1730, suivie de l'*Avocat Patelin*. *Hist. du Th. Fr. année* 1730.

NOMS (les) EN BLANC, Opéra Comique en un acte, avec un divertissement & un vaudeville, par M. Fr *** non imp. & représenté le Lundi 9 Mars 1739. précédé du *Rêve*, piéce en un acte & terminé par les *Fêtes des Anglois*, Ballet Pantomime, & d'un Pas de deux, de Pierrot Perrette.

Madame Argante a résolu de marier son fils Damon, jeune libertin, avec Henriette, riche & belle héritiere dont elle est la Tutrice: Valere amant aimé d'Henriette, se déguise en Danseur, & trouve le moyen de gagner Frontin valet de son Rival, & porteur de son Contrat de mariage, dont les noms sont restés en blanc. Frontin les fait remplir de ceux de Valere & d'Henriette : Madame Argante signe sans se douter de la fourberie, elle ne la découvre que lorsqu'il n'est plus temps, & ce qui augmente son désespoir, c'est qu'elle est amoureuse du prétendu Danseur, dont elle est la dupe, & qui malgré elle va épouser Henriette. La piéce finit par un divertissement & un vaudeville, dont le refrain est.

En paffant pour ce qu'on n'eft pas,
Souvent on fait bien les affaires.

Extrait Manufcrit.

NORMAND (le) DUPÉ. Voyez *Piéce (la) fans titre.*

NOTAIRE (le) OBLIGEANT, Comédie en trois actes & en profe de M. *Dancourt*, repréfentée à la fuite de la Tragédie de *Cinna*, le Vendredi 8 Juin 1685. Cette Comédie eft imprimée dans les Œuvres de M. Dancourt, fous le titre des *Fonds perdus. Hift. du Th. Fr. année* 1685.

NOUE (Jean-Baptifte De la) Auteur Dramatique & Comédien François, a débuté le Lundi 14 Mai 1742. par le role du *Comte d'Effex*, dans la Tragédie de ce nom : reçu le Lundi 21 du même mois dans la Troupe des Comédiens du Roi, où il remplit avec applaudiffement une partie des premiers roles Tragiques & du haut Comique, aujourd'hui vivant, a compofé pour le Théatre François.

MAHOMET II. Tragédie, 1739.

ZÉLISCA, Comédie Ballet en trois actes & en profe, avec des divertiffemens, repréfentée à la Cour le 3 Mars 1746. *Hift du Th. Fr. année* 1742.

Au Théatre Italien.

LE RETOUR DE MARS, Comédie Françoife en vers libres & en un acte, fuivie d'un divertiffement, 20 Décembre 1735.

NO

NOUVEAU (le) BAIL, Opéra Comique en un acte, avec un Divertissement & un Vaudeville, de M. *Carolet*, non imp. & représenté le Lundi 7 Juillet 1732. à l'ouverture du Théatre de l'Opéra Comique, dont le Sieur de *Vienne* venoit de prendre possession sous le nom d'*Hamoche*.

L'Opéra Comique attend avec impatience la copie du Bail qu'il a passé avec l'Opéra. Pendant ce temps là, il donne audience à un Poëte polisson & satyrique, dont il refuse l'ouvrage: vient ensuite une Danseuse, qui se vante de posséder encore d'autres talens.

LA DANSEUSE.

(AIR. *De tous les Capucins du monde.*)

J'ai toûjours passé pour Actrice ;
Faut-il faire l'Impératrice,
Mon air soumet les plus grands cœurs :
Faut-il décocher une œillade,
Je cause d'aimable langueurs :
J'ai déja fait plus d'un malade.

L'Opéra Comique se contente de lui faire faire un essai de la Danse : l'Opéra arrive enfin, qui remet à l'Opéra Comique la copie de son Bail, en lui disant.

Cousin montez au thrône, & commandez ici,
Vous aurez, en payant, l'Opéra pour ami.

L'Opera Comique le remercie, & voit entrer un Musicien, qui lui présente son valet, sous le nom duquel il veut faire passer la Musique qu'il composera pour la Foire, de peur, dit-il, de s'encanailler.

L'OPÉRA COMIQUE.
(AIR. *Comme un Coucou.*)

Ne craignez rien pour votre gloire,
Ce poſte vous honorera,
Il vaut mieux briller à la Foire,
Que d'ennuyer à l'Opéra.

Voici un couplet du Vaudeville du Divertiſſement.

Une Chanteuſe mercenaire,
Des vains ſoupirs fuit le détail,
L'Amant à ſec ne peut lui plaire,
Elle met ſon cœur à l'enchere,
C'eſt Plutus qui paſſe le bail.

Extrait Manuſcrit.

Nouveau (le) Parnasse, Opéra Comique en un acte, avec un divertiſſement, par M. *Favart*, non imp. & repréſenté le Samedi 25 Août 1736. ſuivi de la *Dragonne*, piéce en deux actes du même Auteur.

Le Théatre repréſente une raſe campagne, au fond de laquelle s'éléve ſur un rocher eſcarpé le Temple de la Perfection. A un des côtés eſt un Caffé pour les Poëtes, & à l'autre un Cabarêt pour les Muſiciens. En cet endroit l'Imagination tranſporte Pierrot, Acteur de l'Opéra Comique, & lui dit que c'eſt là le nouveau Parnaſſe, où la Mémoire préſide : qu'il n'eſt plus queſtion de Muſes, ni même d'Apollon, dont il n'exiſte que le fantôme. Pour achever de mettre Pierrot au fait de ces prodigieux changemens, la Mémoire lui apprend que depuis que Jupiter a traité ſon pere de la façon que tout le monde ſçait, le Temps, pour ſe venger a envoyé les Dieux à tous les diables, & a détruit l'ancien Parnaſſe. Pierrot eſt abordé par Pindarique, Garçon de Caffé, qui parle phobus, & par l'Entonnoir, Garçon Cabaretier, qui le fait chanter en buvant avec lui. Vient ensuite l'Incognito, revêtu d'un long manteau. Ce personnage se découvre, & grandit à mesure qu'il se voit applaudi, & au contraire, il se rend plus petit & se cache sous son manteau, lorsque Pierrot prend le ton critique. La Mémoire présente enfin Pierrot au fantôme d'Apollon : il voit paroître le Dieu des Fragmens, qui chante & déclame alternativement, & qui lui donne deux piéces pour le Théatre de l'Opéra Comique. L'Imagination se charge du divertissement qu'elle mande par un coup de sa baguette. *Extrait Manuscrit.*

NOUVEAUTÉ, (la) Comédie en un acte & en prose, avec un Prologue, de M. *Le Grand*, imp. dans ses Œuvres, & représentée le Lundi 13 Janvier 1727. précédée de la Tragédie de *Pénélope*. *Histoire du Théatre Fr. année* 1727.

NOUVELLE (la) SAPPHO, Opéra Comique. Voyez *Sappho*.

NOUVELLISTES, (les) Comédie en trois actes, de M. *Hauteroche*, non imp. & représentée sur le Théatre de l'Hôtel de Bourgogne en Février 1678. *Hist. du Th. Fr. année* 1678.

NOUVELLISTES, (les) Comédie en un acte, d'un Auteur *Anonyme*, non imp. représentée le Vendredi 16 Octobre 1686. précédée de *Cinna*. *Hist. du Th. Franç. année* 1686.

NOYZEUX, Acteur de l'Académie Royale de Musique, débuta sur ce Théatre le Mardi 26 Février 1737. par le role de *Mercure* dans la Tragédie lyrique de *Persée*. « C'est un jeune

» homme de Paris, dit l'Auteur du Mercure de
» France, (*Février* 1737, p. 354.) d'une belle
» espérance, & qui n'a jamais chanté en public.
» Il a la voix de Haute-contre, d'une grande
» étendue, & dont les cadences sont admi-
» rables ». Le succès ne répondit pas à des espérances aussi flatteuses, & le Sieur Noyzeux n'a
demeuré à l'Opéra que très-peu de temps.

NYMPHE (la) DES THUILLERIES,
Opéra Comique en un acte & en vers libres,
avec un Divertissement & un Vaudeville, par
M. *Laffichard*, non imp. & représenté le Samedi 16 Juillet 1735. précédé de la *Nouvelle Sappho*, & suivi du *Droit du Seigneur*.

Le Caprice instale la Nymphe des Thuilleries pour répondre aux personnes qui se présenteront. Quoiqu'on ne voye pas fort clairement quel est le but & la nécessité d'une pareille commission, cependant cela suffit pour faire naître une suite de scénes à tiroir, dont voici l'ordre. Un Nouvelliste ridicule, une Provinciale qui vient chercher fortune à Paris, où elle croit briller par le chant & la déclamation. Un Musicien, qui croit qu'on doit admirer les airs qu'il a composé : Une jeune fille, qui à l'exemple de sa cousine croit rencontrer un Amant à la promenade. Un Paysan, & enfin une Coquette. La piéce finit par un divertissement, qui auroit dû sembler des plus galans, puisqu'il est composé de Jeux badins, de Graces & de Zéphirs, qui viennent célébrer les Nôces du Caprice & de la Nymphe des Thuilleries. On ajoûte ici le couplet du Vaudeville que chante la jeune fille.

Malgré les soins de ma cousine,
A cacher son engagement,
Sans nulle peine je devine,
Que Célindor est son Amant,
Tendre amour ta reconnoissance,
Doit me seconder en tout ;
Mon cœur pour toi dès l'enfance,
Fait briller son goût.

Extrait Manuscrit.

NYMPHES, (les) *ou l'AMOUR INDISCRET*, c'est le titre de la premiére Entrée du Ballet des *Génies*, de M. *Fleury*, mis en Musique par Mlle *Duval*, & représenté en 1736. Voyez *Génies*. (les)

Fin du troisiéme Volume.

Texte détérioré — reliure défectueuse

NF Z 43-120-11

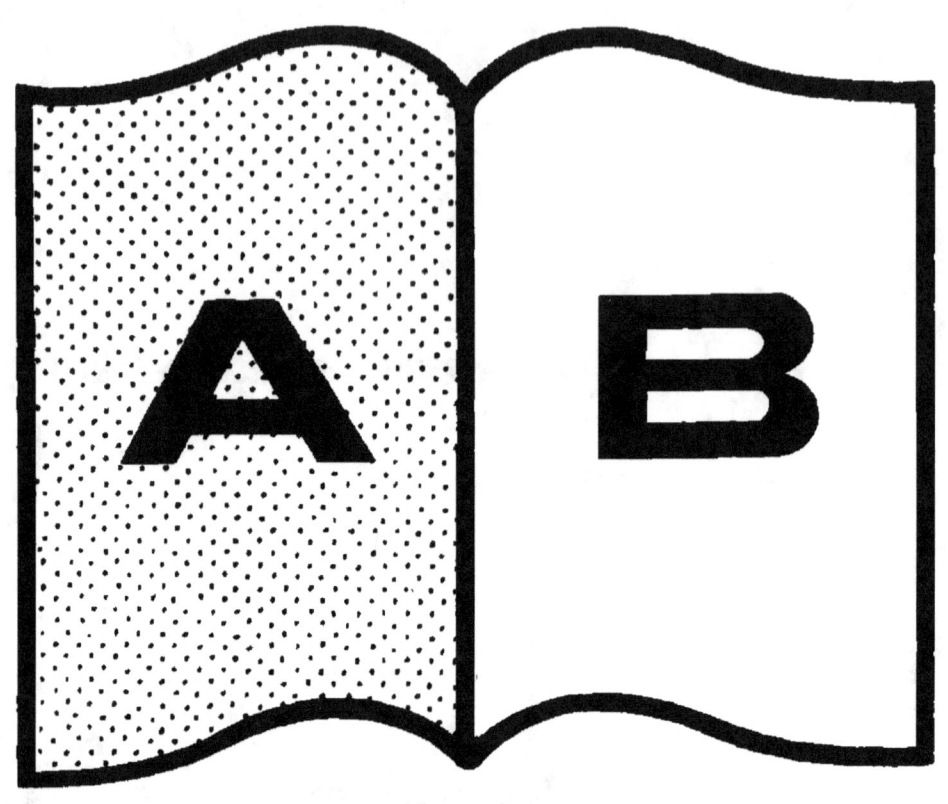

Contraste insuffisant

NF Z 43-120-14

www.ingramcontent.com/pod-product-compliance
Lightning Source LLC
Chambersburg PA
CBHW071041240526
45471CB00014B/15